지적장애의 얼굴들

Philosophical
Reflections

지적장애의
얼굴들

철학은 지적장애를 어떻게
보아왔는가

리시아 칼슨 지음

이예린·유기훈 옮김

The Faces of
Intellectual
Disability

마티

일러두기

- 본문 내 직접 인용에 언급된 장애 관련 용어는 원문의 내용을 살리고자 당시 사용하던 용어를 그대로 표기했으며, 그 외 본문에서는 현재 사용하는 용어로 표기했다.
- '＊'로 표기한 각주는 모두 옮긴이 주다.
- 단행본은 겹꺾쇠표《 》로, 논문·보고서·기타 간행물은 꺾쇠표〈 〉로 표기했다.
- 본문에서 언급한 매체 중 국내에 출간·소개된 경우 번역된 제목을 따랐고, 국내에 소개되지 않은 경우에는 원서 제목을 우리말로 옮기고 원제를 병기했다.
- 인명 및 지명 등은 국립국어원 외래어표기법을 따랐다.

부모님께,
그리고 사랑하는 조부모님을 기억하며

군림하는 철학은 존재하지 않는다. 다만 철학, 아니 오히려 활동 가운데 살아 움직이는 철학이 있을 뿐이다. 철학은 노력과 불확실성, 그리고 꿈과 환상을 동반하며 사람들이 진리로 여기는 것에서 스스로를 떼어내어 다른 규칙을 찾아나서는 움직임이다. 사유의 틀을 옮기고 변형하며 주어진 가치를 바꾸고 다르게 사유해 다른 일을 하면서 지금의 자신과는 다른 존재가 되려는 모든 시도가 바로 철학이다.

_미셸 푸코Michel Foucault, 가면 쓴 철학자The Masked Philosopher＊

＊　1980년 〈르몽드〉에 실린 푸코의 익명 인터뷰로, 후에 영어로 번역되면서 알려졌다.

용어 설명

이 책에서는 전통적으로 정신지체^{mental retardation}라 불린 여러 상태를 지칭하기 위해 '지적장애^{intellectual disability}'라는 용어를 사용한다. 이런 포괄적 용어를 선호하는 이유는 전문적·정치적 맥락에서 '정신지체'라는 용어를 지양하는 최근의 흐름을 반영하기 위해서다. 다만, 특정한 논지나 전문적 용례 혹은 역사적 시기를 다루는 경우처럼 이 범주를 구체적으로 지칭해야 할 때는 '정신지체'라는 표현을 그대로 사용했다. 마찬가지로 내가 과거의 표현을 쓴 경우, 그것은 백치^{idiocy}, 정신박약^{feeblemindedness}, 정신결핍^{mental deficiency} 등 역사적 맥락에서 규정된 상태를 의미함을 전제한다. 실재하는 개인을 언급할 때는 '지적장애인^{persons with intellectual disabilities}'이라는 표현을 사용하며, '지적장애자^{the intellectually disabled}'와 같은 표현은 피하려 한다. 다만 상황에 따라 특정한 맥락에서는 기존 용어, 예를 들어 백치^{idiots}, 천치^{imbeciles}, 모론^{morons}, 정신박약인^{the feebleminded}, 정신지체인^{the mentally retarded}, 지적장애자라는 표현을 그대로 사용할 것이다. 명확성을 위해 이 용어에 따옴표를 붙이진 않겠지

만, 이것이 내가 이들을 자명한 '자연종^{natural kinds}'으로 여기거나 용어
에 문제가 없다고 생각해서 쓰는 것이 아님을 밝힌다.

철학자의 악몽

호기심, 이는 '관심'을 불러일으킨다. 존재하는 것과 존재할 수 있는 것
에 대해 우리가 기울이는 배려, 우리를 둘러싸고 있는 것에서 낯설고 특
별한 것을 발견하려는 기꺼운 태도, 익숙한 것을 부수고 같은 것을 다르
게 보려는 집요함, 무엇이 일어나고 있는지, 무엇이 스쳐지나가는지를
붙잡으려는 열정, 중요하고 본질적이라 여겼던 전통적 위계와 거리두
기. 나는 새로운 호기심의 시대가 오기를 꿈꾼다.

_미셸 푸코

지식인은 자신의 정원을 먼저 가꿔야 한다. 자기 분야의 비판적 탐구와
교육과 학문 활동을 통해 권력이 스스로를 확장하고 재생산하는 메커니
즘에 맞서 싸우는 것이 지식인의 과제이기 때문이다.

_폴 보베 Paul Bové

    이 책은 푸코의 호기심에서 탄생했고, 이 책이 추적하는 철학적

여정은 플라톤에서 시작된다. 사실 흔한 출발점이다. 나는《플라톤 대화편》세미나를 수강하는 학부생이었다. 이 세 시간짜리 수업은 매주 자원봉사 활동을 마친 직후에 열렸고, 봉사 활동은 아이들과 함께 하는 일이었다. 그런데 아이들은 큰 나이 차에도(5~18세) '중복장애'로 분류됐다는 이유로 한 교실에 모여 있었다.

1980년대 후반의 어느 날, 플라톤에 관한 수업을 듣던 중 이런 질문에 사로잡혔다. 많은 사람에게는 이상하게 보일지라도 내게는 익숙함 속에서 특별히 아름다운 존재가 된 이들을 철학자는 어떻게 말하고 있는가? 답을 찾기 시작하면서 나는 이들에 대한 상대적인 침묵 혹은 그보다 더 심한 언급을 마주하게 되었다. 플라톤은 '결함 있는 아기'는 죽게 내버려둬야 한다고 했다. 로크와 칸트는 이성이 부족한 사람을 인간 이하로 정의했다. 무엇보다 충격적인 것은 결함 있는 인간으로 여겨진 이 집단에 관한 현대적 논의의 대부분이 동물권에서 이뤄졌다는 사실이다. 그 논의는 중증의 정신지체인이 비인간 동물과 유의미한 방식으로 구별될 수 있는지에 대해 날 선 질문을 던지고 있었다.

내가 처음으로 다른 초상을 보여주고 있다고 느꼈던 책은 미셸 푸코의《광기의 역사》였다. 이 책은 지적장애를 다루지는 않지만, 밀접하면서도 철학적으로 더 매력적인 동류의 모습을 제시하고 있었다. 나는 침묵을 강요당한 타자(광인) 앞에서 '이성의 독백'*을 폭로하는 이 책의 열정적 헌신에 큰 빚을 지고 있다. 푸코의 글에서 느꼈던 흥분과 철학이 지적장애를 어떻게 대해왔는지 이해할 수 있는 철학적 기반을 발견했을 때의 흥분은 여전히 현재 진행형이다.

　이 책이 개인적인 이야기는 아니지만, 그럼에도 자전적 경험을 배제할 수 없는 이유는 내가 다소 이례적인 철학 분야에 있는 동안 반복해서 마주친 주제 때문이다. 다른 철학자에게 지적장애에 관심이 있다고 말하면 꽤나 자주 "혹시 가족 중에 장애인이 있나요?"라는 질문을 받곤 했다. 그렇게 한결같이 묻지 않았더라면 그 질문이 특별히 이상하게 느껴지지 않았을 수도 있다. 나는 이 질문에 깃든 가정(물론 내게 질문한 모든 사람이 그런 믿음을 가지고 있다는 것은 아니다), 즉 내가 이 주제에 관심을 가지는 유일한 이유가 가족 중에 지적장애인이 있기 때문이라는 전제에 점점 불쾌감을 느꼈다. 철학의 주변부를 더 깊이 파고들면서 비교적 무해해 보였던 이 질문이 그간 마주해온 훨씬 더 불편한 믿음을 상징하고 있다고 느꼈다. 그 믿음의 첫 번째는 지적장애인은 인격체가 아니며, 이들은 오직 인격체인 비장애인 가족 구성원과의 관계를 통해서만 존중과 정의를 누릴 수 있다는 것이다. 둘째는 지적장애를 우리와 무관하다고 여기기에, 철학에서 이 영역의 탐구가 주변적으로 여겨지는 게 당연하다는 것이다. 셋째는 지적장애인과 친밀하고 개인적인 관계를 맺고 있는 사람은 도덕적 성찰에 필요한 객관적이고 합리적인 거리감을 확보할 수 없다는 믿음이다. 그래서 가족 중에 장애인이 있느냐는 질문을 미리 차단하고 내 위치를

＊　《광기의 역사》서문에 나오는 구절로, 이는 정신의학의 언어가 이성의 틀 안에서 광기를 규정하고 광기의 목소리를 강제로 침묵시키는 일방적 독백임을 의미한다.

분명히 하자면, 나는 비장애인 철학자다. 비록 이 문제에 완전히 개인적인 거리감을 유지하고 있는 것은 아니지만, 지적장애와 관련된 철학적 질문이 학문적 관심에 충분히 값할 뿐만 아니라 배제, 억압, 비인간화라는 가장 심오한 문제에 대해 알려준다는 것을 마음 깊이 믿고 있다. 따라서 지적장애인과의 개인적인 친밀함이 이 대화에 참여하기 위한 전제가 되어서도, 이 주제를 철학적으로 말할 자격을 박탈하는 근거가 되어서도 안 된다.

플라톤, 푸코, 그리고 뉴욕 포키프시 재활학교에 다니는 아이들과 처음 만난 이후로 철학 내부는 물론, 외부에도 많은 변화가 생겼다. 철학과 다른 학문 분야에서 장애의 존재감은 눈에 띄게 커졌고, 목소리를 높이는 활발한 장애권리운동은 입법적·사회적 변화를 이끌어냈다. 이제는 내가 이 주제를 처음 고민하기 시작했을 때 품었던 질문과 씨름하는 철학 문헌도 풍부해졌으며, 저명한 주류 철학자도 이에 동참하고 있다.[1] 이와 동시에 다운증후군 및 지적장애와 관련된 기타 유전적, 염색체 이상에 대한 산전검사가 표준 관행이 되었다. 생명윤리와 임상 실천 사이의 교차점이 증가하면서 철학자가 지적장애인에 대해 발언하고 구체적인 권고를 제시하는 장이 마련됐다. 애슐리 X의 사례*가 이를 잘 보여준다. 애슐리는 중증 장애가 있었고, 부모는 소녀의 몸을 영원히 어린 상태로 유지하기 위해 성장 억제 치료(유방과 성기를 제거하고 호르몬 주사를 투여하는 치료법)를 승인했다. 부모의 조치는 언론의 주목을 받았고, 피터 싱어Peter Singer**와 같은 저명한 철학자도 이에 대한 입장을 밝혔다.[2]

이런 변화에도 지적장애는 여전히 철학 담론 안에서 상대적으로 소외돼 있다. 이 가운데 의미 있는 작업 중 하나는 지적장애가 철학에서 어떻게 배제됐는지를 추적하는 것이며, 이는 푸코가《광기의 역사》에서 달성하고자 했던 '침묵의 고고학'과 유사한 작업이 될 것이다. 그러나 이 책의 목표는 다르다. 나는 지적장애에 대해 발언한 철학자에 초점을 맞췄다. 프랑스 역사학자 앙리 자크 스티케^{Hen-ri-Jacques Stiker}는《장애: 약체들과 사회들》에서 장애인의 사회적 통합을 고찰하는 것이 "장애를 배제의 관점에서 다루는 것보다 더 비판적이고 심지어는 더 투쟁적인 방법"이라고 주장한다. 배제를 초래하는 동기와 요인은 배제가 은밀하고 미묘하게 작동된다고 해도 주의를 기울이면 분간할 수 있지만, 통합은 눈에 잘 띄지 않게 이뤄지기 때문이다.[3] 이론적 맥락에서 볼 때 철학 문헌 속 지적장애의 흔적은 중요한 비판적 질문을 제기한다.

철학자는 왜, 그리고 어떤 방식으로 '지적장애인'을 자신의 논의 속에 불러들였는가? 철학자는 어떤 메커니즘으로 이 작업을 수행했

＊ 애슐리 X는 심각한 지적 및 신체적 장애를 지닌 미국의 장애인으로, 2004년 부모의 요청과 의료진의 판단에 따라 성장 억제 치료를 받았다. 이는 돌봄의 편의성과 삶의 질을 이유로 진행된 비가역적 의료 개입이라는 점에서 장애인의 신체자율권, 보호자 결정의 정당성, 삶의 가치에 대한 윤리적·법적 논쟁을 불러일으켰다.

＊＊ 호주 철학자이자 윤리학자로 공리주의적 실천윤리와 생명윤리, 동물윤리 등을 연구했다. 특히 장애인권과 동물권 논의에서 자주 거론되는 학자로, 최중증 지적장애가 있는 사람의 가치 문제를 능력 중심으로 다루면서 동물의 능력과 중증 지적장애인의 능력을 비교하는 논증을 자주 펼친 바 있다. 이에 장애학계에서 장애인의 존엄과 권리를 경시한다는 비판을 받아왔다.

으며 그 의도 뒤에는 무엇이 있을까?

앙리 자크 스티케는 통합 프로젝트가 장애인을 동화시키고 정상화하며 차이를 지우고 동일성이라는 찬란한 비전 속에 맞추려는 욕망을 드러낸다고 결론짓는다. 그러나 철학 담론에서 우리는 매우 다른 양상을 발견하게 된다. 지적장애인을 철학의 영역으로 끌어들이는 많은 사람은 지적장애인을 동화·정상화시키기보다는 이들이 정상의 틀에서 벗어나 있음을 강조하고, 이런 이탈이 지닌 심오한 타자성과 급진적인 이질성을 부각한다.

조지나 클리거^{Georgina Kleege}는 1999년에 발표한 에세이《보지 않고도^{Sight Unseen}》에서 시각장애를 흥미롭게 탐구하며 할리우드 영화의 시각장애인 캐릭터 재현 방식을 비판한다.

할리우드가 이런 고정관념을 만들어낸 것은 아니지만, 이미지의 반복성과 복잡성은 영화 제작자들이 세상을 바라보는 방식에 대한 어떤 불편한 진실을 드러내는 것처럼 보인다. 시각장애인은 영화 제작자에게 최악의 악몽이다. 시각장애인은 결코 관객이 될 수 없고, 영화 제작자의 예술성에 매료되거나 깨달음을 얻을 수 없다. 그래서 제작자는 우리가 악몽을 대하는 방식으로 시각장애인을 다룬다. 그들은 시각장애인을 폄하하고 이들의 약점을 드러내며 기껏해야 동정의 대상으로, 최악의 경우 불쾌한 존재로 만든다.[4]

영화 제작자의 세계관에서 철학자의 세계관으로 시선을 옮기면, 지적장애가 철학자들에게도 '최악의 악몽'임을 암시하는 묘사를 발견할 수 있다. 이 책은 이런 현상을 이해하고, 철학을 따라다니며 그늘처럼 떠도는 지적장애의 여러 얼굴을 드러내려는 시도다.

변화하는 지적장애의 풍경

왜 철학과 지적장애에 주목하는가? 철학과 지적장애의 만남이 정치적으로나 이론적으로 장애를 다루는 방식 전반에 중요한 변화가 일어나는 흥미로운 시점에 일어나고 있기 때문이다. 1990년의 미국 장애인법과 이를 촉발한 장애인권리운동 이후 장애학이 학문적 탐구 영역으로 부상하면서 장애가 분석의 중심 렌즈로 설정되고 기존에 주변화됐던 논의가 다양한 학문 분야 중심에 자리하기 시작했다. 비록 철학이 장애를 둘러싼 문제를 다루는 데 있어 다른 학문보다 다소 늦긴 했지만, 이제는 윤리적·인식론적·정치적·개념적 차원에서 장애를 하나의 범주이자 체화된 정체성으로 다루는 철학 문헌이 점차 늘어나고 있다.

이런 변화를 추적할 수 있는 한 가지 방법은 병리와 비극이라는 장애의 지배적 개념화에 대응하기 위해 등장한 두 가지 장애 모델의 전개를 살펴보는 것이다.

역사적으로 장애는 의료 모델에 따라 정의됐으며, 종 기능의 평균$^{normal species functioning}$에서 벗어난 개인의 특정 특성으로 간주됐다. 많은 장애 이론가가 지적하듯, 이 모델은 장애와 장애인을 둘러싼 수많은 믿음과 실천에 영향을 미쳤다. 장애가 객관적으로 비정상적이고 바람직하지 않다는 관점은 '개인적 비극 모델'로 불리는 가정의 집합을 만들어냈다. 즉, 장애는 객관적으로 나쁜 것이며 동정의 대상이자 개인과 그의 가족 모두에게 비극이므로 예방하고 치료해야 한다는 가정이다. 장애가 의학과 사회의 안녕에 흠이 된다는 인식은 장애인을 대상으로 한 비자발적 불임시술, 시설 수용, 강제 재활에서부터 사회적 소외, 안락사, 그리고 '자비로운 살인$^{mercy killing}$' 등 여러 관행을 통해 드러난다.

대부분의 철학자, 장애 이론가는 의료와 재활적 실천이 이룬 진보와 그 혜택을 전적으로 부정하지 않는다. 그러나 이들 중 다수는 장애를 본래 나쁜 것으로 보고 객관적으로 폄하하며 동정과 자선, 슬픔의 대상으로 보는 의료 모델과 그에 수반되는 장애의 '개인적 비극 모델'의 전제와 결과를 면밀히 검토한다.[5] 장애의 사회적 모델은 의료 모델에 암묵적 혹은 명시적으로 나타나는 폄하된 장애 이미지를 거부하고 이에 대응하기 위한 대안적 정의를 제시한다. 사회적 모델에 따르면 장애는 개인과 그 개인이 속한 환경과의 상호작용을 반영하며, 특정한 생물학적·생리학적·심리학적 상태나 특성인 손상과는 구별된다. 즉, '장애'는 개인 내부에 있는 고정된 특성이 아니라 관계적 개념으로 이해된다. 사회적 모델은 장애인이 겪는 많은 불이익이 사회적 불평등, 기회에 대한 물리적·이념적 장벽, 부정적 고정관념과 편견, 차별, 부족한 지원 체계, 그리고 사회 일반의 태도에서 비롯됐음을 주장한다. 사회적 모델의 지지자는 장애에는 의료 모델이 설명하는 것보다 훨씬 더 복합적인 이야기가 존재한다고 주장하며, 장애를 개인적·병리적·개인적 비극 모델로 보는 관점의 폐기를 촉구한다.

장애의 사회적 모델의 수용은 회고록, 학술 논문, 미디어와 예술 속 장애 문화의 표현, 자립생활운동 및 자기옹호운동과 같은 풀뿌리 정치운동, 그리고 법률 및 임상적 논의 등에서 폭넓게 나타나고 있다.[6]

1990년, 미국 연방법으로 제정된 장애인법은 변화의 입법적 증거다. 장애인법은 신체적·정신적 장애를 가진 사람을 차별에서 보호하는 법률이다. 어니타 실버스Anita Silvers는 이 법이 "'장애' 의미의 재개념화를 나타낸다"고 주장한다. 이 법은 의료 모델의 폐기와 "장애 상태는 사회적 소수자의 신체적·정신적 상태가 아닌 사회 그 자체의 상태로 이해해야 하며, 소수자를 불리하게 만드는 것은 개인의 결함이 아닌 사회가 조직화된 방식"에서 비롯된 인식임을 보여준다고 말한다.[7] 좀 더 넓게는 국제적 맥락에서도 이런 변화가 뚜렷하게 보인다. 유네스코가 세계사회개발정상회담을 위해 의뢰한 주요 보고서인 〈행동하는 장애 인식Disability Awareness in Action〉은 장애를 이렇게 재정의했다.

이제는 많은 장애인이 장애를 손상을 가진 이들에게 고도로 차별적인 사회가 부과하는 복잡한 사회적 제약 시스템을 나타내는 의미로 사용하고 있다. 그러므로 장애는 특정 의학적 상태와는 구별되는 개념이며, 이는 성별과 계급 또는 카스트제도와 마찬가지로 문화와 시대에 따라 변화하는 사회적 구성물이다.[8]

사회적 모델은 특히 지적장애와 관련해 좀 더 분명한 의미를 지닌다. 미국에서 가장 오랜 시간 정신지체 연구에 헌신해온 전문 단체인 미국지적·발달장애협회^AAIDD^가 제안한 지적장애의 최신 정의는 전통적 의료 모델과 개인 특성 모델에서 벗어나 있다.[9] 새로운 개념 형성을 주도한 이 협회는 지적장애에 대한 개념을 근본적으로 바꿔야 한다는 입장을 지지했고, 1992년판 분류 체계에서 장애의 사회적 모델을 수용해 '정신지체' 정의를 수정했다. 협회는 이를 두고 "정신지체를 개인이 지닌 절대적 특성으로 간주하던 관점에서, 제한된 지적 기능을 가진 개인과 환경 간의 상호작용으로 이해하는 패러다임 전환"[10]을 보여주는 것이라 설명했다. 협회는 정신지체를 다음과 같이 정의했다.

정신지체는 현재의 기능 수행에 실질적인 제한이 있는 상태를 말한다. 이 '제한'은 평균 이하의 지적 기능과 함께 다음의 적응 기술 영역, 즉 의사소통, 자기관리, 가정생활, 사회적 기술, 지역사회 이용, 자기결정, 건강 및 안전, 기능적 학습, 여가 및 직업 등에서 두 가지 이상의 어려움이 동시에 발생하는 것이다. 그리고 이런 상태는 18세 이전에 나타난다.[11]

지적장애의 얼굴들

이 새로운 기능적 정의에 따르면 "지적 제약이 실제 기능 수행에 아무 영향을 미치지 않는다면, 정신지체가 아닌 것이다."[12] 또한 이 정의는 기존의 경도mild, 중등도moderate, 중증severe, 최중증profound과 같은 전통적인 하위분류 체계를 폐기하고, "간헐적intermittent, 제한적limited, 광범위적extensive, 전반적pervasive이라는 지원 체계의 강도와 유형에 기반을 둔 분류 체계"[13]로 대체됐다.

2002년 개정판을 포함한 최신 정의 역시 이런 접근이 사회적 모델에 기반하고 있음을 분명하게 보여준다. "현재 기능의 제한은 개인의 나이, 또래 관계, 문화와 같은 지역사회 일반의 맥락에서 고려" 돼야 하며, "타당한 평가는 문화적·언어적 다양성뿐만 아니라 의사소통, 감각, 운동, 행동 요인의 차이도 고려해야 함"[14]을 명시했다.

이런 개념 변화는 지난 반세기 동안 이어진 중요한 사회적·정치적 변화의 흐름 속에서 등장했다. 1960~1970년대에는 부모 중심의 적극적인 권익운동과 민권 침해에 대한 정부의 관심, 그리고 탈시설운동이 시작됐고,[15] 이는 오늘날까지도 활발하게 지속 중인 자기옹호운동으로 이어졌다.[16] 이처럼 지적장애는 다양한 맥락에서 사회적 모델에 의해 재개념화됐고, 이는 적어도 일부 학문 분야에서는 개인 특성 모델 또는 의료 모델 중심에서 벗어나는 전환이 일어나고 있음을 보여준다.

하지만 지적장애 범주는 장애의 의료 모델과 사회적 모델 모두에 대해, 그리고 두 모델 사이의 긴장에 대해 중요하고 뚜렷한 질문을 제기한다. 예를 들어, 취약X증후군과 같은 유전적 기반의 지적장애

출현이 정신지체 범주에 어떤 의미를 가지는가? 유전 연구의 확장을 고려할 때 의료 모델을 완전히 폐기하는 게 과연 바람직한 것인가? 그리고 그것이 가능하기는 한가?[17] 의료 모델의 부정적 영향에 대한 많은 비판은 지적장애에도 상당 부분 적용 가능하지만, 장애 이론가와 철학자는 지적장애가 여전히 생의학 및 유전학적 담론에 깊이 뿌리를 둔 범주라는 사실을 외면할 수 없다. 지적장애의 특정한 특성(이를테면 동조 편향이나 무능력)이 사회적으로 구성된 것이라는 몇몇 이론가의 문제 제기는, 일부 정신지체 유형을 정의할 때 의료 모델이 여전히 강력한 지배력을 행사하고 있다는 사실과 함께 고려되어야 한다.[18]

마지막으로, 의료 모델에 수반되는 장애의 개인적 비극 모델이 다른 장애와 동일한 방식으로 지적장애에도 작동한다고 가정할 수는 없다. 곧 살펴보겠지만, 중증의 지적장애를 가진 사람과 관련된 고통과 비극의 개념은 종종 다른 양상을 띤다. 예를 들어 중증 지적장애인의 경우, 당사자보다 가족이나 사회 전체가 겪는 고통이 우선적으로 강조되기도 한다. 이는 개인적 비극 모델이 모든 장애인에게 동일하게 적용되지 않는다는 사실을 시사한다.

사회적 모델 자체의 복잡성, 손상과 장애의 구분을 고려할 때 우리는 다음과 같이 질문해야 한다. "지적장애의 기반이 되는 근본적 손상은 과연 무엇인가?" 염색체 이상과 같은 특정 유전적 손상이 일부 해당될 수 있지만, 많은 경우 근본적인 병리학적 원인이 불분명한 상태다. 주목할 것은 "경미한 증상을 가진 아동의 약 75퍼센트, 중증 증상을 가진 아동의 30~40퍼센트는 지적장애의 명확한 원인이 발견되지 않는다"는 사실이다.[19] 더욱이 DSM*-IV에서 정신지체의 핵심 정의 기준으로 남아 있는 지능IQ 점수의 의미와 이를 실체화하는 것에 대한 논쟁은, 손상의 정확한 발생 원인을 특정하는 데 있어 여전히 모호한 지점이 많음을 보여준다.[20] 결국 정신지체나 지적장애와 같은 광범위한 범주가 아우르는 능력과 상태의 넓은 범위를 고려할 때, 과연 지적장애가 어떻게 발생하는지 일관되고 통일된 방식으로 설명하는 것이 가능한지 의문을 가질 수밖에 없다.

이런 문제의식은 무엇보다 장애 범주 자체를 해체하려는 모델, 즉 포스트모던 모델의 발전으로 이어진다. '포스트모더니티postmoderni-ty'라는 용어 자체가 모호하듯, 장애의 포스트모던 모델 또한 명확하게 정의하기 힘들다. 그러나 지적장애에 대한 철학적 분석에서 특히 중요한 장애의 포스트모던 모델의 몇 가지 특징이 존재한다.

많은 포스트모던 장애 이론가는 장애를 사회적으로 구성된 불리함으로 간주할 때 고정된 기준점으로 작용하는 개념, 즉 사회적 모델이 규정한 '손상impairment'이라는 개념 자체에 문제를 제기한다. 이들은 신체 및 정체성의 불안정성에 대한 포스트모던 이론을 바탕으로 장애를 정의할 때 손상된 신체와 정신이 지닌 역동성과 구성된 특성을 드러내야 장애와 장애 정체성이 생성되는 방식을 포착할 수 있

---

* 미국정신의학회가 발간하는 〈정신질환 진단 및 통계 편람〉을 말한다. 1952년, 초판(DSM-I) 발간 후 개정을 거듭해, 2022년에는 DSM-5-TR이 간행됐다. DSM은 임상 진단, 연구, 보험 청구 등 다양한 영역에서 국제 표준으로 기능하며, 진단 범주 경계, 문화적 편향, 의료화 문제 등을 둘러싸고 지속적인 학술적·운동적 논의가 이어지고 있다.

다고 주장한다.[21] 장애 이론의 포스트모던적 전환은 비판적·해체적인 동시에 긍정적·구성적 성격을 띤다. 포스트모더니티의 개념적 도구는 기존의 장애 개념과 모델을 비판하는 데 사용될 뿐만 아니라, 장애를 포스트모던적 정체성 또는 포스트모던적 범주의 전형으로 재고찰하는 데에도 활용된다. 예를 들어, 레너드 데이비스Lennard Davis는 장애가 정체성 자체의 불안정성을 반영하는 불안정한 범주임을 주장하면서, 장애를 포스트모던적 정체성의 전형으로 정의한다. 왜냐하면 "성별이나 인종과 같은 범주처럼 장애를 본질화하는 것이 불가능하기 때문"[22]이다. 하지만 데이비스가 자신의 작업을 "비근대적 신체윤리dismodernist ethics of the body"로 규정하듯, 그의 이론 역시 다른 많은 이론과 마찬가지로 장애와 체화 문제에 주로 초점을 맞춘다. 따라서 우리는 장애의 포스트모던 모델이 정신지체와 같은 범주에도 타당한 접근이 될 수 있는지 검토해야 한다.

지적장애에서 손상을 해체한다는 것은 무엇을 의미하는가? 특정한 인지적 손상 자체가 사회적 구성물이라면, 이는 무엇을 의미하는가?[23] 지적장애의 맥락에서 '장애'를 포스트모던 범주의 전형으로 논의하는 것은 무엇을 의미하는가? 정체성으로서의 장애가 불안정하고 유동적이라는 포스트모던 모델은 지적장애에 대한 이해와 어떤 관련이 있는가? 정치적 관점에서 이 모델은 지적장애인이 장애옹호운동에 참여하는 방식에 영향을 미치는 권력관계를 적절히 다룰 수 있는가? 중증 지적장애인은 이런 담론 내에서 어디에 위치하며, 어떻게 특정 형태의 억압과 소외를 영속화하지 않으면서 이들의 이해관계를 다룰 수 있을까?

장애의 사회적 모델과 최근의 포스트모던 모델은 장애인을 둘러싼 고착된 가정과 관행에 도전하며, 장애에 대한 새로운 비판적 접근을 위한 자양분을 제공한다. 그러나 지적장애 범주는 모델뿐만 아니라, 이 모델을 제시하는 이른바(제임스 트렌트의 표현을 빌리자면) "정신적으로 우월한"* 이론가에게도 중요한 질문을 던진다. 따라서 의료, 사회, 포스트모던의 세 모델이 지적장애를 하나의 범주로 이해하는 데 어떤 식으로 기여하는지 검토하고, 장애 논의에 지적장애를 포함시킬 때 지적장애가 이 세 가지 모델과 어떻게 상호작용하고 어떻게 도전하며 모델을 정교화할 수 있는지 고찰하는 것이 중요하다. 또한 이 모델은 철학 담론이 지적장애를 포함하는 방식을 비판적으로 탐색하는 중요한 배경을 제공한다. 이에 다음과 같은 질문을 던질 수 있다.

철학자는 이런 모델에 어느 정도까지, 무의식적으로 혹은 의도적으로 동조하거나 도전해왔는가? 특히 철학의 영역에서 지적장애는 어떻게 이해되고 논의되었는가?

＊　직역하면 '정신 추월적mentally accelerated'이다. 이는 지적장애의 옛 표현인 '정신지체'의 반대항으로 제임스 트렌트가 사용한 풍자적 표현인데, 이론을 생산하는 고지능중심주의적 철학자를 반어적으로 지칭한다. 이는 '정신지체적'이라는 차별적 표현을 비틀어 정상성에 기초한 철학 담론의 권위 자체를 비판한다.

지적장애의 철학적 지형

지적장애는 많은 철학자에게 생소한 주제일 수 있으며, 분명 전통적인 철학적 문제 안에는 지적장애가 포함돼 있지도 않다. 그러나 지난 반세기 동안 여러 철학 담론에서 지적장애가 등장하며, 그 논의는 지적장애에 대한 일반적인 두 가지 접근 방식을 반영하고 있다. 하나는 '전통적 접근'이다. 이 접근은 주로 윤리학과 생명윤리학 문헌에서 나타난다. 다른 하나는 '비판적 장애 접근'으로, 윤리학과 생명윤리학은 물론 철학의 다른 분야와 장애 이론에서도 발견된다.

전통적인 접근은 지적장애를 두 가지 방식으로 논의한다. 하나는 윤리적 담론의 대상 자체로 논의하는 것이고, 또 하나는 다른 철학적 문제와 질문을 명확히 하거나 강조하기 위한 개념적 도구로 활용하는 방식이다. 전자의 경우, 철학자는 다양한 윤리적 문제에 주목한다. 어떤 이는 지적장애인의 도덕적 지위를 다루면서 다음과 같이 질문한다. "이들은 인격체인가? 경증과 중증의 구분은 도덕적 고려에서 어떤 의미가 있는가? 중증 지적장애인은 비인간 동물과 구별되는가?" 또 다른 철학자는 지적장애가 기존의 도덕 이론과 개념에 제기하는 도전을 탐구한다. 이때 중증 지적장애인은 정의, 권리, 존중, 책임과 같은 개념의 본질과 한계를 탐구하기 위한 수단으로 이용된다. 이와 더불어 지적장애인을 어떻게 대우해야 하는가에 대한 질문과 이론적 성찰을 결합한 좀 더 실천적인 성격의 탐구도 있다. 이때 다루는 주제는 자율성, 자기결정권, 대리 의사결정과 같은 윤리적 쟁점부터 강제불임시술, 의료 서비스 접근성, 산전검사나 선별적 임신중절과 같은 예방적 관행에 관한 생명윤리 논쟁에 이르기까지 다양하다.

전통적 접근 방식에는 여러 가지 뚜렷한 특징이 있다. 첫째, 지적장애를 문제가 없는 '자연종'으로 간주한다. 즉, 일반적으로 인지능력 결함을 특징으로 하는, 정의 가능하고 인식 가능한 개인의 집단으로 이해한다. 어떤 철학자는 '정신지체인' 또는 '지적장애인'의 의미를 명시적으로 정의하지만, 많은 경우 독자가 '중증 지적장애인(또는 백치나 천치처럼 20세기 초반에 폐기되었지만, 여전히 일부 철학자가 사용하고 있는 용어)'이라는 표현의 의미를 공통적으로 이해하고 있다고 가정한다. 둘째, 지적장애는 객관적으로 바람직하지 않거나 혹은 나쁘거나 비극적인 상태라는 규범적 가정이 존재한다. 이런 가치 절하는 명시적으로 나타나기도 하는데, 예를 들어 로버트 비치[Robert Veatch]*는 다음과 같이 서술한다.

정신지체는 (…) 심각한 상태이며, 어느 이성적인 사람도 이를 원치 않을 것이다. 우리의 기준으로 보면, 정신지체는 객관적으로 무가치하다.

---

* 미국 현대 생명윤리학을 대표하는 이론가이며 의료윤리의 철학적·규범적 전환을 이끈 인물이다. 1971년, 조지타운대학교 케네디윤리연구소 창립 멤버로 합류한 이후, 의료 전문직 중심의 전통적 의료관을 비판하고 환자 자율성을 의료윤리의 중심 원리로 자리 잡게 하는 데 결정적으로 기여했다. 또한 죽음과 임종, 장기이식, 생명의 정의, 의료전문직 윤리, 윤리이론과 의료결정의 관계 등 폭넓은 주제를 다뤘으며, 생명윤리가 기술적·법률적 논의에 머물던 시기에 이를 철학적 분석과 결합시켜 독립된 학문 분야로 확립하는 데 중요한 역할을 했다.

이는 곧 정신지체가 본질적으로 나쁜 게 아님을 사람들에게 재교육하는 것만으로는 낙인의 문제를 해결할 수 없다는 뜻이다. 정신지체는 인종이나 젠더 낙인과는 다르다. 가장 헌신적이고 공감적인 정신지체인의 옹호자조차도 이 문제가 어렵다는 사실을 인정한다. (…) 이 문제는 현실이다. 정신지체는 명백히 부정적인 것이므로 우리는 이를 객관적으로 나쁜 상태로 여겨도 무방하다.[24]

이처럼 지적장애에 대한 폄하는 이 같은 명시적 진술에서뿐만 아니라 지적장애인을 묘사하고 논의하는 방식에 은연중에 내재되기도 한다. 예컨대, 심각한 인지장애가 있는 사람은 살 만한 가치가 없다는 가정이 그러하다. 셋째, 전통적 접근은 지적장애를 비역사적 방식으로 논의한다. 지적장애 범주의 역사에 대한 언급은 아예 없거나 당면한 철학적 논의와는 무관한 것으로 간주된다. 지적장애는 인격이나 정의와 같은 개념을 다루기 위한 사례 연구 정도로 여겨지며, 이 집단의 구성원은 구체적인 실천이나 사회적·정치적 맥락 속에서 이해되기보다는 추상적으로 다뤄진다. 전통적인 접근에서 지적장애가 명시적으로 논의될 때, 지적장애인은 문제 삼을 필요조차 없는 바람직하지 않은 유형의 개인으로 간주된다. 또한 이들의 성격이나 지위에 영향을 미칠 수 있는 역사적·정치적·사회적 요소와는 무관하게 윤리적·생명윤리적인 질문이 제기된다.

정신지체를 비롯해 지적장애 전반을 다루는 전통적 접근에서 지적장애 자체를 탐구하지는 않지만, 다른 철학적 논증을 뒷받침하기 위해 지적장애를 끌어들이는 사례는 여러 철학 문헌에서 발견할 수 있다. 이는 종차별주의에 반대하는 논증에서 분명하게 나타난다. 동물권 문헌에서는 중증 지적장애인에 대한 언급이 넘쳐나는데, 여기서 중증 지적장애인은 동물권 옹호 논거를 강화하기 위한 사례로 활용된다. 예컨대, 피터 싱어는 비인간 동물과 지적 능력이 유사한 인간에게 더 높은 도덕적 지위를 부여하는 것은 임의적이고 정당하지 않으며, 이런 지위 부여는 인종차별과 성차별만큼이나 도덕적 문제가 있는 종차별주의의 한 형태임을 주장한다. 동물 권리 논의에서도 지적장애는 철학적 유비나 비교를 위한 자명한 범주의 개인으로 간주된다. 비인간 동물에 대한 학대의 역사는 명시적으로 기록되지만, 지적장애가 하나의 범주로 등장하게 된 역사적·정치적 맥락과 그 범주로 분류돼 낙인찍힌 사람이 겪어온 억압과 학대의 역사는 전혀 언급되지 않는다.

지적장애인은 그들에게는 적용되지 않는 도덕 담론의 논증을 뒷받침하는 철학적 사례로 등장하기도 한다. 전통적 접근의 두 가지 예시, 지적장애에 대한 직간접적인 철학적 논의 모두에서 철학자는 자신의 개념적·규범적 입장을 좀 더 정교하게 구상하기 위해 정신지체인 혹은 지적장애인을 탈맥락화된 사고 실험의 대상으로 등장시킨다.

지적장애에 관한 두 번째 철학적 접근 방식인 비판적 장애 접근은 전통적 접근이 다뤘던 윤리학 및 생명윤리학적 주제에서 크게 벗어나지는 않는다. 그러나 비판적 장애 접근법은 관점의 전환을 예고하며 윤리적·생명윤리적, 그리고 다른 철학적 질문을 제기하는 방식에서 전통적 장애 접근법과 차이를 보인다.

비판적 장애 접근은 장애인의 자율성, 돌봄, 권리, 도덕적 지위, 정의, 처우와 같은 질문을 주로 다루면서 장애 범주 자체를 문제 삼고 정치적·학문적 맥락에서 장애인의 지위, 본질, 처우에 대해 비판적 질문을 제기한다는 점에서 전통적 접근법과 구분된다. 이런 질문 방식과 분석 범위의 변화는 부분적으로는 지난 수십 년간 장애 담론 전반에 일어난 광범위한 전환의 징후이기도 하다. 이 변화 가운데 우리는 장애의 사회적 모델과 포스트모던 모델을 비롯해 장애 범주 자체를 윤리학과 생명윤리학은 물론, 과학철학, 정치철학, 페미니즘철학, 포스트모던 사상 등의 다양한 맥락에서 비판적으로 성찰하는 철학적 작업의 확장을 목격하게 된다.

비판적 장애 접근은 여러 면에서 앞서 설명한 전통적 접근 방식에 대한 수정으로 볼 수 있다. 첫째, 철학자는 장애라는 범주의 본질과 지위 자체에 도전한다. 이들은 장애를 별 문제 삼을 것이 없는 자명한 '자연종'으로 받아들이기를 거부한다. 둘째, 다수의 철학 문헌에서 나타나는 장애에 대한 비역사적 접근에 대응하기 위해 일부 철학자는 장애인이 겪는 억압의 사회적·정치적·역사적 토대를 탐구한다. 마지막으로 비판적 장애 이론가는 장애를 논하는 특정 철학 담론에 내재된 차별적이고 잘못된 가정을 폭로한다. 예를 들어, 어니타 실버스는 장애에 본질적으로 내재된 '나쁨'이라는 전제에 의문을 제기하고, 에바 키테이Eva Kittay는 의존과 돌봄의 폄하를 탐구한다.

론 아먼슨Ron Amundson은 정상과 비정상적 기능의 범주를 실체화하는 오류를 지적하고, 수전 웬델Susan Wendell은 장애인의 삶을 폄하하는 '통제 신화'*를 비판한다.[25]

이 철학자 가운데 많은 이가 전통적 접근에서 다루는 것과 유사한 윤리적 질문, 예를 들어 장애에 대한 정의, 자율성, 권리, 존중에 관한 질문을 제기함과 동시에 지배적 철학 담론 속에 내재된 규범적 주장과 가정에 도전한다. 예컨대, 이들은 이러한 질문을 던진다. "왜 장애를 갖는 것이 객관적으로 나쁘다고 여겨지며, 왜 장애인의 삶은 폄하되는가? 장애를 가장자리 사례로 정의하는 것이 장애인을 위한 정의正義를 고려할 가능성을 어떻게 제한했는가? 장애 범주 자체와 장애 경험은 어떤 방식을 통해 사회적으로 구성되는가?"[26] 그러나 이런 비판적 장애 접근 속에서도 여전히 지적장애는 신체장애와 일반적인 장애 논의에 가려져 있다.

지적장애의 맥락에서 세 가지 장애 모델을 비판적으로 성찰할 수 있듯이 지적장애를 변화하는 철학적·정치적 지형 아래 좀 더 눈에 띄는 자리에 놓기 위해서는 전통적 접근과 비판적 장애 접근 모두를 참조해야 한다. 그러나 나의 목표는 단순히 지적장애의 특수성을 반영하기 위해 세 가지 장애 모델을 새롭게 변주하려는 것도, 앞서 설명한 두 가지 철학적 접근 방식(전통적·비판적 접근)의 틀 안에서 이 문

---

*   수전 웬델은 서구 사회에서 인간이 자신의 몸을 완전히 통제하고 건강을 유지하며 질병·장애·죽음을 피할 수 있다는 믿음을 사회적으로 강요된 신화로 간주하며 이를 비판한다. 이는 그의 저서 《거부당한 몸》에서 논의된다.

제를 조명하려는 것도 아니다. 비판적 장애 접근의 입장을 확고히 견지하면서도 다양한 접근 및 모델과의 대화를 통해 지적장애를 철학적으로 사유하는 새로운 방식을 탐색해보고자 한다.

가면 벗기기: 푸코적 서곡

이 책은 두 가지 주요 목표를 갖는다. 첫째, 철학적 논의를 지적장애의 역사 속에 좀 더 명시적으로 뿌리내리게 하며 둘째, 지적장애를 논하는 현대 철학 담론의 특징을 밝히는 것이다. 따라서 1부에서는 19세기 중반부터 20세기 초반까지 지적장애가 다양한 얼굴로 지식의 객체로서 형성된 방식을 고찰한다. 이런 역사적 탐구는 지적장애 범주의 과거 및 현재의 복합성을 다루기 위한 이론적 틀을 제공할 것이다. 2부에서는 이 분석 도구를 실제로 적용해 현대 철학 담론에서 발견되는 지적장애의 네 가지 얼굴의 정체를 밝힌다. 바로 권위의 얼굴, 짐승의 얼굴, 고통의 얼굴, 그리고 거울의 얼굴이다.

'가면 벗기기unmasking', 즉 '드러내기'라는 용어를 사용할 때 염두에 둔 것은 이언 해킹의 논의였다. 해킹은 카를 만하임Karl Mannheim의 개념에 기반을 두고 이 용어를 설명한다.

어떤 사상을 논박하려는 것이 아니라, 그 사상이 수행하는 기능을 폭로함으로써 그것을 약화시키는 것이다. (…) 이 개념의 핵심은 어떤 사상이 지닌 이론-외적 기능^{extra-theoretical function}을 드러내면 그 사상의 '실제적인 영향력'이 상실된다는 것이다. 우리는 어떤 사상을 '해체'하기보다 그 사상이 지닌 날조된 매력이나 권위를 드러내기 위해 가면을 벗기려는 것이다.[27]

또한 해킹은 논박과 드러내기의 차이를 다음과 같이 명확히 한다.

> 만하임은 논박과 드러내기를 구분한다. 논박은 논지 자체의 수준에서 작용해 그 논지가 거짓임을 밝히는 방식이라면, 드러내기는 논지의 이론-외적 기능을 드러냄으로써 논지를 약화시키는 방식이다. (…) 다시 말해, 드러내기는 지식과 범주화가 지닌 권위 자체를 약화시키는 경향이 있다. 또한 우리가 지금까지 발견한 것이나 현재 우리가 행하는 방식이 필연적이라는 안일한 전제를 흔들어놓는다. 그리고 그 도전은 더 나은 대안을 제시하거나 논박하는 방식이 아니라, 바로 가면을 벗겨 '드러내는' 방식으로 이뤄진다.[28]

구체적으로 2부의 각 장은 철학자가 지적장애에 대한 인식을 주장해온 방식, 말하자면 지적장애인과 비인간 동물을 연결 짓는 것, 지적장애인의 사례를 전형적으로 고통이라는 관념 아래 구성하는 것, 그리고 지적장애인이 비장애인을 비추는 거울로 기능하는 방식 등을 폭로한다. 그러나 나는 철학적 논의가 수행하는 이론-외적 기능을 드러내는 데 그치지 않고 이런 논의가 의존하는 여러 가정과 주장을 반박할 것이다. 그리고 이 점을 고려해 지적장애에 대한 철학을 비판적으로 재고할 필요가 있음을 주장할 것이다.

특정 철학적 접근에 도전하고 또 다른 접근의 이면 또한 밝힐 테지만, 이 책의 목적은 지적장애를 철학적으로 사유할 때 따라야 할 하나의 이론이나 교리를 제시하는 데 있지 않다. 오히려 이런 접근의 역사적·철학적 흐름을 되짚는 작업을 통해 푸코가 "역사적 존재론historical ontology"이라고 부른 것과 유사한 작업을 수행하고자 한다. 푸코는 〈계몽이란 무엇인가?What is Enlightenment?〉라는 논문에서 우리가 "우리 자신에 대한 역사적 존재론"을 수행하기 위해서는 "역사-비판적historico-critical" 태도를 취해야 한다고 주장한다. 이언 해킹 역시 자신의 작업을 푸코의 역사적 존재론과 비슷한 맥락에서 규정하고 역사적 존재론을 탐구의 측면에서 이렇게 설명한다.

역사적 존재론은 역사 속에서 선택과 존재의 가능성이 어떻게 등장했는지를 탐구하는 일이며, 이 작업은 거대한 추상적 개념 속에서 이뤄지는 것이 아니라 우리가 우리 자신을 구성해나가는 구체적인 형성 방식 속에서 이뤄져야 한다.[29]

이 책 역시 푸코가 역사-비판적 태도에서 제시한 두 과제 사이를 오가는 작업을 수행한다. 푸코는 이렇게 말한다.

우리 자신의 경계에서 수행되는 이 작업은 한편으로는 역사적 탐구의 장을 열어젖혀야 하고 다른 한편으로는 현실, 특히 동시대의 현실 속에서 스스로의 작업을 시험대 위에 올려놓아야만 한다. 이는 변화가 가능하고 바람직한 지점을 파악하기 위해서, 그리고 그 변화의 구체적인 모습이 어떠해야 하는지를 규명하기 위해서다.[30]

1, 2부에서 다루는 지적장애의 역사적·철학적 세계는 앞서 푸코가 제시한 이중의 과제를 반영하며, 따라서 이 책의 작업 역시 푸코적 관점에서 이해될 수 있다.

1부를 구성하는 역사적 분석은 여러 목적을 수행한다. 첫 번째로 역사적 분석은 분류에 관한 나의 이론적 접근을 정립하고 적용할 기회를 제공한다. 두 번째로 지적장애의 역사를 탐구함으로써 지적장애의 철학적 세계에 대한 후속 논의의 배경을 마련한다. 2부에 이르면 좀 더 분명해지겠지만, 많은 철학자가 지적장애 역사를 다루지 않으며 심지어 이런 태도에서 벗어나지도 못하고 있다. 여러 면에서 지적장애인과 관련한 오늘날의 철학 담론은 심리학·사회학, 그리고 특수교육 등의 다른 학문 분야나 지적장애인과 그 가족의 실제 삶의 경험이 반영된 작금의 현실보다는 오히려 과거에 더 맞닿아 있다.

나는 지적장애의 역사가를 자처하는 게 아니다. 책의 상당 부분은 이 분야의 역사학자가 수행한 비판적이고 종합적인 역사 연구에 의존한다. 그러나 푸코적 시각과 페미니즘적인 관점에서 지적장애 역사를 탐구함으로써 지금까지 명시적으로 논의된 적이 없던 몇 가지 측면을 조명해 논의에 기여하고자 한다. 구체적으로는 분류 내부에 존재하는 긴장과 영향력, 그리고 이처럼 명백한 모순이 어떻게 '지적장애'라는 새로운 인식 대상의 형성과 발전을 촉진했는지 살펴볼 것이다. 또한 이런 역사 가운데 장애 여성과 비장애 여성이 어떤 방식으로 구분 지어졌는지, 그리고 지적장애가 어떻게 젠더화된 인식의 대상으로 등장했는지 등을 살펴볼 것이다.

푸코는 비판적 존재론critical ontology이 세 가지 축인 '지식, 권력, 윤리'를 따라 전개돼야 한다고 주장한다. 이 세 축은 다음의 질문으로 요약할 수 있다. "우리는 어떻게 우리 자신의 지식 주체로 구성되는가? 우리는 어떻게 권력관계를 행사하거나 그것에 복종하는 주체로 구성되는가? 우리는 어떻게 우리 자신의 행위에 대한 도덕적 주체로 구성되는가?"[31] 이 책에서 역사적·철학적 세계 아래 지적장애를 탐구하는 작업은 바로 이 세 축을 따라 이뤄지며, "세 축의 고유한 특성과 상호 연관성을 분석해야 한다."[32] 이제 서두의 논의를 마무리하며, 이어지는 장에서 세 축이 어떻게 개입하고 그 내용을 어떻게 이끌어 가는지를 간략하게 살펴보고자 한다.

많은 전문가, 그중에서도 철학자는 지적장애를 지식의 객체로 규정해왔다. 반면, 지적장애인을 정당한 권리 아래 앎의 주체로서 주목한 철학적 논의는 상대적으로 부족했다. 앞서 언급했듯, 1부에서는 지적장애가 어떻게 복합적이고 논쟁적인, 그리고 젠더화된 인식의 대상으로 형성됐는지를 면밀하게 분석할 것이다. 한편, 인식적 권위에 대한 질문은 이 책 전체를 관통해 제기된다. 곧 알게 되겠지만, 지적장애의 역사에서 여성이 점유했던 다층적인 위치와 이들이 지적장애에 대한 지식 생산에 관여한 방식에는 매우 흥미로운 서사가 존재한다. 현대 철학 담론의 맥락에서도 인식적·도덕적 권위 주장에 대한 문제 제기는 중요하며, 마찬가지로 지적장애 논의에서 흔히 사용되는 언어적 표현이나 정의에도 비판적으로 접근할 필요가 있다. 어떤 종류의 지식이 인정받고, 누구의 목소리가 포함되는가를 가르는 문지기 역할은 과거와 현재에 정신지체라는 분류가 어떻게 구성됐는지를 이해하는 데 핵심적인 요소다. 이는 특정 맥락 속에서 형성되는 인식과 그것이 생산되는 구체적 담론, 제도적 실천을 면밀하게 검토할 필요가 있음을 의미한다.

　푸코가 우리에게 알려준 바와 같이, 지식에 대한 논의는 필연적으로 권력에 대한 질문을 수반하며, 정신지체에 대한 역사적·철학적 담론을 분석하는 나의 작업에는 항상 권력의 문제가 존재한다. 푸코는 권력을 행위의 관점에서 정의하는데, 권력의 행사는 "특정한 행위가 다른 가능한 행위의 장場을 구조화하는 방식"[33]이라고 말한다. 권력은 관계적 개념으로 행위 능력을 지닌 두 주체 간의 관계를 뜻하며 한 주체가 다른 주체의 행위 가능성에 영향을 미치는 것을 의미한다. 모든 사회적 관계에는 권력이 작용하지만 이는 우리의 행위가 다양한 개인과 제도에 의해 끊임없이 형성된다는 점에서 그러하며 권력관계가 반드시 '지배'를 의미하지는 않는다. 푸코는 "권력관계가 없는 사회는 오직 추상일 뿐이다"[34]라고 말한 바 있다.

　권력은 그것이 행사되는 방식에 따라 분석돼야 한다는 푸코의 신념에 충실하면서, 1부에서는 지적장애의 역사 속에 나타난 구체적인 권력의 양상을 다룬다(예를 들어, 1장에서는 특정한 훈육 및 정신의학 권력의 형태, 2장에서는 복잡한 젠더화된 권력관계를 분석한다). 2부는 철학자와 전문가가 구성한 인식의 대상, 그리고 논의에서 배제된 타자의 목소리 사이에 형성된 권력관계에 주목한다. 내가 푸코의 접근을 설득력 있게 여기는 이유는 권력을 한 개인, 하나의 제도 혹은 특정 동기 속에 국한하는 제한된 관점을 경계하는 동시에 포괄적인 분석 틀을 제공하기 때문이다. 푸코의 권력 개념에서 또 하나 중요한 특징은 저항의 가능성이다. 여러 권력의 중심에는 여러 저항의 중심도 존재하기 때문이다.[35] 이 책의 역사적 논의는 저항의 사례를 명시적으로 다루지 않는다. 그러나 2부에서의 성찰은 이 비판적 작업을 통해 실천적·개념적 저항의 형태들이 어떻게 나타날 수 있는지에 대한 일종의 서막 역할을 하게 될 것이다.

이런 저항 개념은 세 축의 마지막인 윤리를 가리키며, 이는 2부의 근간을 이룬다. 오늘날 도덕 담론에 나타나는 지적장애의 철학적 얼굴을 폭로하려는 것은 인격성과 도덕적 고려의 주변부에 위치한 존재로 간주되는 이들과는 대조적으로, "우리"라 불리는 비-지적장애인이 스스로를 도덕적 주체로 어떻게 규정해왔는지를 문제 삼기 위함이다. 그러나 이 작업은 규범적이기보다는 고고학적이며 계보학적 성격을 지닌다. 푸코는 역사적 존재론을 다음과 같이 설명한다.

고고학적이라 함은 "우리의 생각, 말, 행동을 구성하는 담론의 순간을 수많은 역사적 사건으로 다루는 것"을 의미하고, 계보학적이라 함은

"이제 더 이상 지금과 같은 방식으로 존재하거나, 행하거나, 사유하지 않을 가능성을 지금의 우리를 만든 우연들에서 떼어놓는 것"을 의미한다. (⋯) 이는 가능한 한 널리, 자유라는 미지의 과업에 새로운 동력을 부여하려는 시도다.[36]

나는 현대 철학 담론에서 지적장애가 구현되는 구체적 양상을 역사적 세계와 나란히 놓음으로써 지적장애를 다루는 철학 담론이 역사적 우연의 산물임을 드러내고, 더 나아가서 지적장애를 다르게 사유하는 것이 윤리적 맥락에서 어떤 의미를 지니는지 상상해보고자 한다.

중증 지적장애인과 비인간 동물을 긴밀하게 연결 짓는 방식과 이로 인한 비인간화의 위험, 고통과 장애를 동일시하는 문제, 지적장애인을 피해자나 주변 사람에게 깊은 고통을 안겨주는 존재로 묘사하는 주류 방식에 도전하는 일이 포함된다. 도덕적 세계의 경계를 구분 짓는 시도에 내재된 배제의 방식과 특정한 타자를 도덕적 주체로 구성하거나 소외시키는 "우리"의 미심쩍은 방식을 문제 삼는 것은 "우리가 지금과 같이 존재하고 행하며 사유하지 않을 가능성"을 향한 한 걸음이다.

푸코는 역사적 분석의 필요성을 인정한다. 지적장애의 경우, 나는 이 범주에 속한 사람에 대한 논의가 지적장애 분류의 역사에 기반을 둬야 한다고 주장한다. 따라서 1부에는 지적장애에 대한 분류가 어떻게 등장하고 발전하며 지속됐는지에 관한 일련의 역사적 분석이 포함되어 있다. 그러나 이는 역사적 분석 자체만을 위한 것이 아니다. 만일 그랬다면 정신지체 역사의 탄탄한 서술을 위해 필요한 사료 조사와 해석 작업을 이 분야에 훨씬 더 능한 역사가에게 맡겼을 것이다. 앞서 푸코가 언급했듯 역사적 분석은 우리에게 부과된 경계를 밝혀준다. 지적장애의 역사적 분석은 특정 유형의 질문과 담론 형성이 어떻게 가능해졌는지, 그리고 어떤 것이 무시되거나 배제됐는지를 탐구한다. 또한 인간성과 인격성 개념 자체의 한계점을 비판적으로 고찰하고, 지적장애에 대한 일부 철학 담론이 왜 19세기 말과 20세기 초의 일탈 및 결함 관념의 흔적을 지니고 있는지 설명한다.

그러나 푸코의 역사적 존재론은 단순히 부정적인 의미의 비판에만 그치지 않는다. 푸코는 자신의 작업을 통해 지금과는 다른 존재의 우리 자신을 그려보게 하며 정체가 탄로 난 그 경계를 넘어설 수 있다는 상상을 가능케 한다. 2부에서는 지적장애 범주 밖의 우리가 정상성과 인간성 개념과 관련해 지적장애를 새롭게 사유하는 일이 어떤 의미를 지니는지 탐색한다.

내가 철학의 새로운 전환을 촉구하는 것은 지적장애에 대한 특정 철학적 태도를 재고함과 동시에 푸코가 말한 에토스^{ethos}*, 즉 철학적 관행 속에 내재된 전제를 마주하자는 데 있다. 더 많은 연구가 필

---

* 푸코가 말한 에토스는 단순히 성격이나 태도를 뜻하는 일반적 의미를 넘어 철학적·윤리적 삶의 방식, 자신과 세계에 대한 특정한 관계를 형성하는 생활양식을 의미한다. 특히, 푸코는 에토스를 철학적 사유와 분리하지 않으며 사유 자체를 삶의 방식과 결합한 실천으로 봤다.

요하겠지만, 이런 성찰을 통해 지적장애에 관한 철학적 질문을 제기할 수 있는 새로운 장을 마련하고, 지적장애인을 좀 더 온전한 인간 주체로 그려나가게 되기를 기대한다.

악몽과 꿈

광기는 오랫동안 철학의 역사에 출몰했다. 어쩌면 광기는 철학의 악몽 중 하나일지도 모른다. 푸코는《광기의 역사》에서 광인에 대한 데카르트의 불편한 심정을 탁월하게 드러낸다. 데카르트는《제일철학에 관한 성찰》에서 다음과 같이 말한다. "내가 그들(광인들)의 무엇이든 나 자신의 본보기로 삼는다면, 나 또한 미친 사람으로 여겨질 것이다." 푸코는 이를 광기의 역사에서 결정적인 순간, 바로 철학의 인식론적 작업에서 광기의 가능성을 배제한 순간으로 본다.《광기의 역사》에서 푸코는 "광기는 의심하는 주체에 의해 배제된다"[37]고 썼다. 데카르트 사상의 독자이자 계승자인 우리는 스스로에게 이렇게 물어야만 한다. 과연 무엇이 데카르트적 사색에 광인은 참여하지 못하게 하고, 우리는 참여할 수 있게 하는가? 즉, 무엇이 광기와 우리(합리적이고 의심하는 주체)를 가르는가?

이 결정적인 배제의 순간 이후, 철학이 광기를 회복했는가는 해석의 문제로 남아 있다(데카르트가 광기를 철학에서 배제했다는 푸코의 해석 역시 마찬가지다). 플라톤에서 니체에 이르기까지 많은 철학자는 광기에 매혹됐으며, 데카르트의 《제일철학에 관한 성찰》을 예외로 한다면, 광인은 철학 담론에서 백치나 정신지체인보다 훨씬 더 두드러진 위치를 점해왔다. 물론 이 말이 광인이 더 인간적인 방식으로 다뤄졌다는 의미는 아니지만 말이다. 로이 포터Roy Porter는 "광기는 여전히 마법을 발휘하지만, 무지성은 어떤 신비함도 지니지 않는다"[38]고 했다. 어쩌면 광기는 데카르트적인 악몽일 수 있다. 하지만 철학에서 지적장애의 얼굴을 더 깊이 알게 된 나는 점점 더 이런 생각을 하게 된다. 지적장애야말로 훨씬 더 무서운 악몽일지도 모르며, 그 악몽은 새로운 이야기와 새로운 날의 가능성을 갈망한다는 것을.

이 작업을 시작하면서 나는 다음과 같은 푸코의 낙관주의를 품고 간다.

내 모든 탐구는 절대적 낙관주의라는 전제 위에 놓여 있다. 나는 분석을 통해 '현실이 이렇다, 너희는 이렇게 갇혀 있다'고 말하려는 게 아니다. 오히려 나는 그것이 현실의 변화를 이룰 수 있다고 여길 때 그렇게 말하는 것이다.[39]

차례

2부 지적장애의 철학적 세계

Philosophical
Reflections

1부

**지적장애의
역사적 세계**

The Faces of
Intellectual
Disability

1장

백치와 시설이라는
쌍둥이 형제

이 장은 19세기 중반 미국에 등장한 '정신박약자'를 위한 시설의 제도적 세계를 탐구한다. 지적장애 역사에 관한 문헌은 방대하고 빠르게 몸집을 불려가고 있다. 문헌의 대부분은 시설의 흥미로운 이야기와 지적장애 개념의 복잡한 전개 과정을 다룬다.[1] 이 분야에 대해 이미 많은 연구가 이뤄졌음에도 전문 역사가도 아닌 내가 왜, 어떻게 정신박약자 시설과 그 담론을 다시 살펴보게 되었는지 간략히 말하고자 한다.

미셸 푸코의 제도사적 작업, 특히 임상의학과 근대적 감옥, 그리고 정신병원 수용소의 탄생에 관한 논의에 영감을 받아 지적장애 역사에 관심을 갖게 되었다.[2] 이에 나는 일련의 광범위한 푸코적 질문과 함께 이 작업을 시작했다. 지적장애에 관한 지식이 수집되고 생산되는 방식에는 어떤 독특한 변화가 있었는가? 지적장애 범주를 규정짓고 이를 영속시킨 담론 및 실천은 무엇인가? 그 근원에는 어떤 연속성과 비연속성이 존재하는가? 제도적 기술 속에 어떤 형태의 권력이 내재돼 있으며 이는 전문 지식의 생산과 어떻게 연결되는가? 지적 장애에 대한 종합적인 푸코식 역사 서술은 분명 가치 있는 작업이겠지만 나는 특정 주제에 좀 더 집중하려 한다. 즉, 정신박약이라는 새로운 지식 객체의 출현, 특수한 제도적 기술과 그 기술이 생산해낸 구별되는 종種 간의 관계, 그리고 표면적으로는 변화와 논쟁으로 점철된 불연속적인 역사처럼 보일지라도 그 이면에서 지속돼온 특정한 개념적 긴장에 주목할 것이다.[3]

푸코는 《임상의학의 탄생》에서 19세기 정신의학을 이렇게 설명한다.

> 정신의학은 (…) 지각 가능한 것과 진술 가능한 것의 새로운 윤곽으로 출현해 (…) 질병에 대해 보고 말할 수 있는 담론적 조건 자체를 재구성한다.[4]

푸코의 설명과 마찬가지로 '백치'를 위한 시설의 탄생과 이 집단에 대한 지능검사는 지적장애에 대해 무엇을 관찰하고 무엇을 말할 수 있는지를 형성했다. 따라서 1840년대 후반 시설이 처음 문을 연 시기부터 1912년 헨리 H. 고다드Henry H. Goddard의 《칼리캑 가문The Kallikak Family》* 출판과 정신능력검사 도입에 이르기까지, 우리는 새로운 형태의 지식 객체가 출현하는 모습을 목격하게 된다. 지적장애는 복잡한 제도적 세계 안에서 발견되고 만들어졌다. 지적장애에 대한 인식은 재구성되고 기록됐으며, 정형화된 양식의 인식과 발명이 강요됐다.

이 새로운 지식 객체가 출현할 수 있었던 배경은 무엇일까? 여기서 우리는 제도적 실천과 전문가 담론을 살펴볼 필요가 있다. 푸코는 《감시와 처벌》에서 교정 기술과 범죄(자)의 관계성을 다음과 같이 설명한다.

> 교정 기술과 범죄는 일종의 쌍둥이 형제다. 감옥에 정교한 교정 기술이 도입된 것은 과학적 합리성이 범죄를 발견했기 때문이 아니다. 또한 교정 기술이 내부적으로 정교해져 범죄의 실재성이 객관적으로 드러난 것도 아니다. (…) 교정 기술과 범죄는 하나가 다른 하나에서 확장된 형태로 함께 나타났으며, 기술적 앙상블로 작용해 이 둘의 총체가 적용되는 대상을 형성하고 분해했다.[5]

정신박약자를 위한 제도 안에서도 유사한 현상이 일어났다고 할 수 있다. 학교, 수용소, 시설로 불린 기관에 적용된 다양한 수단

＊ 1912년에 출판된 《칼리캑 가문》의 부제는 '정신박약의 유전에 관한 연구'다. 미국 심리학자이자 우생학자였던 헨리 H. 고다드의 저작으로, 20세기 초 미국 우생학운동에 큰 영향을 미쳤다. 고다드는 데보라라는 여성의 가계도를 추적하면서 정신박약이 유전된다는 우생학적 주장을 입증하려 한다. 이런 고다드의 주장은 정신박약에 대한 사회적 통제를 정당화하는 데 활용됐으며 과학적·윤리적으로 많은 비판을 받아왔다.

과 기술은 새로운 유형과 분류 체계를 만들어냈고, 여기서 백치, 천치, 도덕적 천치가 각각 독립적인 범주로 등장했다. 20세기 초, 정신능력검사의 탄생과 함께 정신박약에 대한 이해가 또다시 변화했고, 지식을 수집하고 분류하는 새로운 방식 속에서 경도 정신지체, 즉 모론moron*이 출현한다. 이처럼 정신박약 범주는 과학적·객관적 유형의 하나로 발견된 게 아니라 객체이자 주체로 받아들여지고 생성된 것이다.[6]

미국 지적장애 역사에는 두 번의 뚜렷한 분기점이 있다. 바로 19세기 중반에 시작된 정신박약자 시설 설립과 고다드가 알프레드 비네Alfred Binet의 지능검사를 도입한 일이다. 정신박약을 기술하고 정의하며 다루는 새로운 방식이 등장한 것이다.

많은 역사학자가 지적장애 역사의 불연속성discontinuities**을 지적하는데, 일부는 이 역사적 시기를 세 시대로 나누기도 한다. 1850~1880년까지는 대개 시설 설립에 낙관적이었던 시기로, 시설의 목표는 '일탈자를 비일탈자로 만드는 것'이었다.[7] 그러나 1880~1900년

---

* 고다드가 제안한 용어로 지능검사 51~70 범위에 해당하는 사람, 즉 교육 가능성이 있다고 여겨진 가장 '경미한' 수준의 정신지체를 가리켰다. 현대적 맥락에서 모론은 바보, 멍청이와 같은 모욕적·비하적 표현으로 사용되지만, 20세기 초에는 정신지체를 분류하기 위한 의학적·심리학적 기술 용어로 쓰였다. 따라서 본문에서는 역사적 맥락을 보존하기 위해 이 용어를 그대로 음역해 사용했다.

** 중단·단절·끊김·불연속성 등을 뜻하는 개념으로 푸코가 지식과 역사의 흐름 속에서 나타나는 불연속적 전환 혹은 급격한 변화의 계기를 지칭할 때 사용한 용어다. 본문에서는 문맥에 따라 '불연속(성)' 혹은 '단절'로 옮겼다.

에는 점차 비관적인 분위기가 형성됐다. 이에 보호관리주의로의 전환이 일어났으며 이는 '일탈자를 사회에서 격리한다'는 입장이었다. 1900~1920년 사이에는 '사회를 일탈에서 보호'하려는 시도가 이뤄졌으며 정신지체는 하나의 위협으로 간주되기 시작했다. 하지만 이 역사에는 지속성의 요소 역시 도처에 존재했다. 필립 퍼거슨Philip Ferguson은 중증 정신지체인의 역사를 다룬《운명에 내버려진 자들Abandoned to Their Fate》에서 최중증 장애 집단은 불치不治라는 선고 앞에서 교육이나 훈련에 대한 가능성을 잃게 된다고 주장한다. 퍼거슨은 "만성의 (…) 어떤 식으로든 '고치지 못함'"으로 판단되는 사회적 상태가 정신지체를 둘러싼 개념과 실천 속에 단단히 박혀 있다고 말한다.[8] 이 하위 집단을 중심으로 볼 때 역사적 불연속성의 순간은 명확히 드러나지 않는다. 예를 들어, 교육 중심에서 보호관리 중심으로의 역사적 전환은 지적장애 역사에 적용되지 않는다. "경도 혹은 중등도의 정신지체인을 대상으로 한 보호관리주의 정책의 궁극적 승리는, 사실상 최중증 정신지체를 가진 인구집단에 이미 오랫동안 적용돼오던 보호적 접근의 확장에 불과했다."[9]

푸코는 이렇게 말한 바 있다.

하나의 문제에는 여러 대응이 가능하다. 실제로도 대개 서로 다른 방식이 제시된다. 그러나 우리가 이해해야 할 것은 다양한 방식의 대응을 동시에 가능케 하는 조건이다. 즉, 모든 대응이 공존할 수 있는 기반, 때때로 서로 모순된다고 할지라도 그 방식이 함께 존재하도록 자양분

을 제공하는 토대를 이해해야 한다.[10]

이후 논의에서 나는 지적장애를 지식의 객체로 규정해온 일련의 내재적이고 해소되지 않은 긴장 혹은 모순을 탐색하고자 한다. 내가 개념쌍이라 부르는 이항의 대립 개념은 지적장애의 본질을 매우 상이하게 그려내면서도 동시에 공존시킨다. 이는 지적장애인을 대하는 방식에 직간접적인 영향을 미쳤다. 내가 주장하는 바는 다음과 같다. 질적·양적, 기질적·비기질적, 고정적·변동적, 가시적·비가시적과 같은 개념쌍이 존재하기에 언뜻 일시적이고 불안정해 보이는 지적장애 분류가 안정적이고 지속적으로 유지될 수 있었던 것이다(2장에서 보겠지만 이 개념쌍은 오늘날 지적장애에 관한 철학 담론 속에서도 발견된다). 지적장애의 역사가 여러 차례의 단절과 개혁으로 이뤄진 것처럼 보이는 이유는 그 기저에 오래 지속되어온 대립 구조가 존재하기 때문이다. 이를 알면 그런 표층적 변화를 더 잘 이해할 수 있다. 다만 이 개념쌍을 살펴보기에 앞서 역사적 배경을 간단히 짚고 넘어갈 필요가 있다.

지적장애인 시설의 탄생

역사적으로 백치라서 고통받는다고 여겨졌던 사람들은 다양한 방식으로 이해됐다. 이들은 연민의 대상이자 악령에 씐 자, 신성한 순수함을 지닌 자, 영원한 아이, 병든 생물체 등으로 인식됐다.[11] '백치 idiot'라는 용어는 그리스어 idios, 즉 '사적인 사람private person'*에서 유래했으며, 14세기부터 쓰기 시작했다. 계몽주의 시대에 접어들면서 백치에 대한 관심은 종종 다른 장애와 연결해 논의됐다.

예를 들어, 존 로크는 《인간오성론》에서 지적장애인과 광인을 대조한다.

> 광인은 잘못된 관념에서 잘못된 명제를 만들지만, 그 잘못된 명제에서 올바른 방식으로 추론하고 논증한다. 반면, 백치는 명제를 거의 혹은 전혀 만들지 못하며 추론 역시 대체로 하지 못한다.[12]

이처럼 광기의 오류와는 달리, 백치는 결핍으로 정의됐으며 이는 19~20세기까지도 지속됐다. 백치와 광인의 복잡한 관계는 지적장애의 분류를 둘러싼 담론 속에서 여전히 중요한 역할을 하고 있다.[13] 지적장애의 역사를 좀 더 종합적으로 완성하기 위해서는 백치 개념이 귀머거리와 벙어리, 그리고 계몽주의 시대부터 철학적·과학적 관심의 대상이었던 '야생아wild children'에 관한 여러 이론과 어떻게 얽혀 있는지를 이해해야만 한다.[14] 이런 중첩은 제도적 실천에서도 나타나는데 백치는 오랫동안 귀머거리, 벙어리 및 맹인 시설에 함

---

* 고대 그리스어 'idios'는 정치나 시민 참여와 같은 공적인 일에 관여하지 않는 사람을 가리킬 때 사용됐으나, 점차 '사적인 삶에만 머무는 사람', '공적 역량이 부족한 사람' 나아가 '무지하거나 능력이 없는 사람'이라는 부정적 뉘앙스를 갖게 되었다.

께 수용되곤 했다. 그러나 19세기 전반, 백치는 별도의 고려가 필요한 존재로 뚜렷이 구분되기 시작한다. 즉, 분화 과정이 일어난 것이다. 이 시점부터 '백치'는 더 이상 광기의 한 유형으로 간주되지 않는다.[15] 이 변화가 미국에서는 급진적인 제도 개혁을 촉구하는 구체적 움직임으로 나타났다. 백치를 다른 사회 부랑자와 개념적, 그리고 물리적으로 분리하려는 인도주의적·입법적 운동이 힘을 얻기 시작했다. 1824년 뉴욕 주무장관은 빈민 구제를 조사하며 이렇게 보고했다. "백치와 미치광이를 위한 적절한 수용 시설이 마련돼 있지 않은 마을에서 이들은 충분한 보살핌과 관심을 받지 못하고 있다."[16] 도로시아 딕스Dorothea Dix와 같은 인도주의 개혁가는 '백치와 정신이상자'가 열악한 환경 속에 방치돼 있으며, 부당하게 극빈자나 범죄자와 한데 수용돼 있음을 강하게 주장했다.

> 나는 무력하고, 잊히고, 정신이상자며 백치인 남녀의 대변인으로 이 자리에 왔습니다. 무심한 사람조차도 진정한 공포로 몸서리칠 정도로 추락한 존재의 대변인으로 말입니다. 이들은 감옥에서 비참하게 살아가고 있으며 구빈원은 이보다 더 비참합니다. (…) 나는 매사추세츠 감옥에 있는 백치 대부분이 부당하게 수감됐음을 주장합니다. 이들은 타인을 해칠 능력이 전혀 없고, 해를 끼치려는 경향도 보이지 않습니다.[17]

도로시아 딕스의 말은 19세기 중반 뉴잉글랜드 전역에 퍼져 있던 개혁 정신을 반영하고 있었다. 1846년, 매사추세츠에서는 백치의 처우 조사를 위한 위원회가 임명됐다.[18] 위원회 위원장은 새뮤얼 그리들리 하우Samuel Gridley Howe 박사로, 당시 그는 퍼킨스 맹인 시설에서 백치로 여겨지던 세 명의 시각장애 아동을 돌보고 있었다. 1848년, 하우 박사의 지도 아래 사우스 보스턴에 백치를 위한 실험적 학교가 문을 열었고, 후에는 '매사추세츠 백치·정신박약 아동학교'로 이름을 바꿨다.[19] 같은 해 허비 B. 윌버Hervey B. Wilbur 박사도 매사추세츠에 있는 바레에 사설 백치 학교를 열었다. 그로부터 40년 동안 뉴욕, 펜실베이니아, 아이오와, 코네티컷, 오하이오, 미네소타, 인디애나, 캘리포니아, 미시간, 메릴랜드, 네브래스카 등지에 여러 시설이 문을 열었으며, 1888년까지 총 4천여 명이 입소했다.[20] 미국에 새로이 등장한 시설을 푸코적 시각으로 바라보면 몇 가지 흥미로운 특징이 드러난다. 무엇보다 처음으로 조직화된 구조 안에서 백치의 원인, 정의, 설명, 치료법 등이 논의되어 실천에 이른 것이다. 푸코는《감시와 처벌》에서 판옵티콘*을 일종의 실험실이자 다양한 인간종과 유형의 거처인 "인간 본성의 박물관"으로 묘사한다.[21] 마찬가지로 정신박약자 학교는 지적장애의 구체적 양상을 연구할 수 있는 새로운 장을 마

---

* 감시와 권력의 현대적 작동 방식을 설명하는 데 매우 핵심적인 개념이다. 이 개념은 제러미 벤담Jeremy Bentham이 18세기에 고안한 감옥 설계 아이디어에서 비롯됐으며, 푸코는《감시와 처벌》에서 이를 현대 권력의 모델로 확장해 해석한다. 판옵티콘 형태의 감옥에서 감시자는 죄수를 볼 수 있지만, 죄수는 감시자가 자신을 보고 있는지 알 수 없으므로 죄수는 감시를 내면화한다. 푸코는 판옵티콘을 단순한 감옥 설계가 아닌 근대 권력의 핵심 구조로 봤으며, 학교, 병원, 공장, 군대 등의 제도 역시도 감옥과 유사한 판옵티콘 구조로 봤다.

련했다. 정신박약자 학교의 관리자는 이전까지 여러 범주의 사람과 무분별하게 수용됐던 이들을 구분 짓는 새로운 백치 유형학을 만들어냈다. 비세트르, 살페트리에* 병원에서 근무했던 프랑스 교육자이자 심리학자인 에두아르 세갱Edouard Seguin은 미국 최초의 백치 교육 시설에 영향을 주었다.[22]

세갱은《백치와 생리학적 치료Idiocy and Its Treatment by the Physiological Method》에 이렇게 썼다.

백치는 아동 형성 과정의 다양한 시점에 발생하는 수많은 조건에서 기인한다고 여겨지는 바, 백치가 동일한 양상을 보일 것으로 가정해서는 안 된다. 실제로 학교에 들어서자마자 입소자의 다차원적인 특징을 보게 되면 유사성에 대한 생각은 금세 사라진다. 백치는 동일한 도식으로 나타낼 수 없으며 다양한 경험적 연구를 거친 뒤에야 이들을 하나의 전형으로 제시할 수 있다.[23]

1848년 무렵, 세갱의 영향을 받은 새뮤얼 그리들리 하우 박사**는 당시 모든 형태의 정신적 결함을 아우르는 일반명사이자 하위 분

---

* 프랑스 파리에 위치해 있던 비세트르, 살페트리에 병원은 정신질환자 및 백치 치료 시설로 유명했으며, 단순한 병원이라기보다는 의료적·사회적·정신의학적 수용 시설로 중요한 역할을 했던 곳이다.

** 하우 박사는 세갱의 생리·감각 훈련 기반 교육법을 미국에 소개하고 발전시키는 데 중요한 역할을 했다. 또한 세갱의 이론적 영향 아래 1840년대 후반 백치 개념을 체계화하고 이를 세부 등급으로 분류하고자 했다.

류였던 '백치'를 세 가지 유형으로 나누었다. 유형은 다음과 같다. '저기능 백치', 바보fools와 같은 이른바 '고기능 백치', 그리고 얼간이simple-tons와 같은 '가장 고기능 백치'.[24] 이처럼 시설은 입소자뿐만 아니라 시설 관리자에게도 하나의 학교가 되었다.

세갱의 말에 따르면 시설은 "백치 상태를 개선하는 일, 인간 본성의 가장 낮은 수준부터 가장 높은 수준까지의 징후를 연구하는 일, 그리고 교육을 통한 인류 향상의 가능성을 효과적인 생리학적 방법으로 백치에게 시험하는 중첩적인 작업"[25]을 수행했다. 최초의 시설이 설립된 지 40년 후, 찰스 T. 윌버는 시설의 성과를 되돌아본다(윌버는 일리노이 정신박약 아동 교육 시설의 관리자였으며, 미국 최초로 사립 백치 학교를 연 것으로 유명한 허비의 형제다).

그는 시설의 중요한 기여를 다음과 같이 꼽았다.

백치에 관한 유용한 통계학적 정보가 상당량 수집됐고 (…) 백치를 위한 시설의 조직 방식과 교육 체계 및 방법이 개발됐으며 (…) 백치의 원인, 예방에 관한 연구와 성찰이 진행되어 사회 전체에 도움이 될 것으로 기대한다.[26]

그리고 마치 성벽 같은 시설 안에 새로운 전문가가 탄생했다. 바로 '시설장superintendent'*이었다. 남성 의사가 운영을 지휘했고 기관 내외적으로 복합적인 역할을 수행했다. 이들은 시설을 운영하는 '관리자'이자, 시설이라는 새로운 지적장애 실험실의 '학생'이기도 했다.

관리자는 시설이라는 성벽 안에 수용된 사람에 대해, 그리고 그들의 상태에 대해 잘 아는 전문가였다. 또한 새로운 부류의 사람, 즉 지적 장애인을 위한 재정 지원을 받으려 이들의 공적이고 정치적인 대표자 역할도 했다. 푸코는 인도주의적[27] 개혁 운동을 통해 근대적 의미의 수용소 탄생에 일조한 두 개혁가인 프랑스의 피넬[Phillippe Pinel 28]과 영국의 튜크[Samuel Tuke]에 대해 말하면서, 이 새로운 의료적 인간 호모 메디쿠스[homo medicus]를 이렇게 설명한다.

> 호모 메디쿠스는 의사와 환자의 새로운 만남을 가능케 했을 뿐만 아니라, 정신이상과 의학적 사유 사이의 새로운 관계를 지휘했다. (⋯) 지금까지의 수용소는 이전과 동일한 감금 구조가 대체되고 변형된 것에 불과하다. (⋯) 새로운 의료적 인물의 지위가 확립되면서 감금의 가장 본질적인 의미가 폐기됐다. 비로소 오늘날 우리가 부여하는 의미에서의 정신질환이 가능해진 것이다.[29]

이와 유사하게 미국의 새로운 '학교'도 구빈원과 같은 빈민 수용소나 감옥의 가혹하고 비인간적인 감금 상태를 개선하기 위해 고안됐다. 시설장은 백치를 구제하고 돌보며 교육할 책임이 있는 존재로서 그들만의 고유한 자격을 갖추었고 백치 개념에 새로운 의미를 부

＊　시설을 총괄하고 관리·감독하는 직책을 지칭하며, 본문에서는 기본적으로 '관리자'로 옮기되 문맥에 따라 '시설장'으로 옮기기도 했다.

여했다.

1876년, 이 새로운 전문가 집단은 '미국 백치·정신박약자시설 의료관리자협회'를 결성했다. 협회는 최초의 전문가 조직으로 정신박약에 대한 연구와 치료를 전문으로 했다. 협회는 세갱을 초대 회장으로 임명했고 정관에 이렇게 명시했다.

> 본 협회의 목적은 백치의 원인 및 상태, 통계에 관한 모든 문제와 백치·정신박약자의 관리, 훈련, 교육에 관한 논의를 포함한다. 또한 본 협회는 이 목적을 실현하기 위해 관련 시설의 설립과 육성에 힘쓴다.[30]

이 전문적 선언은 어빙 고프먼Erving Goffman의 표현처럼 시설이 "총체적 기관total institution"**으로 구상됐음을 보여준다. 즉, 삶의 모든 측면이 동일한 장소에서 많은 무리의 사람과 함께 이뤄지며 엄격한 일과표와 강제된 활동이 하나의 합리적 계획 안에 묶인다. 이는 어쩌면 기관의 공식적인 목적을 달성하기 위해 고안됐을지도 모른다.[31] 이런 시설에서 작동하는 권력은 푸코가 말한 규율 권력disciplinary power으로 이해될 수 있다. 푸코에 따르면 이는 "권력의 한 형태이자 권력의 실행 양식으로 도구, 기술, 절차, 적용 수준, 대상 등을 포함하는 전체적

** 고프먼이 《수용소》에서 제시한 개념으로 사회생활의 거의 모든 측면이 단일한 장소에서 통제 및 조직되는 기관을 말한다. 개인의 일상생활이 규율 아래 구성되고 일정한 규칙과 절차에 따라 조직되며 외부 사회와 단절되는 환경을 포함한다. 고프먼은 정신병원을 중심으로 감옥, 기숙학교, 군대 등의 기관을 분석하면서 이 개념을 정의했다.

체계"[32]다. 우리는 규율 권력의 발전 양상을 18~19세기의 학교, 병원, 공장, 육군사관학교, 그리고 최종적으로는 근대적 감옥에서 확인할 수 있다. 푸코는 교도소와 같은 특수한 시설뿐만 아니라 특정 목적을 지닌 학교나 병원에서도 이런 권력 형태가 발견된다고 설명한다. 정신박약자를 위한 기관은 수용자를 관찰, 연구하고 기록했으며 또한 교육과 처벌, 훈련을 통해 이들을 유용한 인간으로 만들고자 했다.[33] 모든 형태의 정신박약을 수용한 이 기관은 푸코가 설명한 근대 감옥과 같이 '범汎규율' 시설이 되었다.

> 감옥은 철저히 규율 장치가 되어야 한다. 감옥은 개인의 신체 훈련, 노동 능력, 일상의 행실, 도덕적 태도, 심리 상태에 대해 전적으로 책임져야 한다.[34]

능력 수준에 따라 입소자(이들은 기관이 학교에서 수용 시설로 변하면서 '수용자'로 불리게 되었다)는 다양한 작업과 과제를 수행했으며, 이는 교육적·치료적 성격을 지녔다.[35] 그러나 시설은 지적장애에 대한 특정 지식을 자리 잡게 하고 수용자의 돌봄, 교육, 변화, 그리고 관리를 수행하는 인력을 두어 스스로를 정당화하고 재생산하는 자기 영속적 기계가 되었다. 알게 되겠지만 이 시설을 자신들 내부의 필요성과 시설 관리자의 정당성이 지속적으로 강화되는 과정을 떼어놓고는 이해할 수 없다.[36]

시설은 교육, 의료 및 치료, 보호 외에도 여러 전문적인 기능을 수행했다. 다양한 정의와 이론, 범주 및 치료법이 제시된 가운데 시설은 하나의 조직화된 원칙 아래 작동했다. 그러나 많은 역사학자가 지적했듯 지적장애 역사는 시설의 경계를 초월한다. 이에 우리는 '전문가 담론'을 넘어 이 풍요로운 지적장애 역사의 또 다른 차원을 탐구할 필요가 있다.[37]

더욱이 이런 전문가 담론, 즉 '위로부터의' 담론에만 집중하면 지적장애 역사를 왜곡된 방식으로 바라보게 될 위험이 존재한다.[38] 따라서 나의 논의가 결코 이 역사적 시기 동안 지적장애의 의미와 현실을 포괄적으로 서술하려는 게 아님을 분명히 하고자 한다. 오히려 나는 지적장애가 새로운 지식의 객체로 부상하게 된 새로운 공간의 탄생과 더불어 그 기저에 흐르는 특정한 긴장을 전면에 드러낼 것이다. 이는 오늘날 여러 전문가 담론 속에서도 여전히 작동 중인 긴장을 더 잘 이해하기 위함이다.

어른 아이와 애완동물[*]

조르주 캉길렘Georges Canguilhem은 《정상적인 것과 병리적인 것》에서 질병 이해 방식의 역사적 전환, 즉 질적 개념에서 양적 개념으로

---

[*] 동물권을 옹호하는 입장에서는 '반려동물'이라는 표현이 좀 더 적절하지만, 저자가 인용한 철학 문헌은 대개 폄하적 의미로 '동물'을 사용하고 있으므로 '애완동물'로 통일했다.

의 전환을 설명한다. 캉길렘은 19세기 이전에는 질병이 존재론적으로(즉, 고쳐야 할 독립적인 실체로) 혹은 역동적으로(인간의 일반적인 균형 상태가 깨진 것으로) 이해됐으며, 두 관점 모두 정상과 병리를 이질적인 것으로 봤다고 설명한다. 그러나 19세기에는 질병이 질적인 차이보다는 양적인 차이로 이해됐다. 즉, "생명체에서 발견되는 병리적 현상은 이에 상응하는 정상적 생리 현상에 비춰볼 때, 단지 많고 적음에 따른 양적 변이에 지나지 않는다."[39]

이런 새로운 질병 개념은 19세기 백치 정의에 영향을 주는 동시에 전통적인 질병 개념에서의 이탈을 보여주는 사례다. 이는 에두아르 세갱의 작업에서 분명하게 드러난다. 세갱은 백치에 대한 새로운 관심과 이들을 수용하고 교육할 기관을 세우고자 했던 열망의 흐름 가운데 가장 영향력 있는 인물 중 한 명이었다. 세갱은 백치는 치료가 불가능하다고 여겼던 프랑스의 유명한 정신과 의사 에스키롤의 제자였다. 세갱은 비세트르 병원에서 일하면서 백치는 교육이 가능하다는 신념을 기반으로 백치에 대한 이론을 발전시켰다. 세갱의《백치와 생리학적 치료》는 해부학적 구조보다 기능에 주목하는 생리학의 부상을 보여주는 증거다.[40] 그 이전의 주장과는 달리, 세갱은 백치가 결코 불치의 상태가 아님을 확신하게 되었다. 즉, "생리학적 교육법을 통해 대부분의 백치와 이와 유사한 상태의 아이의 장애가 상당 부분 또는 어느 정도 완화될 수 있다"[41]고 주장한 것이다.

1850년, 세갱은 미국으로 이주해 미국의 다양한 기관과 협력했고, 1876년에는 미국 백치·정신박약자의료관리자협회의 초대 회장이 된다. 세갱은 "대부분의 백치"가 치유될 수 있거나, 적어도 어느 정도는 개선될 수 있다고 믿었다. 이런 세갱의 신념은 백치가 질적 차이가 아니라 양적 차이, 즉 종의 차이가 아니라 강도나 정도의 차이라는 관념에 기반을 둔다. 푸코는 백치를 양적 차이로 파악하는 관점을 발달 개념으로 설명하는데, 이는 백치를 광기나 일반적인 질병 범주와 구분 짓는 핵심 개념이기도 하다. 푸코는 세갱과 그의 스승인 에스키롤을 비교한다. 푸코에 따르면 에스키롤은 백치를 지적기능이 아예 발달하지 않은 체질적 상태, 즉 발달이 결여된 상태로 보았다.[42] 그러나 세갱은 이렇게 말한다.

> 백치와 정신지체인은 환자가 아니다. 이들이 어떤 발달 단계를 결여하고 있다고 말할 수는 없다. 단지 어느 단계에 도달하지 못했거나 그 속도가 느릴 뿐이다.[43]

세갱과 그의 견해를 공유한 미국의 시설 관리자는 백치를 신체적으로나 지적·도덕적으로 낮은 발달 수준에 있긴 하지만 여타의 인간과 별반 다르지 않다고 봤다. "백치는 불완전한 껍데기 속에 갇혀 있을 뿐, 그들 역시 우리와 같은 인간이다"[44]라고 말했다. 이런 믿음은 미국 내 여러 기관장의 발언에서 반복됐으며, 백치 수용 기관이 교육 시설로 정당화되는 근거가 되었다. 예컨대, 1852년 뉴욕 백치 수용소의 관리자였던 허비 박사는 다음과 같이 말했다.

우리의 모든 노력은 다음과 같은 신조에서 비롯된다. 백치에게 지능과 감성, 그리고 의지와 같은 인간적 자질이 완전히 결여된 것이 아니라 잠재되거나 아직 발달하지 않은 것뿐이다.[45]

백치가 단지 다양한 인간 자질의 '많고 적음', 즉 양적 차이의 문제라는 믿음은 백치 상태를 '유아화'하는 데 일정 부분 기여했다. 세갱은 장 자크 루소의 영향을 깊이 받았는데, 세갱의 백치 정의가 루소가 《에밀》에서 묘사한 유아기와 흡사한 것은 우연이 아니다.

백치는 움직이고 느끼며 이해하고 의지를 갖지만 불완전하다. 극단적 사례에서 백치는 아무것도 하지 않고 아무것도 생각하지 않으며 아무것에도 관심이 없다. (⋯) 관계를 맺지 못한 채 고립돼 있으며, 불완전한 기관 속에 갇힌 영혼이자 순진무구한 존재다.[46]

루소는 인간의 유아기를 이렇게 묘사한다.

우리는 배울 능력을 갖추고 태어나지만 아무것도 할 수 없고 아무것도 알지 못한 채 태어난다. 영혼은 불완전하고 반쯤 형성된 기관 속에 갇혀 자신의 존재조차 자각하지 못한다. 이제 막 태어난 아이의 움직임과 울음소리는 순전히 기계적인 반응으로 지식도 의지도 없다.[47]

이처럼 백치는 인간의 잠재된 발달 단계 중 가장 낮은 수준, 즉 유아기와 유사한 상태로 취급됐다. 실제로 루소는 '어른 아이'라는 발상을 통해 백치가 어떤 상태인지를 독자가 상상하게끔 한다.

한 아이가 태어났는데 이 아이가 성인의 키와 힘을 지녔다고 가정해 보자. (…) 이 어른 아이는 완벽한 천치일 것이다. 마치 스스로 움직일 수 없는 자동 인형처럼, 느낄 수 없는 조각상처럼.[48]

세갱의 백치 묘사와 루소의 유아기 묘사의 유사성은 뚜렷하다. 유아화라는 표현이 루소에게서 비롯된 것은 아니지만, 미국 내 시설 장들은 루소의 '어른 아이' 표현을 빌려 수용자를 '남자 아기', '여자 아기', '아이 아기'라고 부르곤 했다.[49] 정신박약자를 아동에 빗대는 경향은 하우의 주장에서도 나타난다. 그는 백치 용어보다는 정신박약 용어를 사용할 것을 제안했다. 그 이유는 백치가 '정상인'과 단지 정도의 차이만 있을 뿐이니 보호와 보살핌을 받을 자격이 있다고 인식시키기 위해서였다. 하우는 다음과 같이 말했다.

백치 용어가 하나의 부류를 칭하는 것으로 오용될 경우, 해악이 발생할 수 있다. 왜냐하면 이런 오용이 백치를 정신이 완전히 결여된, 다른 사람과는 별개의 존재로 여기도록 만들 수 있기 때문이다. 이렇게 되면 정신이라는 것이 전혀 없는 백치에게 무언가를 가르치려는 시도가 무의미하게 여겨질 것이다. 그러나 만일 백치가 종의 차이처럼 다른 사람과 본질적으로 다른 존재가 아니라 단지 정도의 차이가 있을 뿐인 존재, 그저 정신이 박약한 이들로 여겨진다면 그들의 박약은 어린 아이의 그것처럼 우리의 연민을 자아낼 수 있다.[50]

여기서 우리는 백치를 시간의 척도 혹은 발달의 연대기 안에서 정의하는 방식, 즉 좀 더 일반적으로 '백치'를 유아기라는 바탕에서 해석하는 방식을 보게 된다. 푸코는 이렇게 말한다.

백치는 유아기의 어떤 '정도'다. 다시 말해 유아기란 백치, 박약 또는 정신지체라는 여러 정도를 다소 빠르거나 느리게 통과하는 하나의 방식이다. (…) 이전에는 백치가 질병에 속했던 것처럼 이제는 유아기에 속하게 되었다.[51]

비록 유아화의 부정적인 효과에도 이와 관련된 묘사는 백치가 인간의 연속성 가운데 위치함을 인정한다. 발달 초기 단계에 머물러 있는 인간존재로서 말이다.[52]

19세기 중반의 백치에 대한 초기 설명부터 현대적 정의에 이르기까지 지적장애는 일관되게 양적 차이 개념을 중심으로 이해됐다. 지적장애는 내부적으로 언제나 등급화되고 위계화된 범주였으며, 정신적으로 '정상'인 사람과의 관계 속에서도 모든 인간이 위치하게 되는 보편적 능력 위계의 일부로 이해됐다. 그 능력 위계의 기준이 신체적이든 지적이든 혹은 도덕적이든 말이다. 이런 관점은 허비 윌버의 설명에서도 드러난다. 그는 백치란 그 원인과 관계없이 정신발달의 한 단계로 이해돼야 한다고 주장한다.

> 백치라 불리는 것은 하나의 정신적 상태다. 이는 우리가 정신의 본질
> 을 어떻게 생각하든 혹은 백치라는 정신적 상태와 관련된 생리적 또
> 는 병리적 조건이 무엇이든 마찬가지다. 따라서 우리가 백치, 저능, 우
> 둔, 정신박약이라 말할 때, 이는 정상적인 인간 지능의 기준 이하에 놓
> 인 정신 상태의 여러 수준과 미묘한 차이를 가리킨다.[53]

주목할 것은 이런 양적 관점이 결국 정신능력검사로 구체화돼 정신박약 수준을 다양한 지능의 정도로 분류하게 되었다는 점이다. 이 방식은 오늘날까지도 정신지체를 정의하는 기준으로 작동하고 있다.[54] 하지만 백치가 양적으로 다르다는 관점 외에도 백치는 질적으로 다른 존재, 즉 별개의 부류로 묘사됐다. 백치는 동물과 유사하거나 인간 이하이거나 전혀 다른 인종으로 여겨지기도 했다. 이런 질적 차이를 보여주는 예로 가장 중증의 백치 사례가 활용되곤 했다. 백치는 인간의 탈을 쓴, 그러나 인간성이 텅 빈 껍데기 같은 존재로 종종 묘사됐으며, 광기에 사로잡힌 자들과 마찬가지로 이들은 짐승의 얼굴을 한 존재였다.[55] 우리는 하우의 작업 속에서 백치의 또 다른 얼굴을 목격한다.

하우는 고향에서 백치를 발견한 것에 절망하며 이렇게 쓴다.

> 아! (…) 우리의 아름다운 주에도, 인간의 형상을 하고 있으나 그 외의

인간적 속성이 모두 깎여나간 숨 쉬는 살덩이가 있다. (…) 가장 낮은 부류의 백치는 단지 생물체일 뿐이며 인간의 형상을 한 살과 뼈 덩어리일 뿐이다.[56]

하우는 한 사례를 이야기한다. "그의 형태와 윤곽은 인간과 같지만 그 외에는 어떤 면도 인간과 닮지 않았다."[57] 그러나 백치는 겉모습조차도 비인간적인 존재로 여겨졌으며, 사람들은 백치의 외형에서 동물성의 징후를 묘사하기도 했다. 하우는 말했다. "백치에게서 흔히 볼 수 있는 특이한 표정은 그 어떤 말보다도 '원숭이 같은'으로 더 잘 표현된다."[58] 일부 극단적인 사례에서는 백치가 동물계보다도 하위에 있다고까지 표현했다. "인간의 형상을 하고 있지만 곤충보다도 훨씬 못하고, 감각이 있는 식물보다도 약간 나을 뿐인 존재는 극히 드물다. 우리는 그런 경우가 아예 없을 것이라고까지 생각했다."[59] 동물 이하로 여겨졌던 백치의 특성은 펜실베이니아 정부에 백치 학교 설립을 호소하는 과정에 활용됐다. "심지어 짐승보다 열등한 상태에 있는 백치도 인간의 모습으로 끌어올릴 수 있다"고 주장하면서 말이다.[60]

정신박약자에게 동물적 특성이 있다는 언급은 세기 전환기까지도 계속됐다. 수년 후, 고다드는 정신박약에 대한 유전학적 연구로 유명한 《칼리캑 가문》에서 데보라 칼리캑의 어머니에 대해 이렇게 서술한다.

그녀 삶의 철학은 동물의 철학과 같다. 운명의 불평등에 불평도 짜증도 없다. 그녀는 마치 새 옷을 입고 화려한 리본을 다는 것처럼 병, 고통, 출산, 죽음 역시도 모두 같은 평정심으로 받아들인다.[61]

백치를 별개의 유형으로 묘사하는 것은 인종적 고정관념과 열등성에 대한 인식에 의존하고 있다. 인종과 지적장애의 관계는 여기서 다루기엔 지나치게 복잡하지만, 지적장애의 역사가 필연적으로 인종화됐음을 보여주는 몇 가지 특징을 짚어볼 필요는 있다.[62] 제도적 관점에서 보자면 다수의 주립 및 사립 기관은 오직 백인 정신박약자만을 수용했다. 여러 주에서 특히 남부에서 아프리카계 미국인을 위한 별도의 시설 설립을 위해 기금 마련 운동이 벌어졌지만 실제로 설립된 경우는 거의 없었다.[63] 정신박약을 지닌 아프리카계 미국인 대부분은 흑인 전용 정신병원에 수용되거나 아무 보호도 받지 못한 채 방치됐다. 그러므로 여기서 논의되는 제도적 형태의 백치는 주로 백인에 해당한다.[64]

그러나 개념적 관점에서 보면 인종적 특성에 대한 암시는 일찍이 세갱에서부터 존재했다. 세갱은 백치 진단의 유일한 수단이었던 골상학*을 신뢰하지 않았는데, 대부분의 백치가 머리뼈에 이상이 없었기 때문이다. 그러면서도 세갱은 이렇게 말했다.

---

* 머리뼈의 형태와 돌출부를 측정해 인간의 성격, 능력, 지적 수준을 파악하려 했던 학문. 특히 골상학은 지적장애, 범죄학, 우생학 담론에서 중요한 역할을 했는데, 머리뼈를 측정해 백치, 천치 등을 분류하려 했던 역사적 배경이 있다.

우리 아이들 가운데 코카서스계 형태의 머리뼈 비례와 조화에서 벗어난 예는 모두 선천적 능력의 이상을 나타낸다고 봐야 한다.*[65]

인종과 정신적 결함을 좀 더 명시적으로 결합한 사례는 다운증후군을 '몽골형 백치'**라고 칭하며 백치의 변종으로 분류한 것이다. 크리스 보스윅Chris Borthwick은 〈인종주의, 지능, 그리고 다운증후군Racism, IQ, and Down's Syndrome〉에서 인종과 지적 열등함의 복잡한 관계를 설명한다.

'몽골형 백치'와 몽골인을 연결 짓는 비유는 당연히 몽골인에게 모욕적이었으며, 이는 식민시대 서구인이 몽골인을 경멸적으로 대하는 데 일조했다. 그러나 이 유비는 양쪽 모두에 모욕을 불러왔다. 몽골인을 기능이 손상된 사람에 비유하는 것이 몽골인에게 모욕적이었다면, 장애인을 대영제국의 발전 앞에 멈춰서 있는 창의성 없고 제한적이며 수동적인 인종으로 간주하면서 이들을 '몽골형 백치'라 칭했던 빅토리아시대의 고정관념 또한 장애인에게 모욕적인 것이었다.[66]

---

* 세갱의 주장은 19세기 중엽 지적장애 담론과 인종주의가 어떻게 교차하는지를 잘 보여 준다. 세갱은 골상학을 비판하면서도 코카서스계, 즉 백인중심의 머리뼈 기준을 제시하며 이와 다른 인종적 특성을 가진 이들은 선천적으로 비정상이라는 관점을 유지한다. 골상학은 비판하면서도 이에 내포된 인종적 위계는 여전히 고수한 셈이다.

** 이 외에도 몽골리안, 몽고증 등으로 불렸다. 오늘날에는 인종차별적·장애 비하적 용어로 간주되어 사용하지 않는다.

지적장애의 얼굴들

정신박약에 관한 담론 전반에는 열등한 인종에 대한 암시가 스며 있다. 그러나 이런 언급은 인종의 맥락을 넘어, 질적·양적 구분이라는 더 넓은 논쟁의 흔적을 드러낸다. 데이비드 라이트David Wright가 설명하듯, 19세기 인류학 담론의 '인종' 논의에서 지적장애 논의와 유사한 질문이 다음과 같이 나타난다. 이른바 열등한 인종이 본질적으로 다른 부류인지 혹은 단지 인간 발달의 척도에서 더 낮은 위치에 있는 것인지에 관한 질문이다. 아이러니하게도 존 랭던 다운John Langdon Down***은 이 논쟁에서 좀 더 진보적인 입장을 취했는데, 그는 '다양한 인간 유형'의 입장보다는 '인류의 단일성'을 지지했다.[67]

19세기 중반부터 시작된 백치의 질적·양적 묘사는 정신박약을 정의하고 설명하는 데 중심적인 역할을 해왔다. 두 해석 방식은 서로 공존하면서도 지적장애 본질에 대한 입장은 대립했다. 양적 관점에 따르면 특정한 인간 능력의 위계적 배열에 따라 백치, 저능, 정신박약의 상태가 정의됐다. 세갱은 양적 접근을 바탕으로 좀 더 전체론적인 그림을 제시하면서 다음 세 가지, 즉 운동과 감각, 지각과 추론, 정서와 의지를 함께 평가했다.[68] 지능검사가 대중화되면서 백치의 정의는 지능을 나타낸다고 여겨진 해당 수치에 거의 전적으로 의존하게 되었다. 이때 어떤 특성이 중요하게 여겨졌는지는 이론가나 역사적 시기에 따라 달랐지만 기본 전제는 백치나 정신박약자는 여전히 인

*** 다운증후군의 '다운'의 유래가 된 영국 의사. 1866년, 존 랭던 다운은 다운증후군의 상태를 지닌 사람을 의학적으로 기술해 학계에 보고했다. 다운은 이들을 '몽골형 백치'라고 불렀는데, 이는 당시 유럽의 우생학과 인종주의적 시각이 강하게 반영된 표현이다.

간 연속체 어딘가에 속해 있다는 것이었다. 동시에 백치와 정신박약을 동물적이고 인간 이하의 존재로 묘사한 이미지 역시 강력하게 작용하고 있었다. 이런 동물적 이미지는 당대에 특정 인종과 민족이 열등하다는 여러 가정과 이론에 근거한 것이다. 백치가 다른 사람과 질적으로 다르다는 확신은 이들의 몸과 성격에 대한 묘사뿐만 아니라 전문적, 그리고 과학적 정의를 형성하는 데에도 영향을 미쳤다.

여전히 지적장애는 정도와 유형의 차이라는 두 가지 방식으로 이해된다. 초기 유아기의 언어, 지능검사 점수, 동물성, 인종 등의 개념은 백치와 정신박약에 대한 양적·질적 이해를 굳히고 지속시키는 데 일조했다. 푸코는 양적 시각을 '이중 규범double normativity' 개념으로 설명했다. 이는 발달론적 관점에서 동시에 두 개의 규범이 존재한다는 뜻이다. 즉, 백치의 발달이 멈췄다는 점에서 성인(과 아동)이 하나의 규범으로 기능한다. 푸코에 따르면, 성인은 "발달의 실제적이면서 이상적인 종착지가 된다. 그와 동시에 백치의 더딘 발달이 다수의 아동과 비교될 때는 아동 역시도 하나의 규범으로 기능한다"[69]는 것이다. 또한 우리는 또 다른 형태의 규범성을 발견하게 된다. 이는 인간 개념이 하나의 규범으로 작동해 정신박약자가 본질적·질적으로 다른 부류로 정의되거나 묘사되는 것이다.[70] 펜실베이니아 훈련 학교의 아이작 커린Isaac Kerlin 박사가 두 명의 학생을 묘사한 것에서 이런 긴장이 가장 잘 드러난다. "두 아이의 유년과 그 아름다움은 우리 모두의 애착을 불러일으키니, 마땅히 집안의 '애완동물'이라 불릴 만하다."[71]

지적장애는 선천적인가, 후천적인가?

지적장애 분류에 작동하는 또 하나의 갈등은 기질적^{organic} 원인과 비기질적^{non-organic}* 원인 사이의 긴장이다. 백치의 본질과 원인은 유기적 결핍 측면에서, 또 다른 하나는 개인이 환경과 맺는 관계, 즉 비유기적 혹은 기능적 측면에서 논의됐다.[72] 어떤 의미에서 이는 선천 대 후천 논쟁의 한 형태로 이해될 수 있긴 하지만, 지적장애를 이해하는 데 있어 두 측면은 늘 동시에 작용한다.

백치는 명백히 의학적 지식의 대상이었다. 백치의 기질적 특성은 18세기 프랑스 정신과 의사부터 19~20세기 미국 내 시설 관리자에 이르기까지 여러 의사에 의해 논의됐다. 세갱은 백치를 기질적·생리학적 병리 측면에서 논하며, "태내 및 신생아 시기에 영양 결핍으로 발생하는 두개-척추 축의 특정 질환"으로 정의한다.[73] 하우 역시 백치 수준을 신경 및 근육계, 그리고 보행과 언어 능력, 정서 및 지적 능력에 따라 정의했다.[74] 특히 백치는 간질, 크레틴병(선천갑상샘기능저하증), 수두증, 소두증, 뇌염, 마비, 뇌병변장애 등과 연결되곤 했는데, 여러 기질적 설명은 너무 다양하고 복잡해서 여기서 다루기는 어렵다. 다만 지적장애를 일종의 자연적 혹은 해부학이나 생리학적 결함으로 간주하는 의료적 시선이 분류의 표준적인 접근 방식이었

---

* organic은 문맥에 따라 '기질적' 혹은 '유기적'으로, non-organic은 '비기질적' 혹은 '환경적'으로 옮겼다.

다는 점만 언급해둔다.

기질적 정의 및 설명과 함께 개인이 환경과 맺는 관계에 기반을 둔 분류 방식도 존재했다. 많은 시설 관리자가 교육적·직업적 기준에 따라 정신박약의 수준을 구분했다. 1869년, 오하이오의 백치 시설은 다음 세 가지 구분을 사용했는데, '전적으로 무력해 지속적인 보살핌이 필요한 자, 정신 훈련은 불가능하지만 신체 훈련은 가능한 자, 학교 교육이 가능한 자'로 거주인을 나눴다.[75] 시러큐스 수용소의 허비 박사는 미국 내 시설이 다음과 같은 범주, 즉 "개선되지 않거나 퇴행 중인 백치, 어느 정도 개선 가능하거나 기관 내 노동에 적합한 자, 영구적으로 개선된 자"[76]와 같은 구분을 채택할 것을 권고했다. 허비의 범주에서 백치는 의학적·기질적 기준이 아닌 시설 내 수행 능력에 따라 분류됐음을 확인할 수 있다. 심지어 찰스 번스타인Charles Bernstein은 교육 불능자를 위한 로마 수용소의 수용자를 직업적 잠재력에 따라 분류했다. 이들은 아무 노동도 할 수 없는 자, 자기 관리만 가능한 자, 다른 이의 작업을 보조할 수 있는 자, 작업장에서 쓸모 있는 자, 그리고 우수한 노동자 등으로 나뉘었다. 시설이라는 제도적 틀 안에 기능적 분류와 생물학적 분류가 공존했다는 사실은 시설이 관찰과 치료의 공간이라는 이중적 성격을 지녔음을 보여준다. 백치는 신체적 혹은 해부학 및 생리학적 특성을 관찰하는 의학적 시선의 기질적 관점하에 정의되는 동시에 시설이 치료, 교육 기관으로 간주됐다는 점에서는 기능적 관점, 즉 훈련 가능성과 시설 내 노동 수행 능력을 기준으로 정의되기도 했다.[77]

이런 기질적·비기질적 구분이 병인의 수준에서는 좀 더 복잡한 형태로 나타난다. 백치가 선천적으로 야기되는 것인지 아니면 후천적으로 형성되는 것인지에 대한 논쟁은 지적장애를 이해하는 데 여러 복합적인 방식으로 영향을 미쳤다. 내인성 원인, 예컨대 영양실조, 뇌병변장애 혹은 뇌 이상 등이 백치의 원인으로 지목됐지만, 환경적 요인 또한 영향을 미치는 요소로 여겨졌다. 세갱은 유아기 동안 적절한 보살핌이 중요함을 상세히 논한다. 그는 가정에서 어머니가 백치의 징후를 주의 깊게 살피는 등의 올바른 모성 교육을 통해 백치의 영향을 줄일 수 있다고 여겼다.[78]

모든 시설설립운동은 환경이 중요하며 환경에 따라 백치의 양상이 변화할 수 있다는 믿음에 근거했다.[79] 이런 시설의 부상이 때로는 가족의 책임을 대신하긴 했지만 그럼에도 가족은 이 과업에서 여전히 핵심적인 역할을 수행했다. 푸코가 설명한 부모의 의무는 시설의 성장과 동시에 등장한 것으로 푸코는 이 과정을 통해 수용소의 훈육 기제가 가족 내부로 옮겨졌음을 강조한다.

이런 방식으로 규율 권력은 가족 주권에 기생하며, 가족이 정상과 비정상, 규칙적인 것과 불규칙적인 것을 판별하는 기관의 역할을 맡도록 요구한다. 그리고 가족에게 그들의 비정상적이고 불규칙한 구성원을 넘겨줄 것을 요구한다.[80]

백치와 정신박약을 둘러싼 유전주의 담론에서 기질적 관점과 비기질적 관점 사이의 긴장이 가장 복잡하게 드러난다. 이 담론의 상당 부분이 선천과 후천 그 사이의 회색 지대에 위치하는 것처럼 보인다. 하우는 '부모의 죄'와 장애 자녀의 직접적인 관련성을 주장한다.

이는 확실하다고 봐도 무방하다. 기형이거나 맹인이거나 귀머거리, 백치 혹은 너무나 불완전하고 연약해서 일반적인 조건에서는 성숙에 이를 수 없는 아이가 태어나는 모든 경우에서 (…) 그 잘못은 부모에게 있다.[81]

하우는 '백치 소인'의 다섯 가지 원인, 즉 신체 조직의 열등한 상태, 방탕한 생활, 자위행위*, 근친혼, 낙태 시도와 같은 부모의 행동과 아이의 상태 사이에 인과관계가 있음을 암시하지만, 두 관계의 실제 생물학적 연관성에 대해서는 명시적으로 밝히지 않았다.[82] 하우는 이렇게 결론짓는다.

개별적 백치의 존재에서 우리가 도출할 수 있는 도덕적 교훈은 이것이다. 백치 혹은 백치의 부모가 자연의 법칙을 어지럽히고 신체라는 아름다운 유기체를 훼손했기에 이제 그 신체는 영혼의 능력을 발현하기에 부적합한 도구가 되었다.[83]

* 19~20세기 초, 의학자나 사회개혁가는 자위행위를 신체적·정신적 퇴행의 원인으로 간주했고, 백치, 광기, 발달장애 등과 연관 지으며 이를 부모나 개인의 도덕적 타락으로 설명하려 했다.

유전 담론은 병인과 치료의 밀접한 연관성을 잘 보여준다. 하우에게 백치 문제에 대한 분명한 해결책은 '단순하고 명료하며 아름다운' 자연의 법칙을 인식하는 것이었다. 만약 이런 법칙이 '엄격히 준수'된다면, 몇 세대 안에 '모든 백치의 재발 가능성'이 제거될 수 있다고 여겼다.[84] 결함 있는 자녀와 부모, 조상과의 관련성이 생물학의 언어 속에 더욱 깊이 뿌리내리면서 앞서 하우의 백치 개선 가능성에 대한 기대는 사라지게 되었다. 20세기 초, 우생학운동이 떠오르면서 '오염된 혈통'과 '결함 있는 생식질'이라는 표현이 인기를 끌었다. 이에 치료 접근 방식도 변화했다.[85] 범죄학자 니콜 H. 래프터^Nicole H. Rafter가 지적하듯, 우생학적 수사는 정신박약자 시설 관리자에게 전문적인 정당성을 부여했다. 시설 관리자는 특히 정신박약에 대한 병인론과 관련해 자신만의 특화된 전문 지식 영역을 구축하기 위해 고군분투했다.[86] 우생학적 수사가 확고히 자리 잡기 시작하고 정신박약이 점차 다른 사회적 일탈의 범주와 연관되면서 부모 교육을 통해 예방할 수 있다는 기대나 시설이라는 치료적 세계에서 개선될 수 있다는 가능성이 사라지기 시작했다. 그리고 그 자리를 대신한 해결책이 불임수술, 단종이었다. 지적장애에 대한 기질적·비기질적 설명의 공존은 지적장애를 조건 짓는 분류와 정의에 영향을 끼치는 것을 넘어 이를 치유하고 예방하며 근절하려는 실천을 좀 더 직접적으로 형성해왔다.

고정적인 동시에 변동적인

지적장애는 하나의 범주로서 경증부터 중증까지 다양한 신체적 혹은 인지적·행동적 조건을 포함해왔다. 앞서 언급했듯 이런 조건의 본질과 위계는 연구 및 논쟁의 대상이 됐으며, '정신박약'의 다양한 상태에 관한 시설 관리자의 논의는 질적·양적 혹은 기질적·비기질적 관점 아래 이뤄졌다. 정신박약 범주에 포함된 여러 상태의 병인과 본질을 둘러싼 혼란 속에서 시설이라는 제도적 실천과 직결되는 어느 한 질문이 떠오른다. 정신박약은 그것이 어떤 형태든 치유가 가능하거나 적어도 개선이 가능한 상태인가, 아니면 변화 불가능한 상태인가? 이후 논의에서 외부의 영향이나 치료로는 치유되거나 개선될 수 없다고 여겨지는 상태를 '고정적' 상태라 칭할 것이며, 의료적 개입이나 신체적·심리적 치료, 훈련 혹은 교육을 통해 변화 가능하거나 치유 또는 개선 가능한 상태를 '변동적' 상태라 칭할 것이다.* 따라서 우리는 지적장애 범주가 어떻게 구성됐는지, 이 범주가 고정적인 동시에 변동적인 상태라는 이중적 이미지에 어떻게 의존해왔는지 질문할 수 있다. 정신박약은 언제나 치유 가능한 유형과 불가능한 유형 모두를 포함해왔지만, 이 구분이 일관되게 유지되는 것은 아니다. 왜 유형에 따라 어느 시기에는 치유할 수 있다고 여겼으며, 또 다

---

* static·dynamic은 '고정적·변동적'으로 번역하되, 맥락에 따라 '정적·동적', '변화 불가능한·변화 가능한' 등으로 옮기기도 했다.

른 시기에는 치유 불가능하다고 여겼는가? 치유 가능성과 치유 불가능성이라는 두 관념이 정신박약을 분류하고 처우하는 데 미친 영향을 살펴보는 것은 제도적 담론과 실천의 장 속에서 지적장애의 원인과 정의, 그리고 치료 사이의 복잡한 관계를 밝히는 데 도움이 될 것이다.

처음에는 이 고정적·변동적 개념쌍이 여러 방식으로 구분될 수 있을 것처럼 보인다. 이 둘을 기질적·비기질적 원인 혹은 중증·경증 사례의 구분과 나란히 대응시켜볼 수 있다. 또한 이 이항이 역사적 시기와도 상응할 수 있는데, 지적장애를 변화 가능한 역동적 상태로 바라보는 낙관의 시대가 있었다면, 그 뒤를 이어서는 지적장애를 변화 불가능한 고정된 상태로 바라보는 비관의 시대가 등장했다. 하지만 나는 정신박약에 대한 고정적·변동적 관점이 그리 쉽게 구분되는 게 아님을 주장할 것이다. 대립하는 것처럼 보이는 이 두 관점은 실제로 동시에 기능한다.

병인 측면에서 본다면 지적장애를 기질적·비기질적으로 이해하는 관념과 고정적·변동적으로 이해하는 관념을 나란히 이어볼 수 있을 것이다. 예를 들어, 지적장애를 기질적·생물학적인 관점에서 이해한다면, 짐작건대 이 상태를 변화시킬 수 있는 가능성이 엿보인다고 해도 틀림없는 불변의 한계가 존재한다고 여길 것이다. 물론, 치료법이 존재할 수 있다. 그러나 이는 생물 유기체 그 자체에 적용되는 것이지, 단순히 유기체의 환경을 조정해 장애 상태를 변화시킬 수 없다고 간주한다. 반면, 지적장애를 오로지 환경이라는 기능에 의해 형성된 것으로 본다면 환경이 변화해야 장애 상태 자체도 변할 수 있게 된다.[87] 그러나 '기질적-고정적', '비기질적-변동적'이라는 병렬 도식은 지나치게 단순하다. 곧 알게 되겠지만 정신박약을 고정적·변동적인 것으로 설명하는 데 있어 생물학과 환경이 담당하는 역할은 시설이라는 제도적 맥락 안에 매우 복잡하게 얽혀 있다.

고정적-변동적 개념쌍은 중증-경증의 연속선상에서 대립하는 양극으로도 이해할 수 있는데, 다시 말해 중증이라 여겨질수록 치유나 개선 가능성이 낮게 여겨진다는 것이다. 이는 정신박약이 교육 가능성의 관점으로 정의될 때 더욱 명확해진다. 교육과 훈련은 가능, 치료는 불가능이라는 하위 분류는 심각성의 증가 정도로 나열되며, 끝에 위치한 집단은 인지적·신체적 상태 모두에서 가장 중증의 장애가 있음을 의미한다. 이런 도식이 역사적으로 지속돼오긴 했지만, 경증의 정신박약이 완전히 치료 불가능한 사례로 여겨진 경우도 있었다. 이는 정신지체를 고정적인 동시에 변동적인 것으로 간주하는 이중 관점이 경증·중증 스펙트럼의 양 끝단에서 작동해왔음을 알려준다.

19세기 중반, 백치 시설이 확대된 데에는 이들을 교육할 수 있다는 인식이 한몫했다. 앞서 이야기했지만, 세갱은 "백치는 평생 그 상태로 남을 수밖에 없다"는 스승 에스키롤의 믿음에서 벗어나, 교육을 통해 백치 상태를 개선하려 했다.[88] 다음의 인용은 지적장애 역사 전반에 걸쳐 여전히 중요하게 꼽히는 '치유'와 '개선'의 구분을 잘 보여준다.

의학이 백치를 치유해주기를 기대하는 동안, 나는 이들이 교육의 혜택을 누리게끔 하고자 했다.[89]

흥미롭게도 세갱이 치유 가능성 자체를 부정한 것은 아니었는데, 그는 치료를 오로지 의학 세계에서만 가능한 것으로 여겼다. 동시에 세갱은 좀 더 소박하게 백치 개선을 목적으로 자신의 교육 프로젝트를 진행했다. 하우는 정신박약이 교육 가능하다는 세갱의 낙관주의를 공유했다. 그럼에도 하우는 개선 가능성과 치유를 혼동해선 안 된다고 보았다.

우리는 백치를 없애지 못한다. 그 해악을 줄이려 지키지도 못할 약속을 해서 우리의 대의가 훼손돼서는 안 된다. 백치는 끔찍한 것이고 근본적인 것이며 그 결함은 치유할 수 없다.

세갱은 백치의 감각기능 발달을 활용해 이들을 교육하는 프로그램을 고안했다.

감각은 정신의 문제가 인간 내부에 드나드는 문과도 같기에 우리는 이 감각을 백치에게 적용했다. (⋯) 어떤 백치는 정신적 고통이 더 크고 (⋯) 또 다른 백치는 운동 및 감각기능의 고통이 더 커서 심지어는 마비나 지각 소실 상태에 이르기도 한다. 그러나 어떤 형태든 치료는 감각 훈련을 통해 정신을 개선하는 데 중점을 둬야 하며, 감각 능력의

개발을 위해서는 정신 교육이 아니라 감각 훈련에서 나아가야 한다.[90]

이런 감각 훈련은 도덕 훈련과 함께 이뤄졌는데, 세갱에게 있어 "백치의 가장 큰 본질은 도덕적 의지의 부재이며, 그 부재를 부정적 의지가 차지하고 있는 것"이었기 때문이다. 이에 도덕 교육의 목적은 "부정적 의지를 긍정적 의지로 변화시키는 것"[91]이었다. 세갱의 교육적 접근의 성공은 새로운 수용 시설을 정당화하는 근거가 되었고, 곧 미국의 개혁가들 역시 백치는 교육이 가능하다는 세갱의 신념을 고수하기에 이른다. 이를테면, 이들은 1853년 필라델피아 시민에게 백치 학교 설립을 촉구하는 호소문에서 이렇게 주장했다.

> 백치 학교가 늘어남에 따라 점점 더 널리 알려질 사실 하나는 (…) 백치가 교육 대상으로 적절하다는 것입니다. (…) 우리가 맞서서 다뤄야 할 것은 그들의 정신 능력 둔화지 **그들의 절대적 무능력이 아닙니다.**[92]

이 호소문에서 우리는 백치가 절대적 운명이 아닌 변화 가능한 상태로 제시되는 것을 볼 수 있다.

시설이 발전하면서 백치로 분류된 다양한 수준의 경우는 대부분 구조화된 환경에서의 훈련을 통해 혜택을 볼 수 있다고 여겨졌다. 물론 '고등한 수준'에 해당하는 백치는 교육의 대상이 될 가능성이 더 컸던 반면, 좀 더 중증의 백치는 훈련의 대상이 되는 경우가 많았다.[93] 아무리 노력해도 변화되지 않는 이들이 있다고 여겨졌는데, 낙관적인 개혁가조차도 가장 중증의 백치 상태는 개선되지 않는다고 믿었다. 시설 부흥의 시기는 흔히 낙관의 시대로 불렸지만, 백치도 교육이 가능하다는 희망은 개선이나 교육이 가능해보이지 않는 '만성적' 사례로 인해 약화되고 만다.

타고나기를 치유 불가능하다고 간주되는 존재가 있었음에도 어떤 형태의 백치가 '개선 가능한지'에 대한 판단은 일정치 않았다. 중증에서 경증 또는 저기능에서 고기능 수준*에 이르는 분류 체계는 백치, 천치, 정신박약자로 구성됐다. 앞서 논의한 초기 시기에는 상태의 심각성과 개선 가능성 사이에 반비례 관계가 성립된다고 봤는데, 말하자면 정도가 더 심할수록 치료와 개선 가능성이 줄어든다고 여겼다. 백치는 가망 없는 상태나 마찬가지였던 반면, 정신박약은 치료와 교육의 대상이 되었다. 그러나 20세기로 접어들면서 상황이 변했다. 고다드가 이름 붙인 모론, 즉 가장 고등한 수준의 정신박약자가 개선과 치유 불가능한 존재로 여겨지게 되었다. 고다드는《칼리캑 가문》에서 강하게 주장한다.

다행히도 과학적 시각으로 볼 때 칼리캑 가문은 (…) 논쟁의 여지가 없다. 그들은 정신박약자였으며 어떤 교육이나 좋은 환경도 이들을 정상인으로 변화시킬 순 없다. 붉은 머리 혈통을 검은 머리 혈통으로 바

---

*   low-grade·high-grade는 '중증·경증'으로 번역하되, 맥락에 따라 '저등·고등', '저기능·고기능' 등으로 옮기기도 했다.

꾸는 게 불가능한 것처럼 말이다.[94]

이런 인식의 전환에는 얼마간의 이유가 있었다. 첫째, 정신능력 검사 도입으로 시설 밖에서 지내는 '고기능 정신박약자' 인구가 새롭게 발견됐다. 둘째, 유전에 대한 강조는 모론 집단을 특히 위험한 존재로 낙인찍었는데, 이들의 자유로운 번식이 정신박약을 확산시킬 수 있다고 여겼기 때문이다. 마지막으로 모론은 빈곤, 범죄, 성적 부도덕과 같은 시급한 사회적 병리와 연관된다고 인식됐고, 문제에 대한 해결책 중 하나는 이 '위험한' 개인을 격리하는 것이었다. 이로써 시설 수용의 목적은 더 이상 교육적 효과 때문이 아닌, 정신박약의 확산을 막기 위한 방책이 되었다.[95] 이제는 가장 경미한 사례가 오히려 가장 치유 불가능하고, 영구적 격리를 필요로 하는 존재로 제시됐으며, 이들에게 교육은 필요치 않았다. 물론 중증의 정신박약은 이미 고려 대상도 아니었지만 말이다. 고다드는 "이제 우리의 가장 큰 문제가 백치가 아니라는 사실을 깨달았다. (…) 우리의 가장 큰 문제는 바로 '모론'이다"[96]라고 썼다. 모론에 관한 논의에서 지적장애의 본질은 유전적인 데다가 변하지 않는다는 확신이 지적장애는 개선될 수 있다는 변동적 관점을 밀어냈음을 확인했다. 제안된 치료 방식도 그 믿음을 반영해 교육과 훈련보다는 영구적인 격리와 단종법이 추진됐다.[97]

이처럼 지적장애의 고정적·변동적 관점이 중증·경증이라는 연속체에 직접적으로 대응하는 것은 아니다. 경증 및 중증 지적장애 모두가 변화 가능한 상태로 제시됐고, 이는 시설이 교육적·치료적 도구로 존재해야 한다는 정당성을 부여했다. 하지만 동시에 지적장애의 고정적 특성 역시 경증과 중증 모두에 귀속되어, 치유가 불가능하며 보호·관리가 필요하다고 여겨지는 중증의 사례는 언제나 존재했다. 가장 경미한 정도의 정신박약조차도 부도덕성 및 범죄와의 연관성이 부각되면서 치유 불가능한 상태로 여겨졌다.

결국, 고정적·변동적 관점은 중증·경증과 분명하게 대응되지 않는다. 정신박약에 대한 관점이 변동적·낙관적인 것에서 고정적·비관적인 것으로 변하게 되는 역사의 결정적 전환점 또한 존재하지 않는다. 19세기 중반, 낙관주의 시대에도 교육 불가능하다고 여겨진 다수의 보호 대상이 존재했으며, 비관주의 시대에도 지적장애의 일부는 적어도 개선이 가능하다는 전제하에 특수교육 체제가 성장했다.

퍼거슨이 지적했듯 가장 초기의 백치 학교에서도 만성적인 불치의 사례는 언제나 존재했다. 낙관적인 교육 정신이 수용된 모든 이의 삶에 영향을 미쳤다고 가정하는 것은 오해다. 어떤 이들은 처음부터 보호·관리 대상에 머무르며 학교에 편입되지도 못했다.

가장 중증의 정신지체 집단과 관련해서는 19세기를 실험과 개혁의 짧막한 황금기를 거쳐 보호관리주의로 점차 퇴행한 시기로 이해할 수 없다. (⋯) 중증장애에 초점을 맞추어보면, 19세기 중엽 시설에서 이뤄진 실험은 이른바 학교라 불리는 시설의 설립자가 자신의 현 상태를 유지하고 지지하기 위해 수행된 자기보존적 시도로 보인다. 19세기 동안 교육 및 교정이 불가능하다고 판단된 자들과 이들에 대한 사회정책은 어떤 부침도 없이 보호관리주의적 성격을 지향해왔다.[98]

낙관주의 시대는 개선 가능성에 초점을 뒀지만, 지적장애를 변화하지 않는 상태로 간주하는 고정적 개념은 여전히 존재했으며, 이런 '희망 없는' 자들은 보호·관리 속에 다뤄졌다.

그리고 뒤이어 일어난 비관주의 시대, 즉 정신박약을 유전적이며 회복 불가능한 상태로 여겼던 이 시대는 보호관리주의가 확산된 시기이자 교육 발전의 역사적 시기이기도 하다. 1896년, 미국정신결함협회는 미국 최초로 운영된 로드아일랜드의 정신지체아를 위한 주간 수업에 대해 보고했다.[99] 그 후 몇 년 동안 '지진아'나 '정신적 결함'으로 분류된(1900년 무렵에는 이미 이 두 범주가 존재했다) 아동을 위한 수업이 다수 개설됐으나, 백치나 천치 들은 여전히 시설에 남아 있었다. 뉴욕에서 교사로 활동한 엘리자베스 패럴Elizabeth Farrell은 공립학교의 무학년제 학급을 확산시킨 장본인이었으며, 1922년 국제특수아동협의회의 공동 창립자이자 초대 회장이었다.[100] 우리는 여기서 정신박약자 거주 시설에 주목하고 있으므로 공립학교 특수교육 프로그램의 발전에 대해 논하지는 않을 것이다.[101] 알아야 할 것은 정신박약에 대한 우생학적 열광과 비관주의가 만연했던 시기에도 일부 정신박약자는 교육 가능하다는 신념 아래 특수교육이 뻗어나가고 있었다는 사실이다. 다시 말해, 이 시기 역시 지적장애에 대한 고정적·변동적 관점이 공존하고 있었음을 확인할 수 있다.

'보호'와 '생산성'을 위한
시설 수용

이 장을 마무리하며 지적장애의 고정적·변동적 관점이 가장 흥미롭게 구현된 형태, 즉 정신박약을 변화 불가능한 동시에 변화 가능한 상태로 그려내고, 그 관념에 기대어 이를 영속화했던 제도적·시설적 세계의 복잡한 작동 방식을 살펴볼 것이다. 학교 혹은 생활학교, 수용소 등으로 불렸던 시설이라는 성벽 안에는 치유나 훈련, 그리고 교육 담론이 일련의 기술로 탈바꿈되고, 다수의 수용자는 모종의 치료적·교정적 실천의 대상이 되었다.

교육이나 개선의 가능성이 없어 보이는 정태적 유형의 정신박약을 떠올려보자. 언뜻 보기에 이들은 학교에 있을 자격이 없어 보이지만, 정신박약자의 존재는 여러 방식으로 설명되고 정당화됐다. 첫째, 정신박약 아동에 대한 부담, 특히 경제적 부담을 가족이 감당할 수 없다는 주장이었다.

월터 퍼날드Walter Fernald는 이렇게 쓴다.

흔히 가족 전체가 가난해지는 가장 큰 원인은 저능한 백치를 돌보는 데 가족 내 임금노동자의 노동력이 과도하게 소모되기 때문이다. 인도주의적 관점과 공공정책은 이 가족들이 무능력한 백치라는 짐에서 벗어날 것을 강력히 요구한다.[102]

둘째, 만약 적절한 환경 가운데 있지 않으면 백치 상태가 악화될 것이라는 우려도 있었다.

방치된 정신박약아는 무서운 속도로 악화된다. (…) 이 아이들이 어린 시절부터 인내심 있고 적절한 보살핌을 받았다면 아마 틀림없이 이들의 상당수가 우리가 흔히 보는 비참하고 혐오스러운 상태에 이르지 않았을 것이다. 그러나 이런 돌봄은 부유한 가정에서도 기대하기 어렵다. (…) 그러니 **특수**학교가 필수적이다. [103]

중증의 아동도 시설 수용의 혜택을 받을 수 있었는데 그 부모는 부유하든 가난하든 아이를 충분히 돌볼 만한 시간도, 지식도 없었다. '태어날 때부터 백치'였던 아이의 악화를 막는 것, "부모의 무지와 방임으로 인해 그보다 더한 바보천치 상태로 눈 깜짝할 새 추락하는 것, 즉 불결해지고 탐욕스러워지며 게을러지고 사악해지면서 타락하는 것"[104]을 예방하는 것이 중대한 과제였다. 푸코는 부모의 노동력 측면에서 '정신의학의 백치 식민화'[105] 과정을 설명한다. 푸코는 시설 수용이라는 제도화 과정의 최종 목표는 교육이 아니며 "부모를 돌봄에서 해방시켜 노동시장에 진입시키려 했던 것이다"[106]라고 설명한다.

이와 같은 시설 관리자의 명시적 담론은 치유 불가능한 사람들에게는 시설이 최선의 해결책이라는 입장을 제시했다. 하지만 이런 불치의 사례를 보호감호화한 데에는 자신의 이익을 챙기려는 동기도 있었다. 퍼거슨은 하위 등급 인구low-grade population의 역사에 관해 불치자를 일종의 '시설 인구'로 수용함으로써 많은 수용자를 교육하거나 개선하지 못하고 지역사회로 재통합시키지 못한 실패를 정당화할 수 있었다고 지적한다. 이를테면 "19세기 개혁가는 자신의 개혁으로는 도울 수 없는 잔여 인구의 지속적인 존재를 언제나 보장했다"[107]는 것이다. 이 불치자를 더 큰 시설 내 별도의 보호·수용 구역에 수용할지, 아니면 이들을 위한 독립된 시설을 마련할지에 대한 논쟁이 퍼거슨의 주장을 뒷받침한다. 일부 시설 관리자는 교육 불능자의 존재가 "시설 운영 전반을 난처하게 한다"[108]고 주장하며 별도의 시설을 주장했지만, '코티지cottage' 혹은 '콜로니colony'* 계획을 수용한 이가 더 많았다. 이 새로운 설계 안에서 우리는 분류 체제가 건축 형식으로 구체화되는 것을 보게 된다. 역사학자 제임스 트렌트James Trent는 콜로니 방침 아래, 시설 운영에 필요한 농장일, 건축, 재봉, 요리 등의 '작업 수행 능력'[109]에 따라 개인을 분류했다고 설명한다. 다수의 시설이 이 체제를 받아들였고 시설의 건축 설계는 보호·관리를 요하는 정태적 사례군과 교육 가능한 동태적 사례군이라는 이중 분류 체계를 반영하게 된다. 이에 경증 정신박약자와 중증 정신박약자가 별도로 수용

---

* 코티지와 콜로니는 19세기 후반에서 20세기 초반 수용 시설의 건축 및 조직 모델을 지칭한다. 대형 수용소 형식의 고립된 병원이나 '감금소' 형태에서 벗어나 더 작고 분산된 단위로 입소자를 구분하고 규율하는 방식이다. 코티지 계획은 입소자를 한 건물에 몰아넣지 않고 작은 주택 형태로 나눠서 생활하게 하는 시스템이다. 일반 가정집처럼 설계해 분류와 격리 및 통제의 효율화를 꾀했다. 콜로니 계획은 일정 지역 안에 여러 채의 건물(코티지)을 배치하고 입소자를 작업 능력이나 성별, 행동 특성 등에 따라 분류해 수용하는 방식이다. 작업 가능한 자와 교육 불가능하다고 판단된 자는 별도로 격리했는데, 이는 자급자족 경제와 생산성 확보가 목적이었기 때문이다.

된 것이다.[110]

가장 중증의 경우에는 가족과 그 자신을 위해 시설이 필요하기도 했지만, 시설 관리자에게도 이들을 보호·수용 구역에 두는 것이 최선의 선택이었다. 그러나 도저히 변화가 불가능하다고 여겨졌던 최중증 백치 외에도 고정된 불치의 존재로 간주된 또 다른 부류의 정신박약자가 있었는데, 이들은 중증의 백치와 함께 보호·수용 구역에 수용됐다. 바로 도덕적 천치moral imbeciles였다.[111] 19세기 후반부터는 경증 정신박약이 가장 절망적인 상태로 간주됐는데, 백치나 천치보다는 높은 지적 능력을 갖고 있으면서도 고칠 수 없는 도덕적 결함을 앓고 있다고 여겨졌기 때문이다. '도덕적 천치' 개념을 도입한 아이작 커린은 자신의 영향력 있는 저작에서 도덕적 천치의 고정된 특성을 강조하며 이렇게 설명한다.

우리는 어떤 사람에게는 색채 지각이나 음악적 감각이, 또 다른 이에게는 수 개념, 거리 감각, 분석력, 논리력, 그리고 이외 다른 특정 능력이 부분적 또는 전적으로 결여돼 있음을 보게 된다. **이 결핍은 교육으로 보완하지 못한다.** 우리는 또한 내적 결함이나 수용 중추의 선천적 결손으로 인해 이른바 도덕 감각이 부분적으로, 때로는 완전히 결여된 개인을 보게 된다. 이 또한 어떤 환경이나 교육으로도 메울 수 없다.[112]

시설은 이런 '위험 인물'이 사회에 퍼지는 것을 막고, 이들에게서 사회를 지키려 했다. 퍼날드는 중증 백치를 위한 시설의 존재를 정당화했던 것처럼, 또 다른 불치자 집단에 대해서도 시설의 필요성을 단언했다. 이 불치자 집단은 끊임없는 보살핌이 필요한데 그렇지 않고 방치될 경우 부랑자, 주정뱅이, 도둑, 더 심각하게는 그들 자신과 같은 자손을 낳게 될 자였다.[113] 결국, "좀 더 총명한 정신박약자 부류"는 그들의 개별적 향상보다는 사회 전체의 이익을 위해 수용됐다.

이처럼 고정된 상태라 여겨진 경우는 보호적 수단으로써 시설의 존재를 정당화하는 여러 논리에 활용됐다. 시설은 중증 백치를 수용해 이들을 빈자나 정신이상자와 함께 수용되는 부당함에서 보호하고, 학대하고 방치하는 부적절한 가정환경에서 구제하는 곳이었다. 또한 감당하기 벅찬 백치를 둔 가족을 고초와 재정 파탄에서 보호하는 공간이기도 했다. 마지막으로 시설 관리자 역시 시설에 존재하는 이들이 '교육 불능자'였기에 사회적 지탄을 피할 수 있었다. 반면, 도덕적 천치를 시설에 강제 수용한 것은 이들의 비도덕적 행동과 범죄 행동에서 사회를 보호하고 이들의 재생산을 방지하는 데 목적이 있었다. 니콜 래프터는 다음과 같이 썼다.

> 도덕적 천치는 정신박약자와 범죄자 사이의 교량과 같은, 말하자면 이 둘을 연결하는 중요한 개념이다. 도덕적 천치에 관한 에세이는 (…) 전문 지식의 주된 형태가 되었고 (…) 19세기 후반 시설 관리자에 의해 생산된 (…) 글 속에서 시설 관리자는 또 다른 새로운 클라이언트로 바로 사회 그 자체를 지목한다. 시설 관리자는 우생학을 활용해 국가가 안고 있는 악을 치유하고 사회를 건강한 상태로 회복시키려 했다.[114]

한편, 가망 없는 상태로 고착돼 있어 보호·관리가 필요한 '정적' 사례는 시설의 존재를 정당화했다. 동시에 정신박약이 변화 가능한 '동적' 상태라는 개념 역시 시설의 존재 근거를 지속적으로 뒷받침했다. 정신박약이 변화 가능하다는 가정은 시설설립운동의 핵심이었다. 새로운 시설의 필요성을 호소하는 데 있어 개선 및 교육의 가능성과 적절한 환경의 중요성에 대한 수사가 만연했다. 시설의 제도적 실천은 교육과 훈련에서 감독과 처벌에 이르기까지 알맞은 환경이 정신박약을 개선하고, 더 나아가 시설의 희생양인 정신박약자를 좀 더 생산적인 개인으로 만들 수 있다는 믿음을 전제하고 있었다. 여기서 시설은 단순히 보호적 공간에 그치지 않고 교화적이고 생산적인 공간으로 그려지게 된다.

19세기 말에 이르러 정신박약자의 교육 가능성에 대한 신념이 새로운 시설 설립의 동기이자 정당성의 원동력이었음에도 시설 실무에서는 '교육'보다 '훈련' 개념이 지배적이었다.[115] 물론 고기능 수용자를 위한 교육 프로그램이 존재했고, 학교 부서에 속한 많은 이가 '일반 학교의 기초 교과목'을 교육받았다. "정상 아동의 교육과 비교할 때, 정신박약은 종의 차이가 아니라 정도의 차이"일 뿐이었기 때문이다.[116] 그러나 버턴 블랫[Burton Blatt]이 관찰했듯, "아이러니하게도 주 시설이 교육한 이는 애초에 그 시설에 있어서는 안 될 경증 정신지체인뿐이었다."[117] 시설에서 생활하던 대다수의 수용자는 엄격한 훈련과 감독을 통해 '개선'됐으며, 그 목표는 생산성이었다. 그중 일부는 읽고 쓰는 법을 배우기도 했지만 매사추세츠 학교의 시설장이었

지적장애의 얼굴들

던 퍼날드는 시설이 제 역할을 제대로 수행하지 못하고 있다는 점을 우려하며 "오늘날 교육 훈련의 가장 두드러진 특징은 산업 직종과 육체노동에 집중하고 있다는 점이다"[118]라고 말했다.

그 결과 교육과 훈련이 뒤섞여버렸다. 시설 관리자는 학생의 정신능력과 또는 그 결여를 근거로 자신의 방식을 정당화했지만 훈련이 교육보다 더 적절하다는 확신은 생산적인 수용자를 확보하려는 기관의 필요와 떼려야 뗄 수 없었다. 수용자의 노동을 활용해 얻는 경제적 이점은 분명했다. 퍼날드는 "훈련된 수용자들의 산업적 능력을 활용해 시설의 평균 운영비용이 점차 크게 줄어들었다"[119]고 설명한다. 수많은 시설이 농장을 갖고 있었고 학생들은 아주 어린 나이에 농업 기술을 비롯한 다양한 직업 훈련을 받았다.[120] 특정 기술을 가르칠 수 없는 중증의 수용자도 목욕, 식사, 옷 입고 벗기, 청결 유지 등의 일상 기술 훈련을 받았다.

> 인도적이면서도 엄격한 규율, 끈질긴 습관 교육, 시설의 잘 짜인 루틴 덕분에 이 아동 중 상당수가 덜 성가시고 덜 혐오스러운 존재가 됐으며, 이들을 돌보고 부양하는 데 드는 비용이 실질적이고 영구적으로 감소했다.[121]

이처럼 경증과 중증 사례 모두가 훈련의 수혜를 받는다고 주장했지만 시설의 효율화를 위해 '습관 훈련'에 참여해야만 했다는 사실 또한 드러났다. 트렌트에 따르면 1900년대 초반에는 "어린이의 습관 훈련은 시설 외부에서 필요한 기술이 아니었다. 이는 시설 적응을 목표로 이뤄졌다."[122]

시설이 정신박약에 대한 고정적·변동적 묘사 모두에 의존했던만큼, 상이한 종류의 정신박약 간의 역설적 관계가 드러난다. 특히, 수용자 노동의 성격을 살펴볼 때 더욱 그렇다. 20세기 초, 몇십 년 동안 '정신박약자의 위협'에 대한 우생학적 열기가 고조됨에 따라 시설 외부에서는 정신박약이 치유 불가능하고(그 어떤 가정환경에서도 마찬가지다) 가망이 없으며 위험한 상태(경증의 정신박약은 사회를 위협하며 중증의 정신박약은 사회에서 위협을 받는다)로, 다시 말해 고정된 상태로 간주됐다. 반면, 시설 내부에서는 이와 동일한 상태가 개선 가능한 것으로 여겨졌다.[123] 가장 중증부터 가장 경미한 수준의 정신박약에 이르기까지 이들을 생산적인 존재로 만들기 위해 훈육 기술이 활용됐다. 심지어 보호·수용 구역에서도 수용자의 게으름을 막기 위해 계획된 일과, 처벌, 육체적 과업이 동원됐다. 1894년에 문을 연 교육 불능 백치를 위한 로마 보호수용소의 책임자 찰스 번스타인은 이렇게 썼다.

> 여름 한철, 훌륭한 보조인이 자신을 더럽히고 파괴적인 행동을 하는 저능한 정신박약 소년에게 곡괭이와 삽, 수레로 흙더미를 옮기도록 지도하는 게 교실에서 같은 시간을 들여 소년을 가르치는 그 어떤 교사보다도 더 큰 도움이 될 것이라 확신한다. (…) 인생 행복의 절반은 우리가 어떤 일에 몰두하며 우리가 유용한 일을 하고 있다는 사실을

앞에 있다. 정신박약도 예외가 아니다.[124]

수용자의 노동을 유용하다고 칭하는 데에는 이중의 아이러니가 숨어 있다. 종종 중증의 수용자에게는 이들을 놀리지 않기 위한 무의미한 과업이 주어졌다. 반면, 경증의 수용자는 시설의 목표에 기여하는 노동을 수행했다. 그렇다면 시설에서 생산성을 요구받는 정신박약자에게 '인생 행복의 나머지 절반'이란 과연 무엇일까 하는 의문이 든다(앞서 번스타인은 삶이 행복해지기 위한 절반의 방도를 이야기했다).

시설과 관리자가 낳은 전문가 담론은 정신박약을 희망 없는 불변의 숙명으로 보는 동시에 변화 가능한 동적 상태로 보는 시각을 널리 유포했다. 그리고 트렌트가 지적했듯 두 관념의 공존은 시설의 존속을 위해서는 필수적이었다.

학교 설립 10년 만에 (…) 생산적인 노동자를 양성하겠다는 기대를 안고 이뤄진 백치 교육은 기관 영속의 방도가 되어갔다.[125]

그러나 시설의 운명과 관리자가 주장한 전문가적 권위는 새로운 기법, 지능검사의 등장과 더불어 극적인 변화를 맞게 된다. 그리고 이와 함께 정신박약의 새로운 종, 바로 '모론'이 등장한다.

가시성과 비가시성

19세기 중반에 등장한 정신박약자 수용 시설은 지적장애에 관한 지식을 생산하고 조직하는 가장 중요한 수단이었다고 해도 과언이 아니다. 앞서 봤듯이 시설 관리자의 전문가 담론은 수많은 분류 체계와 훈련·교육·관리 철학을 만들어냈다. 또한 이런 전문가 담론은 지적장애의 이중 자화상을 영속화했다. 즉, 지적장애를 고정적이면서도 변동적인 상태로, 정상에서 질적 및 양적으로 벗어난 상태로, 그 병인이 기질적이면서도 환경적인 것으로 말이다. 20세기 초 급부상한 우생학운동은 지적장애의 자화상을 완전히 바꿔놓았다.[126] 우생학운동은 퇴화이론, 일탈의 유전적 설명, 그리고 바람직하지 않거나 부적격한 인구, 예를 들어 이민자, 범죄자, 빈민, 정신박약자 등을 몰아내려는 캠페인과 함께 확산됐다. 정신적·도덕적 결함에 대한 우려가 심화된 무렵 알프레드 비네의 지능검사가 도입됐고, 정신박약의 새로운 얼굴, 모론이 탄생했다. 모론의 등장은 기존의 모든 정신박약 유형을 무색하게 만들었다.[127] 이 새로운 기법과 새로운 정신박약 유형을 미국에 도입한 인물은 바로 고다드다. 1912년에 출간된 그의 획기적인 연구《칼리캑 가문》에 기대어 정신능력검사가 지적장애에 끼친 영향을 또 다른 개념쌍인 가시성·비가시성의 관점에서 고찰해보고자 한다.[128] 특히, 우리는 지능검사가 사회적·개인적·병인론적 수준에서 어떤 변화를 일으켰는지 살펴볼 것이다.

지적장애의 역사를 해석하는 한 가지 방식은 지적장애가 어떻게 사회적으로 가시화됐으며 동시에 비가시화됐는지에 집중하는 것이다. 백치를 대중의 시선이 거의 닿지 않는 시설에 강제 수용한 것은 부분적으로는 일반 대중의 시야에서 정신박약을 감추려는 시도였다. 그러나 역설적이게도 인도주의적 운동은 백치가 어떤 끔찍한 조건에서 살고 있는지를 폭로해 이들을 대중의 시선 아래로 끌어냈다. 시설의 성벽 안에서 백치는 정상화를 추구하는 전문가의 시선하에 분류되고 통제됐으며, 이로써 이들의 결함과 잠재력이 가시화되기에 이르렀다. 그러나 지능검사의 개발로 이 전문가적 시선은 시설을 넘어 정신박약이 존재하는 다른 사회 제도나 환경으로까지 확장됐다. 또한 감옥, 소년원, 군대, 학교 등에서 지능검사가 시행되면서 정신박약이 시설의 담을 넘어 더 많은 곳에 침투해 있는 문제라는 결론을 내리게 됐다. 즉, 지능검사가 정신박약의 가시성을 더욱 굳힌 것이다. 수많은 죄수, 매춘부, 취학아동, 빈민, 이민자가 정신박약자로 분류됐다.[129] 이는 곧 정신박약이 범죄, 성적 타락, 알코올중독, 빈곤 등 다른 사회적 병폐와 연관돼 있다는 인식을 불러일으켰고, 정신박약은 하나의 사회문제로 가시화되면서 경각심을 촉구하는 캠페인을 더욱 부채질했다.[130] 그러나 이런 사회적 가시성이 증대한 그 이면에는 정신박약인 개인 차원의 좀 더 근본적인 비가시성이 존재했다.

시설이 보여주듯, 어떤 유형의 개인은 지식 생산의 새로운 기술과 함께 등장한다. 이 점은 지능검사에서도 마찬가지였다. 지능검사는 모론이라는 정신박약의 새로운 유형과 함께 등장했다. 고다드는 모론을 정신적 결함자 중 가장 위험한 부류로 선언했는데, 이는 모론의 비가시성 때문이었다. 백치나 천치와는 달리, 모론은 '정상'처럼 보여 쉽게 식별되지 않았고 시설에 있을 만한 사람처럼 보이지도 않았다.

고다드는 모론에 대해 이렇게 말한다.

모론은 겉모습은 멀쩡하지만 지능이 낮고, 학교를 마쳤음에도 그 어떤 능력도 갖추지 못한 채 세상에 나간다. 이들은 결국 우리가 예상했던 삶을 살아갈 수밖에 없다.[131]

이 삶은 범죄와 부도덕으로 이뤄진 삶이었다. 모론은 바로 이 탈선의 인과적 설명을 제공한 존재였다. 죄수와 매춘부를 대상으로 한 다수의 지능검사와 그 결과는, 정신박약의 한 유형이자 고기능 지적장애인이며 도덕적 결핍자인 모론이 범죄와 직접적으로 연결된다는 믿음을 더욱 견고히 했다.

우리는 통계 연구와 주의 깊은 관찰을 통해 범죄성이 종종 정신박약에서 비롯된다는 우리의 주장이 사실이라는 충분한 증거를 확보했다. (…) 이탈리아 범죄학자 체사레 롬브로소Cesare Lombroso의 잘 알려진 범죄자 유형이 실제로 하나의 유형이라면, 아마도 정신박약 유형이었을지도 모른다. 자신들이 처했던 환경이나 처지로 인해 범죄성이 이식移 植된 정신박약자 말이다.[132]

이 구절을 통해 어떤 의미에서 정신박약이 더욱 근본적인 범주가 되었음을 분명히 확인할 수 있다. 다시 말해, 정신박약은 범죄의 원인으로 간주되기에 이르렀다.

모론의 천성이 범죄적이고 부도덕하다는 믿음은 이 집단이 특히 위험하다는 인식을 강화했고, 대중에게 모론을 가시화하는 데 성공한 정신능력검사는 이 문제에 대한 추가 조치, 예를 들어 시설 격리나 정신박약의 확산을 막는 단종 조치를 불러왔다. 이전에는 주로 백치와 천치 같은 좀 더 중증의 정신적 결함에 주안점을 뒀다면 이제는 모론에 주목하게 되었다. 그 이유는 이들의 재생산 가능성 때문이었다.

> 백치는 실로 혐오스럽고 다소 돌보기 어렵지만 자신의 생을 살고 끝난다. 백치는 자신과 같은 아이를 낳지 않으며 그 혈통을 이어가지 않는다. 그 상태의 저능함 때문에 백치는 결코 부모가 될 수 없다. 우리에게 가장 골치 아픈 문제는 모론이다. '이들을 어떻게 할 것인가?'라는 질문과 마주할 때마다 우리는 거대한 문제와 맞닥뜨렸음을 깨닫는다.[133]

지능검사가 없었다면 모론과 같은 새로운 정신박약 유형은 등장하지도, 큰 주목을 받지도 못했을 것이다. 드러나지 않을 수도 있었던 개인을 지능검사가 식별해 찾아낸 것이다. 모론은 눈에 잘 띄지 않는다는 점 때문에 특히 범죄와 정신박약의 대물림 같은 심각한 결과를 초래할 수 있다고 여겨졌고, 이에 지능검사의 필요성과 유효성이 더욱 강화됐다. 마치 푸코가 말한 범죄자와 교정 기술처럼 모론과 지능검사 역시 "어떤 의미에서는 마치 쌍둥이 형제와 같다. (…) 이들은 함께 나타났다."[134] 고다드는 모론 혹은 범죄적 천치라는 유형을 정의해 범죄성과 정신박약 사이의 관련성을 확고히 굳혔으며 "이른바 범죄자 유형이란 그저 정신박약의 한 유형일 뿐이다. (…) 이는 범죄성의 유전을 의미하는 것이 아니라 유전된 정신박약의 범죄적 형세를 설명해주는 것이다"라고 결론짓는다.[135]

지능검사의 창안자인 비네의 주장 또한 기술과 특정 유형이 함께 등장했음을 확인시켜준다. 비네는 이전의 평가 방식을 비판하며 백치나 천치 같은 중증의 정신적 결함은 외형적 징후와 교육적 결함을 통해 비교적 쉽게 식별할 수 있지만, 모론은 증상이 눈에 드러나지 않아 진단이 가장 어려운 유형임을 강조했다. 이에 지능검사와 같은 심리학적 접근법이 다른 모든 진단보다 중요하다고 봤다.

고전적 저술에서 발견되는 백치와 천치의 신체 묘사는 언제나 부정확하며 설령 정확하다 해도 모론에게는 전혀 해당되지 않는다. 그러나 문제는 대다수가 모론이라는 것이다. 학교에서 정상인 아이와 섞여 있는 모론의 식별이 필수적이다. 교육에 가장 큰 장애를 일으키는 이들 역시 바로 모론이다. 모론성moronity의 진단은 가장 중요하면서도 어려운 일이다.[136]

이 진술은 지능검사가 정신박약의 가시성에 미친 또 하나의 효과를 암시한다. 지능검사는 정신박약의 본질을 눈에 보이는 증상이나 행동으로 규정하던 방식에서 눈에 보이지 않는 능력, 즉 지능을 수치화하는 방식으로 전환시켰다. 하우와 세갱의 백치에 대한 초기 묘사가 해부학적·생리학적 징후에 크게 의존했다는 사실을 떠올려보라. 비네는 새로운 분류 계획을 주장했는데 다른 모든 상태와 정신박약을 구분 짓는 핵심 요소인 지적 결함을 직접 측정하는 것이었다. 비네는 지능의 열등한 상태를 인식하는 세 가지 방법으로 의학적·교육학적·심리학적 방법을 제시했다. 의학적 방법은 해부학적·병리학적·생리학적 징후를 연구하지만 "신체에서 정신을 유추한다"[137]는 점에서 간접적 방식이었다. 교육학적 방법은 획득된 지식의 총량을 평가하지만 축적된 지식과 지능은 다른 것이었다. 오로지 심리학적 방법만이 "지능의 정도를 직접 관찰하고 측정함"으로써 개인의 지적 결함을 정확하게 평가할 수 있었다.[138] 비네에게 있어 판단력은 지능의 가장 근본적인 능력이었다. 그는 "잘 판단하고 잘 이해하며 잘 추론하는 것, 이것이야말로 지능 활동의 본질이자 정수"라고 말한다.[139] 정신박약은 더 이상 세갱이 말한 삼위일체, "인간됨의 (…) 필수불가결한 징후 세 가지는 활동성, 지능, 의지"[140]로 이해되는 것이 아니었다. 이제 정신박약은 하나의 능력, 즉 '지능'으로 환원됐고, 새로운 기술은 오직 지능만을 측정할 뿐이었다.

지능검사는 미국에서 큰 성공을 거두었다. 모론이라는 새로운 유형의 개인을 효과적이고 과학적으로 식별할 수 있는 방법으로 여겨진데다가 의학적·교육학적 방법의 한계를 보완할 수 있는 해결책으로 받아들여졌기 때문이다. 고다드는 〈비네식 정신박약 아동 분류 Four Hundred Feeble-Minded Children Classified by the Binet Method〉 보고서에서 순수 의학적 분류의 한계를 다음과 같이 이야기했다.

> 모두가 이미 알고 있겠지만 여기서 분명히 강조할 것은 의사에게는 이전의 분류 용어가 더 흥미롭다 하더라도 우리에게는 아무 실용적 가치가 없다는 것이다. 예를 들어, 옛 분류에 따르면 소두증 아동이 모론일 수도 있고 천치나 백치일 수도 있다는 것이 분명하게 드러난다. 수두증* 아동 역시 그러하며 다른 것을 놓고 봤을 때도 마찬가지다. 다시 말해, 이전의 분류 용어는 아동이 훈련과 발달 측면에서 무엇을 할 수 있는지를 아는 데 전혀 도움이 되지 않는다.[141]

비네, 고다드를 비롯해 지능검사를 지지한 많은 이에 따르면 지능검사는 정신박약을 규정하는 결정적 특징인 '결함 있는 지능'에 직접적으로 접근할 수 있는 수단을 제공했다. 정신적 결함의 수많은 가시적 징후가 정신박약을 명확히 규정하는 데 실패했던 것과는 달리, 지능검사는 인간됨에 필수적이지만 파악하기 어렵고 눈에 보이지 않는 특성을 지능 수준에 확고히 고정한다. 이에 비가시성은 가시성 위에 군림하게 되었다.

---

* 뇌 안에 뇌척수액이 과도하게 축적되어 두개 내의 압력을 증가시키는 질환을 말한다.

지적장애의 얼굴들

마지막으로 정신능력검사는 병인론적 차원에서의 정신박약의 가시성에도 영향을 끼쳤다. 여기서 우리는 고다드를 비롯한 다른 미국인의 지능검사 사용과 비네의 본래 의도 사이에 급작스러운 단절이 일어났음을 목격하게 된다. 말하자면 비네의 의도를 오독했기에 미국에서 지능검사가 번성할 수 있었고, 정신박약에 대한 지식의 원천으로 군림하게 된 것이다. 비네와 테오도르 시몽$^{Théodore\ Simon}$은 지능검사가 아동의 현 지능 상태를 측정한다고 설명했다.

> 우리의 목적은 우리에게 온 아동의 지적능력을 측정해 이들이 정상인지 지체인지를 파악하는 것이다. 우리는 오직 이들의 해당 시점의 상태만을 연구해야 한다. 우리는 아이의 과거나 미래를 대하지 않는다. 우리는 이들의 병인을 고려하지 않으며 (…) 이 지체 상태가 치료 가능한지 혹은 개선 가능한지에 대해서도 판단을 유보한다.[142]

하지만 비네와 시몽의 입장과 달리, 미국에서는 지능검사가 정반대의 방식으로 활용됐다. 월터 퍼날드는 미국 정신박약연구협회 회장 연설에서 다음과 같이 밝혔다.

> 정신능력검사의 이론과 실천, 그리고 정신연령이라는 개념의 발견은 세갱 이래의 모든 연구보다 더 효과적으로 정신박약을 **설명하고** 그 진단법을 통일시켰으며 **교육과 훈련**을 위한 정확한 자료를 제공했다.[143]

비네가 병인의 설명이나 치료 방침을 결정하는 데 그의 검사를 사용하지 않겠다고 한 것과는 달리, 미국에서 지능검사는 정신박약에 대한 유전적 설명, 그리고 이 대물림을 통제할 대책과 불가분하게 얽히게 되었다.[144]

고다드는 《칼리캑 가문》에서 "부모 양쪽이 정신박약자일 경우 자녀 모두가 정신박약자가 된다"[145]고 하면서 지능과 유전 사이의 연결고리를 제시했다. 유전주의 담론의 수사에서 비가시성 개념이 다시 등장하기 시작한 것인데, "결함 있는 생식질" 혹은 "나쁜 혈통"이 정신 결함의 원인이며 이는 세대를 통해 이어진다고 여겨졌다. 생식질이나 혈통과 같은 보이지 않는 물질은 지능만큼이나 눈으로 확인되지 않는 것이었으므로 이를 가시화하기 위한 기술이 고안됐다. 지능검사와 가계도 조사가 그 예다. 이런 기술은 나쁜 혈통과 같은 눈에 보이지 않는 원인, 낮은 지능과 같은 눈에 보이지 않는 결함의 존재를 확인할 수 있게 해주었다.[146]

정신박약이 유전된다는 신념 가운데 다양한 치료법과 해결책이 제시됐고, 정신박약의 확산을 막기 위해 불임시술, 격리, 결혼 제한, 이민법 등이 시행됐다. 비네는 지능검사에서 정신박약의 두 측면, 병인과 치료를 의도적으로 피하려 했으나, 미국에서는 오히려 검사를 수행하는 핵심 이유가 되었다. 개인의 현재 정신적 상태보다는 이 결함이 어디에서 비롯됐으며 무엇을 할 수 있는지가 훨씬 더 중요했던 것이다.

새로운 장애 범주인 모론의 출현이 지적장애의 사회적·개인적·병인론적 가시성과 비가시성에 어떤 영향을 줬는지를 밝히는 것 외에도 이 장에서 논의한 다른 개념적 긴장들의 맥락 가운데 고다드의 《칼리캑 가문》을 살펴볼 수 있다. 지능검사는 일정한 기준에서 점진적으로 벗어난 정도에 따라 지적장애를 정의하는 정량적 관점을 명확히 구현한다. 반면, 고다드는 칼리캑 가문 계보의 절반*을 이루는 정신박약자를 묘사하고 이 새로운 유형(모론)을 정의함으로써 지적장애를 정상과는 질적으로 다른 존재로 제시한다(고다드가 데보라 칼리캑의 어머니에 대해 "그녀 삶의 철학은 동물의 철학이다"[147]라고 묘사했던 것을 떠올려보라). 유전론적 설명은 모론 안에는 정상인과는 다른, 훨씬 더 근본적인 무언가가 있다는 점을 시사했고 이 무언가가 모론[her]**을 철저하게 타자로 구분 지었다. 그것은 바로 나쁜 혈통과 결함 있는 생식질이라는 오염된 유전자였다.[148]

이처럼 경증 정신박약의 병인은 어떤 타고난 기질적 결함을 상정함으로써 설명됐다. 고다드의 정의는 이렇다.

---

* 이 표현은 고다드가 《칼리캑 가문》에 제시한 정상 계보와 정신박약 계보의 이분법을 반영한 것이다. 고다드는 한 명의 조상이 한쪽에서는 '정상적인' 여성과 결혼해 '정상적인' 후손을 낳고, 다른 한쪽에서는 '정신박약자'로 묘사된 여성과의 사이에서 '퇴화한' 후손을 낳았다고 주장한다. 바로 이 후자의 계보가 '칼리캑 가문 계보의 절반을 이루는 정신박약자' 계보다.

** 리시아 칼슨이 모론을 여성형 'her'로 칭한 것은 의도적이다. 'her'는 모든 '모론' 여성, 즉 유전적으로 열등하다고 간주된 여성 정신박약자를 의미하며, 고다드의 《칼리캑 가문》에 등장하는 데보라도 이 범주에 포함된다. 이후 자세히 논하겠지만 이는 정신박약 유형이 젠더화돼 있음을 보여준다.

이런 유형의 개인을 어떻게 설명할 수 있는지에 답하자면 한마디로 유전, 즉 나쁜 혈통이다.[149]

이 내인적 설명은 눈에 띄지 않게 존재하면서 그 상태를 대물림할 수 있는 고등 정신박약자에 대한 공포 및 위협과 결합되어, 모론을 희망 없는 불변의 상태로 보는 시각에 신빙성을 부여했다. 고다드는 《칼리캑 가문》에서 데보라 칼리캑이 빈랜드에서 보여준 수많은 작업이나 기술, 재능을 인정하면서도 어떤 훈련이나 교육으로도 그녀의 도덕적 결함을 고칠 수 없다고 여겼다.

오늘 이 여성이 시설을 떠난다면 그녀는 곧바로 나쁜 남녀의 유혹에 휘말릴 것이고 사악하고 부도덕하며 범죄로 얼룩진 삶을 살게 될 것이다. 그녀의 정신 상태 때문에 그 자신이 책임질 일은 없을 테지만 말이다. 데보라가 빠지지 않을 악행은 없다고 해도 과언이 아니다. 왜냐하면 자제력이라는 것이 전혀 없고 모든 본능과 욕구가 악을 향해 있기 때문이다.[150]

그렇다면 모론의 새로운 얼굴인 데보라가 여성이라는 사실에는 어떤 중요한 의미가 있을까? 뚜렷하게 젠더화된 유형의 정신박약이 존재했을까? 이 질문은 모론의 등장과 같은 지적장애의 역사와 젠더 간의 관련성이라는 좀 더 폭넓은 질문으로 이어진다. 당시 가계도 연구를 수행한 현장 조사자와 시설의 수행원이 주로 여성이었다는 사실을 우리는 어떻게 이해해야 할까? 또한 초기 페미니스트의 수사와 개혁을 향한 요구가 그 시기 정신박약에 대해 말하고 행하는 것에 어떤 영향을 미쳤는가?

이 질문에 답하기 위해 우리는 장애 여성과 비장애 여성 모두를 포함한 여성의 관점에서 이 역사적 지형을 다시 추적해봐야 한다. 능동적 인간 주체였던 이 여성들이 지적장애를 지식의 객체로 만드는 데 일조했기 때문이다.

2장

객체와 주체를 오가는
'젠더화' 문제

우리는 각각의 상황에서 '여성이라서' 겪는 억압이 무엇을 의미하는지 이해해야 한다.

_엘리자베스 스펠먼Elizabeth Spelman

푸코는 《광기의 역사》에서 광기에 관한 자신의 작업을 비판적으로 재검토한다. 그는 광기의 역사 한가운데에 있었던 수용소를 그 중심에서 몰아내야 한다고 주장한다.

우리가 보여줘야 할 본질은 규칙성과 규율을 갖춘 제도로서의 시설 그 자체가 아니다. 오히려 내가 보여주고자 했던 것은 권력의 불균형으로, 이것이야말로 수용소의 규칙성을 왜곡시키는 동시에 그것을 작동시킨다.[1]

1장에서 시설 내 규율 권력이 작동하는 방식을 간략히 설명했을 뿐, 권력과 억압에 관한 개념은 논외로 했다. 또한 지적장애를 시설 관리자, 제도적 담론과 실천, 그리고 정신능력검사에 의해 만들어지는, 즉 위로부터 생성되고 영속화되는 범주로 설명했다.[2] 더군다나 구분되고 억압당한 능동적 주체자의 관점을 드러내지 않고 이들을 지식의 객체로서만 논했다. 이 장에서는 푸코의 제안을 진지하게 받아들여 지적장애가 독립적인 범주로 등장하게 된 배경, 그 제도적 세계 및 사회적 구조 속에 담긴 복잡한 권력관계를 탐구하고자 한다.

많은 제도사 연구가 정신병원이나 '정신박약자' 학교의 권력 문제를 다뤄왔지만, 시설이라는 제도적 권력의 역사에서 젠더가 어떤 방식으로 작동했는지에 대해 지속적으로 분석한 연구는 없었다. 언뜻 보면 지적장애에 관한 담론과 실천이 남녀 모두에게 동등한 영향을 미친 것처럼 보인다. '백치'에 대한 관심이 19세기 중반부터 제1차 세계대전 전야까지 이어지고 그사이 정신박약인을 둘러싼 우생학적 열기가 고조된 가운데, 남녀 모두 새로운 백치 학교와 수용소에 수용됐고 지능검사를 받았으며 특수교육 프로그램에 참여했다. 또한 백치, 천치, 모론, 도덕적 천치 등 다양한 정신박약 범주가 남녀 모두에게 적용됐다. 그러나 자세히 들여다보면 지적장애 역사에서 여성의 역할이 좀 더 복잡하고 중요했다는 사실이 드러나는데, 이는 "제도에 스며든 (…) 힘의 관계"가 장애 여성과 비장애 여성 모두의 삶에 미친 영향을 조명할 수 있는 사례를 제공할 것이다.[3]

장애 여성의 문제의식, 그리고 이들이 페미니즘 담론과 더 넓은 학문적 연구에 기여해온 바는 점차 명확해지고 있다.[4] 그럼에도 여전히 지적장애 문제는 페미니즘과 장애를 다룬 문헌 안에서도 다소 주변화돼 있다. 지적장애 역사에서도 마찬가지로 남녀의 차별적 대우에 관한 논의는 있지만, 젠더가 이 역사에서 어떤 역할을 수행했는지에 대한 명시적 분석은 드물다.[5] 나는 이런 이중의 비가시성을 바로잡기 위해 젠더화된 범주로서의 지적장애라는 흥미로운 세계로 들어가보려고 한다.[6]

이 장은 역사적으로 지적장애 세계에서 중요한 역할을 했던 다섯 집단의 여성, 즉 정신박약 여성, 시설의 돌봄 제공자, 어머니, 연구원, 개혁가로 이뤄져 있다.[7] 여기서는 앞 장에서 언급했던 분류의 특징들, 예컨대 전형 효과, 병인과 정의定義 사이의 관계, 정신박약자를 식별하는 기술 등이 다시 거론될 것이다. 또한 이 다섯 집단은 지적장애 분류 체계의 작동 메커니즘에 대한 통찰을 제공하며 이 집단 간의 복잡한 관계는 권력과 억압에 대한 분석을 요할 것이다. 첫 번째 여성 집단에 대한 논의로 들어가기에 앞서 푸코와 아이리스 매리언 영Iris Marion Young의 작업을 바탕으로 권력 및 억압 논의의 이론적 기반을 간략히 설명하고자 한다.

사회집단과 권력 양식

1장에서 지적장애와 관련된 권력의 한 형태인 규율 권력을 살펴보았다. 푸코는 자신의 역사적 저작에서 다양한 권력 양식을 탐구해 왔다.[8] 그는 권력을 특정한 사회적 맥락 속에서 그 권력이 행사되는 방식과 분리해 정의할 수 없다고 봤다. 이에 "권력의 행사를 특정한 행위가 다른 가능한 행위의 장을 구조화하는 방식"[9]이라 정의한다. 푸코에게 권력은 관계적 개념이다. 따라서 권력관계에 대한 분석은 특정 개인의 행위나 동기로 환원될 수 없으며, 이런 측면에서 권력은 비주체적이다.[10] 비록 권력관계가 불가피한데다가 "사회적 연쇄 속에 깊숙이 뿌리내리고" 있긴 하지만, 이 권력이 반드시 억압적이기만 한 것은 아니다.[11] 예컨대, 지배는 권력의 한 형태일 뿐이다. "특정한 행위가 다른 가능한 행위의 장을 구조화하는" 여러 방식 중에는 해롭지 않은 형태도 있으며 어떤 것은 저항의 양상을 낳기도 한다.[12] 권력관계는 사회적 삶에 내재한 불가피한 현실이며 푸코의 말대로 "권력관계가 없는 사회는 오직 추상일 뿐이다." 이런 권력관계의 만연함을 고려할 때, 푸코가 주목했던 것은 "인간이 주체로 만들어지는" 과정에서 권력관계가 수행하는 역할이었다.[13]

아이리스 매리언 영이 《차이의 정치와 정의》에서 제시한 억압 이론은 푸코의 권력 정의와 여러 공통점을 지닌다. 나는 영의 억압 개념을 푸코적 의미에서 하나의 권력 양식으로 해석한다. 푸코의 권력 개념처럼 영 역시 억압을 관계적으로 정의하면서 하나의 본질적인 정의가 있다고 보지 않았다. 영은 '억압의 다섯 가지 얼굴'이라는 다원론적 접근을 통해 권력은 맥락에 따라 달라지는 고유한 양상 속에서 분석돼야 한다는 푸코의 신념을 공유한다.[14] 권력과 마찬가지로 억압 역시도 비주체적인 것이다. 영은 '지배 집단의 폭정'[15]이라는 전통적인 억압 개념에서 벗어나려 노력하며 다음과 같이 주장한다.

> 압제는 (…)특정 사회집단에 대한 구조적 제약에서 비롯되며, 이런 제약이 반드시 폭군의 의도에서 기인하는 것은 아니다.[16]

나는 푸코적 입장에서 억압의 다섯 얼굴을 권력 양식이라 주장하지만, 이 다섯 가지가 모든 가능한 권력관계를 포괄하지는 않는다고 본다. 푸코는 권력관계가 반드시 지배를 수반하는 것은 아님을 강조하나, 영은 억압을 지배와 연결 짓는다. 영은 《차이의 정치와 정의》 서문에서 "부정의를 개념화하는 데 있어 억압과 지배가 주요 개념이 되어야 한다"라고 했다.[17] 더욱이 영의 작업 전체는 억압은 막아낼 수 있다는 믿음에 기반을 둔다. 푸코 역시 특정한 권력 양식은 변화시키거나 막을 수 있다고 봤지만 권력관계는 어떤 형태로든 언제나 작동한다고 여겼다.

이처럼 푸코 식으로 억압을 하나의 권력 양식으로 이해한다는 전제 아래, 영이 제시한 억압의 다섯 가지 얼굴, 즉 착취, 주변화, 무력화(이 세 가지 모두 사회적 노동 분업과 관련된다), 문화제국주의, 그리고 폭력을 살펴볼 것이다. 영은 이런 억압의 형태가 원자론적이고 자율적인 개인이 아닌 사회집단에 적용돼야 한다고 주장한다. 영은 사회집단을 이렇게 정의했다.

문화적 양식, 관습 혹은 생활방식에 따라 적어도 다른 한 집단과 구별되는 사람들의 집합체이며, 집단의 구성원은 비슷한 삶의 경험이나 방식을 겪으면서 서로 고유한 유대를 느낀다.[18]

영은 이 집단 개념이 억압을 좀 더 깊고 복합적으로 분석할 수 있게 한다고 봤다. 억압에 대한 전통적 관점은 소수의 '폭군 각개의'[19] 행위와 정책인 데 반해, 영의 이론은 억압이 집단 간의 관계임을 분명히 한다.[20] 억압의 다섯 가지 얼굴은 특정 사회집단이 억압을 받고 있는지 또한 어떤 방식으로 억압받는지를 평가할 수 있는 틀을 제공한다. 이 장에서는 이 다섯 가지 억압 가운데 착취, 주변화, 무력화, 문화 제국주의가 지적장애의 역사와 어떻게 연결되는지 중점적으로 논할 것이다.[21]

영은 마르크스주의의 착취 개념을 토대로 다음과 같이 말한다.

착취 개념이 드러내는 핵심 통찰은 (…) 다른 집단의 이익을 위해 한 사회집단의 노동 결과물이 지속적으로 전이되는 과정에서 억압이 발생한다는 것이다.[22]

영은 여러 페미니스트의 연구를 인용하며 여성 자신이 의존하는 집단(대개는 남성)의 이익을 위해 '여성의 일'로 폄하된 업무를 수행하면서 그 노동의 성과를 한 사회집단에서 다른 집단으로 이전해온 여러 방식을 지적한다.[23] 정신박약자의 경우, 수용자의 노동 활용이 착취의 한 형태였음이 좀 더 분명해질 것이다.

정신박약 여성과 '정신이 온전한'* 여성 모두의 삶에서 다음 두 가지 억압이 중요한 역할을 했다. 영에 따르면 주변화의 억압은 "아마도 가장 위험한 형태의 억압이다. 집단 전체가 사회생활에 유의미하게 참여할 기회에서 내쫓긴다면 심각한 물질적 궁핍과 심지어는 근절의 위협에까지 처할 수 있다."[24] 영은 고령자, 병자, 장애인 등 노동력에 기여할 수 없다는 이유로 주변화된 여러 집단을 지목한다.[25] 이 장은 정신박약자가 여러 차원에서 주변화됐음을 드러낼 것이다. 세 번째 억압인 무력화는 "권력의 지배를 받기만 할 뿐, 그 자신은 권위를 갖지도 행사하지도 못하는" 집단에서 발생한다.[26] 지적장애의 역사 연구에서 무력화의 억압은 분명하게 나타나지만, 영의 정의가 정신박약을 둘러싼 규정과 실천 속에서 작동했던 복합적인 권력관계를 온전히 설명하기엔 충분치 않음을 주장할 것이다.

마지막으로 설명할 억압은 문화제국주의다. 영은 "문화제국주의를 겪는다는 것은 사회의 지배적 의미가 어떤 개인이 소속된 집단에 상투적 관념을 부여하고 타자라는 표지를 붙여 그 집단의 고유한 관점을 보이지 않게 만들어버리는 방식을 경험하는 것을 의미한다"[27]고 말한다. 내가 논의할 여성 대부분은 그 정도가 어쩌하든 이런 형태의 억압을 겪었다. 지배적인 가부장제 사회하에 연구자, 개혁가,

---

* 장애학적 맥락에서 지적·정신적 능력이 사회가 규정한 정상 기준에 부합하는 사람을 가리키는 표현으로, 비장애중심적인 규범적 범주를 지칭한다. 본문에서는 이런 뉘앙스를 고려해 문맥에 따라 '제정신의', '정신이 온전한', '정신이 똑바른' 등으로 옮겼다.

그리고 어머니는 여성이라는 이유로 억압받았다. '정신박약자'로 낙인찍힌 여성은 여성이라는 사실과 함께 정신박약자로 규정되어 또 다른 수준의 문화제국주의를 견뎌야만 했다.

착취, 주변화, 무력화, 그리고 문화제국주의의 사례를 살펴보면서 이런 억압의 역학이 지적장애 분류에 얼마나 의미심장한 영향을 미쳤는지 좀 더 명백해진다. 시설 안팎의 권력관계에 주목하는 이런 새로운 시선은 지적장애 역사에 중요한 차원을 더해줄 것이다. 앞선 장에서는 주로 전문가와 객체의 이분법에 초점을 맞춰 여러 '전문가'가 지적장애를 연구 및 처치의 대상으로 다루면서 지식을 생산해내고 실천을 고안해낸 방식을 살펴봤다. 이번 장에서는 지적장애 역사 가운데 여성이 수행한 다섯 가지 역할을 분석한다. 이를 통해 사회집단과 구조 속에 내재된 능동적 인간 주체들 사이의 복잡한 관계가 드러날 것이다.

정신박약 여성과 전형 효과prototype effect

히스테리나 다른 정신질환이 여성 및 여성적 특질과 연관되면서 '여성의 병'이 되었던 것과는 달리, 정신지체는 그렇지 않았다.[28] 그러나 20세기 초부터 수십 년 동안, 정신박약 여성은 정신박약 범주 전체의 특성과 위험성을 대표하는 존재가 되었다. 이런 불균형은 대체로 정신박약 개념과 여성성에 대한 고정관념이 교차하면서 발생했다. '정신박약 여성'은 여성과 정신박약이라는 사회적으로 정의된 두 집단에 속한다는 이유로 여성 집단의 일탈자이자 정신박약 집단의 상징으로 지목됐다.

19세기 후반부터 의사, 시설장, 입법자, 자선가의 주목을 받은 명백히 젠더화된 부류의 '정신결함자'가 등장했는데, 바로 '정신박약 여성'이다. 이 새로운 집단에 대한 골몰은 정신박약 특성에 관한 문서,[29] 미국 정신박약연구협회의 회의, 정신박약 여성을 위한 연구[30] 및 시설 건립에 재정을 지원하는 법률, 그리고 여성 전용 수용 시설이 다수 지어진 사실 등에서 확인할 수 있다.[31] 그렇다면 정신박약 여성에 대한 새로운 관심은 무엇 때문이었을까? 이 여성 집단의 출현은 주로 남성형이었던 도덕적 천치라는 새로운 범주의 등장 없이는 불가능했을 것이다. 트렌트는 다음과 같이 설명했다.

> 남북전쟁 이전에 도덕적 백치는 거의 항상 남성이었다. (…) 시설 관리자가 이 유형의 백치에 대해 썼을 때, 시설의 보호·감독 아래 지적·도덕적으로 개선된 '소년'을 예로 들었다. 그러나 전쟁이 끝나고 10년 후, 여성 도덕적 천치의 발견과 이들의 도덕적 우둔함에 혼외 자녀를 출산할 수 있는 능력까지 포함되면서 이 유형에는 새로운 긴박성이 더해지게 된다.[32]

'도덕적 천치'는 '백치'나 '천치'와는 구분됐고, 이 도덕적 천치는 지능보다 도덕적 기능 결핍이 훨씬 심하다고 여겨졌다. 반면, '백치'

와 '천치'는 단지 정신적 결함을 지녔을 뿐, 도덕적으로는 꽤나 호감을 불러일으킬 수도 있는 존재였다. 도덕적 천치 범주는 곧 주목을 받게 되는데 두 가지 이유로 백치보다 위험했기 때문이다. 첫째, 도덕적 천치는 범죄, 빈곤, 타락과 밀접하게 연결되면서 사회를 위협하는 존재로 여겨졌다. 아이작 커린의 도덕적 천치 유형 분류에서도 이를 확인할 수 있다. 커린은 도덕적 천치를 네 부류로 나눴다. 술 취한 중독자, 부랑자, 매춘부, 상습범이다.[33] 둘째, 이들은 정신 기능이 상대적으로 높아 정상인처럼 가장할 수 있었고 이에 드러나지 않을 위험이 있었다.

여성 정신박약이 별도로 다뤄야 할 문제로 부각된 이유는 기존에 존재하던 도덕적 천치(후에 모론으로 알려짐)에 주안점을 둔 것에서 비롯된다.[34] 특히, 도덕적 결함과 관련된 경증 정신박약 유형이 정신박약 범주 전체를 대표하게 되었고 이 정신박약 유형은 여성의 모습으로 구체화됐다. 여성형 정신박약이 이 전형적인 집단, 즉 경증 정신박약 유형의 상징이 되었으며, 나아가 정신박약 전반이 지닌 위험성을 대표하는 존재가 되었다.

정신박약이 유전된다는 믿음은 정신박약 여성에 대한 새로운 관심을 크게 부추겼다. 정신적 결함이 세대를 넘어 전해진다면 정신박약자의 출산을 금지하는 것이 무엇보다 중요했다. 여성은 생식의 상징으로서 매우 위험한 존재였다.

이 아이들, 특히 여자아이들을 모두 가둬버리는 것이 가장 경제적이

지적장애의 얼굴들

라는 사실을 빨리 이해시킬수록, 미국의 모든 주가 더 큰 이익을 얻을 것이다.[35]

당시 대부분의 논의는 이 정신박약 여성의 혼외자 출산 경향에 집중되어 있었다. 1887년부터 1924년까지 매사추세츠 정신박약자 학교의 시설장으로 재직했던 월터 퍼날드는 1893년에 다음과 같이 말했다.

이 나라의 어느 빈민원이든 사생아를 여럿 둔 정신박약 여성이 두세 명쯤, 아니 그 이상은 반드시 있다.[36]

이렇듯 퍼날드는 1912년에 이르러 정신박약 여성과 부도덕함 사이의 관련성을 확정지었다.

정신박약 여성은 거의 예외 없이 부도덕하며, 방치될 경우 대개는 성병의 매개자가 되거나 자신처럼 결함 있는 아이를 낳는다. 이 여성이 결혼을 하면 정상 여성보다 두 배 더 많은 아이를 낳는다.[37]

정신박약 여성의 위험성에 관한 묘사는 무수히 많다. 그러나 여기서 주목할 것은 빅토리아 시대의 여성에 대한 고정관념이 여성 정신박약자를 분류하고 취급하는 방식에 관여했다는 점이다. 피터 타이어Peter Tyor는 논문 〈선善을 선택할 권리를 박탈당하다: 1850~1920년 미국 의료실천에서의 성과 정신 결함^{Denied the Power to Choose the Good: Sexuality}

^{and Mental Defect in American Medical Practice, 1850 - 1920}〉에서 "19세기 성 규범과 젠더 역할은 여성의 일탈적인 성 행동을 정신지체의 증거로 간주하도록 의사를 부추겼으며, 엄격한 사회적 조치를 정당화했다"[38]고 주장했다. 타이어는 1870년대 이후 여성의 입소 연령과 수용 기간이 더 길어졌다는 사실을 보여주는데, 이는 가임기 여성이 가장 위험하다는 인식이 반영된 것이다. 여성의 취약성에 대한 고정관념은 여성 정신박약자 집단을 보호할 필요성을 더욱 심화시켰다. 퍼날드의 말처럼 "정신박약 소녀는 세상 그 어떤 소녀보다 더 큰 위험에 노출돼 있다. 소녀는 여성들이 처하는 위험에서 자신을 충분히 보호할 만한 분별력이 없다."[39] 나아가 1887년 〈뉴욕 정신박약 여성 보호소 이사회 2차 연례 보고서^{Second Annual Report of the Trustees of the New York State Custodial Asylum for Feeble-}

^{minded Women}〉에서는 이렇게 말한다.

이 수용소의 목적은 '정신 상태가 불안정한 정도에서 백치에 이르기까지 여러 수준의 여성을 수용하는 것이며, 이 중 5분의 1은 혼외로 아이를 낳은 엄마'였다. 또한 이들은 정신적 결함으로 '통제 불능 상태에 있으며 욕망에 쉽게 굴복하고 선을 선택할 능력이 결여돼 있기에 타락한 남성의 악행에서 지켜야 할' 존재로 여겨졌다.[40]

문제는 단순히 여성 도덕적 천치의 도덕적 결손이 아니라, 이들이 여성성을 이유로 훨씬 더 취약하고 보호가 필요한 존재로 여겨졌

지적장애의 얼굴들

다는 점이다. 여성 정신박약자 집단은 사회로부터 보호받아야 했지만, 동시에 사회도 이들로부터 보호받아야 했다. 결과적으로 이런 여성을 여성 전용 시설에 격리하고 기존 수용소에서도 남성과 분리하는 캠페인이 지속됐다. 1878년, 뉴욕에 최초의 여성 수용 시설이 세워졌고 이후 유사한 시설이 잇따라 설립됐다.[41] 1905년 네 명의 주지사는 가임기 정신박약 여성을 위한 시설 확충을 권고했다.[42]

무수히 많은 정신박약 남성이 시설에서 평생을 보냈지만, 여성이 시설에 오래 머물게 된 데에는 '젠더'가 결정적인 역할을 한 것으로 보인다. 여성이 수동적이고 취약하다는 고정관념 때문에 시설을 떠난 정신박약 여성은 남성보다 훨씬 더 큰 위험에 처할 것이라 여겨졌다. 예를 들어, 1920년대 레치워스 빌리지[43]에서 퇴소한 수용자를 대상으로 한 연구는 정신박약 여성의 성적 취약성 때문에 여성보다 "남성이 시설 밖 생활에 훨씬 더 잘 적응한다"고 결론지었다.

> 정신박약 소녀는 감시가 느슨해지면 양심 없는 자의 쉬운 먹잇감이 되거나 성적 타락의 손쉬운 희생양으로 전락한다. 반면, 정신박약 소년은 공격적인 성에 속하지만, 기지가 둔해 생식 경쟁에서 정상적인 또래와 경쟁하기 힘들다.[44]

여기서 성 고정관념의 영향이 다시 한번 드러난다. 정신박약 여성은 수동적이라는 전제하에 '성적 타락의 희생양'이 될 위험이 더 크다고 봤지만, 정신박약 남성은 결손으로 공격 본능이 상실됐기 때문에 생식 가능성이 낮은 존재로 여겨졌다. 레치워스 연구는 생식 가능성만 제거된다면 정신박약 여성이 퇴소에 적합한 후보자가 될 수 있었음을 시사한다.[45]

시설을 나갔다가 되돌아온 이 소녀들이 불임수술만 받았더라도 실패하지 않았을 것이다. (⋯) 이들은 정상적인 생활을 유지하고 있으며 성격도 좋다. 그러나 우리 사회복지 종사자의 기준에서는 실패자다. 매년 사회에 나가더라도 바른 삶을 유지할 수 없기 때문이다.[46]

타이어의 자료는 여성 수용자의 퇴소 승인을 꺼려했다는 점을 뒷받침한다. 정신박약 여성은 가임기 연령에 더 많은 수로 입소했고, 정신박약 남성보다 더 오래 시설에 남아 있었다.[47] 정신박약 여성은 출산의 위험 때문에 가임기에 수용됐을 뿐만 아니라 여성의 취약성과 수동성 때문에 퇴소 또한 거부당했다.

이미 살펴봤듯, 도덕적 천치(남성과 여성 모두)는 1910년 고다드의 분류 체계에서 모론이라는 새 이름을 갖게 되었고, 이는 정신박약의 전형적 사례가 되었다. 그 이유는 이들이 남녀 불문하고 외형상으로는 쉽게 구별되지 않았지만, 지능검사 덕분에 많은 고기능 정신박약 사례를 식별할 수 있었기 때문이다. 하지만 이 범주 가운데서도 여성형이 가장 대표적인 모습으로 자리 잡게 되는데, 고다드의《칼리캑 가문》에서도 이 점이 잘 드러난다. 이 연구에서 남성과 여성 모두에게 정신박약이 나타나지만, 고다드는 이른바 '결함 있는 혈통'의 원인으로 지목된 정신박약 소녀 데보라 칼리캑에게 좀 더 집중하면서 정신박약 범주의 비대칭성에 일조한다. 정신박약 범주의 여성적 형태에 특별한 상징적 힘을 부여했기 때문이다.

데보라 칼리캑의 사례는 경증 정신박약 범주의 전형으로 자리 잡았고, 열등한 조상에게서 이어진 데보라의 혈통은 정신박약자의 생식이 초래할 위험성을 강조했다. 고다드가 묘사한 데보라는 여성 모론에 대한 당시의 지배적 관점을 잘 보여준다고 판단해 자세히 인용하고자 한다.*

데보라는 경증의 정신박약 상태, 즉 모론이며 일탈자이자 우리의 교정시설을 채우고 있는 소녀나 여성 유형의 전형적 사례다. 수용된 여성은 제멋대로인데다가 성적 문제를 포함해 온갖 문제와 곤란에 빠진다. (…) 이는 공립학교에 다니는 데보라와 같은 부류의 소녀에 관한 이야기이기도 하다. 이들은 겉보기에는 꽤 말쑥하고 총명해 보이는데다가 여러 면에서 매력적인 태도를 지니고 있어 교사는 끝까지 희망을 걸고 소녀가 실로 잘될 것이라 굳게 믿는다. 그러나 우리가 데보라와 함께한 경험은 그런 희망이 단지 망상에 지나지 않음을 분명히 보여준다. 여기, 아주 철저하게 보호받으며 자라온 한 아이가 있다. 아이의 이름은 데보라다. 데보라는 여덟 살 때부터 끈질긴 훈련을 받아왔

* 고다드의 《칼리캑 가문》 연구에 따르면 데보라는 연구가 시작될 당시 약 22세였고 고다드가 그녀를 관찰한 기간은 8~22세까지라고 한다.

지만 고등 지능이나 일반 교육 측면에서는 어떤 진전도 보이지 않는다. 오늘 이 아이 같은 데보라가 시설을 떠난다면, 그녀는 곧바로 나쁜 남녀들의 유혹에 휘말릴 것이고 사악하고 부도덕하며 범죄로 얼룩진 삶을 살게 될 것이다. 그녀의 정신 상태 때문에 그 자신이 책임질 일은 없을 테지만 말이다. 데보라가 빠지지 않을 악행은 없다고 해도 과언이 아니다. 왜냐하면 자제력이라는 것이 전혀 없고 모든 본능과 욕구가 악을 향해 있기 때문이다.[48]

여기서 우리는 정신박약 여성의 모든 특징을 볼 수 있다. 데보라의 성적 부도덕성, 취약성, 시설 밖에서의 위험한 존재감, 그리고 교육이나 퇴소의 무망함을 말이다. 정신적·도덕적 결함으로 데보라에겐 길 위에 도사린 온갖 악덕과 부도덕에서 자신을 지킬 능력이 없다는 것이다. 빈랜드 주립학교에서 보낸 데보라의 81년은 그와 같은 취약한 여성을 시설에 수용하는 것이 최선의 선택이라는 신념이 있었음을 입증한다.

정신박약 여성을 규정짓는 데에는 여러 요인이 작용했다. 첫째, 도덕적 천치가 대표적 하위 범주로 등장하면서, 특히 여성의 부도덕함에 초점을 맞출 수 있게 되었다. 둘째, 유전과 생식에 대한 강조는 정신박약의 확산을 막기 위해 여성의 격리와 감금을 최우선의 과제로 만들었다. 셋째, 여성은 수동적이고 취약한 생식자라는 성 고정관념이 팽배해졌다. 넷째, 정신박약이 아닌 여성이 자신과 같은 여성인 정신박약자를 가려내 시설로 보내고, 이들을 자신의 정치적 의제를 추진하는 수단으로 활용하기도 했다(네 번째 요인은 이후 개혁주의자에 관한 논의에서 자세히 다룰 것이다). 이렇게 정신박약 여성이 하나의 전형으로 형성되는 과정에서 우리는 억압받는 두 사회집단에 중첩되어 속하는 것이 어떤 결과를 초래하는지 확인하게 된다.

영의 정의에 따르면 정신박약은 하나의 사회집단으로 이해될 수 있다. 영은 사회집단과 집합체를 구분하는데, "집합체는 어떤 속성에 따라 사람들을 분류한 모든 유형"이며 이 집합체 모델은 개인을 집단보다 존재론적으로 우선하는 것으로 봤다. 그에 반해 사회집단은 어느 개인의 정체성이 집단에서부터 파생된다는 점에서 집단이 "개인을 구성한다"고 주장한다.[49] 앞서 봤듯, 지적장애인을 단 하나의 공통 속성으로 환원하는 것은 어렵다. 백치와 정신박약에 대한 여러 정의와 설명은 복잡한 사회적 과정 속에서 이 집단이 어떻게 식별됐는지를 보여준다. 이는 이후 논의에서 더욱 뚜렷하게 나타날 것이다. 더 나아가, 시설 내에서도 정신박약자를 분리해왔다는 사실, 정신박약자를 분류하는 방식이 이들이 받는 교육과 치료에 직접적인 영향을 미쳤다는 사실, 그리고 이들이 자기 삶에 대한 주체성과 통제권을 거의 갖지 못했다는 사실 모두가 매우 실질적인 의미에서는 이들의 정체성이 '정신박약자'라는 범주에 속해 있다는 사실에 의해 형성되었을 보여준다. 또한 영은 각각의 '억압받는' 집단에 상응하는 '억압하는' 사회집단이 반드시 존재하는 것은 아님을 설명한다.[50] 정신박약자 역시 그러하다. 정신박약을 어떻게 정의하고 처우할 것인지에 대한 책임을 어느 한 개인이나 단일한 학문 분야, 특정 기관에 귀속시키는 건 불가능하다. 그러나 영은 모든 억압받는 집단에는 그에 대응하는 특권 집단이 존재한다고 주장하는데, 이는 이어서 논의할 나머지 네 부류의 여성 집단을 검토할 때 좀 더 분명해질 것이다. 영의 정의에 비춰보면 정신박약자는 하나의 사회집단에 해당한다. 그렇다면 정신박약 여성들은 어떤 방식으로 억압을 경험했을까?

'정신박약' 꼬리표가 붙은 여성은 여러 층위에서 문화제국주의에 시달렸다. 백인 중산층 여성을 수동적이고 취약하며 출산의 그릇으로 규정하는 지배적인 가부장적 고정관념이 정신박약 여성에게도 적용됐으며, 이는 실제로 이들의 수용을 정당화하는 근거가 되었다. 동시에 지적능력과 올바른 성행동에 막대한 중요성이 부여되면서 정신박약 여성의 특수한 관점을 억압했을 뿐만 아니라 물리적 차원에서도 이들을 보이지 않게 만들었다. 시설 수용은 정신박약 여성을 주변화했으며 사회적으로 완전히 눈에 띄지 않게 감춰버렸다.

정신박약 여성이 정신박약 범주의 전형으로 자리매김하고 두 사회집단의 구성원으로서 억압받았다는 점 외에도 우리는 이들의 존재를 통해 해당 범주 자체가 매우 불안정하다는 사실을 알게 된다. 타이어가 정확히 지적했듯이 혼외자 출산과 같은 성적 일탈이 정신박약의 새로운 징표가 되었다. 식별 가능한 새로운 유형의 정신박약 여성은 새로운 진단법과 함께 등장했다. 정신박약의 본질을 규정하는 경계는 쉽게 투과될 수 있는 것이었으며, 특히 정신박약이 여성형으로 나타날 경우 그 정의와 식별은 지배적인 도덕규범과 기대에서 결코 분리될 수 없었다.

시설의 돌봄 제공자와
수용자 노동의 역설

1840년대에 처음 생겨난 미국의 초기 백치 교육 시설은 여성 노동에 의존했다. 세갱은 시설에서 여성이 돌봄인, 교사, 여감으로 일하는 것의 중요성을 명확히 했다. 세갱은 시설을 묘사하며 젠더화된 역할을 맡은 여성 직원의 각기 다른 업무를 설명했다. 세갱에 따르면 돌봄인은 다정하고 자상한 여성이어야 하며, 이들의 본성에는 한계가 있기 때문에 문제가 발생하면 남성의 과학적 권위를 찾아야 했다.

돌봄인은 아동을 처벌하거나 강제할 권한을 부여받아선 안 되며 오직 돕고 격려할 수 있을 뿐이다. 따라서 돌봄인을 결정할 때는 매우 친절하고 명랑하며 매력적이고 진실해 보이는 얼굴과 맑은 음성, 또렷한 눈, 우아한 움직임, 그리고 아동에 애정 어린 성향을 지닌 여성을 선택할 필요가 있다. 이것이 그녀들의 유일하고도 진정한 권위다. 이 권위가 통하지 않을 때는 자신보다 지적 우위에 있는 이들에게 도움을 구해야 하며, 각 사례의 생리학적 이상에 대한 완벽한 지식 없이는 행사될 수 없는 권위를 지적 우위자에게 빌려야만 한다. 이 훌륭한 여성의 시간이 이렇게 흘러간다. 이들은 마치 옛 스페인의 수도사나 헤일Geel*의 농부가 정신병자를 돌봤던 것처럼 과학 지식은 다소 부족하나 너그러움 가득히 백치를 돌본다.[51]

세갱은 과학을 여성이 도달할 수 없는 영역으로 봤지만, 도움이 필요한 사람을 보살피는 데는 여성이 완벽한 적임자라고 생각했다. 여성에게는 돌보고 양육하며 관용을 베푸는 성향이 있다고 봤기 때문이다. 같은 맥락에서 여성 교사는 신체 활동을 가르칠 수 없었고 그 역할은 남성 전문 체육 교사가 맡았다.

체육 교사는 일반 교사보다 더 많은 자질이 요구되는 것처럼 보인다. 아동 개개인의 수행 가능한 운동 수준을 파악하고, 이것이 생리학적으로 안전한지 판단할 수 있는 역량 말이다.[52]

정리하면 여성에게는 생리학적 과학 지식에 기반한 좀 더 수준 높은 결정을 내릴 자격이 없다고 여겨진 것이다. 이는 세갱식 교육 방법의 핵심이었다.

세갱에 따르면 시설에서 가장 큰 권한을 가진 여성은 생활지도원, 말하자면 여감이었다. 이들은 돌봄인을 감독하며 아동이 저마다 돌봄을 잘 받고 있는지 확인했다. 또한 축제를 주관하고 다친 아이를 살폈다. 하지만 이런 적극적 역할에도 여감은 기관 전체를 책임지는 인물이 되지는 못했다. 19세기 내내 대개 의사였던 남성 시설장이 시

＊　벨기에의 도시다. 정신질환이 있는 사람을 병원이 아닌 지역 농가나 가정에서 돌보는 전통으로 유명한 곳으로, 전문 과학 없이 외부 공동체의 자선적 돌봄에 의존한 보호 모델의 역사적 사례다. 제도적 수용과 대비되어 세겡, 에스키롤 이후의 정신의학과 교육학 문헌에서 자주 언급된다.

설 전반의 운영을 총괄했다. 세갱은 "그가 우두머리가 되어야 한다. 여전히 미스터리한 단어, 백치에 담긴 중요한 문제에 맞서기 위해서는 전문 학문으로 무장한 사람이 필요하기 때문이다"[53]라고 말한다. 《엘윈 매뉴얼Manual of Elwyn》에서 아이작 커린은 여감의 자연스러운 어머니 역할 수행이 중요함을 설명한다.

> 진정한 여감이 되려면 가족 안에서 품위 있는 여성의 중심이자 본보기가 되어야 한다. 또한 시설장의 변함없는 친구이자 조력자가 되어야 하며 그녀에게 의지하는 아이에게는 관대하고 동정심 많은 양모가 되어야 한다.[54]

이처럼 돌봄인, 교사, 여감에게는 '타고난' 여성의 역량에 따라 자신을 내보이고 행동할 것이 요구됐다.

1장에서 보았듯 제도적·시설적 세계는 백치를 연구하고 치료하는 데 있어 주요한 수단이었으며, 시설장은 지적장애에 관한 지식 생산을 주도했다. 정신의학 권력은 시설 구조 그 자체에 내재해 있었는데, 이는 명백히 중산층 가부장적 가족 모델을 본떠 만들어진 것이다. 시설장은 명령하는 아버지, 여감과 돌봄인은 돌봄 제공자인 어머니, 수용자는 아이다.[55] 시설이 운영 초기부터 사회에서 전형적으로 통용되는 성 역할을 그대로 반영했다는 점은 그리 놀랍지 않다. 그러나 시설의 또 다른 특징이 이 사실을 더욱 흥미롭게 만드는데, 바로 수용자의 노동을 이용하는 방식이 이런 젠더 규범에 부합했다는 점이다.

　퍼날드는 1893년 미국 정신박약자 시설에 대한 보고에서 수용자가 두 부문으로 나뉘어져 있음을 설명한다. 경증 정신박약자는 교육 부서에 배치됐는데, 이는 결국 이들을 시설에서 일하도록 훈련시키는 것이나 다름없었다. 반면 중증 백치, 청소년 정신질환자, 간질환자, 도덕적 천치는 보호·수용 구역에 배치됐다.[56] 퍼날드는 "대형 시설의 일상적인 노동은 이 훈련된 성인에게 단순 육체노동을 수행할 수 있는 풍부한 일거리를 제공한다. 이는 원래라면 유급 노동자가 했어야 할 일이다"[57]라고 설명했다. 수용자를 무급으로 고용하면 시설 측에선 편리할 뿐만 아니라 비용도 들지 않는다. 수용자의 노동이 마치 교육적 목적에 이바지하는 것처럼 보이나 실제로는 "시설이 늘 직면해온 고질적인 두 가지 문제, 즉 인건비와 직원 유지 문제를 해결하는 방법이었다"고 트렌트는 말한다.[58]

　계속해서 트렌트는 "모든 시설은 보호·관리가 필요한 수용자를 돌보는 업무를 유급 돌봄인과 고기능 수용자에게 거의 전적으로 맡겼다"[59]고 지적한다. 간병과 보살핌을 맡은 돌봄인(대부분 여성)이 시설에서 이 역할을 맡은 유일한 여성은 아니었다. 여성 수용자 또한 중증 정신박약자를 돌봐야 했다. 남성 수용자는 농장에서 일하거나(많은 시설이 농지로 둘러싸여 있었다) 육체노동을 했고, 여성 수용자는 바구니 짜기, 바느질, 간호 등을 배웠다. 그리고 이들은 무엇보다도 중증의 백치, 천치를 보살폈다. 퍼날드는 "성인 여성 수용자 중 많은 이가 다정하고 온순하며 아이를 향한 애정을 본래부터 지니고 있으므로 보호·수용 구역에서 박약이거나 불구인 아이를 돌보는 데 큰 도움이 된다"[60]고 설명했다.

이미 언급했듯 여성은 돌봄에 필요한 여성적 능력을 타고났다는 주장에 따라 돌봄인이라는 직무를 부여받았다. 퍼널드의 진술이 보여주듯 정신박약 여성이 다른 수용자를 돌보는 이 상황에 주목해야 할 이유는 바로 이 여성이 빈민 중의 빈민이며 혼외자를 낳는 등 여성에게 요구되는 성 규범을 왜곡시킨 존재인 동시에 여성성의 진수를 체현하는 존재였기 때문이다. 정신박약 여성은 지적·도덕적 능력의 결함 때문에 격리되고 보호받아야 했지만, 이들의 돌봄 본능만큼은 여전히 온전한 것으로 여겨졌다.

여기서 우리는 정신박약에 대한 고정적·변동적 관점이 동시에 작동하고 있는 것을 볼 수 있다. 경증 정신박약 여성은 시설 밖에 그대로 두면 가르칠 수 없는데다가 도덕적·지적 결손 상태가 변하지 않는 경우로 간주됐지만(이 도덕적 결함을 지울 수 없는 것으로 묘사했던 아이작 커린의 설명을 떠올려보자), 시설 안에서는 충분히 변할 수 있을뿐더러 궁극적으로는 유용한 노동력으로 인정받았다. 나는 이 두 가지 상반된 묘사 사이의 긴장이 단지 시설 수용이 치료적으로 유익하다는 믿음 때문만은 아님을 주장한다. 이는 단순히 정신박약 여성이 보호시설에서 가치 있는 삶을 영위할 수 있었다는 데에 그치는 문제가 아니었다. 정신박약 여성은 자신의 본질을 규정하는 상충되는 정의에 종속돼 있었다. 이 여성은 본래부터 도덕적 결함이 있는 존재로 여겨졌고 혼외자 출산은 이들의 정신박약을 입증했다. 하지만 동시에 아이를 충분히 돌볼 수 있는 존재, 아마도 도덕적으로 용인되는 방식으로 간주되어 시설에 고용됐을 것이다. 아이러니하게도 시설 밖 세계에서는 여성의 순결함과 모성의 미덕을 타락시킨 존재로 여겨졌던 바로 이 여성이, 시설의 성벽 안에서는 여성성의 미덕을 요구받았던 것이다. 인디애나 주립학교의 선셋 시스터즈*와 같은 수많은 사례가 이런 모순을 보여준다. 이들은 선셋 코티지에 수용된 백치와 천치를 돌봤는데, "고기능의 여성 수용자에게 한 명 혹은 그 이상의 중증 수용자를 돌보는 일이 맡겨졌다. 이들은 1년 365일, 일주일 내내 중증 수용자를 먹이고 씻기며 돌봐야 했다."[61]

선셋 시스터즈가 맡았던 어머니 역할은 정신박약자를 유아화하는 것으로 어느 정도 정당화됐는데, 이는 정신박약 분류에서 지속적으로 나타나는 특징이다. 시설에 수용된 모든 성인과 아이를 아동으로 생각한다면 이들을 보살펴줄 어머니가 필요하다는 것은 지극히 당연한 일이었다. 인디애나 학교장의 진술은 정신박약자에게 부여된 유아성과 여성성의 이중 관점을 잘 보여준다.

시설에서 마주치는 감동적인 광경 중 가장 마음을 사로잡는 것은 겉만 어른인 남자나 여자가 자신에게 맡겨진 조그마한 아이를 돌볼 때 보여주는 온정과 인내심이다. 모성 본능은 거의 언제나 존재하며 여

---

*　비교적 기능이 높다고 여겨진 여성 수용자를 가리키는 별칭으로, 이들은 시설에서 다른 수용자를 돌보는 역할을 맡았다.

성만큼이나 남성에게도 강하게 나타나곤 한다. 다행히도 이들에게나 우리에게나 모성 본능은 성적 본능보다 훨씬 더 강하다.[62]

여기서 우리는 규정짓기와 고정관념이 복잡하게 뒤얽혀 있음을 목격한다. 경증 정신박약 여성(남성 역시도 가능성이 있다고 여겨짐)은 어머니 같은 동시에 아이 같은 존재였으며 거기에 더해 무성적이기까지 했다. 이 여성을 '도덕적 천치'로 규정하고 시설 입소를 승인할 수 있게 했던 이들의 병리적 성 충동은 사라지고, 우리에게 남은 것은 한 '여자 아기'가 '아이 아기'를 돌보는 가슴 뭉클한 장면뿐이다. 수용된 수천 명의 여성이 이런 역할을 이행했다는 사실은 하나의 목표에 도달했다는 것을 보여준다. 이는 정신박약자 여성을 대변하던 조세핀 로웰Josephine Lowell이 잘 설명한 바 있다.

이 불행한 존재는 무엇보다도 먼저 **여성이 되는 법을 배워야 한다.** 이들이 선하고 순수한 것을 사랑할 수 있도록, 그리고 이 선함과 순수함을 닮아갈 수 있도록 이끌어야 한다. 이 여성은 모든 가사일을 배워야 하며 일을 즐기는 것도 배워야 한다.[63]

시설이 여성 정신박약자를 노동에 동원한 데는 재활이나 교육, 훈련 목적보다 좀 더 교묘한 속내가 있었다. 성 규범을 위반했다는 이유로 여성을 정신박약자로 분류해 수용한 사례가 급증한 것은 더 많은 노동력을 확보할 수 있는 편리한 방책이었기 때문이다.[64] 경증 정신박약 사례에 대한 교육 및 교정 담론이 폐기돼가는 동시에 더 많은 여성이 시설에서 일하도록 훈련받았다는 사실은 새로운 종류의 훈련이 도입됐음을 시사한다. 이 훈련은 시설 자체의 목적을 수행하기 위한 것이었다.[65] 교육 가능성과 갱생에 관한 담론이 시설 노동에 대한 수요를 창출하는 동시에 이를 충족시킴으로써 시설은 자기보존적 체계를 유지할 수 있었다.

이는 시설에서 운영된 간호 프로그램에서도 확인할 수 있다. 트렌트는 뉴욕에 있는 로마 수용소의 사례를 설명한다.

> 번스타인(시설장)이 간호 수업을 시작했고, 1925년까지 38명의 여성 수용자가 등록했으며, 이 중 21명이 이 과정을 수료했다. (…) 간호 프로그램 졸업생은 자신이 수용된 시설에서 일자리를 얻거나 다른 지방 혹은 주립 시설에서 간호사나 간호조무사로 일하게 되었다.[66]

생식과 부도덕함의 위험성, 그리고 도덕적 천치는 치료가 불가능하다는 믿음이 여성을 시설 밖으로 놓아주지 않았다. 그럼에도 이들은 의심할 여지없이 도덕적인데다가 충분히 교육 가능하다고 분류되어 시설 안에서 간호사, 어머니, 돌봄 제공자로 고용되도록 가르침받았다. 트렌트가 주목했듯 여성의 노동은 시설의 경제적·실리적 요구를 충족시켰다. 수용 시설이 여성을 가장 필요로 하던 바로 그 시기에 여성 도덕적 천치가 전면에 나타난 것이다.

선셋 코티지나 로마 수용소의 돌봄인으로 있었던 정신박약 여성은 여러 고정관념, 담론, 제도적 요구가 뒤얽힌 복잡한 그물망 속에 갇혀 있었다. 여성 수용자는 한편으로는 자신들의 '타고난 모성 본능'을 실현하는 돌보미였고, 다른 한편으로는 지적·도덕적 결함이 있는 아이 같은 존재였다. 유전과 사회적 위협에 관한 담론은 이 여성을 평생 시설에서 '여자 아기'로 묶어뒀다. 교육 불가능하고 위험한 모론이 이들을 대표하는 전형으로 자리매김하면서 점점 더 많은 남녀가 시설의 영구적인 노동력으로 훈련받았다.[67]

수용자를 노동에 동원하는 제도적 필요성의 관점에서 이해하는 것에 더해, 우리는 이를 억압적 특성의 측면에서도 분석할 수 있다. 영이 정의한 억압의 다섯 가지 얼굴 중 착취, 주변화, 무력화는 사회적 노동 분업과 관련되며 모두 시설에서도 작동한다. 하나의 집단으로서 정신박약 여성은 착취당하고 주변화되면서 무력화됐다.

시설 노동의 이익이 타인에게 전이됐다는 점에서 정신박약 여성은 착취당했다. 중증 수용자는 분명 정신박약 여성의 돌봄에 의존했지만, 막상 그 혜택은 이들을 통제하는 일종의 거대한 가부장적 존재인 시설이 누렸다. 정신박약 여성의 노동은 자신의 자유를 제한하는 그 구조의 필요를 충족하기 위한 것이었다. 시설은 정신박약 여성을 착취하는 것에 더해 이들을 주변화하는 데 가담했다.

정신박약인 계층(남녀 모두)은 명백히 주변화됐다. 시설 수용은 이들의 생산성이 부족하고 사회에 기여하거나 발전할 능력이 없다는 신호였다. 그 결과, 정신박약인은 "사회적으로 정의되고 인정받는 방식으로 능력을 행사할 기회가 차단"되는 물질적 궁핍에 처하게 된다.[68] 그러나 시설 안은 이미 주변화된 상태였기에 착취가 가능했다.[69] 정신박약인은 "사회적으로 정의되고 인정받는 방식으로 능력을 발휘하도록" 훈련되고 요구받았으며, 그 이유로 시설은 기본적인 필요를 제공했다. 여기에는 여러 층위의 억압이 작용하며 정신박약을 규정하는 제도 내외의 역학 속에서 착취와 주변화가 어떻게 서로 맞물려 있는지 알 수 있다.

영은 무력화를 "권력이 행사되는 대상이면서도 스스로는 그 권력을 행사하지 못하는 상태, 즉 명령을 따라야만 하고 명령할 권리는 거의 갖지 못한 상태"[70]로 정의한다. 아마도 영이 무력화를 주로 전문가와 비전문가 사이의 권력관계 맥락에서 논의하기 때문에 영의 개념은 시설 내 권력관계를 정확히 설명하지 못할 수도 있다.[71] 이 혼란을 피하기 위해 나는 영의 무력화 개념을 권위의 측면(명령을 내리고 규칙을 만들며 결정을 내리고 존경받는 전문가적 위치를 차지할 수 있는 능력)과 내가 실질적 권력이라 부르는 개념적 측면으로 나눠 논의할 것이다. 실질적 권력이란 앞서 말한 의미에서의 권위는 수반하지 않지만 다른 사람의 삶에 직접적인 영향을 미칠 수 있는 노동을 수행하는 것이다. 이 구분은 영의 무력화 개념으로는 포착되지 않는 제도적 권력관계를 분석하는 데 유용하다.

정신박약, 비정신박약 여성 돌봄 제공자 모두 지배적인 남성 시설장에 비하면 권위랄 게 없었고 모두 '여성의 노동'을 수행하도록 요구받았다. 그럼에도 정신박약 여성은 '정신이 온전한' 여성과는 다른 형태의 억압을 경험했다는 점에서 중요한 차이가 존재했다. 유급 여성 돌봄인은 최중증 장애인을 돌보는 '여자 아기' 정신박약인을 지휘했고, 정신박약 돌봄인 역시 자신이 보살피는 중증 정신박약인에게 실질적인 권력을 행사할 수 있는 지위에 있었다. 트렌트가 말했듯 "1890년 이후 수용자의 삶에서 가장 결정적인 역할을 한 이는 교육자도 의사도 아닌 바로 돌봄인이었다. 이는 말뿐이 아니라 실제로도 그러했다."[72] 돌봄인의 역할을 맡았던 다수의 정신박약 여성에게 '정신이 온전한' 돌봄인이나 관리자에게 부여됐던 권한이 허락되진 않았을지라도, 이들이 전적으로 무력했다고 여기는 것은 지나치게 단순한 해석이다.

수용자 노동의 동원은 제도 내에서 작동하는 다양한 형태의 억압, 말하자면 착취, 주변화, 문화제국주의, 그리고 권위 및 실질적 권력 아래 서로 다른 수준으로 경험하는 무력함을 선명하게 드러낸다. 더 넓게 보면 이런 권력관계는 정신박약 분류 자체의 불안정성을 시사하는데, 시설 내외부의 위치한 자리에 따라 정신박약 여성의 본질과 지위 자체가 달랐던 것이다.

어머니로서의 여성과 정신박약의 저주

정신박약자 시설에서 여성은 수용자인 동시에 직원이었고, 이들의 여성성 때문에 위험한 존재이자 구원자로 그려졌다. 이제 다시 돌아가서 시설의 맥락을 벗어나 병인론의 문제를 살펴보고자 한다. 한 가지 두드러진 병인론적 설명은 여성에 초점을 두고 있는데, 특히 어머니 집단은 정신박약의 원인 규명에 중요한 역할을 했다.

우리는 이미 지적장애와 관련해 어머니가 된다는 것의 문제를 접한 바 있다. 혼외자 출산은 정신박약의 지표였고 정신박약 여성을 가려내 시설에 보낼 수 있는 필수불가결한 요소였다. 여성은 양육과 모성 본능을 이행할 능력을 타고났다고 여겨졌는데, 이는 시설 내 노동 분업에 영향을 줬고 유급 돌봄인과 경증 여성 수용자가 수행하는 어머니 역할을 당연시하게 했다. 그러나 정신박약 여성뿐만 아니라 '정신이 온전한' 여성도 자녀의 정신박약에 어머니로서 책임이 있다고 묘사되었다. 또한 가계도 연구는 부계와 모계 모두가 퇴화의 원인일 수 있다고 봤다.[73] 알코올중독자, 간질자, 성적으로 문란한 남성과 여성 모두가 나쁜 혈통, 즉 '오염된 생식질'을 유전시킬 수 있었으며, 이는 가족의 결함을 영속화하고 악화시키는 요인이었다. 데보라 칼리캑과 같은 여성은 정신박약이 유전된다는 관념을 공고히 했다. 정신박약의 '저주'를 여성이 퍼뜨리는 것으로 묘사한 데에는 어떤 중요한 의미가 있었던 걸까? 정신박약 자녀를 둔 것에 어머니와 아버지는 동일한 책임을 졌는가? 이 역사를 살펴보면, 특히 어머니에 대한 집착이 뚜렷하게 나타난다. 나쁜 어머니 이미지는 정신박약 설명에 중요한 역할을 했다.[74]

병인의 맥락에서 나쁜 어머니란 자녀가 정신박약이 되게끔 어떤 방식으로든 영향을 끼친 여성을 의미했다. 대표적 사례는 고다드의 《칼리캑 가문》이다. 한 훌륭한 남성이 정신박약 소녀, 그리고 또 다른 '정상' 여성과 가정을 꾸려 두 가문을 일구었다. 마아루프 하사인Marouf Hasain은 《앵글로-아메리카 사상의 우생학적 수사학The Rhetoric of Eugenics in Anglo-American Thought》에서 어머니다움의 이중적 표상이 우생학 담론과 어떻게 연결되는지 설명한다.

> 강경한 우생학 담론이 미국 여성을 묘사하는 방식에는 종종 수사학적 이분법이 동반됐다. 좋은 습관과 건강한 생식질을 지닌 도덕적 여성, 그리고 미국의 유전자를 더럽히는 병들고 변변찮은 여성 간의 구분 말이다. 정상 여성은 결혼을 하고 인종의 영속을 위해 적정 수의 자녀를 낳았으며 자녀를 우생학적 방식으로 양육했다. 반면, 비정상적이거나 건강하지 못한 여성은 생물학적으로 '정신박약' 또는 그 밖의 열등한 존재로 여겨졌다.[75]

좋은 어머니, 나쁜 어머니라는 이분법 구도는 두 차원에서 분석할 수 있다. 먼저 정신박약 여성이 어떻게 정신박약을 퍼뜨리는 나쁜 어머니의 상징이 되었는지 설명한 후 '정상' 여성 또한 정신박약을 유발하는 나쁜 어머니로 간주됐던 방식을 살펴보겠다.

20세기 초부터 수십 년 동안, 좋은 정신박약 어머니라는 관념은 존재하지 않았다. 유전론적 관점에 의하면 정신박약 여성은 자손에게 오염된 생식질을 물려줄 가능성이 높은 존재였다. 퍼날드는 다음과 같이 말했다.

경증의 여성 천치는 성범죄자가 될 것이며 성병을 퍼뜨리거나 퇴화한 아이를 낳을 것이 확실하다. 이들이 낳은 수많은 자손은 대개 국가에 부담이 되거나 병을 앓아 방치될 것이며 천치, 간질자, 소년범, 빈민 혹은 범죄자가 될 것이다.[76]

열등한 자녀 출산에 정신박약 여성의 직접적인 책임이 있다고 여겼기에, 아이를 낳기로 선택한 정신박약 여성은 나쁜 어머니의 표상이 되었다. 또한 혼외 출산이 정신박약의 근거로 간주되어 정신박약 어머니는 문란함과 무책임한 출산의 상징이 되었다. 앞서 논의한 바와 같이 이런 이유가 이들 여성 다수의 시설 수용을 정당화했으며 아이러니하게도 이들은 시설의 중증 수용자를 돌보는 양모 역할을 맡게 되었다.

이처럼 정신박약 여성은 두 가지 의미에서 나쁜 어머니의 전형이었다. 이 여성은 무분별하고 부도덕한 출산의 상징이자 결함 있는 생식질을 자손에게 퍼뜨릴 수 있는 위험의 상징이었다. 나아가 정신박약 여성에게 구체화된 나쁜 어머니상이 '정신이 온전한' 여성에게도 적용됐다.

부도덕하고 무책임한 생식자인 정신박약 어머니의 이미지는 정신박약 자녀를 갖지 않도록 끊임없이 경계하는 훌륭하고 '정신이 똑바른' 어머니라는 신화와 대조됐다. 정신박약 남성의 재생산에 대한 우려도 있었지만, 여성이 아이를 품고 낳는다는 사실을 무시할 수 없었다. 많은 의사는 성관계 당시 어머니의 상태가 "태아의 형성에 큰 영향을 미치며, 태아의 신체 조성을 좌우하고 정신적 기질과 성격까지 결정짓는다"[77]고 주장했다. '정신이 온전한' 여성은 어머니로서 정신박약을 예방하는 데 핵심적인 존재로 여겨졌다.[78]

세갱은 백치 예방을 위한 주요 방법을 여럿 제시했다. 임신 중 여성의 정신적·신체적 건강 유지하기, 신생아의 백치 징후를 조기에 인지할 수 있도록 교육하기, 그리고 어머니가 아이에게 충분한 애정과 관심을 쏟게끔 하기가 그 예다.

> 젊은 부부가 위생 수칙을 지키고 임산부의 편안한 상태를 유지하는 게 훨씬 더 현명할 것이다. (…) 태아가 아무 영양 공급 없이도 스스로 영양분을 얻고 엄마의 감정 변화에도 흔들리지 않을 지혜를 지녔다고 믿는 듯 행동하느니 차라리 다른 선택을 하는 편이 나을 것이다. (…) 백치 징후들에 대해 이 기능의 더딘 발현을 엄마보다 누가 더 잘 살피겠는가? 적시에 유능한 의사의 조언을 받은 엄마가 아니고서야 말이다. 엄마의 노심초사하는 마음 없이는 의사의 기술이 아무 소용없고, 의사의 조언이 없는 엄마의 열심은 눈 먼 장님과 다를 바 없으며, 심지어는 해가 될 것이다. 말더듬, 사팔뜨기, 그 외 여러 신체적 결함이나 백치 초기에 나타나는 가장 심각한 증상의 지속은 엄마의 사랑과 의사의 지식이 함께 이루는 협력적 실천이 부재한 탓에 종종 발생한다.[79]

남성 의사의 지도를 받는 빈틈없는 어머니가 백치를 예방하거나 최소한 그 영향을 완화한다는 믿음은 어머니를 둘러싼 두 가지 상반된 신화 사이의 긴장을 보여준다. 경합하는 두 신화는 "아이를 어떻게 양육해야 하는지는 오직 전문가만이 안다"는 믿음과 "여성은 타고난 양육자다"[80]라는 믿음이다. 세갱의 수사적 물음은 여성의 '타고난' 모성능력과 함께 의사의 인식론적 권위에 의존하는 여성의 이중적 모습을 다음과 같이 포착한다.

> 이 기능의 더딘 발현을 엄마보다 누가 더 잘 살피겠는가? 적시에 유능한 의사의 조언을 받은 엄마가 아니고서야 말이다. (…) 가족 모델이 규율 체계로 전이되는 것처럼, 규율 기술 또한 가족 내부로 이식된다. (…) 규율 체계에 기초해 가족 주권은 다음과 같은 의무를 지닌다고 할 수 있다. '너희는 우리를 위해 미치광이, 정신박약자, 문제아, 일탈자를 찾아내야 하며, 가족 주권 아래 규율적 통제 방식을 행사해 너희들 스스로 찾아내야만 한다.'[81]

세갱의 질문은 푸코가 폭로한 바 있는 규율 권력이 가족 내부로 이행되는 과정을 잘 보여준다. 정신박약에 대한 조심성은 다양한 형태로 나타났는데, 남성 '전문가' 사이에서는 여성이 고등 교육이나 남성만의 전통적인 목표를 추구하는 것이 자녀에게 해가 된다는 우려도 있었다.[82] 세갱은 여성 해방이 초래한 스트레스가 임신 중인 여성의 위험 취약성을 높인다고 지적했으며 그의 경고는 큰 논란을 불러일으켰다. 1887년, 미국 백치·정신박약자시설의료관리자협회 연례회의에서 한 필라델피아 변호사는 자신의 논문 〈백치에 관한 의료

법학 연구A Medico-Legal Study of Idiocy〉에 세갱의 말을 인용했다.

이른바 '여성의 영역' 확대를 지지하는 우리에겐 꽤나 낙담스러운 일이다. 현대에 와서 백치의 원인으로 여성해방운동가의 영향이 언급되는 것을 들어야 한다니 말이다. 이 유쾌한 용어는 (…) 여성권리운동가 부류를 칭하는 것이다. 세갱 박사는 이 운동가가 초래한 결과에 대해 이렇게 말한다. "우리는 여성에게 과도한 짐을 지운다. 이들은 스스로 그 짐을 떠맡고 자신에게 맞지 않는 짐을 택하거나 받아들인다. (…) 여성이 남성과 여성 모두의 불안을 짊어지자 30년 전에는 거의 찾아보기 어려웠던 아이가 태어나기 시작했다. 이 아이는 자기 힘으로 뇌를 망가트릴 틈도 없이 이미 미쳐버렸는데, 아마도 어머니의 신경쇠약이 아이에게 반사작용을 일으켰기 때문일 것이다. 도덕적 압박과 그 외 여러 압박 가운데 생겨난 아이는 부모의 결합 속에서 태어났다고 말할 수 없으며 오히려 이 둘의 분열에서 비롯된 존재라 해야 할 것이다. 이와 같은 반목 속에서 잉태된 아이는 무절제한 성향이나 기형의 신체 구조를 갖게 된다."[83]

이처럼 여성의 성별과 기질에 부적합하다고 여겨진 목표를 추구한 데서 비롯된 스트레스가 백치, 미치광이, 기형, 그리고 과잉의 원인으로 꼽혔다.

이렇게 바람직한 어머니상을 향한 추종이 시작됐다. 어머니는 자녀의 정신박약을 예방하기 위해 올바른 생식 습관, 임신 중 스트레스의 최소화와 적절한 관리, 신생아의 백치 징후를 예민하게 살피는 태도 등 모든 단계에서 불침번을 서듯 조심해야 했다. 린다 고든Linda Gordon은 당시 여성에게 작용했던 이중 잣대를 이렇게 설명한다.

남성은 여성을 공격하는 빌미가 되었던 태도, 바로 사회적 야망과 부에 대한 욕망을 찬양했다. (…) 자연은 '인종'의 보존을 위해 단지 노동의 분업뿐만 아니라 궁극적으로는 가치의 분업까지 명했고 여성에게 **절대적 이타심**을 요구했다.[84]

이토록 철저한 경계는 미래의 어머니에게까지 확장된다. 〈굿하우스키핑〉, 〈코스모폴리탄〉, 〈레이디스홈저널〉 등 대중 여성 잡지는 '정신이 온전한' 여성에게 정신박약의 유전적 특성을 상기시키며 자신의 가족과 예비 배우자의 가계에서 "결함 있는 혈통"의 가능성을 알아보도록 촉구했다.[85] 하사인은 다음과 같이 설명한다.

여성 잡지에 실린 이야기는 종종 다양한 우생학적 해석과 결합되곤 한다. (…) 한편 여성은 다음과 같은 경고를 받았는데, '두 가지 신경증적 결함'이 마치 '불과 부싯돌'처럼 결합할 경우 "당신 자손은 장차 신경병질의 정신박약, 간질, 성도착증에 걸리거나 혹은 미치게 될 운명(《코스모폴리탄》, 1913년)"이라는 것이다. 그러면서도 여성은 심지어 유전법칙을 교육받지 않은 이들도 이 법칙을 스스로 익히고 자녀에게도 가르치도록 요구받았다. 진정한 의미에서 좋은 부모란 예비 배우자의

혈통과 배경을 살피는 신중한 사람이었다.[86]

여성 잡지는 여성에게 정신박약 자녀 예방법을 조언하는 동시에 정신박약 여성이 지닌 위험성을 다시금 환기했다. 1913년 〈아메리칸매거진〉의 한 기사는 독자에게 이렇게 경고했다. "사생아를 낳은 마을 소녀는 의학적이나 교육적·심리학적으로든 혹은 사회학적으로든 '정신박약자'일 수 있다."[87] 도회지든, 농촌이든, 상류층이든, 하류층이든 모든 여성은 위험에 처해 있었으며 그 원인이 이들의 오염된 혈통 때문이든, 아프고 병든 배우자를 잘못 택한 일이든, 아니면 여성 해방을 향한 열망이 낳은 불행한 결과든 정신박약 여성은 위협의 전형으로 상징화됐다.

재니스 브로클리Janice Brockely는 이 담론이 젠더에 따라 다르게 전개되는 방식을 또 다른 차원에서 지적한다. 장애가 있는 자녀와 이들이 지닌 의존성은 남자, 여자아이에 따라 다르게 묘사됐다.

미국 대중문화에서 평생토록 의존적인 백치 아들은 이례적이었던 반면, 평생토록 의존적인 딸은 그저 판에 박힌 흔한 그림이었다.[88]

여성의 모성적 잠재력은 정신박약의 병인론적 논쟁에서 중요한 역할을 했다. 이미 보았듯 정신박약 여성과 '정신이 온전한' 여성 모두가 정신박약을 야기할 수 있었다. 후자의 경우 좋은 어머니, 즉 정신박약을 예방하는 어머니는 끊임없이 주의를 기울이는 어머니를 의미했다. 임신한 여성은 태내 아기의 신체적·정신적 건강을 위한 환경을 조성할 책임이 있었다. 갓 태어난 아기의 어머니는 백치 조짐을 살피도록 교육받았고 나쁜 결과를 막기 위해 아이에게 충분한 사랑과 관심을 기울이도록 종용받았다.[89] 여성운동에 대한 반발로 여성에게 아이를 낳고 기르는 헌신적 의무가 요구됐고 소위 해방된 여성은 정신박약아를 낳을 수 있다는 경고를 받아야 했다.[90] 마지막으로, 이들에게는 정신박약의 유전적 특성을 고려해 배우자를 선별하고 가계를 조사하는 극도의 주의까지 요구됐다.

정신박약 꼬리표가 붙은 여성은 좋은 어머니가 될 희망은 없었지만, 정신박약의 확산을 막을 순 있었다. 정신박약 여성은 '정신이 온전한' 여성이 판단과 비교의 기준으로 삼았던 나쁜 어머니의 전형이었다. 데보라를 비롯한 칼리캑 일가의 열등한 모든 혈통은 정신박약의 유전성을 나타냈으며, 혼외자를 낳은 수많은 정신박약 여성의 시설 수용은 일탈이 초래할 위험성을 끊임없이 상기시켰다.

두 어머니상은 병인론적 차원에서 지적장애 분류에 직접적인 영향을 미쳤다. 이 이미지는 너무도 강력해 어머니를 염두에 두지 않고서는 정신박약의 원인과 예방을 생각할 수 없었다. 병인론적 관점에서 볼 때 정신박약 여부와는 무관하게 여성이라는 사회집단 전체가 정신박약을 이해하는 데 필수적이었고, 그 지속에도 일정 부분 연루돼 있었다. 이에 퍼널드의 표현은 너무도 적절해 보인다.

정신박약이 범죄, 빈곤, 타락의 어머니라는 말은 참으로 일리가 있다.[91]

여성을 억압한 여성 연구원

앞서 보았듯 정신박약을 식별하는 가장 좋은 방법에 대해서는 합의된 바가 거의 없었다. 그러나 다양한 진단 기법이 등장하면서 새로운 유형의 정신박약이 나타났다. 20세기 초, 지능검사와 함께 인기를 끈 방법은 가계도 연구였다. 이는 특정 개인의 정신박약 여부를 확인하고 정신박약의 유전성을 연구하기 위해 가족 내력을 추적하는 작업이었다.

19세기 후반부터 1920년대까지 '결함 있는 가족'에 대한 수많은 가계도 연구가 진행됐다. 고다드의 빈랜드 훈련 학교와 우생학 기록 사무소*는 현장 연구원을 위한 훈련 프로그램을 제공했다. 니콜 래프터가 〈화이트 트래시: 우생학 가계 연구 1877~1919White Trash: The Eugenic Family Studies, 1877-1919〉에서 가계도 연구의 수집과 분석을 통해 밝혔듯, 훈련받은 연구원 대부분이 여성이었다. 실제로 정신박약에 관한 지식을 수집하는 새로운 방식에 수천 명의 여성이 동원됐다.[92]

엘리자베스 카이트Elizabeth Kite는 이 역사에서 주목할 만한 인물이다. 카이트는 고다드의 주요한 현장 연구원이었는데, 정신결함 확산의 원인으로 여성의 과실을 부각시켰던 데보라 칼리캑의 일대기, 그리고 그녀의 정신박약 혈통에 관한 이야기를 만든 장본인이다.[93] 더

---

* 1910년 찰스 대븐포트가 설립하고 자선가 해리먼 부인이 정신박약 예방을 위해 자금을 지원한 곳이다.

욱이 래프터에 따르면 칼리캑 연구는 "나쁜 어머니라는 주제의 가능성을 처음으로 실현한 가족 연구"였다. 또한 카이트는 1913년, 뉴저지 파인 배런스 지역에 사는 정신결함 가족을 조사한 〈파인 지역 사람들The Pineys〉을 발표했다.[94] 이 연구는 해당 지역의 정신결함자 시설 설립에 직접적인 영향을 미쳤으며, 정신박약이 유전된다는 근거를 제시하는 연구물 축적에 기여했다. 카이트는 연구원으로서의 역할 외에도 비네와 시몽의 영향력 있는 두 권의 저서 《아동의 지능 발달 Development of Intelligence in Children》과 《정신박약자의 지능The Intelligence of the Feeble-minded》을 영어로 번역하기도 했다.

카이트와 같은 여성 연구원은 정신박약 남성과 여성을 식별하는 데 중요한 역할을 했다. 그는 사회적 지위와 현장 연구원이라는 신분 덕분에 정신박약 세계로 진입할 수 있었고 이 세계의 개념적·제도적 발전에 실질적으로 기여했다. 연구원의 역할이 여성에게 할당됐다는 사실은 결코 우연이 아니다. 가계 조사, 즉 정신박약에 대한 지식을 생산하는 새로운 방법의 노동 분업은 시설 내 분업과 마찬가지로 젠더에 따라 나뉘었다.

래프터는 현장 연구가 여성에게 여성성에 부합하는 방식으로 우생학이라는 과학에 참여할 기회를 제공했다고 지적한다.

우생학적 현장 조사는 여러 의미에서 여성의 일이었다. 첫째, 현장 연구는 직관과 세부 사항에 대한 예민한 관찰력을 요구했는데, 이는 여성이 더 특화돼 있다고 알려진 능력이다. (…) 둘째, 여성은(아마도 남성보다 덜 위협적으로 느껴지기 때문에) 낯선 이의 사적인 정보를 이끌어내는 데 더 능했다. (…) 셋째, 고다드나 대븐포트 같은 남성을 보조하면서 현장 연구원의 전통적인 노동 분업을 더욱 정교화했다.[95]

'여성의 일'은 여러 차원에서 분석할 수 있다. 이 역할 규정은 명백히 여성에 대한 지배적 고정관념, 이를테면 직관적이고 사교적이며 순종적이라는 통념에 기대고 있었다. 또한 여성 연구원은 보통 의사나 관리자였던 남성 상관이 지닌 권위를 갖지 못했다. 그러나 이런 요소가 여성 연구원에게 권한을 부여하는 방식으로도 작용했다. 여성다움에 대한 사회적 통념에 따라 이들의 신분이 규정되는 한편, 남성에게는 없는 능력이 이들에게는 있다고 알려진 것이다.

> 여성이 정서적인데다가 직관력을 갖추고 있다고 보기에 우생학자는 남성보다 여성이 정신박약자의 수를 산정하는 데 더 능숙하다고 믿었다. 몇 주간의 훈련만 거치면 현장 연구원은 누가 순수한 유전자를 지녔는지 아니면 오염된 생식질을 지녔는지 단번에 알아볼 수 있다고 생각했다.[96]

이는 젠더 고정관념이 정신박약 진단 방식에 직접적인 영향을 미친 경우다. 어떤 의미에서 여성이 병인의 비가시성 문제에 대한 해결책을 제공한 셈인데, 이들에게 이른바 '결함 있는 혈통'의 계보를 추적하고 한 개인의 생식질의 '질'을 판별하는 능력이 있다고 기대했기 때문이다.

이 여성은 자녀의 정신박약 징후를 세심하게 살피며 부단히 조심하는 어머니와 유사한 인식적 위치를 점했다. 두 집단 모두에게 정신박약의 조짐을 인지할 수 있는 능력은 여성적 직관에서 비롯된다는 설이 제기됐고, 양육 현장에서든 면담 상황에서든 이 인식 능력이 활용됐다. 그러나 이 권위는 남성 전문가의 지도를 매개로 작동된다. 현장 연구와 어머니 역할 모두 '여성의 일'로 간주됐으며, 남성이 차지했던 권위 있는 지위와는 대조적인 방식으로 정의됐다.

비록 여성 연구원은 남성 관리자처럼 사회적으로 공인된 권위를 지니진 못했지만, 정신박약을 식별하고 내력을 추적하는 임무를 부여받았다는 점에서 상당한 인식적 권위를 지니고 있었다. 또한 이들이 분류해낸 정신박약자에 대해 상당히 실질적인 권력을 가졌다.[97] 카이트의 사례가 보여주듯, 가계 연구는 어떤 정신박약자가 시설에 수용될지를 결정하는 데 직접적인 영향을 미치곤 했다. 이런 측면에서 여성 연구원은 정신박약자를 구분하고 이들의 시설 수용에 명분을 제공함으로써 정신박약자의 소외를 영속화했다. 게다가 정신박약의 기질적이고 생물학적인 해석을 더욱 강화했다.

카이트의 자료와 고다드의 해석은 도덕적·정신적 결함을 밀접하게 연결해 20세기 초 미국 사회를 괴롭히던 광범위한 사회문제에 새로운 생물학적 설명을 제시했다.[98]

정신박약 여성은 종종 같은 성별을 지닌 연구원의 연구 대상이 되었고, 여성 연구원의 여성적 자질과 정상적인 인지능력은 자신과는 대조적인 위치에 놓인 정신박약 여성에게 직접적인 영향력을 행사할 기회가 되었다.[99]

아이러니한 존재, 여성 개혁가

마지막 집단인 여성 개혁가 또한 정신박약 범주의 형성과 지속에 중요한 역할을 했다. 이 장에서는 두 유형의 개혁가를 살펴볼 것이다. 첫째는 정신박약 여성의 삶에 직접적인 영향을 끼친 여성 자선가고, 둘째는 정신박약 여성의 이미지를 자신의 정치 개혁 추진에 착취적으로 이용한 페미니스트다.[100] 나는 이 두 유형을 개혁가로 분류하는데, 이들이 지적장애의 역사와 관련해 세 가지 공통점을 지니기 때문이다. 첫째, 이들은 현장 연구원이나 시설에서 일하던 '정신이 온전한' 여성과는 달리, 남성 감독하에 일하지 않았다는 점에서 권력의 역학이 달랐다. 둘째, 정신박약 여성의 부정적 이미지를 각기 다른 방식으로 조장한 책임이 있었다. 이는 세 번째 공통점으로 이어진다. 병인 차원에서 남성 권위자는 모든 여성을 정신박약을 확산시킬 수 있는 존재로 규정했지만, 여성 개혁가는 자신을 정신박약 여성과 분리했다. 이들은 여성성과 모성의 범주 안에서 '우리'와 '그들'을 나눴다. 앞으로 살펴보게 될 바와 같이, 자선가에게 정신박약자 계층은 하나의 사회적 대의명분이 되었고, 새롭게 등장한 여성운동의 정치적 주장을 뒷받침할 구실로 활용됐다.

여성 개혁가의 역할 속에서 작동하는 복잡한 권력 역학을 보여주기 위해 조세핀 로웰과 마거릿 생어Margaret Sanger에 주목하고자 한다.[101] 두 여성은 여러 이유로 지적장애 역사에서 중요한 인물이다. 특히 주목할 것은 정신박약 여성 전용 시설을 건립하려는 로웰의 운동과 여성이 자신의 재생산 행위를 통제할 수 있도록 힘을 실어주려는 생어의 운동이 정신박약 여성의 삶에 제각기 직간접적인 영향을 끼쳤다는 사실이다. 그러나 이들의 직업적 삶과 포부는 여성운동과 우생학운동 모두에 좀 더 넓은 차원의 질문을 던지는데, 이들 삶에 관한 역사적·전기적 연구가 이 점을 명확히 보여준다. 학계는 두 개혁가를 페미니스트 영웅으로 추앙하기 위해 우생학과의 연관성을 과소평가하거나, 반대로 당시 우생학 정신을 구현하고 페미니즘의 목표를 심각하게 왜곡했다는 이유로 비난하는 경향을 보였다.[102] 그러나 두 여성 개혁가의 삶에는 단순하게 해석하거나 비판할 수 없는 한층 더 복잡하고 흥미로운 측면이 존재한다. 이들은 정신박약 여성이라는 문제적 존재를 다루기 위해 자신들과 정신박약 여성 사이에 우리와 그들이라는 이항대립 구도를 설정하는 일종의 문화제국주의적 억압 방식을 취했다. 이로써 그들은 어쩌면 여성이라는 정체성뿐만 아니라 더 많은 공통점을 공유했을지도 모를 '인식된 타자'와 자신을 멀리 떨어뜨려놓았다. 알렉산더 생어Alexander Sanger는 자신의 할머니에 대해 이렇게 썼다.

할머니는 개신교 우생학자가 멸시하고 차별했던 계층인 아일랜드계 가톨릭 출신이었다. 할머니는 가난했고 유대인과 결혼했으며 노동운동가 시절에는 전과가 있었다. 유전병도 있었다. 어떤 우생학자도 이런 할머니를 '적합한' 존재로 보지 않았을 것이다.[103]

마찬가지로 래프터는 "로웰 자신도 일종의 일탈자였다. 그녀가 관리하려 했던 정신박약 여성처럼 로웰 또한 미혼모였다"[104]고 설명한다. 이처럼 잠재적으로 '일탈적인' 여성이 어떻게 전문적인 권력을 획득하고 남성 동료와 자신의 관심을 끈 정신박약 여성 집단에 대해 권위 있는 위치를 차지하게 되었는지 지금 당장 살펴보지는 않을 것이다. 그러나 이런 질문은 역사적 관점에서나 오늘날의 장애, 페미니즘, 그리고 신우생학의 가능성과 관련해 여성이 맡는 역할을 고려할 때나 똑같이 중요한 쟁점이 된다.[105]

조세핀 로웰

조세핀 로웰은 1843년 유복한 가정에서 태어나 스무 살에 찰스 러셀 로웰 대령과 결혼했으나 1년도 채 되지 않아 사별했다. 남편 사후 로웰은 40년에 걸쳐 공공 봉사를 실천했다.[106] 그녀는 '과학적 자선'이라 불린 방식을 실천했는데, 이 운동은 "과학 원리를 사회문제 해결에 적용할 수 있다는 믿음에 기반을 둔 것"[107]이었다. 1876년, 로웰은 여성 최초로 뉴욕 자선위원회 위원으로 임명됐으며, 13년간 재임하면서 실질적인 성과를 거뒀다.[108] 그녀는 1887년 매사추세츠 엘

마이라에 설립된 교정 시설을 모델 삼아 여성 전용 교정 시설 설립을 주장하는 캠페인을 벌였다. 당시 로웰은 여러 사회 병폐의 원인으로 여성을 지목했는데, 그녀의 주장은 다음과 같았다.

> 범죄, 빈곤, 정신이상이 증가하는 가장 중요하고도 위험한 원인 중 하나는 떠돌아다니고 타락한 여성에게 허용된 무제한적 자유다. (⋯) 이 거대한 악과 싸우고 지역사회의 빈곤, 범죄, 정신이상의 증식을 막기 위해 여성이 운영하는 여성 전용 교정 시설이 (⋯) 필요하다.[109]

로웰은 두 가지 목표를 밝혔다. 하나는 여성의 갱생이었고 갱생이 불가능하다면 궁핍, 범죄, 정신이상을 유전적으로 물려줄 만한 계통을 끊어내는 것이었다.[110] 로웰은 생전에 뉴욕 허드슨, 앨비언, 베드포드 등에서 여성 교정 시설의 개소를 볼 수 있었다.[111]

로웰은 분명 퇴화의 유전적 특성에 관한 당대의 관점을 따랐다.[112] 그러나 그녀의 견해가 당대의 관점과 구별되는 점은 구빈원에 수용되어 "욕정에 사로잡힌 남성"[113]의 희생양이 된 많은 여성에게 각별한 관심을 기울였다는 것이다. 로웰의 견해에 따르면 혼외 자녀를 출산한 것으로 확인된 정신박약 여성에게 특별한 관심이 요구됐고 "여성다움을 가르쳐야" 했는데, 이는 남성의 유혹과 악덕에서 분리된 환경에서만 가능했다.[114] 로웰이 이를 주 자선위원회에 호소했고, 시러큐스 시설의 이사회는 가임기인 16~45세의 정신박약 여성을 위한 실험 시설을 뉴어크에 설립하는 데 동의해, 주 의회가 건설비로 1만 8천 달러를 지원했다. 뉴어크의 주 정신박약 여성보호수용소는 1878년 9월 임시로 문을 열었다. 로웰이 "백치 및 정신박약 소녀와 여성을 보호하고 주의 안전을 확보하기 위해 보호·관리와 격리 조치를 좀 더 구체적이고 확실하게 마련할 것"을 요구한 데 응해, 1885년에는 상설 보호 시설로 전환됐다.[115] 1910년 10월까지 이 수용소에는 지능 수준에 따라 분류된 792명의 수용자가 있었다.[116]

　　시설 관리자는 시설이 거리에서 방황하는 정신박약 여성의 수를 줄이고 이를 통해 정신박약의 확산을 억제하는 데 기여한다고 믿었다. 1889년, 의료관리자협회 회장인 J.C. 카슨J.C.Carson이 연례 회의에서 보고하기를 "현재 이 시설에는 200명 이상의 정신박약 여성과 소녀가 보살핌받고 있다. (…) 이전에는 주 내 가정과 구빈원에서 저능한 소녀를 매개로 백치가 전파됐으나 이제는 그 수가 현저히 줄 것으로 믿는다"[117]고 했다. 로웰도 유사한 수사를 동원해 자신의 주장을 펼쳤는데, 이는 래프터가 이중 전략이라 칭한 논법에 기반을 둔 것이었다.

　　래프터는 이렇게 말했다.

로웰은 무력한 여성을 악에서 보호해야 한다고 주장하는 도덕적 올바름에 대한 호소와 함께 이 악녀에게서 사회를 보호해야 한다고 주장하는 합리적 호소를 병행했다. 이런 이중 호소 전략은 동시대 사람으로 하여금 우생학적 시설 수용을 자비로운 행위로 합리화하게 했고, 이는 수용소가 필요하다는 로웰의 결론으로 이어졌다.[118]

조세핀 로웰의 운동이 미친 영향은 그녀의 거절로 이름을 내걸지 못한 시설의 담장 너머까지 퍼졌다. 1880년대 말까지 펜실베이니아, 오하이오, 일리노이의 시설은 가임기 여성을 위한 별도의 코티지 시설을 지었다.[119] 정신박약 여성에 대한 고조된 위협이 시설 구조에도 명확히 반영되어 여성에게 별도의 거처나 전용 시설이 필요하다는 인식이 생겨난 것이다.

자신과 같은 여성 집단 내에서 '더 약한' 구성원을 가려내고 이들을 격리하기 위해 캠페인을 벌인 로웰의 업적은 사회개혁 부문에서 일부 여성이 가졌던 권한과 실질적 권력을 보여준다. 로웰이 사후에 받은 찬사는 그녀가 자선계에 미친 막대한 영향력을 실감케 한다.[120] 정신박약 및 부랑자 여성을 위한 활동 외에도 그녀는 수많은 소규모 단체와 개혁 활동의 자선 업무를 조정하는 자선조직협회를 설립했다. 그러나 다른 한편으로 로웰의 성공은 그녀가 정신박약인을 억압했음을 드러낸다. 앤 피로 스콧Anne Firor Scott은 다음과 같이 썼다.

미국 여성은 남성만큼이나 당대 지배 문화의 일부였다. 비록 이들의 아웃사이더적 지위가 일부 인간적 요구에 민감성을 불러일으켰는지는 몰라도 이 여성 또한 인종, 계급, 민족성에 관한 당대의 무비판적 가정을 공유했다.[121]

여기에 우리는 정신 능력과 도덕성도 포함해야 하는데, 정신박약자 여성과 범죄 여성에 대한 로웰의 관심은 의심의 여지없이 정신박약에 관한 지배적 남성 담론을 반영했기 때문이다. 정신박약은 유전되며 위험한데다가 필사적인 통제가 필요한 것이었다. 로웰과 같은 여성 자선가가 정신박약의 본질과 위험성에 관한 당대의 지배적 가정에 동조함에 따라 정신박약 여성은 '정신이 온전한' 남녀에 의해 문화제국주의의 억압을 겪어야만 했다.

로웰은 또한 정신박약 여성 전용 시설을 설립해 이들의 사회적 주변화에 일조했다. 더욱이 "여성은 여성을 통제하고 관리하는 데 있어 자신이 전적으로 충분한 자격을 갖추고 있음을 증명했다"는 로웰의 발언은, 시설이 '정신이 온전한' 여성에게 줄 수 있었던 이점, 즉 현장 연구와 같은 새로운 형태의 노동과 권한을 제공했음을 보여준다. 이는 단순히 돌봄인이나 교사뿐만 아니라, 관리자와 의사의 역할까지 포함하는 것이었다.[122] 또한 이 발언은 로웰이 여성이라는 일반 범주를 '정신이 온전한 여성'과 '정신박약 여성'이라는 두 집단으로 분리했음을 시사한다. 로웰은 후자의 일탈한 여성 부류가 현재는 돌봄과 지원을 필요로 하지만 궁극적으로는 이들의 소멸이 반드시 이뤄져야 한다고 강조했다.[123]

> 국가의 자기보존을 위해 국가는 이미 태어난 사람을 끝까지 돌봐야 한다. 그러나 인도주의와 정의, 그리고 자기 이익의 모든 동기는 이 혈통의 조속한 소멸을 이끌어야 한다.[124]

여기서 우리는 로웰이 실천했던 자선의 일면을 보게 된다. 그녀가 같은 여성에게 보였던 관심은(그녀가 실제로 그렇게 인식했을 것이라는 구체적 증거는 충분치 않지만) 오로지 동시대 여성에 국한돼 있었다. 로웰이 정신박약 여성과 비행 여성을 위한 시설 설립을 요구한 이면에는 이들을 격리함으로써 결함 있는 혈통이 다음 세대로 이어지는 것을 막을 수 있다는 전제가 깔려 있었다. 정신박약을 하나의 사회집단으로 경계 지어, 로웰 자신이 속한 여성 집단의 구성원에서 정신박약 여성을 배제했다. 같은 여성일지라도 결함 있는 여성은 그녀가 속한 여성 집단과는 전혀 다른 별개의 부류로 취급됐다.

마거릿 생어

정신박약 여성과 비정신박약 여성의 구분 짓기는 여성운동 내에도 존재했다. 20세기로 전환될 무렵, 다수의 페미니스트는 자신의 대의를 지지하기 위해 우생학 담론을 활용했다.[125] 하지만 '정신이 온전한' 여성이 정신박약을 지속, 재생산한다고 보는 관점에서 이 여성 개혁가의 주장은 남성 전문가가 전개한 좋은 어머니와 나쁜 어머니 신화와는 다른 방향으로 나아갔다. 정신박약아를 낳지 않기 위해 출산, 임신, 영아 돌봄의 각 단계에서 부단한 주의와 책임을 강조한 기존 입장과는 달리, 이 여성 개혁가는 정신박약을 예방하기 위해 '자발적 모성'*이 필수적이라고 보았다. 특히, 피임을 통해 여성이 자신들의 성생활과 재생산을 통제해야 한다는 주장은 '정신이 온전한' 여성의 원치 않는 출산이 초래할 해로운 결과라는 논거에 기대고 있었다. 많은 페미니스트가 정신박약에 대한 공포를 활용했다.

우생학의 오래된 유령을 다시 불러들였다. 원치 않은 아이는 열등할
가능성이 높다. 만일 약하거나 결핍이나 결함이 있을 것으로 예상된
다면 이 아이 또한 태어나지 않을 권리가 있다.[126]

실제로 고든은 1890~1910년 사이에 등장한 자발적 모성에 관
한 논의에서, 원치 않은 아이가 도덕적·신체적으로 결함이 있을 확
률이 낮다고 말하는 담론은 거의 찾아보기 힘들다고 했다.[127]

미국 산아제한운동의 선도자이자 가족계획연맹의 창립자인 마
거릿 생어는 이 부류에서 매우 복잡하고 중요한 인물이다. 역사학자
와 페미니스트는 생어의 유산을 다양하게 해석해왔는데, 그녀는 여
성의 해방자이자 억압자였다.[128] 생어와 우생학과의 관련성은 논쟁
의 여지가 있지만, 그녀의 저술은 그녀가 정신박약이 유전된다고 믿
었으며 정신박약 여성의 출산 금지 필요성을 강하게 확신했음을 보
여준다.[129] 생어는 《여성과 새로운 인종Women and the New Race》에서 모성 해
방을 주장하며 정신박약의 위험성을 반복해서 거론했다. 또한 시설

＊　자발적 모성은 초기 여성운동의 핵심 개념으로, 여성이 사회적 압력이나 규범에 강제
되지 않고 자신의 의지와 선택에 따라 임신, 출산, 양육을 포함한 여러 모성 역할을 수
행하는 것을 추구한다. 한편, 당시 일부 여성 개혁가는 이를 우생학적 예방 논리와 결합
해 재생산을 스스로 통제하는 게 열등한 유전적 특성의 전파를 막는 길이라고 보기도
했다.

에 수용되지 않은 정신박약자 수를 언급하면서 이들이 "자신과 같은 존재를 자유롭게 퍼뜨리고 있다"거나 정신박약자의 "생식력은 왕성하기로 악명이 높다"[130]고 주장했다. 생어는 결함 있는 아이를 낳고 싶지 않다며 도움을 간청하는 여성의 사례를 제시하면서 다음과 같이 주장했다.

> 아버지나 어머니가 결핵, 임질, 간질, 정신이상, 음주 문제, 정신적 장애와 같은 병을 앓고 있을 경우에는 어떤 일이 있어도 아이를 낳아선 안 된다.[131]

생어는 여러 우생학자처럼 빈곤, 인종, 퇴화, 그리고 이민이라는 렌즈로 이 문제를 바라봤다.

> 이 광활한 나라에서는 누구든 부모가 될 자유를 마음껏 누릴 수 있다! 당신이 병을 앓든, 정신에 결함이 있든, 모론이든, 빈민이든, 상습 범죄자든, 미쳤든, 무책임하든, 건강·위생·기본예절에 대한 지식이 전혀 없든 상관없다. 당신은 미국 땅에서 하나가 아니라 아이 여럿을 낳을 수 있다. 아니 오히려 열두 명도 더 낳으라는 권유를 받을 것이다. (…) 자, 이제는 깨달아야 할 때다. 장차 우리에게 위협이 될 이들이 나라 문 밖에서 들어오는 것을 막아야 함은 물론, 이제는 이 나라 문 안에서도 그런 이들의 출산을 막는 것이 오늘날과 미래의 미국 사회, 그리고 우리 자신을 보호하는 일임을 말이다.[132]

시설이 보호의 기능을 한다는 근본적인 정당화 논리와 유사하게 생어가 지향한 재생산의 자유와 통제에 관한 운동 역시 보호 담론에 기반을 뒀다. 그녀는 문제 해결책이 모성 해방에 있다고 믿었다.

> 우리는 모성을 해방시켜야 한다. (…) 모성은 놀라운 방식으로 작동한다. 모성은 약한 존재도, 약함의 노예가 된 존재도 낳기를 거부한다. (…) 부적격자를 거르고 적합한 존재를 세상에 내보낸다. (…) 모성은 본능적으로 인종적 열등함을 확산시키는 모든 것을 막아낸다.[133]

생어의 발언에서 모성 범주에 정신박약이나 어떤 의미에서든 결함 있는 여성이 포함돼선 안 된다는 점을 파악할 수 있다. 이로써 우리는 여성성과 마찬가지로 모성성 안에 존재하는 이분법의 분열을 발견하게 된다. 우수한 인종을 만들기 위해 노력하는 자유롭고 훌륭한 여성과 '어머니 됨'을 막아야만 하는 정신박약 여성 및 결함 있는 여성 간의 분리가 존재했던 것이다. 기존의 남성중심의 병인론 담론이 여성 집단 전체를 지목했다면, 이제는 다시금 '정신이 온전한' 여성이 정신박약 여성과 자신을 분리시킨 것이다(앞서 언급한 로웰을 떠올려보라). 생어는 "우리는 모성을 해방시켜야 한다"고 외침과 동시에 사회에 계속해서 짐이 되는 여성에게는 모성을 단념하기를 요구했다. 프랭크는 생어 특유의 페미니즘을 이렇게 묘사한다.

생어는 우생학의 영향으로 여성 해방에 대한 훼손된 시각을 갖고 있었다. 생어의 해방은 모든 여성이 강요받지 않고 자녀 수를 결정할 자유를 뜻한 것이 아니었다. 오히려 생어는 '적합한' 여성의 성적 자유만을 바랐다.[134]

모성과 여성성의 해방을 실현하기 위해 정신박약 여성과 열등한 여성을 구속할 필요가 있었다는 사실은 생어의 책 마지막 부분에서 분명해진다.

이제 새벽이 밝는다. 여성성은 억압의 사슬을 벗어던지고 자유로울 권리를 주장한다. 같은 것이 같은 것을 낳는다. 온전한 나무에서 온전한 열매를 거둔다. 결국, 인종은 모체의 확장이며 어머니의 영혼과 쏙 빼닮은 영혼을 위한 아름답고 완전한 육신의 거처가 점점 늘어난다. (…) 최후의 족쇄가 풀리는 순간, 여성의 자유 의지를 억압해 야기된 모든 악, 아동 노예, 매춘, 정신박약, 신체의 퇴화, 굶주림, 억압, 그리고 전쟁은 지구상에서 사라질 것이다.[135]

이런 유토피아적 미래는 불완전한 나무는 열매를 맺지 않는다는 믿음에 뿌리를 두고 있다. 결함 있는 여성에게 허락된 것은 모성의 해방과 여성성이 동트는 새벽을 바라보는 일뿐이었다. 그 어디에도 속하지 못한 채, 그것도 수용 시설 철창 너머에서 말이다.

여성 개혁가를 둘러싼 권력관계는 복잡다단하다. 특권을 지닌 여성 개혁가 집단과 정신박약 여성 집단의 관계는 다층적 수준에서 작동하는 억압을 명확히 드러낸다. 로웰과 생어 같은 여성 개혁가는 자신과 대비되는 존재로 정신박약 여성을 부각시킴으로써 이들의 실질적인 주변화에 직접적인 역할을 했다. 로웰은 최초의 정신박약 여성보호소를 설립했을 뿐만 아니라, 성별에 따른 시설 분리를 점차 확대해가는 데 핵심적인 역할을 했다. 생어 역시 공개적으로 분리를 지지했으며, 그녀가 장려한 재생산의 통제는 20세기 초부터 수십 년 동안 불임시술이라는 관행을 통해 구체화됐다. 이 단종 수술은 생어가 전적으로 지지했던 관행이기도 하다. 프랭크는 미국의 우생학과 1933년 독일 나치의 악명 높은 단종법 사이의 소름 끼치는 연관성을 지적하면서 1932년 생어가 발표한 권고안을 인용했다.

> 오점 있는 자손을 이미 뒀거나 부적합한 유전 형질이 후세대에 전해
> 질 수 있는 인구 계층에 대해 단호하고 엄격한 불임시술 및 분리 정책
> 을 시행해야 하며 (…) 우리 인구 중 우생학적으로 열등한 특정 집단에
> 는 격리나 불임시술 중 하나를 선택하게 해야 한다.[136]

마거릿 생어와 같은 개혁주의자는 정신박약 여성의 삶에 직간 접적인 영향을 미쳤다. 이들은 자신의 정치적 의제를 달성하기 위해, '정신이 온전한' 여성의 이익을 위해 정신박약 여성 집단을 착취했다. 여성 개혁가는 정신박약 여성을 주변화하고 이들에게 노골적인 해를 가했던 구체적 관행을 주도했으며, 이 집단에 타자라는 표지를 붙이고 여성성과 모성의 영역에서 이들을 배제함으로써 일종의 문

화제국주의를 더욱 공고히 했다.[137]

결론

젠더와 지적장애의 관계를 해석하는 방식은 여러 가지가 있다. 그러나 이는 단순히 젠더가 지적장애 범주에 대한 정의와 그에 따른 실천에 어떤 영향을 미치는지 알려주는 것을 넘어선다. 지적장애 역사의 젠더화된 차원을 분석해보면, 지식 객체와 지식 주체 간의 단순한 관계를 넘어 훨씬 더 다채롭고 변화무쌍한 문제가 드러난다.

우리가 알 수 있는 것은 지적장애 분류의 역사와 본질이 이것을 태동케 한 복잡한 권력관계의 그물망에서 결코 분리될 수 없다는 사실이다. 아이리스 매리언 영은 '젠더'라는 분석적 개념의 중요성을 지지하면서(젠더 개념 자체를 완전히 해체하자는 포스트모던적 주장에 반해), 사회구조에 대한 젠더 분석이 밝혀낼 수 있는 권력관계의 다중성을 다음과 같이 설명한다.

사회구조를 젠더화된 것으로 설명할 때는 남성과 여성을 일반화할 필요도 없고 다양한 젠더 구조를 하나의 공통된 원리로 환원할 필요도 없다. (…) 젠더 위계의 권력 구조는 단순히 남성과 여성을 구분 짓는 데 그치지 않고, 사회적 역할과 기질에 따라 남성 간에도 위계를 형성한다. 이 분석에서 가장 중요한 점은 규칙과 관계, 그리고 현실적 결과가 어떤 이에게는 특권을 부여하고 그 특권을 지속시키는 이해관계를 형성하는 동시에 다른 이에게는 그의 선택지를 제한하고 삶의 상대적 박탈감을 초래하며 지배나 착취에 취약하게 만드는지를 이해하는 데 있다.[138]

이 장에서는 영이 제시한 억압의 얼굴에 비춰 여성이 수행했던 다양한 역할을 분석했고, 어느 사회집단에 속한다는 사실이 중대한 결과를 초래할 수 있음이 드러났다. 여성이라는 이유로 (대개는 백인) 정신박약 어머니와 '정신이 온전한' 어머니 모두가 정신박약을 유발한 원인으로 취급됐으며, 시설이 여성에게 부여한 역할은 여성다움에 대한 지배적 고정관념에 의존하고 있었다. 또한 여성이 현장 연구에 배치된 이유는 그들의 여성적 특성에 가장 잘 부합하는 일로 인식됐기 때문이다. 그러나 정신박약 여성이 경험한 억압은 이들이 두 사회집단 모두에 속해 있었다는 점에서 다른 차원의 것이며, 다른 억압받는 집단과는 구별되는 양상의 주변화, 문화제국주의, 무력화, 착취를 겪어야만 했다. 《쓸모없는 여성Inessential Woman》에서 엘리자베스 스펠먼이 던진 강렬한 질문은 이 복합적인 권력관계를 고려할 때 더욱 통렬하고 절박하게 다가온다.

완전한 인간으로 정의될 수 있는 자의 존재는 인간으로 허락되지 않은 자의 존재를 전제로 하는가?[139]

스펠먼의 질문을 이렇게 바꿔 물을 수도 있을 것이다.

완전한 여성 또는 어머니로 정의될 수 있는 자의 존재는 여성성과 모성이 허락되지 않은 자의 존재를 전제로 하는가?

3장

분석을 위한
중간 고찰

지적장애 역사에 대한 앞선 조망이 결코 포괄적인 것은 아니지만, 오늘날 우리가 지적장애에 관한 질문에 시선을 돌릴 때 고려해야 할 중요한 몇 가지 긴장과 역학을 드러낸다. 지난 수십 년간 전개된 사회구성주의 담론은 주로 장애권리운동과 장애 이론가의 작업 덕분에 장애를 이해하는 방식에 있어 개념적·법적·정치적으로 중대한 변화를 이끌어왔다. 그러나 정신지체 분류가 어떻게 형성됐는지를 보여주는 다층적이고 세밀한 역사적 서사를 고려할 때 '사회적으로 구성된'이라는 상투적 표현을 지적장애에 손쉽게 적용하는 것에는 신중할 필요가 있다. 에바 키테이는 중증 발달장애를 지닌 자신의 딸 세샤에 대해 이렇게 말한다.

중증 및 최중증 정신지체인의 인지적 손상은 단순히 상황에 따라 발생하는 장애가 아니다. 다른 많은 장애와는 달리, 세샤의 장애는 단순한 사회적 구성물이 아니다. 나의 딸과 같은 사람은 늘 주의를 기울여야 하는 세심한 돌봄 없이는 생존할 수 없고, 하물며 잘 살아갈 수도 없다. (…) 다만, 장애 자체가 사회적으로 구성된 게 아니라 할지라도 (특히 중증의 발달장애에서) 정신지체를 하나의 '문제'로 간주하는 관점은 인간 생리의 자연스러운 결과라기보다 **사회적으로 구성된 것**이라고 말할 수 있다.[1]

이제 지적장애를 이론화하기 위한 개념적 틀을 제시할 것이다. 사회구성주의 담론을 재구성하고 확장하기 위해 고안된 일련의 분석 도구를 제공함으로써 지적장애가 어떻게, 왜 하나의 문제로 구성됐는지를 명확히 밝히고자 한다.

사회구성주의 너머의 지적장애

《사회적으로 구성된 것은 무엇인가?The Social Construction of What?》에서 이언 해킹이 강조한 문제 중 하나는 사회적 구성 담론에서 나타난다고 여겨지는 긴장관계 혹은 이분법적 대립이다. 말하자면, '실재하는 것'과 '사회적으로 구성된 것'[2] 사이에 잘못된 이항 대립이 설정되는 경향이 있다는 것이다. 이를 지적장애의 맥락에서 고려해보면 문제가 곧바로 드러난다. 어떤 차원에서는 '정신지체는 실재하는가?'라는 질문에 대한 답이 분명하다.[3] '정신지체'로 명명되고, 이에 직접적인 영향을 받는 사람이 실제로 존재한다. 이들 중에는 내인성 생물학적 원인이나 유전적 원인으로 여러 지적 한계를 가진 이들도 있고 빈곤, 결핍, 출생 전후의 외상 등 외부 요인이 원인인 경우도 있으며 때로는 원인을 규명할 수 없는 경우도 있다. 이런 한계로 인해 혹은 '정신지체'라는 낙인 때문에 사회적 장벽, 시설 수용, 폭력에 직면해야 하는 사람이 있다. 나는 이런 주장을 부인하지 않는다. 하지만 다음과 같은 질문을 던지고 싶다.

정신지체는 '자연종'인가? 말하자면 사회적·역사적·정치적 맥락과는 무관한 인간존재의 어떤 실재적 결함이나 특성을 지시하는 것인가? 우리는 순전히 사회적으로 만들어진 개념과 현실에 존재하는 실체 중에서 반드시 하나만을 선택해야만 하는가? 그리고 '정신지체는 사회적으로 구성됐다', '정신지체는 하나의 문제로써 사회적으로 구성됐다', '정신지체가 있는 개인은 사회적으로 구성됐다'는 말에는 어떤 차이가 있는가?

우리는 마치 혼탁한 물속에 있는 것과 같다. 따라서 좀 더 명확한 개념 정리가 필요하다.

먼저 '사회적 구성'이라는 표현은 장애 맥락에서 다양한 의미로 사용된다.[4] '구성하다'라는 동사는 과정을 의미하고 '구성물'이라는 명사는 결과물, 즉 구성된 산물을 뜻한다.[5] 어떤 이론가는 장애가 형성된 과정에 주목한다. 마이클 올리버Michael Oliver는《장애화의 정치학The Politics of Disablement》에서 "장애라는 범주는 문화적으로 생성되고 사회적으로 구조화된 틀 안에서만 이해될 수 있다"[6]는 주장을 드러냈다. 또한 올리버는 이 책에서 자본주의 사회의 억압적 관행과 사회적 제약이 장애를 어떻게 만들어내는지 탐구했다. 수전 웬델 역시 장애가 만들어지는 과정에 대해 이야기하면서 "나는 장애를 창조(혹은 예방)하는 생물학적인 것과 사회적인 것 사이의 상호작용을 '장애의 사회적 구성'이라 칭한다"[7]고 말했다. 이어서 웬델은 장애를 구성하는 수많은 사회적·문화적 요소, 즉 자원의 분배, 의료 지원과 관행, 삶의 속도, 수행에 대한 기대, 이상적 시민에 대한 개념, 장애인의 현실을 반영한 문화적 재현의 결여, 고정관념 등을 언급했다.[8] 장애를 논하는 여러 문헌이 신체적 장애에 국한돼 있지만, 어떤 이들은 정신지체 또한 사회적 구성의 산물임을 제안했다. 제임스 트렌트의《박약한 정신의 발명Inventing the Feeble Mind》이라는 책 제목은 박약한 정신이 어떤 과정을 통해 만들어졌음을 암시한다. 트렌트는 자신이 그려낸 정신지체 역사 전반에서 정신지체가 '인지적·사회적 구성물'임을 언급한다. 예를 들어, 트렌트는 불임시술의 사회적 구성을 논하는 한 장의 소제목을 '정신지체 아동 구성하기'라고 명명하며 19세기의 백치를 사회적·인지적 구성물로 정의한다.

1970년대 초에도 '정신지체' 꼬리표를 붙이는 행위의 사회적 차원을 이야기하는 이론가가 있었다. 제인 머서Jane Mercer는《정신지체라는 꼬리표 붙이기Labeling the Mentally Retarded》에서 정신지체에 대한 임상적 접근과 사회 체계적 접근을 구분한다. 전자는 의료·통계적 모델로, 정신지체를 개인의 병리적 특성으로 보며 사회문화적 집단을 초월해 존재한다고 가정한다. 반면, 머서가 지지하는 후자의 입장은 정신지체를 "사회 체계 내에서 성취한 지위이자 그 지위를 점유한 이가 수행하는 역할"[9]로 본다. 여기서 우리는 장애, 특히 정신지체가 사회적으로 구성되는 과정을 다시 한번 확인하게 된다. 최근 들어 다양한 학문 분야의 이론가가 지적장애가 만들어지는 과정에 관한 이론을 제시하고 있다.[10]

과정으로서의 사회적 구성 관념은 장애의 사회적 구성이 일종의 해석을 수반한다는 점과 밀접하게 연결된다. 할런 레인[Harlan Lane]은 《농의 사회적 구성[The Social Construction of Deafness]》에서 농인의 운명을 형성하는 데 있어 지배적인 영향력을 행사하며 서로 경합하는 두 가지 '농에 대한 구성 방식'을 제시한다. 하나는 장애 범주로서의 농[deafness]이고, 다른 하나는 언어적 소수자의 구성원을 지칭하는 농[deaf]이다.[11] 여기서 '사회적 구성'은 어떤 대상이나 과정을 가리키는 것이 아니라, '농'을 두고 경합하는 해석을 지칭하는 것으로 보인다. 에이드리엔 애시[Adrienne Asch]와 미셸 파인이 〈공유된 꿈[Shared Dreams]〉이라는 글에서 '사회적 구성'이라는 용어를 사용해 경험이 사회적으로 구성된다고 주장할 때도, 바로 이런 방식으로 해당 용어를 사용하고 있다고 생각한다.

애시와 파인은 다음과 같이 말한다.

지난 20년간 장애 연구와 정치는 변화를 치러야만 했다. 활동가와 연구자는 **장애**(생물학적 조건)와 **핸디캡**(그 조건의 사회적 결과)을 개념적으로 구분할 것을 주장해왔다.* (…) 페미니즘과 장애인권리운동의 연구자 및 활동가는 여성이라는 경험, 장애를 지닌 존재라는 경험이 사회적으로 구성된 것임을 보여줬다. 다시 말해, 생물학적 조건은 여성성과 장애를 구성하고 이에 의미를 부여하는 맥락과 관계를 떠나서는 이해될 수 없다는 것이다.[12]

이는 하나의 해석적 단계를 내포하는 것으로 보이는데, 비장애 중심적인 사회가 생물학적 조건에 의미를 부여하고 그 해석에 기초한 경험이 장애화된다는 것이다. 비슷한 맥락에서 론 아먼슨은 '정상'과 '비정상적 기능'이라는 범주가 실체화되는 방식에 근거해 장애가 어떻게 구성되는지를 고찰한다. 이 범주가 자연 속에 존재하는 실제적이고 객관적인 범주임을 전제할 때, 특정한 손상은 객관적으로 '비정상적'인 상태로 규정된다.[13] 그런 까닭에 장애에 대한 사회적 구성은 특정한 조건이 형성되는 과정이기도 하고, 그 상태를 어떻게 해석하느냐의 문제이기도 하다.

또한 '사회적 구성'이라는 용어는 구성물 자체를 가리킬 수도 있다. 말하자면 장애 범주 자체가 사회적 구성물일 수 있다는 것인데,[14] 장애가 있는 개인이나 이들의 신체 또한 그러하다. 즉, "장애인은 개

---

*   이 구분은 장애의 사회적 모델 담론이 막 등장하던 시기의 과도기적 언어 사용을 반영하는 것으로 보인다. 1970~1980년대까지는 impairment(손상 그 자체), disability(손상 일부 포함·기능 제한), handicap(사회적 불이익) 구분을 널리 사용했기 때문이다. disability의 의미가 시대와 담론에 따라 변해왔기에, 본문의 '장애'는 오늘날 사회적 모델에서 말하는 사회적 억압이 아니라, 당시 통용되던 의미에서의 생물학적 손상을 가리키는 것으로 이해할 수 있다.

인주의라는 핵심 이데올로기와 관련된 이념적 구성물"이라는 것이다.[15] 웬델은 의료 권위자가 구성한 장애화된 몸을 기술하고 트렌트는 박약한 정신의 발명을 설명하며 마크 래플리는 지적장애라는 개념 자체가 사회적 구성물임을 주장한다. 이들 모두는 결국 하나의 최종 산물, 즉 대상이나 구성물을 가리킨다. 여기서 구성물은 '박약한 정신'이나 '장애화된 몸'과 같은 실체 혹은 '장애'라는 하나의 구성된 개념일 수도 있다.

해킹은 구성의 산물, 다시 말해 실제로 구성된 대상을 중심에 두고 정신지체 맥락에서 '사회적 구성'이라는 표현이 지닌 다층적 의미를 세밀히 밝히는 데 유용한 일련의 구분을 제시한다.[16] 해킹은 사회적으로 구성될 수 있는 것을 세 가지 주요 범주, 즉 '객체(현실 세계의 대상)', '생각(개념화 방식, 개념, 신념, 태도, 이론)', 그리고 '고차원적 개념어(진리, 실재, 지식과 같은 상위 개념)'로 구분한다. 이를 정신지체 맥락에서 고려해보면 여러 가능한 후보가 떠오른다. 예컨대, 정신지체인 자체가 사회적 구성물일 수 있다. 예를 들어, 정신박약 여성이나 모론, 정신지체나 자폐증과 같은 범주, 지능, 정상성, 인격성과 같은 개념, 그리고 "정신적으로 우월한"[17] 사람의 탁월성을 주장하는 이론이나 인간이 되려면 이성을 지녀야 한다는 이론 등이 모두 사회적 구성물일 수 있다. 사회적 구성의 세계를 잠시 엿보기 위해 '정신지체'라는 광범위한 범주를 중심으로 해킹이 제시한 사회구성주의 입장의 특징적 주장을 검토할 것이다.

사회구성주의적 작업은 현 상태에 비판적이다. 사회구성주의자는 X에 대해 일반적으로 다음과 같은 입장을 취한다. 먼저, X는 반드시 존재해야 했던 것은 아니며 지금과 같은 모습일 필요도 없다. X 혹은 현재의 X는 사물의 본질에 의해 결정된 게 아니며 반드시 그래야만 하는 것도 아니다.[18]

이 주장은 사회구성주의의 여러 옹호자와 이론가의 입장을 잘 나타낸다. 정리해보면 오늘날 존재하는 정신지체 개념이 반드시 지금과 같은 형태로 형성될 필요도 없고, 이 개념이 지금의 형태로 존재하는 것 역시 필연적 결과가 아니라는 것이다. 인지적 제약을 가진 사람이 역사 전반에 존재해왔다고 말할 수 있지만, 정신지체 정의가 반드시 지금과 같은 방식으로 이뤄질 필요는 없었다.[19]

해킹은 일부 사회구성주의자가 한 걸음 더 나아가 다음 두 주장 중 하나 또는 둘 모두를 내세운다고 설명한다. "그러므로 X는 지금 이대로도 상당히 문제가 많다. 따라서 X가 제거되거나 적어도 근본적으로 변화한다면 우리는 훨씬 나아질 것이라는 주장이다."[20] 그렇다면 정신지체 범주가 매우 나쁘다고 말하는 것은 무엇을 의미하는가? 많은 이가 정신지체(좀 더 넓게는 지적장애) 정의가 여러 이유로 매우 부당하다고 주장해왔는데, 이는 범주 자체의 문제성과 그 분류가 초래하는 해로운 영향 모두에 근거한다. 예를 들어, 댄 굿리Dan Goodley와 래플리는 "지적장애를 세계 안에 이미 주어진 형태로 간주하는 오늘날의 근대주의적 관점은 설득력을 잃었다"[21]고 주장한다. 다른 이들은 손상을 고정된 어떤 것으로 보는 관념에 도전해왔다. 셸리 트레마인Shelley Tremain은 손상과 성별이 본질화되고 존재론적으로 이미 주어진 것으로 여겨지는 두 과정 사이의 유사성을 그려내면서, '성'과 '손상'이 담론에 앞서 존재하는 게 아니라 오히려 수행적인 것이라고 주장한다. 또한 성과 손상이 이를 본래 그런 것으로 보이게 만드는, 즉 '본질적'인 것으로 여겨지도록 만드는 권력 체계에 의해 상정된다고 말한다. 따라서 트레마인은 다음과 같이 논한다.

> 장애의 근저에 있다고 주장되는 '손상'은 사실 현 사회구조를 유지하고 심지어 강화하기 위해 구성된 것이므로, 장애로 인식될 수 있는 조건이 덧씌워지는 '실재하는' 몸의 본질적이고 생물학적인 특성으로 부각해서는 안 된다.[22]

만약 이것이 옳다면 장애의 사회적 모델의 전제가 되는 핵심 구분*이 더 이상 유효하지 않게 된다. 이에 장애 이론가의 과제는 사회적 · 정치적 · 개념적 실천을 통해 '손상' 자체가 어떻게 구성되는지 재고하는 데 있다고 할 수 있다. 이는 '정신지체' 꼬리표를 완전히 없애야 한다는 견해에 힘을 실어준다.

하지만 옹호, 권리, 그리고 법적 보호의 맥락에서는 문제가 복잡해진다. 기존에 존재하는 지적장애에 관한 발상이나 가정에 비판

---

* 　장애의 사회적 모델이 전제하는 '손상'과 '장애'의 구분을 말한다.

을 제기하는 것이 가능하고 때로 바람직할 수도 있지만, 동시에 범주의 유지, 즉 지적장애 범주 자체를 완전히 폐기해서는 안 된다고 주장할 수도 있다. 예를 들어, 에바 키테이는 지적장애와 관련된 의존성의 재개념화를 주장하면서도 중증 지적장애인이 필요한 돌봄과 지원을 받기 위해서는 해당 범주가 정치적·경제적·사회적으로 존재할 필요가 있음을 인정한다.

> 의존성은 많은 경우 사회적으로 구성되지만, 의존성 **모두**가 그렇지는 않다. (…) '낙인찍기'나 환경의 제약만이 세샤의 의존성을 만들어내는 것은 아니다. 그럼에도, 환경의 변화는 세샤의 품위 있는 삶을 영위하는 데 **매우 긴요**하다.[23]

피터 번Peter Byrne은 《정신적 장애에 관한 철학적·윤리적 문제들 Philosophical and Ethical Problems of Mental Handicap》에서 지적장애를 순수한 사회적 구성물로 보는 포스트모던적 전환을 노골적으로 비판하며 정치적 함의에 우려를 표한다.

번은 이렇게 말한다.

> 만약 우리가 지적장애라는 표지와 그에 온당하게 수반되는 돌봄 제도를 단념한다면, 지원과 도움이 필요한 적잖은 수의 소수자를 배제하게 될 것이다.[24]

이런 주장은 정신지체 범주가 지닌 한 가지 특성을 부각시킨다. 내부에 여러 하위 범주가 존재하는 정신지체 범주의 이질적 특성으로 인해 이 범주를 일반화하기가 어렵다는 점이다. 이런 경우, 정신지체 범주가 특정한 역사적 조건 속에서 구성된 것임을 인정하더라도 범주의 존폐를 둘러싼 논의에서는 경증과 중증의 사례 중 '어느 입장을 논의의 중심에 두느냐'에 따라 입장이 크게 달라질 수 있다. 예를 들어, 피플퍼스트People First* 와 같은 자기권리옹호운동은 자신에게 붙여진 '정신지체' 지위의 정당성을 문제 삼으면서 부당하게 수용됐음을 주장하고 정신지체를 유효하고 적절한 표지로 여기기를 거부한다. 이는 시설에서의 삶이 사람을 장애 상태에 놓이게 했던 과거 역사적 사례를 떠올리게 하며 정신박약의 정의가 특정 사회적 관습과 공포에 깊이 맞물려 있음을 보여준다. 하지만 이런 입장이 심각한 장애가 있는 개인, 그리고 특정 분류에 의존하는 다양한 형태의 지원에 관한 키테이와 번의 우려를 충분히 반영한다고 보기는 어렵다.

사회적 구성의 대상과 해석상의 차이에도 해킹은 스스로를 사회구성주의자라고 선언하는 모두가 "현 상태에서 X는 당연한 것으로 받아들여지며, X는 불가피한 것으로 나타난다"[25]는 전제 조건을 공유한다고 설명한다. 정신지체를 하나의 상태가 아니라 하나의 분

---

* '피플퍼스트'라는 이 운동은 1970년대 초, 미국에서 지적장애 시설 수용과 강제 분리, 그리고 과잉보호에 대한 저항으로 생겨났다. 'Nothing About Us Without Us(우리 없이 우리에 대해 말하지 말라)'라는 원칙을 중심으로 자신이 권리의 주체이자 정치적 주체임을 선언하는 당사자 중심의 자기옹호운동이다.

류로 이해했을 때조차, 이 분류가 불가피하다고 인식되는 점에 맞서 많은 정신지체 역사 연구자, 장애 이론가, 그리고 나와 같은 철학자가 논쟁하고 있다. 2부에서 살펴보겠지만, 바로 이런 '우발성' 개념이 지적장애에 관한 전통적인 철학 논의에서는 간과됐으며, 오히려 이 범주는 필연적이고 자명한 자연종으로 당연시됐다. 그렇다고는 해도 사회적 구성의 언어가 충분히 적확하거나 포괄적이라고 생각하는 것은 아니다. 나는 깔끔한 해결책에 대한 해킹의 양가감정에 공감한다. 해킹은 말한다.

> 나는 사회적 구성에 대해 양가적 혹은 그보다 더 부정적인 태도를 갖고 있다. 또한 질병과 장애와 관련한 '고정된 지시rigid designation)*에 대해서도 양가적 태도를 갖고 있다.[26]

이런 까닭에 지적장애에 관한 사회적 구성주의 담론을 재구성하고, 지적장애를 철학적으로 개념화한 선행 작업에 의문을 던지는 일을 병행하는 과정에서 지적장애를 다음 개념으로 분석할 것을 제안한다. 그 개념은 이질성, 불안정성, 전형 효과, 그리고 권력관계다. 이 개념적 틀은 앞서 진행한 역사적 분석에서 도출됐으며, 지적장애에 관한 현대 철학의 여러 국면을 비판적으로 검토하는 데 유용할 것

---

* 언제 어디서든 변하지 않고 같은 대상을 가리키는 이름을 의미한다. 철학, 특히 언어철학의 중요 개념으로, 사울 크립키Saul Kripke가 《이름과 필연성Naming and Necessity》(1980)에서 제시한 용어다.

이다. 궁극적으로 정신지체를 '자연종' 또는 '사회적으로 구성된 범주'로 바라보는 그릇된 이분법을 거부할 때 새로운 철학적 질문이 제기된다는 점을 잘 보여준다.[27]

지적장애 분석의 새로운 틀

이질성

정신지체는 내외적으로 이질적인 분류다. 내적으로는 여러 하위집단으로 나뉘는데, 이는 정신지체가 단 하나의 유형만으로 이뤄져 있지 않음을 의미한다. 하위집단은 두 형태로 나뉜다. 하나는 위계적으로 조직되는 것이며 나는 이를 수직적 배열로 상정한다. 또 다른하나는 별개의 유형이 서로 나란히 존재하는, 말하자면 수평적 배열이다. 수직적 위계의 예로는 여러 가지가 있다. 심각도, 지능 수준, 특정 기능의 수행 능력(예를 들어, 교육 가능형, 훈련 가능형) 등에 따라 정신지체의 하위 범주가 규정된 경우다. 수직적 배열 방식은 각 유형의 특성이 덜하거나 더한 정도에 따라 정신지체의 양상을 점차 증가하는 위계적 척도로 등급화한다.

또한 정신지체의 하위집단은 질적으로 상이한 유형에 따라 수평적으로 배열되기도 한다. 예를 들어, '도덕적 천치'와 '백치'의 경우, 전자는 도덕적 결함이 있고 후자는 지적 결함으로 고통받는 정신박약의 두 변종이었다.[28] 정신지체의 양상은 병인에 따라 선천성 또는 후천성, 내인성 또는 외인성으로 분류되기도 했다. 마지막으로 정신박약자는 종종 해부학적 혹은 생리학적 현상에 따라 분류됐는데, '간질형 백치'*나 존 랭던 다운이 명명한 '몽골형 백치'가 그 예다.

정신지체에 대한 수평적·수직적 하위분류 방식은 앞서 살펴본 역사적 시기 전반에 걸쳐 작동하고 있으며, 상호배타적 설명이나 정의 방식이 아니므로 정신지체 분류의 내적 이질성을 드러낸다. 오히려 두 분류는 당시 백치 또는 정신박약이라 불리던 다양한 유형과 정도를 조직하는 방식으로, 좀 더 넓은 범주 안에 공존하고 있었다.

아울러 이 분류는 외적으로도 이질적이다. 정신지체는 여러 다양한 개인에 의해 다른 방식으로 정의됐으며, 다양한 학문 분야의 연구 대상이 되었다.[29] 이 분류에서 가장 일관되게 나타나는 특징 중 하나는 정신지체 본질에 대한 합의가 부족하다는 점과 거듭 반복되는 기존 정의에 대한 비판이라는 점이다. 세갱은 분류의 다양성을 인정하면서도 자신의 연구에서 다른 정의를 다룰 필요를 느끼지 못했다. 세갱은 "정의가 너무 많고 서로 매우 다른데다가 치료에 거의 영향을 미치지 않기 때문에 실용적인 논문에서는 이 정의를 생략해도 큰 지장이 없을 것이다"[30]라고 말했다. 유명 작가이자 미국 교육저널에서 새로운 백치 학교를 지지했던 브로켓 박사는 "이 주제에 관해 여러 저자가 내놓은 수많은 정의 가운데 반론에서 완전히 자유로운 정의

---

* 뇌전증과 관련된 지적장애 유형 중 하나를 의미하며, 과거 지적장애 하위분류 중 하나였다.

는 없어 보인다"[31]고 썼다. 60년이 지난 후에도 비네와 시몽은《아동의 지능 발달The Development of Intelligence in Children》에서 적절한 분류 방법의 부재를 다뤘다. 지적으로 열등한 상태를 진단할 때 나타나는 세 가지 유형의 오류인 무지, 용어 의미의 가변성, 그리고 방법상의 문제 중에서 비네와 시몽은 세 번째가 가장 치명적이라고 결론지었다.

> 자세히 살펴보면 혼란은 대체로 검사 방법상의 오류에서 비롯된 것임을 알 수 있다. 정신과 의사가 지적으로 열등한 아이를 마주하면 그는 (…) 피검자에 대한 주관적 인상, 즉 전체적인 인상만을 취하는 데 만족하고 본능에 따라 진단을 내린다.[32]

지능 열등성 평가 방식에 대한 비네의 해법이 미국에서 변질된 결과, 그 어떤 정신결함 분류 체계보다 더 많은 비판을 초래했다는 사실은 아이러니하다.[33] 그럼에도 지능검사 점수는 여전히 정신지체 정의의 일부를 차지하고 있으며 이 범주는 여전히 논쟁의 대상이다.[34]

서로 경합하는 정의와 진단 방법 속에서 일부 시설 관리자는 자신이 만든 분류 체계의 한계를 인식하고 이 범주가 절대적인 것이 아님을 시인했다. 만약 더 많은 이가 분류의 오류 가능성을 인정했던 하우의 충고를 따랐다면, 정신지체의 역사는 전혀 다르게 전개됐을지도 모른다.

하우는 다음과 같이 충고했다.

모든 백치가 어느 하나의 범주에 손쉽게 분류될 수 있다고 여겨선 안된다. 중증의 백치 부류 중에서도 가장 경미한 정도의 백치는 어리석은 자와 거의 구별되지 않으며, 어리석은 자 중에서도 가장 덜 우둔한 이는 얼간이와 구분하기 어렵다. 그리고 얼간이 중에서도 그 정도가 가장 덜한 얼간이는 사회에서 정신박약자로 여겨지지만, 여전히 책임 있는 자유로운 주체로 분류되는 수백 명의 사람과 큰 차이가 없다. (…) 이런 지적능력의 점진적 연속성에 대한 인식은 우리에게 겸허함뿐만 아니라 인본주의 정신 또한 일깨워준다.[35]

19세기 중반 '백치'에 대한 관심이 시작된 시기부터 20세기 초 정신박약을 판별하기 위해 확고한 과학적 근거를 마련하려 했던 비네의 시도에 이르기까지, 정신지체에 대한 최종적 정의는 단 한 번도 존재한 적이 없었다. 이 정의가 외적으로 이질적인 이유는 과거부터 지금까지 여러 대립하는 접근법과 설명 방식이 늘 존재해왔기 때문이다. 초기의 제도·시설이 도덕적·치료적·교육적·의학적 역할을 동시에 수행했다는 점이 입증하듯, 제도·시설은 이와 같은 다양한 인식 유형을 구성하는 원리로 기능했다. 역사 전반에 걸쳐 지식의 객체였던 정신지체는 어느 한 분야에서도 영구적으로 자리 잡은 적이 없었다. 늘 의학적·심리학적·교육학적·도덕적·인도주의적·정치적 담론의 대상이었고 지금도 그렇다.[36]

불안정성

이 분류의 두 번째 특징은 정신지체 분류의 이질성과 밀접하게 연결된다. 이는 내가 불안정한 분류라 칭하는 것이다. 전술한 역사가 보여주듯 정신지체 분류의 조건을 정의하는 기준은 끊임없이 변화해왔으며, 원인이나 치료 방법 역시 자연과학 못지않게 사회적 분위기, 고정관념, 차별적 관행과 가정에 의존해왔다. 그렇다면 우리는 이 사실을 어떻게 받아들여야 할까? 이 범주가 무척이나 불안정하다고 말하는 것으로 충분할까? 아니면 이 증거가 정신지체가 사회적으로 구성된 범주라는 사실을 드러낸다고 말하는 것으로 족할까? 안정성과 불안정성이라는 개념이 유용하다고 생각하지만 이를 좀 더 구체화할 필요가 있다.

'불안정성'이라는 용어는 일반적으로 장애와 관련해 여러 의미를 지닌다. 어떤 측면에서 보면 장애 범주의 경계는 침투 가능하다는 점에서 불안정하다고 할 수 있다. 누구든 언제, 어디서나 장애인이 될 수 있기 때문이다.[37] 따라서 장애는 눈동자 색처럼 유전되는 특성과는 다르다.[38] 오히려 장애 범주는 시간에 따라 구성원이 계속해서 변화한다. 이는 단지 특정 시점에서 '장애인'으로 분류되는 개인의 집합이 변한다는 점 때문만이 아니라 장애가 무엇으로 구성되는지를 규정해온 정의, 치료법, 그리고 제도적 관행의 성격이 끊임없이 변화해왔기 때문이다. 개인 차원에서 (장애를 개인과 환경 간의 상호작용으로 정의하는 사회적 모델을 따른다면) 장애가 고정된 상태로 남아 있을 필요는 없다. 다시 말해, 장애를 유발하는 근본적 손상을 치료하거나 낫게

하는 가능성과는 별개로 외적 환경의 근본적 변화가 일어난다면 한 개인이 그 손상으로 인해 더 이상 '장애화'되지 않을 수도 있다는 것이다.[39]

또 다른 의미에서의 불안정성은 장애의 사회적 모델에 대한 특정한 포스트모던적 비판과 맞닿아 있다. 신체와 정체성의 근본적인 불안정성을 다루는 포스트모던 이론에 의거해 일부 이론가는 장애 정의가 손상된 신체와 정신의 역동적이고 구성적인 성격을 드러낼 수 있어야 한다고 주장한다. 그래야만 장애와 장애인의 정체성이 생성되는 방식을 제대로 포착할 수 있다는 것이다. 앞서 언급했듯 트레마인은 사회적 모델의 옹호자가 상정하는 손상·장애 이분법에 대해 다음과 같이 비판한다.

> 사회적 모델의 옹호자는 손상을 신체의 '실재하는' 특징으로 보고, 장애를 사회적 압력과 규범의 결과로 여긴다. 그러나 이 이분법은 성·젠더 이분법만큼 문제적이다. 성·젠더 이분법은 '성'이 젠더를 만들어내는 자연적이고 근본적인 실체라는 가정을 전제하기 때문이다. 정신지체의 많은 경우 근본적 병리를 식별하기 어렵다는 점을 고려할 때 이런 문제의식은 지적장애 이론화에 특히 중요하다.[40]

손상 개념을 넘어 장애 범주는 좀 더 일반적으로 정체성의 불안정성을 반영하는 유동적인 범주로 여겨져왔다.

장애 자체가 고정되지 않은 범주임을 명확히 하고자 한다. (…) 우리가 논하는 것은 포스트모던 시대의 불안정한 정체성의 하위 범주로서 장애 범주가 지닌 불안정성이다. (…) 장애의 불안정한 성질을 무시하거나 고정시키기보다는 오히려 그 불안정성을 더 적극적으로 드러내야만 한다. (…) 이는 장애를 하나의 새로운 정체성으로 이해하는 비근대적 접근을 창조해낼 수 있다.[41]

지적장애 맥락에서 정체성의 불안정성을 좀 더 적극적으로 부각시킨다는 것은 무엇을 의미할까? 비근대적 장애 모델의 입장이 해방을 가능케 할까? 아니면 정치적·개념적·윤리적 이유로 지적장애인 정체성의 본질이나 경험을 포착하지 못할 수도 있을까?

그렇게 '정신지체' 혹은 '지적장애' 범주의 지위에 관한 긴장이 발생한다. 부모와 철학자가 중증 장애인을 사회적으로 구성된 존재라고 말하는 것은 이들의 현실을 제대로 반영하지 못한다는 주장이 있는 한편, 손상 개념 자체를 사회적 과정과 권력관계, 그리고 무능이나 지능과 같은 다른 개념의 구성과 분리해서는 안 된다는 주장도 있다.[42] 사실 이런 논쟁이 새로운 것은 아니다. 이 긴장은 정신지체가 처음 개념화된 이래 그 역사를 규정해온 개념적 쌍, 즉 '기질적' 대 '비기질적', 그리고 '고정적' 대 '변동적'에 내재한 긴장이 오늘날의 형태로 구현된 것이라 할 수 있다. 이 개념쌍이 장애에 대한 새로운 개념과 일대일로 대응한다고 말할 수는 없지만, 새로운 모델의 구체적인 내용을 예견하는 몇 가지 주요한 형식을 발견하는 것은 흥미롭다. 역사는 우리에게 빠르고 깔끔한 해결책을 기대하기 어렵다는 것을 알려준다. 그리고 아마도 우리는 그런 해결책을 바라지 않는 것이 좋다. 정신지체 범주는 너무도 복잡해서 하나의 해결책을 요구하거나 이를 기대하는 건 무리기 때문이다.

여러 입장을 조율하고 정신지체가 왜 여전히 불안정한 범주로 남아 있는지를 명확히 설명하는 방식에 있어 이언 해킹의 '상호작용–종interactive kinds' 개념이 특히 유용하다고 생각한다. 해킹은 정신지체 범주의 불안정성 문제를 그가 '상호작용–종'과 '비상호작용–종indifferent kinds'이라 칭하는 개념으로 재구성해 구분했다. 비상호작용–종은 우리가 내리는 규정에 영향을 받지 않는 것으로 돌, 박테리아, 바이러스 등이 여기 속한다.[43] 이들을 '비상호작용–종'이라 부른다고 해서 그들이 환경과 상호작용하지 않거나 환경에 의해 변화하지 않는다는 뜻은 아니다. 그러나 이들은 해킹이 "분류적 루핑classificatory looping"*이라 부르는 개념, 즉 분류된 개인이 분류에 영향을 받을 뿐만 아니라, 그 분류에 다시 영향을 미친다는 생각을 인식하지 못하며 분류에 의해 도전받지도 않는다.[44] 자연과학의 대상이 되는 여러 범주와 달리, 조현병, 소아 자폐증, 과잉행동과 같은 인간종은 상호작용–

✽ 이언 해킹이 말하는 '루핑'이란 분류나 진단과 같은 사회적 범주가 사람의 자기이해와 행동에 영향을 미치고, 그 변화된 행동이 다시 해당 범주의 의미와 사용 방식을 변화시키는 되먹임 과정을 가리킨다. 인간을 대상으로 하는 분류는 대상이 분류에 반응함으로써 스스로 변화하고 그 변화가 다시 분류 체계에 영향을 주는 순환적 고리를 형성한다는 것이다.

종이다. 이 범주는 자신에게 부여된 꼬리표를 인지하는 자의식을 지닌 개인에게 적용되며, 이들이 그 꼬리표에 반응하거나 행동해 결국 분류 자체의 성격을 다시 변화시키게 된다. 또한 이 개인은 이런 꼬리표를 정의하고 유지하는 담론적 실천과 제도의 영향을 받는다.

이 개념과 관련해 곧바로 제기되는 질문 하나가 있다. 중증 지적장애가 있는 사람이 자신에게 붙은 꼬리표를 인지하지 못하거나 일정 수준의 자의식이 부족할 수 있음에도 상호작용-종에 속하는지 여부다. 이에 해킹은 말한다.

> 상호작용이라 함은 단지 한 개인이 자신이 어떻게 분류되는지에 대해 자의식적으로 반응하는 것만을 의미하지 않는다. 내가 말하고자 한 것은 그렇게 분류됨으로써 그 집단 전체와 그들과 밀접하게 연결된 다른 사람에게 초래할 영향을 의미한다.[45]

과잉행동 아동의 예를 들어보자.

> 과잉행동이라는 분류는 단순히 개별 아동이 그 표현을 듣고 그에 따라 행동을 바꿨기 때문에 상호작용하는 것이 아니다. 과잉행동 아동이라는 분류를 전제로 하는 제도와 실천 속에서 그렇게 규정된 아이와 분류가 상호작용하는 것이다.[46]

이 예를 통해 정신지체(또는 좀 더 넓게는 지적장애)를 상호작용-종으로 논하는 것이 충분히 가능함을 알 수 있다. 이는 이 집단에 속해 있다는 사실을 의식적으로 받아들이기 어려운 구성원에게까지 영향을 미치기 때문이다.

그런데 정신지체를 상호작용-종으로 정의하다 보면 비상호작용-종과의 관계 문제에 직면하게 된다. 이 문제는 기질적·비기질적 구분으로 다시 돌아가게 만든다. 자폐증과 정신지체 같은 특정 범주는 그 자체가 비상호작용-종인 어떤 근본적인 병리pathology(해킹은 P라 부름)가 존재한다는 점에서 상호작용-종인 동시에 비상호작용-종이 아닌가?

해킹은 이렇게 쓴다.

병리 P 자체는 의식이나 인지가 없는데 어떻게 '자폐증'이 상호작용-종이면서 비상호작용-종일 수 있는가?[47]

해킹은 이 딜레마를 근저에 있는 생물학적 또는 신경학적 병리, 그리고 분류되는 개념이나 생각 또는 개인(우리의 경우에는 정신지체나 정신지체 아동)을 구분함으로써 해결한다.

만약 우리가 정신지체를 '손상으로써' 사회적으로 구성하는 것과 '문제로써' 사회적으로 구성하는 것 사이의 긴장 속에서 이해한다면, '정신지체'는 시작부터가 비상호작용-종이자 상호작용-종인 논쟁적 분류였음이 드러난다. 다양한 진단 기법과 도덕적·인종적·계급적 관심사가 이 범주에 스며들면서 역사적으로 형성된 변화하는 기준은 분명 정신지체 조건의 정의가 매우 불안정했음을 시사한다. 오늘날에도 병리 P의 성격이 모든 사례에서 명확한 것은 아니다. 우리는 취약X증후군이나 다운증후군과 같이 식별 가능한 유전적 결함에 기반을 둔 정신지체의 기질적 정의를 갖고 있지만, 동시에 특정한 환경에서 기능할 수 있는 능력에 따라 정신지체를 정의하기도 하며, 전체 사례 중 상당 비율은 원인이 알려져 있지 않고, 병리 P 역시 식별되지 않는다.

> 전체 사례의 50퍼센트에 달하는 경우, 하나 이상의 가능한 원인이 제시된다. 그 원인에는 유전적 요인, 출생 전 영향, 출생 후 환경적 요인이 포함될 수 있다. 경미한 증상을 가진 아동의 75퍼센트, 중증 증상의 30~40퍼센트에서는 뚜렷한 원인이 나타나지 않는다. 정신지체 발달에는 심리사회적 요인 또한 관련되어 있다.[48]

이런 사실은 정신지체 범주가 내부적으로 이질적일 뿐만 아니라, 많은 사례에서 근본적인 손상 혹은 병리(즉, 비상호작용-종)가 여전히 불분명하다는 점에서 이 범주가 지닌 뿌리 깊은 불안정성을 잘 보여준다.

이를 고려할 때 정신지체는 세 가지 차원에서 불안정한 분류라고 말할 수 있다. 첫째, 정신지체는 비상호작용-종으로, 모든 사례에서 병리나 손상의 기저가 결코 명확히 정리되거나 해결된 바가 없다. 둘째, 정신지체는 내부적으로 이질적인 범주이며 매우 많은 하위 범주로 구성돼 있기에 정신지체와 관련된 어떤 단일한 손상이 분명히 존재한다고 말할 수 없다. 셋째, 정신지체는 인간 범주이자 상호작용-종으로, 분류적 루핑이 정신지체 범주의 경계와 윤곽을 어떻게 형성하고 재구성해왔는지를 보여주는 수많은 사례가 존재한다. 결국, 이런 논쟁 자체가 전문가 사이에서 이 범주가 얼마나 불안정한지를 보여준다. 다양한 환경 속에서 다양한 전문가가 서로 매우 다른 휴리스틱* 틀로 이 범주를 계속해서 규정하는 한, 안정성의 정도라는 측면에서 지적장애를, 어쩌면 장애 전반을 논하는 것이 유의미하다고 생각한다.

전형 효과

정신지체의 세 번째 특징은 불안정성에서 파생되는, 전형 효과를 생성하는 능력이다. 조지 레이코프George Lakoff는《여성과 불, 그리고 위험한 것들Women, Fire, and Dangerous Things》에서 이 개념을 다루는데, 이는 엘리노어 로시Eleanor Rosch가 처음 제안했다. 레이코프는 고전적 범주화 이론**의 대안을 제시한다. 고전적 이론에서는 범주의 어떤 구성

---

*　문제를 빠르고 효율적으로 해결하기 위해 간단한 규칙, 경험적 방법, 직관적 판단을 사용하는 사고 전략이다. 실용적이고 신속한 의사결정을 내리는 데 유용하지만, 항상 정확한 것은 아니다.

**　아리스토텔레스적 관점으로도 불린다. 개념을 어떻게 정신적으로 범주화하고 정의하는지를 설명하는 전통적인 모델로, 명확한 경계를 지니면서 범주의 모든 구성원은 동등한 지위를 가진다. 범주 소속은 이분법적이며 범주는 실제 세계의 분류와 일치한다고 본다. 조지 레이코프와 엘리노어 로시는 이 고전적 이론에 도전했다.

원도 특별한 지위를 갖지 않으며 범주를 정의하는 속성을 구성원 모두가 공유해야 하고 "모든 개념적 범주는 현실 세계의 범주를 지시할 수 있는 상징이어야 한다."[49] 그러나 레이코프는 우리가 범주를 구성하는 방식이 인간의 인지와 경험이라는 특성에 기반하며, 해당 범주가 종종 비대칭적임을 주장한다. 비대칭성은 전형 효과로 설명할 수 있다. 엘리노어 로시는 여러 실험의 참가자가 특정 구성원을 다른 구성원보다 더, 어느 범주의 전형적인 사례로 판단하는 경향을 보인다는 사실을 발견했다. 예를 들어, 개똥지빠귀는 오리보다 '새' 범주의 더 전형적인 예로, 책상 의자는 흔들의자보다 '의자'의 더 전형적인 예로 인식됐다.[50] 고전적 범주화 이론과는 달리, 종종 "범주에 속한 사람 사이에는 비대칭성이 존재하고 범주 내부에도 비대칭적 구조가 존재한다."[51] 또한 일반화 과정에서의 비대칭성을 발견한 로시는 "전형적 범주 구성원에 대한 새로운 정보는 비전형적 구성원에게 일반화될 가능성이 더 높지만, 그 반대는 드물다"고 말한다.[52] 분명 정신지체 범주 역시 이런 특정 형태의 비대칭성이 형성됐다.

정신박약은 이질적이고 불안정한 범주였던 만큼 다양한 해석과 정의에 열려 있었다. 정신지체에 관한 담론은 병인, 설명, 치료 수준에서 이뤄졌으며, 이들 간의 복잡한 관계로 인해 어느 하나의 설명이 영구적인 지배력을 확보한 적은 없었다. 그러나 어느 시기에는 하나의 차원에 좀 더 집중되면서 특정한 정신지체의 초상이 두드러지기도 했다. 예를 들어, 우생학운동 시기에는 병인에 대한 관심이 특히 강조됐는데, 정신박약의 유전주의적 설명이 우세해지면서 정신박약자는 결함 있는 혈통 출신이자 나쁜 혈통을 계속해서 퍼뜨릴 수 있는 위협적인 존재로 여겨졌다. 우리가 살펴본 대표적인 두 예가 정신박약 여성과 모론이다. 그러나 시설이 처음 생겨났을 무렵에는 치유와 치료의 개념이 좀 더 두드러졌다. 백치는 치유되고 향상될 수 있다는 믿음이 원인에 대한 논의를 압도했고, 백치를 엄밀히 정의하는 것보다는 가능한 한 많은 백치를 학교에 수용해 교육과 향상을 도모하는 게 더 중요하다고 여겨졌다. 이처럼 시기마다 병인, 정의, 치료 등 다른 특정 차원에 주안점을 뒀고 이는 특정한 전형 효과의 형성을 촉진했다.

또 다른 비대칭성의 원천을 기질적·비기질적, 질적·양적, 고정적·변동적, 가시적·비가시적이라는 긴장 관계에서도 찾아볼 수 있으며, 이 개념쌍은 정신지체 분류에서 언제나 존재해왔다. 그러나 대립쌍 가운데 일부 측면이 강조되면서 정신지체의 한 유형이 이 범주를 가장 잘 대표하는 유형으로 인식되는 결과를 초래했다. 아마도 전형 효과의 가장 분명한 사례는 20세기 초부터 수십 년 동안 정신박약을 상징했던 모론일 것이다. 우리는 모론에서 양적이며 기질적이고 (지능을 선천적인 자질로 간주함) 고정적이며 비가시적인 정신지체 사례를 발견하게 된다. 이런 특성의 조합은 정신박약을 무엇보다도 경미하며 유전적이고 위험한 것으로 인식하게 만들었다.

우리는 또한 일반화 과정에서도 비대칭성이 나타나는 현상을 발견할 수 있다. 이는 특정한 전형적 구성원에 대한 정보가 전체 집단에 일반화되는 경우다. 19세기 중반에는 몇몇 백치가 개선 가능하거나 어쩌면 치유 가능하다는 증거가 집단 전체에 전이됐다. 그 결과, 경증 및 중증 사례를 막론하고 이들 모두가 새로운 학교에 수용되어 혜택을 받게 되었다. 마찬가지로 모론이 정신박약의 전형적 사례로 인식되기 시작하자 치유 불가능성 역시 집단 전체로 귀속됐다. 예컨 대, 저명한 시설장이었던 월터 퍼날드는 '불가역적인 측면'을 강조하 면서 "'경중을 막론한 모든 선천적 정신결함'은 '영구적인 뇌의 이상' 에서 비롯된다"고 주장한다. 이는 정신적 장애가 있는 사람은 교정 불가능한 상태에 놓여 있음을 의미했으며 퍼날드는 이를 개선하기 위해 할 수 있는 일은 거의 없다고 주장했다.[53]

실제로 사용된 명칭이 이런 전형의 전환을 입증해준다. 초기에 는 '백치'가 모든 형태의 정신지체를 총칭하는 포괄적 용어이면서 동 시에 백치, 천치, 정신박약이라는 세 하위 범주 중 가장 낮은 수준을 의미하기도 했다. 이후 경증 정신박약자가 전형적 사례로 자리 잡게 되면서 이 범주의 통칭이 '정신박약'으로 바뀌었다. 이 용어 역시 '백 치'처럼 전체 범주를 지칭하는 포괄적 명칭이면서도 세 하위 범주 중 가장 높은 수준을 의미하게 되었다.[54] 전형의 전환은 1891년 협회 임 원이 '백치' 용어를 사용하던 모든 주립 시설의 명칭을 '정신박약아 시 설'로 변경하기로 결정한 사실에서도 드러난다.[55] '백치'와 '정신박약' 을 중심으로 한 두 가지 전형 효과는 역사가가 왜 이 역사를 낙관주의 에서 비관주의로의 전환으로 논의해왔는지를 설명하는 데 도움이 된 다. 다시 말해, 19세기 중반에는 교육이 가능한 백치가 전형이었기에 낙관적 전망이 우세했지만, 20세기 초에는 치료 불가능한 모론이 정신박약을 상징하게 되면서 비관적 관점이 득세하게 된 것이다.

정신지체 분류가 여전히 전형 효과에 취약하다는 사실은 이 지면에 모두 담기 어려울 만큼 충분한 증거가 존재한다(철학 담론 역시 그렇다는 사실은 이후에 다룰 것이다). 그러나 전형 효과는 어디까지나 효과일 뿐이며, 범주 전체에 근본적인 변화가 일어났다는 것을 의미하진 않는다. 우리는 여전히 개념적 대립쌍의 양쪽 측면이 공존하고 있음을, 정신지체가 병인, 설명, 치료라는 여러 차원에서 논의되고 있음을 확인하게 된다. 어느 하나의 관점도 다른 관점을 완전히 대체하거나 압도한 적은 없었던 것이다.

권력관계

앞서 봤듯이, 정신지체의 역사에는 복잡한 권력관계가 여실히 드러난다. 가장 눈에 띄는 관계는 비장애인과 지적장애인 사이에서 나타나지만, 정신지체를 젠더적 범주로 살펴보면 복잡한 권력 역동이 좀 더 구체적인 맥락 속에서 모습을 드러낸다. 우리는 이 권력관계를 지식의 객체와 전문가 사이, 분류된 개인과 권력을 쥐고 있는 자(부모, 옹호자, 시설 관계자, 의사, 정신과 의사) 사이, 지적장애 집단의 내부 사이, 권위와 전문적 정당성을 두고 경쟁하던 전문가와 개혁가 사이, '여성'이라는 넓은 범주 안의 장애 여성과 비장애 여성 사이에서 발견할 수 있다. 이 책 후반부에서는 오늘날 장애를 둘러싼 학문적 논의에서 이런 권력 역학이 특정 형태로 다시 재현되는 양상을 조명할 것이다. 역사적 맥락의 논의를 마무리하기 전에, 푸코의 이론적 틀을 빌려 이 권력관계의 성격을 좀 더 자세히 풀어보고자 한다.

푸코는 권력을 행위의 관점에서 정의한다. 푸코에게 권력 행사란 "특정한 행위가 다른 가능한 행위의 장을 구조화하는 방식"[56]이다. 푸코는 권력 분석에서 반드시 확립해야 할 다섯 가지 요소를 제시한다. 첫째, 권력은 차별화 체계를 포함한다. 신분, 특권, 경제적 지위, 문화, 역량 등의 차이는 특정한 권력관계 안에서 작동한다.[57] 앞서 살펴본 정신지체의 역사적 분석은 지적장애인이 수많은 방식으로 다른 개인과 구분되었음을 보여준다. 광인과 백치, 정신박약 여성과 '정신이 온전한' 여성, 동물과 정신지체인의 구분이 그렇다. 더 나아가 지적장애 범주 내에서도 서로 간의 구분이 있었음이 분명하며 이 범주의 하위 구분은 중증도에 따른 위계화나 도덕적·비도덕적 유형의 구분 등 다양한 기준에 따라 이뤄졌다.

둘째, 권력은 "타인의 행위에 개입하는 자가 추구하는 목적의 유형"이라는 측면에서 분석할 수 있다.[58] 우리는 제도적·시설적 구조 내에서 권력자가 설정한 다양한 목적과 비장애 여성이 정신박약 여성에게 지녔던 근저의 목적을 살펴봤다. 푸코는 권력의 작동에서 개인적인 목적이 일정한 역할을 할 수 있다는 점은 인정했지만, 그 목적 개념은 동기의 문제를 넘어선다.* 푸코는 권력을 권력자의 의도로 환원하지 않는다. 제도와 더 넓은 사회적 힘이 정신지체 범주의 전개

---

*   푸코가 말한 '목적'에는 개인의 목표나 의도를 넘어 구조적으로 작동하는 힘과 권력이 실제로 겨냥하는 구체적 목표가 내포돼 있다. 이에 따라 '목적'을 권력 구조가 향하는 방향성, 지향성, 혹은 내재적 작동 원리로 이해할 수 있다.

과정을 규정하고 결정해온 복잡하고 은밀한 방식을 살펴보면, 권력이 지향적이면서도 비주체적*이라는 푸코의 주장이 잘 드러난다.[59]

　세 번째 분석 요소는 "권력관계를 성립시키는 수단"이다. 권력의 작동 방식이라고도 부를 수 있다. 이는 권력을 행사하는 데 어떤 요소가 관련돼 있는가를 말한다(예를 들어, 특정 규칙에 따라 이뤄지는 감시 체계 등).[60] 시설과 제도 내부와 그 너머에 작동하는 다양한 억압의 형태를 면밀히 살펴보면, 권력관계가 어떻게 성립되고 지속됐는지를 알 수 있다.

　넷째, 푸코는 권력의 작동을 가능하게 한 제도화·시설화의 형태를 분석해야 한다고 주장한다.[61] 이런 역사적 분석의 상당 부분이 19세기 중반부터 20세기 초까지 권력의 지배적 장소였던 정신박약자 시설을 분석하는 데 전념하고 있다.[62] 이 시기 동안 시설은 다양한 형태를 띠었는데, 교육기관에서 보호 시설로, 그리고 의료 수용소와 병원으로 변모했으며, 내부 구조는 당시 지배적인 분류 체계를 반영하는 경우가 많았다. 예를 들어, 정신박약 여성이 독립된 유형으로 구분되면서 시설은 점차 성별에 따라 분리되기 시작했다.

　마지막으로 분석할 것은 합리화의 정도다. 권력관계는 '장치의 효과성과 결과의 확실성'에 의존한다.[63] 푸코가 말하는 합리화란 권력관계가 특정 상황의 요구에 맞게 변형되고 조정되는 방식을 뜻한

＊　권력이 어떤 지향성을 가지고 작용하지만, 행위자가 개인적 주체로서 의식적·독립적으로 통제하는 것이 아님을 의미한다.

　　　　　　　　　　　　　　　　　지적장애의 얼굴들

다. 교육과 훈련이라는 명분으로 수용자를 무급 노동에 동원한 것은 궁극적으로 시설의 경제적 필요를 충족시키는 수단으로 기능했으며, 이는 권력 양상의 한 사례다. 또 다른 예는 푸코가 논하는 제도·시설의 동어반복성에서 찾아볼 수 있다.

푸코는 말한다.

우리는 수용소의 동어반복성에 대해 논해야 한다. 동어반복성은 수용소의 기제 자체가 의사에게 여러 수단을 부여한다는 의미인데, 이 수단의 주된 기능은 현실을 강제하고 그것을 강화하며 그 위에 권력이라는 보완물supplement**을 덧붙이는 것이다. 그렇게 의사는 광기를 움켜쥐고 환원하며, 그 결과 광기를 통제하고 다스릴 수 있게 된다.[64]

이는 시설장의 권위와 직접적으로 연결되며 자신의 권위를 정당화하는 수단으로 시설이 기능했다는 사실과 관련된다. 프랑스의 수용소에 대한 푸코의 관찰은 미국의 정신박약자 시설에도 똑같이 적용된다. "의학의 권위는 (…) 지식으로 기능하기 이전에 이미 권력으로 작동한다."[65] 시설은 명백히 새로운 연구 대상에 대한 지식을 생산하는 장치로 기능했지만, 푸코는 의학 지식의 실제 활용과 의사가

** 푸코의 'the supplement of power' 같은 표현에서 supplement는 단순한 '덧붙임', '보완물'이 아니라 어떤 권력이나 구조가 작동하는 데 있어 그것을 가능하게 하거나 강화하는 필수적 덧붙임을 뜻한다. 이때 supplement는 자크 데리다와 같은 철학자가 말하는 '보충적이면서도 필수적인 것'이라는 의미를 갖기도 한다.

수용소에서 수행한 일상적인 역할 사이에 간극이 있었음을 지적한다. 이런 '의학 이론과 수용소의 실천 간의 불일치'는 시설이 규율적 성격을 띠고 있음을 보여준다. 비록 시설이 병인학이나 질병분류학에서 이론적 지식을 생산하긴 했지만, 백치나 광인에 대한 처치의 경우에는 이를 신체 훈육의 한 형태로도 읽을 수 있는 것이다.[66] 시설의 존재를 정당화하는 논리와 의료 전문가(미국 정신박약 학교의 경우엔 시설장)의 역할은 장치의 효과성과 결과를 얻을 가능성 모두를 보장했다.[67]

정신지체 분류의 흥미로운 점은 이 분류가 지속적으로 존재해 왔다는 점이다. 이 분류가 이토록 오랫동안 존속한 이유는 이질성, 불안정성, 전형 효과를 만들어내는 능력, 그리고 다양한 권력 구성체 속에 놓여 있다는 사실 때문이지, '그럼에도'가 아니다. 서로 다른 학문 분야의 전문가가 이들을 정의하고 이들을 수용할 시설이 존재하고 가르칠 학교가 있으며, 연구할 과학자와 검사할 심리학자, 분류할 교육자, 판단할 사람, 그리고 이 꼬리표 자체의 정당성을 논의할 이론가가 존재하는 한, 지적장애인은 계속해서 지식의 객체로 남게 될 것이다. 이제는 철학 분야의 전문가에게 관심을 돌릴 차례다.

지적장애의 얼굴들

Philosophical Reflections

지적장애의
철학적 세계

2부

The Faces of Intellectual Disability

4장

권위의 얼굴

페미니스트 인식론과 그 밖의 해방적 인식론은 (⋯) 표준적인 인식론을 수정하는 것에 그쳐서는 안 되며, 때로는 세상을 이해하는 지배적인 방식과 갈라서거나 물러서야 한다. 만일 현재의 신뢰받는 인식적 기준이 억압 체계에 뿌리를 두고 있다면 인식적 책임은 그런 관행에서 스스로를 떼어낼 것을 요구한다.

_낸시 투아나Nancy Tuana

그러므로 계보학은 역사적 지식을 일종의 탈예속화하려는 시도로 예속된 지식을 해방시키기 위해, 다시 말해 단일하고 형식적이며 과학적인 이론적 담론의 강압에 대항하고 맞서 싸우게 하려는 것이다. 이토록 무질서하고 너덜너덜해진 계보들의 과제는 (⋯) 지식의 과학적 위계화와 그것이 내포한 권력-효과에 맞서 로컬한* 지식을 다시 활성화하는 데 있다. 간단히 말하면 고고학은 로컬한 담론성을 분석하는 데 특화된 방법론이고, 계보학은 이런 로컬한 담론성을 기술한 후에 그에서 해방된 탈예속화된 지식을 작동하게 만드는 전략이다.

_미셸 푸코

정신박약자 시설과 지능검사의 도입으로 지적장애에 관한 지식 주장이 이뤄질 수 있는 두 영역이 구획됐다. 의사, 심리학자, 입법자는 지적장애를 어떻게 정의하고 관리할 것인가 하는 문제에 심대한 영향을 끼쳤으며, 지적장애 범주의 내외적 이질성은 서로 경합하고 변화하는 관념 속에서 단일한 지식의 객체를 따로 떼어놓는 일이 얼마나 어려운가를 알려준다. 장애 여성과 비장애 여성의 복잡다단한 역사를 잠시 살펴보면, 백치와 정신박약을 정의하고 발견하며 진단하는 데 관여한 의사, 정신과 의사, 심리학자 외에도 두드러진 위치를 차지하며 상당한 권력과 권위를 휘둘렀던 다른 전문가가 존재해왔음을 알 수 있다. 바로 여성 현장 연구원, 페미니스트 운동가, 그리고 개혁주의자다. 우리는 해킹이 사용한 용어에 따라 백치와 정신박약이 상호작용-종임을 확인할 수 있었다. 그러나 백치나 정신박약은 그 시대의 전문적·사회적·정치적 흐름에 따라 침투 가능한 상태

---

*   푸코가 말한 수용소, 감옥, 병원, 학교와 같이 국지적 권력이 작동하는 특정 지점이다. 그러나 여기서 로컬은 단순히 지리적인 의미의 '지역'이나 '현지'를 넘어 특정 맥락과 현장에서 생겨난 억압되고 주변화된 지식, 즉 보편 이론에 맞서는 '국지적 지식', 더 넓게는 '맥락적 지식'의 뉘앙스를 지닌다.

로 열려 있거나 불분명한 경계를 가진 흥미로운 루핑 효과의 일부였다. 19세기 중반, 백치가 독립된 지식의 객체로 등장한 시기부터 오늘날까지 이런 전문가 집단을 체계화해본다면, 각기 다른 학문 분야에서 이 집단에 대한 지식을 주장하는 더 많은 집단이 등장한다. 푸코의 '저항' 개념과 '분류된 주체가 범주의 의미 자체를 변화시킨다'는 해킹의 관점이 상기시켜주듯, 상당한 권력이 "아래로부터" 일어날 수 있다.[1] 나는 이런 측면에서 제도적·시설적 세계에 초점을 맞추지는 않았지만, 분류된 개인과 이들의 동맹자가 그 구조와 관행에 도전했던 중요한 순간이 증거로 존재한다.[2] 20세기가 진행되면서 옹호단체와 자기옹호자는 지적장애에 대한 이해와 의료 및 제도적 전문가의 처우 방식에 지울 수 없는 흔적을 남겼다. 그렇다면 철학자는 어디에 있는가? 이들은 이 담론의 장에 어떻게, 그리고 언제 등장하는가? 이들이 모습을 드러낼 때 이 주제에 대해 발언할 권위를 어떻게 주장하는가?

표면적으로 보면 철학자는 지적장애 문제를 비교적 소홀히 다뤄왔다. 철학의 역사를 간단히 살펴보면 몇 가지 예가 발견된다. 플라톤과 아리스토텔레스의 '결함 있는' 아기에 대한 언급, 데카르트의 《제일철학에 관한 성찰》에서 '광인'에 대한 언급,[3] 로크, 루소의 《에밀》에서 광기와 백치 구분에 대한 논의, 애덤 스미스의 이성이 결여된 '비참한' 존재에 대한 논의 등이다.[4] 지적장애는 철학에서 정통적 탐구 영역으로 간주되지 않았으며, 많은 철학자가 이를 그다지 중요하게 여기지 않은 듯하다.[5] 그렇다면 한 가지 가능한 접근법은 지적장애가 철학의 영역에서 배제돼온 역사를 그려보는 것이다.[6] 이는 분명 의미 있는 작업이지만, 나는 이 주제에 대해 언급해온 좀 더 최근의 철학자에게 주목하고자 한다.

20세기 전환기의 제도적·시설적 세계에서 현대 철학의 세계로 넘어가면, 지난 반세기 동안 여러 철학자가 지적장애에 대해 상당히 많은 이야기를 해온 것을 알 수 있다. 이후 내용에서는 철학자의 논의와 지적장애와 관련된 인식적 권위 및 특권을 비판적으로 검토할 것이다. 철학자가 이 주제에 관해 언급한 모든 발언을 포괄적으로 검토하지는 않지만, 지적장애에 관한 전통적인 철학 담론의 몇 가지 큰 특징을 정리하고 이 풍부한 탐구 영역에 관심을 갖고 뛰어든, 가장 성실하며 선한 의도를 지닌 철학자에게도 닥칠 수 있는 일련의 잠재적 위험을 알리고자 한다.[7] 도덕 전문가이자 문지기 역할을 하는 철학자의 얼굴에 집중하면서 지적장애를 명명하고 정의하는 것과 지적장애에 관해 특정한 도덕적 주장을 펼칠 때 어떤 종류의 지식이 중요한지 결정하는 행위를 포함해, 인식적 권위의 주장을 뒷받침하는 실천을 살펴보고자 한다.

장 말미에는 로컬한 담론성의 고고학적 분석에서 나아가 계보학적 전환을 시도할 텐데, 권위의 얼굴이 문제시될 때 특정한 양상의 예속된 지식이 어떻게 출현하게 되는지 밝힐 것이다. 이런 가면 벗기기 과정은 비판적이면서도 생산적이다. 일부 철학자가 여전히 낡은 용어와 개념, 질문에 매여 지난 한 세기 동안 일어난 정치적·개념적 변화에 무지한 모습을 살펴보면, 어떤 면에서는 지적장애를 다루는 철학의 세계가 우리가 막 떠나온 역사적 세계를 되풀이하고 있음이 보일 것이다. 이 분석이 일부 철학자가 왜 그런 방식으로 지적장애를 논하는지에 대해 더 깊은 이해를 제공하고, 동시에 우리가 철학자로서 나아갈 길을 모색할 때 실제 경험을 가진 사람들의 안내 속에서 그들과 함께 나아갈 새로운 길을 제시할 수 있기를 바란다.

도덕 전문가

명명하기

장애 일반, 특히 지적장애와 관련한 언어, 명명, 그리고 라벨링의 정치성에 대해서는 이미 많은 논의가 있었다.[8] 자기옹호운동 내부에서는 "사람이 아니라 병에 라벨을 붙여라label jars, not people"라는 외침이 있었으며, '정신지체' 용어의 문제적 성격은 미국 정신지체협회가 해당 용어를 폐기하고 미국 지적·발달장애협회로 명칭을 바꾸면서 대중의 주목을 받았다. 그러나 명명의 문제는 복잡하며 특히 정신지체와 같은 범주의 경우에는 더욱 그렇다. 이미 살펴본 바와 같이 '정신지체' 범주는 이질적이다. 경증 및 중증 사례가 있고 교육이 가능한 사람과 불가능한 사람이 있으며 정신지체가 주요 진단인 경우도 있고 다운증후군과 같은 장애를 수반하는 상태도 있다. 그러나 이외에도 지적·인지적·발달적 장애가 있다고 여겨지는 사람을 어떻게 지칭할 것인가의 문제를 복잡하게 만드는 요소가 있다.[9] 루스 루카슨

Ruth Luckasson은 〈용어 체계와 권력Terminology and Power〉이라는 글에서 '정신지체' 명명을 둘러싼 여러 복잡성을 탐구한다. 여기에는 개인적·문화적·사회적 맥락, 용어의 수용된 의미와 의도된 의미, 명명에 대한 소유권, 이데올로기, 권력의 문제가 포함된다.

루카슨은 다음과 같이 말한다.

> 지적장애의 역사에서 명명 또는 용어 체계의 사용은 오랜 시간 문제적 상태로 남을 가능성이 크다. 왜냐하면 이 용어의 과학적·실천적 측면의 많은 부분이 비교적 정리가 된 편이지만, 권력의 문제는 이제 막 이해되기 시작했기 때문이다.[10]

이어질 분석에서는 정신지체에 관한 철학적 논의의 맥락 속에서 권력, 담론, 명명의 문제를 다루고자 한다. 권력과 용어 체계 문제는 현장 최전선의 자기옹호운동, 부모와 돌봄 제공자, 전문 단체와 개인, 그리고 장애권리운동 및 장애학 관련 활동가와 학자에 의해 좀 더 구체적이고 분명하게 나타나고 있다. 바로 이런 논의와 논쟁이 존재하기 때문에, 그리고 철학 및 생명윤리 담론에서 철학자는 일정한 권위를 갖고 있기 때문에 명명의 문제에 반드시 주의를 기울여야 한다. 일부 철학자가 지적장애 집단에 대해 이야기하는 방식을 좀 더 면밀히 살펴보겠지만, 이들의 논의를 평가하려는 게 아니다. 오히려 이들이 사용하는 언어를 분석해 특정한 인식론적·정치적 함의가 드러나길 기대한다.

철학 문헌에서 정신지체에 대한 관심이 증가한 시기는 1960년대와 1970년대로, 이 집단의 처우에 대한 사회적 관심이 높아지던 때와 일치한다. 부모옹호단체와 장애권리운동이 등장하고 케네디 가문*이 정신지체 문제를 공적 담론으로 끌어들이면서 정신지체 꼬리표가 붙은 사람의 주거권과 교육권을 새롭게 정의하는 법적 투쟁과 탈시설화를 향한 움직임이 구체화되던 시기였다. 일부 철학자도 이에 주목했다. 그러나 지난 수십 년간 '정신지체'와 '정신결핍'이라는 용어 사용을 둘러싼 옹호단체와 전문가 집단의 논쟁을 알고 있는 사람이라면 철학 담론이 여전히 낡은 용어 체계에 얽매여 있다는 점에 놀랄 수 있다. 앞서 봤듯이, 역사적으로 더 이른 시기에는 실제로 '백치', '모론', '천치'라는 용어가 정신지체의 과학적 하위 분류였다. 그런데 이 용어가 특정한 철학적 논의 속에 여전히 등장하고 있다. 정신지체에 관한 철학적 논의에 이런 언어가 존재하는 이유는 불분명하다. 그저 이 단어의 일상적 의미를 무심코 가져다 쓴 것인지, 아니면 철학자가 정신지체 수준을 구분하기 위해 좀 더 전문적인 의미로 사용한 것인지, 이것이 현재에도 통용된다고 믿는 것인지는 알기 어렵다. 어느 쪽이든 이 용어가 과학적 명칭으로서 폐기된 지 최소 반세기

---

* 존 F. 케네디 대통령을 포함한 케네디가는 가족 중 로즈메리 케네디가 지적장애로 고립된 삶을 산 경험을 계기로 관련 정책에 관심을 가졌다. 그의 여동생 유니스 케네디 슈라이버는 스페셜 올림픽을 창설하며 장애인의 사회참여 권리를 대중적으로 확산시켰다. 케네디가의 활동은 장애 관련 이슈를 공적 담론의 중심으로 끌어올리는 데 중요한 계기가 됐으며, 이후 미국 전역에서 탈시설화, 교육권 확대, 장애인 권리법 제정 등 다양한 개혁운동에 직간접적 영향을 미쳤다.

가 지난 시점에서 철학 문헌에 다시 등장하고 있다는 사실은 놀랍고 당혹스러우며 주목할 만한 일이다.

피터 싱어는 1974년 발표한 〈모든 동물은 평등하다All Animals Are Equal〉에서 인간과 비인간 동물 사이에 도덕적 구분이 가능한지에 관한 논의 가운데 '영구적 정신지체인'의 문제를 제기한다. 싱어는 정신지체인에 관한 문제를 다룬 철학자 스탠리 벤Stanley Benn의 시도를 언급하며 "벤의 명료하고 정직한 글에서 (…) 그는 평등주의가 성립하기 위한 유일한 기반은 고려의 평등*"이라고 주장한다.[11] 싱어가 벤의 글에서 인용한 구절은 현대 철학에서 나타나는 종차별을 보여주기 위함이다.[12]

> 인간의 모습을 지니지 못함은 **자격을 박탈할 수 있는** 조건이다. 개가 아무리 충직하고 지적이더라도 개의 이익을 인간의 이익과 동등하게 저울질하는 건 터무니없는 감상주의일 것이다. (…) 이것이 우리가 동물과 천치에 대해 갖는 태도의 차이다. 우리가 천치와 이성적 인간의 존엄성이나 인격을 동등하게 존중한다고 말하면 이상하게 들릴 것이다. (…) 그런데 이들의 이익을 동등하게 존중해야 한다고 말하는 데에는 아무 이상함이 없다. 다시 말해, 우리는 각자의 이익을 똑같이 진지하게 고려해야 한다.[13]

＊　모든 존재의 이익이나 요구를 동등하게 고려해야 한다는 원칙이다. 이것은 단순한 '결과의 평등'이 아니라, 고려의 출발점에서 차별이 없어야 한다는 윤리적 주장이다.

싱어는 다음과 같이 덧붙인다.

우리가 천치를 어떤 기준에서 고려해야 하는지에 대한 벤의 진술은 옳다고 본다. 하지만 왜 개와 인간 천치 사이에는 근본적인 청구권의 불평등이 존재해야 하는가? (…) 천치가 이성적이지 않다는 사실은 단지 사정이 그렇게 되어버린 것일 뿐이며, 개의 경우도 마찬가지다.[14]

여기서 '천치'라는 용어는 '영구적 정신지체 상태의 인간'과 동의어처럼 사용된다. 싱어는 글 앞부분에서도 이 용어를 같은 의미로 사용하며 이후에도 문제 삼지 않은 채 그대로 유지한다. 싱어는 벤의 인용문에서 특정 용어를 인종과 지능검사에 관한 것으로 바꿔넣는 사고 실험을 행한 후, 그 진술이 얼마나 모욕적으로 들리는지를 지적한다.

처음 읽었을 때 수정된 문장만큼 원문이 충격적으로 느껴지지 않았다면, 이는 우리 대다수가 인종차별주의자는 아니지만 대체로 종차별주의자이기 때문이다.[15]

벤의 인용문에 쓰인 언어가 받아들일 만하다고 간주되고 '천치'를 '영구적 정신지체인'을 지칭하는 용어로 사용하는 게 터무니없는 것으로 여겨지지 않는다는 사실은 이런 용어 체계가 여전히 용인 가능하다고 인식되고 있음을 보여준다.[16]

좀 더 극단적인 사례는 비니트 학사르^{Vinit Haksar}의 저서 《평등, 자유, 그리고 완전주의^{Equality, Liberty, and Perfectionism}》에서 발견된다. 학사르는 완전주의* 개념이 "평등주의의 기반을 마련하는 데 필요하다"는 점을 연구하면서 백치 지위에 상당한 주의를 기울인다.[17] 학사르는 책 전반에 걸쳐 정신지체로 분류된 사람을 지칭하는 용어로 줄곧 '백치'를 사용한다(우리는 그가 지칭하는 집단을 정신지체인으로 추정할 수밖에 없는데, 이는 학사르가 '백치'를 명시적으로 정의하지 않기 때문이다). 본문 곳곳에는 '백치'에 대한 언급, 동물과 구별되는 점, 그리고 이들의 가치에 대한 다양한 묘사가 흩어져 있다. 실제로 책에서는 한 절 전체를 '몇 가지 완전주의적 전제와 백치'라는 주제에 할애하고 있다. 몇 가지 인용문만으로도 우리는 앞 장에서 살펴본 역사적 세계로 다시 돌아가게 된다.

> 만약 인간 간의 내재적 가치 차이가 뚜렷하게 구분될 수 있다면, 정치적 원칙과 정책이 이런 차이를 고려하는 일이 가능할 것이다. 그러나 실제로는 차이가 뚜렷하지 않다. 아마도 **백치와 그와 유사한 이들**의 경우를 제외하고는 말이다.[18] (…) 만약 개인주의적 입장을 취한다면 **선**

---

* 학사르는 앞의 책에서 평등, 자유, 완전주의가 어떻게 연결되는지를 철학적으로 분석했다. 여기서 완전주의 개념은 단순히 완벽을 추구하는 성향이 아니다. 학사르는 도덕적이고 정치적 삶에서 무엇이 '좋은 삶'인지에 대한 객관적 기준이 있음을 논하며, 완전주의가 '좋은 삶'을 실현하는 데 중요한 역할을 한다고 주장했다. 여기서 '좋은 삶'에 대한 객관적이고 보편적 기준이 비장애인중심으로 설정될 경우 장애가 있는 사람의 삶의 가치가 폄하될 수 있다는 점을 주지할 필요가 있다.

천적 백치는 기생충처럼 보일 수 있다. 개인으로서의 백치는 매우 형편없는 존재다. 만약 모든 사람이 백치와 같다면 인간종 전체는 몇몇 동물종과 다를 바 없을 것이다. **선천적 백치는 기생충이다.** 사람들은 백치가 인간종의 일원이라는 이유로 특권을 요구하지만, 백치는 (정상인과는 달리) 현재에도 미래에도 (정상적인 아기가 자라서 기여하는 것처럼) 인류의 진정한 위대함에 기여하지 못할 것이다.[19]

학사르의 유일한 구분은 선천적 백치와 태어날 때 어느 정도 잠재력을 지녔으나 이를 상실한 '정신결함자'다.

선천적 백치가 인간종의 기준에 미치지 못하는 건 사실이다. 그렇다고 해서 거기에 어떤 부당함이 따랐던 것은 아니기에 백치에 대한 보상적 처우가 당연하다고 볼 수는 없다. 그러나 많은 정신결함자의 경우, 방치나 부당한 대우의 피해자였다는 점을 인정한다. (⋯) 그리고 **이런** 경우에는 보상적 처우가 타당할 수 있다. (⋯) 그러나 선천적 백치의 문제는 이들이 의미 있는 잠재력을 애초에 전혀 갖추지 못했다는 점인데, 백치는 너무도 퇴행적인 존재여서 과연 이들이 평등주의 범주에 속할 자격을 한 번이라도 가져본 적이 있는지 의심스러울 지경이다.[20]

학사르가 책에서 펼친 실제 논증을 평가하려는 것은 아니다. 다만 이 인용문은 철학 담론에서 '백치'에게 흔히 부여됐던 도덕적 지위가 어땠는지를 짐작케 한다. 인용문을 제시한 것은 이런 종류의 언어가 철학 담론에서 용인됐음을 보여주기 위함이다. 임상적·법적·정치적 영역에서 정신지체인으로 낙인찍힌 사람에 대한 부정적 인식과 처우를 바꾸려 애쓰던 시기에도 철학자가 쓴 글에서 백치나 천치, 모론이라는 표현을 찾는 것은 드문 일이 아니다.[21]

1990년대로 넘어가보자. 미국에서는 장애인법이 제정됐고, 장애권리운동과 자립생활운동이 활발히 전개됐다. 또한 많은 시설이 폐쇄되고 이 집단이 겪은 끔찍한 학대와 소외가 인식되기 시작하면서 지적장애인의 자기옹호운동이 점차 부상하고 있었다. 그러나 일부 철학자는 여전히 시대착오적 용어를 고수하고 있었다. 제프 맥마한Jeff McMahan은 1996년 〈인지장애, 불운, 그리고 정의Cognitive Disability, Misfortune, and Justice〉에서 논의 대상이 되는 개인을 대개 '인지장애인'이라는 용어로 부른다. 그러나 맥마한이 이 언어를 벗어나는 경우도 여러 차례 있다. 특히, '중증 인지장애인'에게 보상적 정의의 권리가 있는지에 관한 논의에서(그는 없다고 결론 내린다) 맥마한은 독자에게 여러 개인의 상대적인 불행을 비교해보는 사고 실험을 제안한다.

예를 들어, 버트런드 러셀과 같이 고도로 비상하게 발달한 인지 및 정서 능력을 가진 사람이 뇌졸중으로 **백치** 상태가 되어, 만족한 개와 비슷한 수준의 삶의 질을 갖게 되었다고 상상해보자. 분명 그의 상태는 끔찍이도 불행할 것이다. 다음으로 선천적으로 중증의 인지손상이 있는 성인(**선천적 정신지체인**)이 있다고 하자. 그의 삶의 질 수준은 뇌졸중을 겪은 러셀과 비슷하다. (…) 마지막으로 몹시도 둔하고 무딘 사람(**명**

청이)이 뇌졸중으로 러셀, 그리고 선천적 정신지체인과 같은 수준으로 떨어졌다고 하자. 이 멍청이는 선천적 정신지체인보다 더 불행하지만 러셀보다는 덜 불행하다. 왜냐하면 러셀은 만족한 **백치**로 살아가는 게 **멍청이**로 살아가는 것보다 더 불행하기 때문이다.[22]

이 비교의 타당성은 차치하더라도 멍청이와 백치 같은 용어가 예시로 등장한 점은 눈에 띈다. 맥마한이 각 개인을 상태에 따라 지칭할 필요가 있음은 분명하지만, 이런 용어 사용이 멍청이와 백치에 대한 일상적이고 무비판적인 통념에 의도적으로 호소하는 것은 아닌지하는 의문이 남는다. 글 후반부에 제시되는 또 다른 사고 실험에서 맥마한은 '모론'을 자신의 용어 목록에 덧붙인다.

가령 어느 날 아침 잠에서 깼을 때, 밤사이 자신을 제외한 모든 사람의 정신적 능력이 불가사의하게 향상됐다고 상상해보자. 그렇게 되면 상대적으로 자신은 갑자기 **모론**이 되어버린 셈이다.[23]

다시 말해, 이 용어가 아무 한정 없이 사용된 점은 맥마한이 이 단어의 역사적 의미를 인식하지 못한 것은 아닌지, 그리고 다른 곳에서는 인지장애인이라는 표현을 쓰면서도 왜 굳이 멍청이, 백치, 모론 등의 용어를 글에 포함시켰는지에 대한 의문을 갖게 한다.

철학자가 정신지체 집단을 어떻게 주변화해왔는지에 주목하는 몇 안 되는 글 가운데 폴 스피커Paul Spicker는 다음 사례를 언급한다.

정신적 장애 혹은 백치 문제는 정치철학에서 하나의 전형적인 사례다. 다수의 저자는 백치나 정신적 결핍을 마치 다른 경우에 적용되는 도덕 규범의 명백한 예외인 양 언급한다. (…) 조엘 파인버그^{Joel Feinberg}는 '식물인간'이라는 표현을 사용한다. 이사야 벌린은 다소 부주의하게도 벤담이 자유에 관한 글에서 결정적이고 '최종적인 주장'을 펼쳤다고 평가하며 다음과 같이 묻는다. "악을 행할 자유도 자유가 아닌가? 그렇지 않다면 자유란 무엇인가? 우리는 백치나 악인이 자유를 남용하기 때문에 이들의 자유를 빼앗아야 한다고 말하지 않는가?"[24]

스피커는 정신지체인이 가장자리 사례[*]로 여겨져왔다는 사실을 입증하는 근거로 해당 구절을 제시했다.[25] 그러나 스피커 역시 주변화의 문제를 비판하면서도 철학자가 사용한 언어 자체는 비판적으로 논하지 못한다.

여기서 진짜 쟁점은 무엇인가? 그렇다, 철학자가 정신지체인으로 낙인찍힌 이들에게 사용하는 언어는 세기 전환기 정신지체의 제도적·시설적 세계를 떠올리게 한다. 그렇다면 왜 이것이 우려할 만한 문제일까? 철학자가 비판 없이 어쩌면 무의식적으로 이런 언어를 사용하는 것은 그들이 선택한 단어의 역사적 무게를 알지 못하거나

---

[*] 중증 지적장애인을 인간 지위의 '가장자리(혹은 주변부, 변두리)'에 위치시켜 이들의 열등함을 부각시키고 인격적 요소가 두드러진 동물과 비교해 동물의 지위를 높이는 데 활용하곤 한다. 동물권 논의와 관련해 가장자리 사례를 자주 활용하는 학자로는 피터 싱어가 있다.

인정하지 않는다는 점을 시사한다. 앞에서 정신지체 유형의 용어 체계가 단지 부차적인 것이 아님을 확인했다. 백치, 천치, 모론, 정신박약과 같은 용어는 과학적 분류의 지위를 지니며, 사회적·정치적 의미로 가득 차 있고, 이 용어가 당사자에게 미치는 무게와 영향력 또한 결코 가볍지 않다.[26] 이제는 이런 용어가 철학의 영역에서 사라진 듯 보이나, 지적장애를 둘러싼 철학 담론과 전문적·정치적 담론 사이에 존재하는 간극은 우리가 인식해야만 하는 여러 잠재적 위험을 시사한다. 용어에 대한 명확한 합의가 전혀 이뤄지지 않았다 할지라도, 모욕적인데다가 문제가 되는 언어를 인식하지 못한 채 계속해서 사용하는 것은 차별적 태도와 잘못된 가정을 지속시킬 수 있다.

또한 용어의 태만한 사용은 독자와 당사자 모두에 대한 인식적 책임의 회피로도 볼 수 있는데, 부주의한 용어 선택이 독자에게 왜곡된 인상을 심어주기 때문이다. 백치나 천치 같은 상태가 의미하는 바에 대해, 이런 언어가 실제로 독자의 편견이나 피상적 지식에 어느 정도로 호소하는지를 살펴보는 일은 흥미로울 것이다. 하지만 이보다 중요한 것은 언어의 무비판적 사용이 당사자가 이 언어에 대해 가질 수 있는 우려와 그런 용어를 계속해서 사용할 때 초래되는 낙인찍기 및 억압의 영향을 노골적으로 무시한다는 점이다. 이처럼 시대에 맞지 않는 낡은 언어를 사용하는 것은 이 역사를 잘 아는 사람 앞에서 철학자의 권위를 위태롭게 만들며 중요한 분석이나 논의를 바람직하지 않은 자리로 밀어내고 실제로는 유익한 대화 상대가 될 수 있는 이들을 멀어지게 만든다.

그렇다면 이 용어의 역사와 영향을 인식하기 위해 무엇을 할 수 있을까? 루스 루카슨은 단어를 선택할 때 고려하면 도움이 되는 일련의 질문을 제시한다.

이 용어가 현재의 지식을 반영하며 미래의 지식 역시 반영할 가능성이 있는가? 이 용어는 장애가 있는 사람을 묘사하는 형식과 내용에 바람직한 방식으로 기여하는가? 이 용어는 한 대상만을 지칭하고 그 외의 다른 대상은 포함하지 않는가?[27]

용어 문제에 대한 손쉬운 해결책은 없다. 분명 이 범주와 그에 수반하는 명칭은 여전히 논쟁 중이며 변화하고 있다. 그러나 루카슨이 제시한 비판적 질문을 던져보고 이와 관련된 일종의 의도적인 무지의 위험에 주의를 기울이며 지적장애 명명 문제에 깊이 관여하고 있는 다른 학문 분야와 개인의 존재 및 권위를 인정하는 태도야말로 분명한 출발점이 될 것이다. 언어 문제가 우리를 철학적 세계의 문턱까지 이끌었다. 이제 그 문으로 들어가 철학자가 지적장애인을 어떻게 정의하고 묘사하며 활용하는지 살펴보자.

정의하기

지적장애 분류는 언제나 내외부적으로 이질적인 범주였다. 여러 유형의 하위분류와 기질적·비기질적, 고정적·변동적 등 다양한 정의 방식으로 이뤄져 있으며, 여러 분야의 많은 전문가가 정의를 내려왔지만 결코 그 정의에 대한 합의가 존재한 적은 없다. 지적장애 분류의 내외부적 이질성은 오늘날에도 여전히 존재한다. 심리학 및 유전학 교재, 최신 미국 정신지체협회 매뉴얼, DSM-IV, 그리고 자기옹호자의 저술만 살펴봐도 '정신지체' 용어의 본질과 지위가 맥락에 따라 다르게 이해되고 있음을 확인할 수 있다. 그러나 지적장애의 철학적 세계에 국한시킨다면 전혀 다른 풍경이 펼쳐진다. 이 분류의 내적 복잡성은 거의 논의되지 않으며 지적장애가 고정적이고 병리적이며 일관된 상태라는 가정 때문에 그 복잡성이 자주 가려진다. 이 절에서는 파울라 보딩턴Paula Boddington과 테사 포드파덱Tessa Podpadec의 비판, 즉 "철학 문헌에서 정신적 장애에 대한 정의적 설명은 매우 얄팍하거나 아예 존재하지 않는다"[28]는 점을 설명하고자 한다.

지적장애와 관련된 철학자의 역할은 결코 명확하지 않다. 전통적 접근에서 철학이 지적장애를 어떻게 다뤄왔는지 살펴보면, 철학자가 규정한 문제의 범위를 어렴풋이 확인할 수 있다. 철학자는 인격성의 문제를 해결하고 지적장애인의 도덕적 지위에서 어떤 권리가 도출될 수 있는지 논하며 이 집단이 특정한 도덕적 이론에 제기하는 난점을 다루고, 지적장애가 제기하는 현실적인 윤리적 딜레마(예를 들어 후견주의, 불임수술, 존엄사)를 논한다. 그러나 이런 어려운 문제를 논하는 가운데 권위를 둘러싼 두 가지 인식적 움직임이 나타난다. 어떤 경우에는 철학자가 이 집단을 무無에서 정의할 권한을 주장하기도 하고, 다른 경우에는 자신들이 그 상태를 정의할 필요가 없다고 전제하기도 한다. 먼저 전자의 사례를 몇 가지 제시하고 이어서 후자로 넘어가겠다.

분석적 도덕철학과 생명윤리 문헌이 최중증 장애인을 논하는 방식에 대한 비판 가운데, 피터 번은 불분명한 정의가 용인되고 있을 뿐만 아니라 오히려 그것이 규범처럼 여겨지는 현실을 지적한다.

> '심한 정신지체인' 또는 '매우 심한 결핍'을 지닌 사람에 대한 모호한 언급만으로도 지적 성취 면에서 적어도 일부 인간(그들이 누구인지, 얼마나 많은지는 중요하지 않다)이 몇몇 동물보다도 더 낮다는 사실을 입증하기 충분하다. (…) 이런 단정은 그 주장이 누구에게 적용되는지, 그리고 그 이유가 무엇인지를 명확히 하려는 시도조차 없이, 같은 인간 동료의 존재를 폄하하는 방식으로 제기되고 있다.[29]

이처럼 모호성에 수반되는 문제 외에도 철학자가 지적장애인을 정의할 때 이들을 왜곡해서 묘사할 위험성 또한 존재한다. 에바 키테이는 맥마한이 중증 지적장애가 있는 사람을 잘못 묘사하고 있으며, 가정된 사례가 현실에 구체적인 영향을 미치지 않을 것이라는 그의 추정을 비판한다. 키테이는 맥마한이 가장 최근 저서인 《살해의 윤리The Ethics of Killing》에서 '중증 정신지체인' 용어를 사용한 것에 대해 장문의 반박을 제시하며 그가 인지장애인을 왜곡해 묘사했다고 비판한다.

맥마한은 "최중증의 인지손상을 가진 사람은 (…) 깊이 있는 개인 혹은 사회적 관계, 창의성과 성취, 가장 고차원적인 지식의 성취, 심미적 즐거움 등을 누릴 수 없다"고 말한다. 이는 심각한 오해다. 대부분의 중증 정신지체인은 적어도 몇 마디 말을 할 수 있고 활동과 대인관계에 참여할 수 있으며 실제로도 그렇다. 심지어 최중등도의 정신지체인조차도 주변 환경과 타인에 전혀 반응하지 않는 존재와는 거리가 멀다.[30]

키테이는 이어서 내가 '사고 실험 방어'라고 명명하는 반박을 다시 논박한다. 사고 실험 방어란 만약 누군가가 '중증 정신지체'라는 명칭을 부정확하게 사용했다면 그것은 단지 명칭을 잘못 붙인 것에 불과하다는 주장이다. 키테이는 이를 재반박한다.

오용된 명칭이 개념적 논점을 무효화하진 않는다. 확실히 이 점에 대해서는 맥마한이 옳다는 것을 인정해야 할지도 모른다. 그러나 나는 확실히 그의 주장을 반박할 수 있다. 왜냐하면 선천적 중증 정신지체인의 경우, 단지 가설적이거나 순전히 개념적인 사례가 아니기 때문이다. 만약 이 집단을 활용하는 방법론적 이유가 우리의 직관을 시험하고 재조정할 수 있는 실제 사례를 마련하는 데 있다면, 우리는 이 방법론적 목적에 부합하도록 실제로 존재하는 집단을 활용해야 한다. '선천적 중증 정신지체인'이라는 명칭은 그 집단을 지칭하고는 있지만, 맥마한이 의도한 대상은 아닌 듯하다. (…) 특히, 그런 사람을 죽이는 것이 '우리' 중 한 사람을 죽이는 것보다 도덕적으로 덜 중요하다고 주장하는 입장이라면, 그런 용어를 임의로 사용하는 것은 오해를 불러 일으킬 위험과 실질적인 해악의 위험을 초래할 수 있다.[31]

철학자가 지적장애를 정의해야 할 책임이 있을까? 또한 철학적 논증을 전개하는 가운데 하나의 용어 안에 지적장애의 모든 형태나 사례를 포함할 방법을 찾아내는 것이 현실적으로 가능하긴 할까? 이는 너무 과한 요구일 뿐만 아니라 심지어 지적장애인과 관련된 난해한 도덕적 문제에 대해 두루 생각하는 과정을 가로막는 일이 되지는 않을까? 일부 철학자는 좀 더 신중한 태도를 취하며 이를 전문가에게 맡기기도 한다.

이런 태도는 특히 지적장애에 대한 특정한 가설적 정의에 수반되는 문제를 고려할 때 바람직한 움직임일 수 있다. 하지만 이와 같은 움직임이 어떻게 이뤄지는지 살펴보는 것도 의미가 있다. 조건을 정의하는 일이 자신의 몫이 아니라고 생각하는 일부 철학자는 이런 어려움을 다루는 것은 '전문가'의 몫이라고 주장한다.[32] 이 역할 분담을 인정하면서도 몇몇 철학자는 지적장애 조건의 본질에 대한 일반적 진술을 하기도 한다. 외적 이질성을 인정하면서도(용어 정의를 고민하는 사람이 많다는 식으로), 정작 이 분류의 내적 다양성과 복잡성을 제대로 이해하지 못하는 듯한 주장을 자주 내놓는 것이다.

제프리 머피Jeffrie Murphy는 〈경계선상의 사례와 권리Rights and Borderline Cases〉에서 철학자는 정신지체인의 권리를 논하기 위한 도덕적 틀만 제공할 뿐, 실제 '정돈된 권리 목록'을 제시할 수는 없다고 말한다.

나는 그런 목록을 제공하지 못한 것에 대한 변명으로 나의 철학적 소명을 내세우겠다. 왜냐하면 그 목록은 추상적 사유의 세계를 떠나 해당 대상의 정확한 특성에 관한 (내가 갖고 있지 않은) 실제 경험적 자료를 수집하기 시작할 때만 작성될 수 있기 때문이다. (…) 정신지체인이 **다양한 발달 단계에서 실제로 무엇을 할 수 있는지**와 관해 (…) 철학자는 이 지점에서 법률가, 행동과학자, 의사에게 자리를 내줘야만 한다.[33]

머피는 정신지체인의 실제 능력에 대해서는 잘 모른다고 주장하면서도 이들 상태에 대해 일정한 지식을 전제로 하는 여러 주장을 펼친다. 머피는 가장 경미한 수준을 넘어선 정신지체를 가진 사람에 대해 이렇게 말한다.

중증 정신지체인은 일반적으로 자율성을 갖게 될 가능성이 매우 낮다. (…) 여기서는 자신의 운명이 스스로의 선택과 결정으로 정해져야 한다고 합리적으로 주장할 수 있는 위치에 결코 도달하지 못하는 사람의 한 부류를 다루고 있는 것이다.[34]

이는 중증 정신지체인이 어떤 의사결정능력도 지니고 있지 않다고 가정하는 것이다. 그러나 머피는 중증의 경계를 명확히 하지 않는데 중증 정신지체인에 대해 명시한 유일한 설명은 이들이 가장 '경미한 수준을 넘어선 정신지체를 가진 사람'이라는 것이다. 이는 무엇을 의미하는가? 머피는 이와 같이 분류된 사람의 부모나 심리학자 혹은 의사와 이야기라도 나눠보고서 그들이 자율성을 전혀 가질 수 없다고 판단한 것인가?[35] 머피는 이런 판단이 철학의 영역이 아님을 인정하면서도 중증 정신지체인을 두고 우리가 합리적으로 이들에게서 무엇을 기대할 수 있는가에 대해 일반적인 주장을 펼치는 데는 아무 거리낌이 없다.

머피는 정신지체인이 후견인을 통해 보호받을 권리가 있다고 논하는 과정에서 또 하나의 주장을 내놓는데, 그는 정신지체인의 능력과 잠재력을 이미 알고 있다는 듯이 말한다.

> 여기서 중요한 것은 일정 수준의 보호와 교육이 아닌, 일정 수준의 훈련을 보장하는 일이다.[36]

머피는 훈련이 적절하다고 가정하지만 훈련이 무엇을 의미하는지, 교육과 어떻게 구분되는지는 명확히 설명하지 않는다. 이는 20세기로 전환될 무렵, 시설에 수용된 정신박약자에게는 교육보다 훈련이 더 적절하다는 전제와 닮아 있다.

철학자가 지적장애와 관련된 문제를 추상적으로 논의하는 데에 반대하는 것이 아니다. 그러나 그 상태의 구체적 특성에 대한 무지를 면피함과 동시에 그런 지식을 전제로 한 일반화된 주장을 펼치는 것에는 문제가 있다. 또 다른 예는 스튜어트 스피커Stuart Spicker가 로레타 코펠만Loretta Kopelman의 글 〈존중과 정신지체인: 가치와 명칭의 문제 Respect and the Retarded: Issues of Valuing and Labeling〉에 답한 글에서 발견된다. 스피

커는 시작부터 '정신지체인' 명칭이 규범적일 뿐만 아니라, '모호한 기술記述'임을 인정한다.[37]

이 용어는 최중증의 정신적 장애를 지녔으며 종종 사회적 짐으로 여겨지는 이들, 즉 비전형적 개인의 인지와 의지가 어떤 방식으로 작동하는지에 대한 최소한의 단서만을 제공할 뿐이다. 이런 인간의 비전형적 인지와 의지가 어떤 스펙트럼으로 이뤄지는지에 대한 좀 더 상세한 설명은 본래 유전심리학과 유전인식론이라는 학문 분야에 속한다. 이 두 분야는 고故 장 피아제Jean Piaget가 일군 선구적 작업의 특수한 변형과 확장이라 할 수 있다.[38]

후에 스피커는 '정신지체인'이 존중받을 수 있는 적절한 대상인지를 판단할 때 이를 다시 다른 권위자에게 맡긴다.

만약 정신지체가 있는 사람에게 자질, 지식, 그리고 규칙 준수와 같은 능력이 갖추어져 있음을 입증한다면(이 부분은 경험적 문제이므로 심리학자나 의사 등 다른 전문가에게 맡겨야 한다), 이들은 **존중받아 마땅한** 대상이 될 수 있을 것이다.[39]

스피커는 무지를 고백하면서도 여전히 정신지체인에 대해 일반화된 주장을 펼친다. 그는 주석에서 아이와 정신지체인의 비교에 반대한다. 이들이 질적으로 서로 다른 유형이라는 이유에서다.

정신지체가 있는 사람을 아이에 (…) 비교하고 이들의 행동을 '어린애 같다'고 묘사하는 것은 분명 부당할 뿐만 아니라, 경험적이고 유전심리학적인 사실을 완전히 무시하는 것이다. 정신지체가 있는 사람은 단순히 '정상' 아동보다 발달이 '느린' 것만은 아니다. 오히려 이들은 '정상' 아동과는 질적으로 다른, 매우 독특한 방식으로 발달한다.[40]

그러나 이는 결코 정설이 아니다. 보딩턴과 포드파덱은 철학적 접근과 심리학적 접근을 비교하면서 정신지체에 관한 두 가지 주요 심리학 이론을 논한다. 발달지연 이론은 "정신적 장애가 있는 사람은 발달이 느리고 좀 더 낮은 발달 단계에 머무르긴 하지만, 그 점을 제외하면 여타의 사람과 거의 비슷하다"고 가정한다. 반면, 결핍 이론은 지적인 행동을 가능케 하는 어떤 인지 과정에 결함이 있다고 본다.[41] 여기서도 우리는 정신지체에 대한 질적 이론과 양적 이론 사이의 긴장을 목격한다. 그러나 스피커는 뚜렷한 질적 차이를 단정하면서도 이런 주장이 수반하는 복잡성을 헤아리진 못한다.

이처럼 철학자가 정신지체에 대한 정의를 '전문가'에게 위임하면서도 그 상태에 대해 '전문가적' 지식을 전제한 발언을 하는 것은 모순이다. 이에 관해 마지막으로 한 가지 말해두고 싶은 게 있다. 이 두 사례에서 철학자가 어떤 전문가를 선택하느냐는 정신지체를 주로 의학적 상태로 이해하는 관점을 드러낸다. 정신지체의 역사, 즉 사회적인 성적 규범, 시설의 필요, 전문가의 이해관계, 그리고 정의, 병인, 치료 간의 복잡한 상호관계가 얽혀 있는 역사를 돌이켜보고, 오늘날 장애를 사회적 문제로 재개념화하려는 움직임과 점점 더 목소리를 높이는 부모 및 자기옹호운동을 고려할 때, 이 분류가 지닌 개념적·사회적 문제성을 철학자가 제대로 다루지 않는다는 사실은 우려스러운 일이다.[42] 이후에 다룰 테지만, 전문가 범주에 부모나 자기옹호자의 관점이 포함돼 있지 않다는 사실은 지적장애에 대한 의료 모델이 여전히 많은 이에게 깊이 뿌리내려 있음을 확인시켜줄 뿐이다.

또한 '물화의 오류fallacy of reification'에 빠질 위험도 있다. 스티븐 제이 굴드Stephen Jay Gould는 생물학적 결정론을 분석한《인간에 대한 오해》에서 물화의 오류, 즉 추상적 개념을 실체로 전환하는 경향이 지능 개념에 어떻게 적용됐는지를 다룬다.[43]

굴드의 주장은 다음과 같다.

> 정신 결함을 선형적 분류체계로 확립하려는 시도, 말하자면 백치, 천치, 모론으로 이어지는 상승 척도는 (…) 지능을 하나의 측정 가능한 실체로 구체화한 것이다.[44]

이 오류를 지속시킨 주된 수단은 지능검사였다. 비네는 학교에서 경미한 정신지체 아동을 선별하고 이들에게 개선에 필요한 적절한 도움을 제공하기 위한 수단으로 이 검사를 사용하고자 했다. 비네는 숫자로 표시된 점수가 아동의 타고난 지능을 나타낸다고 생각하지 않았다. 지능검사는 어디까지나 실용적인 도구였다.[45] 그러나 앞서 살펴봤듯 미국에서는 이 검사의 수치화된 점수가 곧 개인의 정신 능력 수준을 나타내는 것으로 받아들여졌다. 미국 지적·발달장애협회가 개인과 환경 간의 관계라는 관점에서 지적장애를 재개념화했고 특수교육, 심리학, 법률 등 여러 영역에 장애의 사회적 모델이 뿌리내리고 있음에도 철학의 지적장애에 관한 일부 묘사는 여전히 이런 물화의 오류를 반복하고 있다.[46]

우리가 정신지체라 칭하는 분류의 내외적 다양성과 불안정성이 간과되면 두 가지 전제가 고착화된다. 첫째, 병리학적 혹은 의료적 모델을 수용하게 된다. 이는 해당 상태를 구성하는 생물학적·유전적·신체적 특성만으로 정신지체를 정의할 수 있다고 가정하는 것이다. 둘째, 정신지체를 정의하는, 실재하며 식별 가능한 심리적 실체(정신능력의 어떤 형태)의 결핍이나 부족이 존재한다고 비판 없이 가정하게 된다. 물론, 일부 특정한 상황에서는 우리가 지적장애라 부르는 현상의 한 차원을 설명하기 위해 21번 삼염색체증,* 취약X증후군 등(이언 해킹의 표현을 빌려) 특정한 '병리 P'를 정의할 수 있으며, 그 가능성 자체를 부정하는 것은 아니다. 그러나 이런 설명만으로는 병인학적 및 사회적, 그리고 정치적으로 복잡한 이 분류의 전체를 온전히 보여줄 수가 없다.

이런 이질적 분류에서 철학자가 인정하는 한 가지 측면이 있는데, 철학 문헌 대부분이 이를 중심으로 이뤄져 있을 만큼 중요하다.

---

* 21번 염색체가 하나 더 있는 다운증후군을 의미한다.

바로 지적장애가 위계적 범주라는 사실이다. 이 범주 안에는 경증에서 중증에 이르는 단계별 하위 범주가 존재한다. 분명 연속적인 범주임에도 철학자는 흔히 이 스펙트럼의 양극단만을 다룬다.[47] 그런 까닭에 철학 문헌에는 두 전형의 정신지체인이 등장한다. 하나는 경증 정신지체인이고 다른 하나는 중증의 정신지체가 있는 가장자리 인간 혹은 비인간이다. 정신지체의 여러 양상이 뚜렷한 철학적 문제를 제기한다는 사실은 이해할 만한 일이자 당연한 일이다. 그러나 주목할 점은 철학 문헌에 등장하는 정신지체인이 두 전형으로 나뉘어 있으며 하나의 텍스트 안에 함께 등장하는 경우가 거의 없다는 것이다. 로런스 매컬러Lawrence McCullough 역시 이 점을 분명히 하면서 두 집단을 혼동해선 안 된다고 경고한다. 매컬러는 로레타 코펠만의 글에 응답하며 이렇게 밝힌다.

> 나는 코펠만이 주체성 분석이 요구하는 서로 다른 두 가지 논증의 줄기, 말하자면 한편으로는 경계선상에 있거나 경증의 정신지체인, 그리고 다른 한편으로는 중증 및 최중증의 정신지체인을 **명확히** 구분하는 것의 중요성을 일관되게 강조하진 않았다고 생각한다. (…) 물론, 이 두 극단 사이에는 상당한 유사점이 존재하지만 우리는 이 둘을 혼동하지 않도록 주의해야 한다.[48]

두 집단을 혼동할 때 발생하는 문제가 있듯, 두 전형적 사례 중 한쪽에만 집중할 때도 어떤 철학적 결과가 뒤따른다. 이 점은 다음 두

장에서 자세히 살펴볼 것이다. 레이코프는 어떤 대상이 범주의 전형적 구성원이 되는 이유는 그 대상이 전체 집단을 대표하는 것으로 간주되기 때문이라고 설명한다. 문제는 지적장애의 한 측면(예를 들어, 중증 정신지체)만을 제시할 경우, 지적장애인 전반에 대한 기존의 고정관념과 전제, 예컨대 자율성의 결여, 이성적 사고 불가능, 의미 있는 대인관계의 부재, 교육은 불가능하고 훈련만 가능하다는 관념을 강화할 위험이 있다는 점이다.

1부의 역사에 관한 내용이 보여주듯 이 범주의 이질성과 불안정성이 함의하는 바를 이해하고 병인론적 복잡성을 밝히며 정의, 병인, 치료라는 여러 차원 사이의 복잡한 관계를 살피기 위해서는 상당한 분석적 작업이 필요하다. 유전학 기술의 등장이 이런 복잡성을 해소하고 있다고 볼 수는 없다. 오히려 지적장애와 관련된 유전적 이상 사례가 점차 더 많이 확인되면서 정신지체 분류가 얼마나 효과적이며 의미 있는지에 대한 의문이 제기된다. 왜냐하면 이 분류는 기질적 사례와 비기질적 사례, 경증과 중증, 생물학적 원인이 있는 경우와 없는 경우를 모두 포함하고 있기 때문이다. 그렇다면 이 범주를 하나로 묶는다는 것은 무엇을 의미하는가? 적어도 철학자의 논의에서 볼 때 보딩턴과 포드파덱은 "정신지체 범주를 하나로 묶어주는 것은 전적으로 혹은 정도의 차이는 있겠지만 그들이 인간 삶의 어떤 가치 있는 측면에서 결국 배제돼 있다는 가정"[49]임을 제시한다. 과연 이들의 말이 옳은 걸까?

우리가 권위의 얼굴을 벗겨내고 지적장애를 고찰하는 데 있어 오로지 도덕적 틀에만 의존하는 관점을 넘어서기 시작할 때 또 다른 질문이 떠오른다.

자기옹호운동은 지적장애 정의의 경계를 어떻게 다시 만들어나가고 있는가? 어떤 전복적 담론이나 루핑 효과가 일어나고 있는가? 장애권리운동이 장애를 사회적 구성물로 재개념화함에 따라 지적장애 분류의 지위에 어떤 영향을 미치고 있는가?

이 질문에 답하는 것은 이 책의 범위를 벗어난다. 그럼에도 이 질문을 던진 이유는 지적장애에 관한 철학적 논의가 전형적 사례(예컨대, 경증과 중증)에만 국한될 경우 그 내용이 매우 빈곤해질 것임을 알리기 위함이다. 이 점을 구체적으로 설명하기 위해 철학 문헌에서 두 전형의 지적장애가 구성되는 방식을 살펴볼 것이다. 하나는 비인간 동물의 지위를 논하는 과정에서 '중증 정신지체인' 용어가 사용되면서 형성된 것이고(5장), 다른 하나는 지적장애와 고통을 동일시하는 데에서 비롯된다(6장). 정신박약 여성을 하나의 전형으로 고찰해 억압과 분류의 관계가 좀 더 분명해진 것처럼, '짐승의 얼굴'과 '고통의 얼굴'을 살필 때 몇 가지 개념적 억압의 양상이 드러날 것이다. 본격적 논의에 들어가기 전에, 철학자의 권위의 본질과 관련된 몇 가지 인식론적 질문을 다루고자 한다.

지적장애 역사의 문지기

인식적 권위가 어떻게 구성되는지를 숙고할 때 무엇이 타당한 지식 주장으로 간주되는지, 그리고 누가 그 대상이나 주체에 대해 말할 권한을 부여받는지 질문해야 한다. '문지기'라는 용어는 생명윤리학 문헌에서 널리 쓰여왔으며 문지기는 두 가지 질문과 관련해 의사, 유전 상담가, 과학자가 수행하는 역할을 가리킨다. 이 관점으로 과거를 돌이켜보면, 지적장애의 역사는 이런 문지기로 가득 차 있음을 알수 있다. 이들은 바로 학교나 시설의 관리자, 정신능력검사를 시행한 심리학자, 누군가의 가계를 조사하고 세대를 추적한 여성 현장 연구원, 그리고 여성성과 모성의 경계를 정의하는 데 일조한 페미니스트 개혁가다. 하지만 철학자 또한 장애에 관한 지식의 문지기 역할을 할수 있다. 물론 이 주장이 다소 이상하게 들릴 수는 있다. 철학에서 지적장애에 관한 논의가 비교적 드물고, 철학자가 전문가에게 존중을 표하며 **실제로** 지적장애를 정의하거나 원인을 규명하는 문제를 언급하기를 꺼리기 때문이다. 그럼에도 철학자는 도덕 담론의 영역에서 문지기 역할을 수행하고 있다. 이론적 중요성 때문만이 아니라 실제로 철학자가 단순히 먼 관찰자로만 머물러 있지 않기에 이 문지기 역할을 더욱 면밀히 검토할 가치가 있다.

피터 번은 다음과 같이 말한다.

도덕철학자의 이론화는 무해해 보일 수도 있다. 장애자the handicapped에 관한 이들의 논리가 임상 실천의 여러 측면에 반영되지 않았다면 말이다. 생명윤리학의 등장으로 이제는 실로 현대 의학과 도덕철학의 세계가 연결되고 있다. (…) 그 정도를 가늠할 순 없으나 우리 사회의 일부 도덕철학자가 옹호한 우생학 정책은 어떤 체계도, 계획도 없이 실행됐다. 예컨대 장애가 있는 신생아에 대한 소아과적 치료 관행에서 말이다.[50]

그러므로 생명윤리학, 응용윤리학, 그리고 도덕철학 전반에 걸쳐 그 사안의 중요성은 매우 크다. 철학자가 실제로 지지할 가능성이 있는 정책과 관행의 영향력을 넘어, 문지기는 어떤 지식 주장이 가치 있고 수용되며 포함될지를 결정하는 중요한 역할을 한다. 따라서 다른 관점이 어떻게 묵살되고 반박되며 배제되는지에 관한 메커니즘을 탐구하는 것이 필수적이다. 이를 위해서는 배제, 가치 폄하, 주변화, 그리고 거리 두기와 같은 기제가 그 경계를 어떻게 구체적으로 설정하는지 검토할 필요가 있다. 이런 논의는 '누가?'와 '어떻게?'라는 두 가지 근본적인 질문으로 요약할 수 있다. 철학 담론에 누구의 목소리가 포함되어 있으며, 이 탐구 영역의 경계는 어떤 방식으로 규정되고 있는가? 우선 내가 전통적 접근법이라 부르는 틀에서 이 두 질문에 어떻게 답해왔는지를 개괄하고, 글의 마지막 부분에서는 지적장애에 관한 철학 담론의 경계와 구성이 어떻게 변화하고 있는지를 보여주는 몇 가지 예를 살펴보고자 한다.

지적장애에 관한 철학적 논의에서 누구의 목소리가 부재한가?

지적장애인 당사자의 목소리야말로 가장 깊은 침묵 속에 갇혀 있다. 중증 및 최중증 지적장애가 있는 사람은 이런 논의에 참여하기 어려울 수 있지만, 경한 지적장애를 지닌 이들의 목소리를 포함한 작업조차도 매우 드문 실정이다. 여타 학문에서는 당사자의 관점이 어떻게 포함될 수 있는지를 보여주는 사례가 존재하지만 철학 문헌에서는 그 예를 찾아보기 어려운 것 같다.[51]

지적장애인의 삶에 대한 특정한 가정이 이런 배제의 문제를 더욱 가중시키고 있다. 신체장애인이 '최소한의 만족' 그 이상의 다채로운 삶을 살아간다고 주장해도 이들의 증언이 폄하되고, 심지어 긍정적인 장애 경험을 주장해도 이들의 인식적 권위가 인정받지 못하는 것처럼 지적장애인은 비장애인과 같은 삶의 질을 누리지 못하며 누릴 수도 없다는 것이 널리 알려진 인식이다.[52] 이 문제는 6장에서 고통에 관한 논의를 통해 더 자세히 다루겠지만, 여기서 먼저 제기하는 이유는 철학자가 지적장애인의 삶을 규정하는 데 있어 인식적 권위를 주장하는 또 다른 방식을 지적하기 위함이다. 전통적 접근에서 정신지체인의 정의론을 다루는 가장 헌신적인 연구조차 정신지체와 같은 상태가 '객관적으로 나쁘다'는 규범적 판단을 바탕에 두고 있다. 예컨대, 로버트 비치는 다음과 같이 말한다.

정신지체는 (…) 심각한 상태이며, 어느 이성적인 사람도 이를 원치 않을 것이다. 우리의 기준으로 보면, 정신지체는 객관적으로 무가치한 것이다. 이는 곧 정신지체가 본질적으로 나쁜 것이 아님을 사람에게 재교육하는 것만으로는 낙인의 문제를 해결할 수 없다는 뜻이다. 정신지체는 인종이나 젠더의 낙인과는 다르다. 가장 헌신적이고 공감적인 정신지체인의 옹호자조차도 이 문제가 어렵다는 사실을 인정한다. (…) 이 문제는 현실이다. 정신지체는 명백히 부정적인 것이므로 우리는 이를 객관적으로 나쁜 상태로 여겨도 무방하다.[53]

어쩌면 철학 담론에서 지적장애인의 목소리가 배제된 이유를 어느 정도 이해할 수 있을지도 모른다. 어떤 의미에서든 지적장애인은 끊임없이 '앎의 주체'로 간주될 능력이 결여된 존재로 규정되며, 그 결과 무지할 뿐만 아니라 인식적으로 폄하된 집단의 전형적 사례로 꼽힌다. 그러나 지적장애인과 밀접한 관계를 가진 이들의 목소리에 관해서는 좀 더 복잡한 역학이 존재한다. 지적장애인의 부모나 가까운 이들의 목소리가 인식적 권위를 부여받아 담론에 포함되는 경우는 드물다. 전통적 접근에서 부모나 옹호자가 포함될 경우, 이들은 다소 역설적인 역할을 맡게 된다. 전문가로서의 인식적 권위는 인정받지 못하지만 지적장애인과 맺고 있는 관계가 이들에게 실질적인 도덕적 지위를 부여한다는 점에서 중요한 존재로 여겨진다. 이런 역학관계를 탐구하다 보면 지적장애를 어떻게 철학적으로 사유할 것인가 하는 문제와 마주하게 된다.

지적장애에 관한 여러 윤리적 논의에서 중립적 태도를 유지하는 도덕철학자의 막연하게 인정받은 권위와 지적장애인과 실제적이고 구체적인 관계를 맺고 있는 이들이 갖는 권위 사이에는 불협화음이 존재한다. 물론, 이 두 집단이 반드시 상호배타적인 것은 아니지만 여기서는 이 구분을 유지하고자 한다. 왜냐하면 이 구분이 내가 비판하려는 입장의 핵심이기 때문이다.

권위의 불일치는 지적장애인에 대한 특정 태도를 지나치게 감상적이며 부적절한 것으로 치부하는 발언에서 가장 명시적으로 드러난다. 이 현상은 지적장애인과 비인간 동물 간의 '유사성을 바탕으로 한 비교'라는 철학적 논의와 관련해 흔히 나타나며 이런 유비는 다음 장에서 별도로 논할 만큼 중요한 의미를 지닌다. 예를 들어, 제프리 머피는 자신의 글 제목 〈정신지체인은 먹히지 않을 권리가 있는가?^Do the Mentally Retarded Have a Right Not to Be Eaten?〉를 옹호하며 이렇게 말한다.

정신지체인에 관한 논의에서 선의의 감상주의가 사유인 양 받아들여지는 경우가 지나치게 많은데, 나는 이런 관행에 충격을 가함으로써 돌파구를 찾고자 한다.[54]

좀 더 실질적인 사례는 제프 맥마한의 《살해의 윤리》에서 찾아볼 수 있다.

아무래도 중증 정신지체인의 삶이 특별한 존엄을 지닌다는 오랜 믿음은 이제 물러나야 할 것 같다. 얼마만큼 물러나야 할지는 우리가 인지 손상이 있는 인간과 비슷한 심리적 능력을 지닌 동물을 죽이는 행위의 허용 가능성에 대한 기존의 믿음을 얼마나 과감하게 수정할 의지

가 있는가에 달려 있다. 동물을 죽이거나 죽게 내버려두는 것은 우리
가 여태 생각했던 것보다 도덕적으로 훨씬 더 중대한 문제이며, 이에
상응해 중증 정신지체인을 죽게 내버려두거나 심지어 죽이는 일은 우
리가 믿어온 것보다 덜 중대한 문제일 수 있다.[55]

이 문제의식에는 어떤 전제가 내포돼 있는가? 우선 이들은 과도
한 감상주의적 태도가 광범위하게 퍼져 있다는 잘못된 가정을 전제
하고 있다. 여기에는 두 가지 문제점이 있다. 첫째, 지적장애의 어두
운 과거와 오늘날 벌어진 학대 사례를 구체적으로 살펴보기만 해도
이 주장이 사실과 다름을 알 수 있다. 학문적 담론이 '비인격체로' 여
겨진 이 집단에 되풀이해온 주변화와 비인간화를 보고 있자면 진심
어렸으나 '방향을 잘못 잡았을' 뿐인 철학적 묘사가 정말로 존재했는
지 의문이 든다.[56] 둘째, 정신지체에 대해 우리가 지나치게 감상적으
로 접근한다는 우려는 다소 순진하고 감상적인 주관적 접근과 합리
적이고 객관적인 접근 방식 사이의 이분법을 내포하고 있는 것으로
보인다. 하지만 이 구분 자체에 심각한 문제가 있다. 앙리 스티케의
말을 인용해보자.

장애를 논하는 사람이라면 누구든, 설사 그것이 글을 통한 것일지라
도 개인적인 차원에서 장애 연구에 참여하는 것이다. 그러나 장애의
절박하고 생생한 어려움을 가까이서 겪고 있는 사람이라면 그 말이
더욱 절실하게 다가올 것이다. 장애의 심리적·신체적 영향과 장애를

둘러싸고 경계 짓는 사회적 공간을 이해하려는 노력에는 언제나 특정한 감정적 선이해가 따르기 마련이다.[57]

어떤 종류의 감정이나 정서적 유대에서 거리를 둘 것을 요구하는 입장은, 초연한 비개입적 주체에 기반을 둘 때 윤리적 사안에 관한 정당한 논의가 가능하다고 가정한다. 많은 페미니스트 윤리학자와 인식론자는 이 점을 비판해왔다. 실제로 들여다보면 감정적으로 장애인과 가까운 관계에 있다는 이유로 어떤 입장을 인식적으로 손상된 것으로 구분하는 방식 자체가 오히려 더 '객관적'이라 주장하는 설명에 내재된 규범적 전제를 가리고 있는 셈이다.

피터 번은 조너선 글로버[Jonathan Glover]와 제임스 레이철스[James Rachels]가 중증 장애인의 사례를 자신의 도덕 이론에 끌어들이는 방식을 비판하며 다음과 같이 폭로한다.

암묵적이고 수사적인 대비가 존재하는데, 이는 상당 부분 물려받은 편견으로 이뤄진 기존의 도덕적 신념과 엄격한 논증 과정을 거쳐 정립된 새로운 비판적 도덕성 사이에 놓여 있다.[58]

이처럼 상대의 입장을 전적으로 직관에 의존한다고 낙인찍고 있지만, 레이철스와 글로버의 정의 역시 규범과 직관의 토대 위에 서 있음이 드러난다. 번은 말한다.

곰곰이 생각해보면 레이철스나 글로버의 원칙과 추상적 논증도 그들이 반대하는 도덕적 관점만큼이나 소위 직관에 의존하고 있다는 사실이 분명해진다. 예컨대, 레이철스가 살인 윤리 원칙에 기반을 두어 내린 결정, 즉 전기적 삶을 가진 자만이 보호받을 자격이 있으며 생물학적 삶만 가진 사람은 그렇지 않다는 판단은, 건강하고 정상적인 인간을 죽이는 것은 잘못된 죽음의 대표적 사례라는 직관과 중증 정신지체인을 죽이는 것은 모호한 경계 사례라는 직관을 이미 전제로 했기 때문이다. (…) 이들이 세운 원칙은 두 사례를 그런 방식으로 나누기로 한 최초의 결정이 지닌 권위를 넘어서는 더 큰 권위를 갖지 못한다.[*][59]

감정에 치우치지 않고 객관적 거리를 확보할 줄 아는 분별 있는 철학자가 도덕적 권위를 주장할 때, 지적장애인과 밀접한 관계에 있는 학자는 자신의 관점이 무효화되거나 비가시화되는 일종의 이중구속[**] 상태에 빠지는 것으로 보인다. 철학자가 자신과 가까운 당사자를 옹호하고 정신지체인과 비인간 동물 사이에 맺어진 연결성을 문제 삼는 과정에서, 이를테면 그 사람 안에 내재한 본질적 존엄성이

[*] 피터 번은 레이철스와 글로버가 제기한 원칙이 '중증 정신지체인을 죽이는 것은 모호한 경계 사례'라는 강한 비장애중심적 전제에 의존하고 있으며, 따라서 그런 전제에 기반해 구축된 원칙 또한 그들이 비판하는 주장만큼이나 '직관'에 기반하고 있음을 논하고 있다.

[**] 인류학자 그레고리 베이트슨이 《마음의 생태학》에서 제시한 개념으로, 서로 모순되거나 양립 불가능한 두 가지 메시지가 동시에 제시되어 당사자가 어느 쪽을 선택하더라도 위반이나 실패를 피할 수 없는 딜레마에 놓이게 되는 상황을 말한다.

나 인간성을 인정하자는 요구를 제기할 때, 이들의 주장은 사적 관계에서 비롯된 것으로 일축되어 무효화될 수 있다. 도덕 담론에 참여하기 위한 자격이 감정에 좌우되지 않고 적정 거리를 둔 '객관적' 태도라면 당사자의 목소리는 아예 묵살되거나 배제될 위험이 있다(학계 내 특정 관점의 부재도 문제이지만, 학계 외부의 목소리가 원척적으로 배제된다는 더 심각한 문제는 다루지조차 못했다). 아이러니한 것은 옹호자의 목소리가 도덕 담론 안에 자리 잡지 못한다고 해서 정신지체 당사자가 사라지는 것은 아니라는 점이다.

5장 '짐승의 얼굴'을 논하며 살펴보겠지만, 일부 철학자에 따르면 중증 정신지체인, 요컨대 비인격체로 간주되는 이들은 오직 그들이 관계 맺고 있는 '인격체'에게 중요하게 여겨질 때만 도덕적 고려의 대상이 된다. 이런 특징은 비인간 동물과 공유하는 점이다. 이와 같은 주장이 제기되는 가운데 우리는 장애에 대한 전통적 접근 방식에 대응할 필요가 있다. 즉, 학문적 권위를 재고하고 기존 담론에서 배제돼온 다른 관점을 정당한 것으로 인정하며, 흔히 인간의 목소리가 결여되어 있다고 여겨지는 이들을 위한 공간을 마련해야 한다. 이런 대응에 힘입어 억압받아온 목소리가 비판적 장애 연구 분야에서 점차 가시화되는 양상을 포착하게 될 것이다.

억압된 지식과 저항

오늘날 지적장애에 대한 전통적 접근은 여러 방식으로 도전받고 있다. 이는 사회적·법적·정치적·학문적 지형에서의 좀 더 광범위한 변화뿐만 아니라, 장애가 철학 연구의 정당한 주제로 점점 더 자리매김하고 있다는 사실을 반영한다. 주요 비판들은 장애 일반의 맥락에서 권위의 문제를 다룬다. 예를 들어, 수전 웬델은 서구 철학자와 과학자가 신봉하는 '통제 신화'를 폭로한다. 어니타 실버스는 철학자와 생명윤리학자가 장애의 '객관적 나쁨'에 대해 규범적이고 차별적인 가정을 형성하는 개념적 접근 자체를 문제 삼는다. 론 아먼슨은 '정상'과 '비정상' 기능이라는 범주 자체를 비판적으로 검토한다. 지적장애 영역에서도 이 범주 자체에 대한 비판과 손상 개념에 대한 문제 제기를 확인할 수 있다. 그중에서 가장 두드러지는 건 지적장애인의 생명 가치를 둘러싼 문제의식이 가장 첨예하게 대두되는 산전검사에 대한 장애권리운동의 비판이다.

내가 '비판적 장애 접근'이라 부르는 틀 안에서 이뤄진 모든 작업은 의미가 있다. 왜냐하면 이 작업은 전통적 접근의 특정 차원에서 드러나는 인식적 전제를 거스르는 저항의 한 양상을 구성하기 때문이다. 그러나 나는 중간적 위치를 점하고 있는 특정한 목소리를 소개하려 한다. 바로 철학자라는 직업적 특성 아래 일정 수준의 인식적 권위를 부여받은 동시에 지적장애인과 친밀한 관계를 맺고 있는 이들이다. 앞서 언급했듯 객관성을 유지하기에는 연구 대상과 너무 가까위 목소리가 묵살될 수 있다는 역설을 고려할 때, 이들이 철학자이자 옹호자로서 어떻게 인식적 난관을 헤쳐나가는지 살펴보면 유익할 것이다.

일부 철학자는 지적장애인의 인격성(및 인간성)을 정의하는 기존의 여러 철학적 논의와는 극명하게 대조되는 태도를 보이며 도덕적 지위에 관한 논증 속에 지적장애인 가족과 맺은 관계를 엮어낸다. 철학자가 그 관계의 본질을 소개하고 탐구함에 따라 독자는 관습에 따라 흐릿하고 추상적인 방식으로 그려졌던 중증 지적장애인의 모습과는 전혀 다른 얼굴, 곧 한 인간의 얼굴을 또렷이 마주하게 된다.

피터 번은 《정신적 장애에 관한 철학적·윤리적 문제들》의 서두에서 자신의 아들 가레스를 소개하며 이 주제에 대해 논할 수 있는 일정 수준의 인식적 권위를 확보하려 한다. 그러나 그는 자신의 입장을 밝히는 동시에 그런 특권을 전제로 할 때 수반되는 위험성 또한 인정한다. 번은 다음과 같이 말한다.

> 이처럼 매우 사적인 내용을 개념적·윤리적 문제 논의에 도입하는 것에는 위험이 따른다. 이 책에 이어지는 정신적 장애와 관련된 어떤 주장도 저자가 장애를 지닌 자녀를 뒀다는 이유만으로 더 타당하거나 설득력 있다고 여기는 것은 전혀 옳지 않다. 이런 주장은 전적으로 그 자체의 타당성에 따라 평가돼야 한다. 그러나 가레스의 존재는 이후 논의에서 두 가지 역할을 한다. 첫째, 저자가 정신적 장애에 대한 어느 정도의 경험이 있음을 독자에게 확신시킨다. 비록 이 경험이 그 범주

지적장애의 얼굴들

에 속하는 한 가지 특별한 사례에 한정되긴 하지만 말이다. 둘째, 가레스의 존재는 이어지는 논의에 깔린 근본적인 윤리적 신념을 설명해준다. (…) 이 책은 우리가 정신적 장애인으로 분류한 이들도 여타의 사람과 다를 바 없는 인격체임을 지지할 것이다.[60]

번은 가레스의 두 가지 역할을 언급하면서 논증의 엄밀성에서 스스로를 면책하려는 의도가 없음을 분명히 밝힌다. 비록 제한적일지라도, 자신의 경험이 이 주제에 관한 인식에 어느 정도 영향을 미칠 수 있음을 겸허히 인정한다.[61]

에바 키테이의 돌봄, 의존성, 장애에 관한 연구는 최중증 장애가 있는 딸 세샤의 어머니이자 돌봄 제공자로서 쌓아온 경험에 좀 더 깊은 뿌리를 내리고 있다. 세샤는 키테이의 작업에 늘 함께하는 존재로, 키테이는 자신의 철학적 논증 속에 세샤와의 다채로운 이야기를 자연스럽게 녹여낸다.

비록 번의 작업과 키테이의 작업이 강조하는 바는 확연히 다르지만(번의 자폐 아들 가레스가 그의 작업 출발점에 서 있다면, 세샤의 얼굴은 키테이의 저작 전반에 끊임없이 반짝인다), 이들 모두는 자신의 자녀를 분명하고 의심할 여지없는 인간으로 선언한다. 번과 키테이는 자녀의 인격성과 인간성을 부정하는 의견에 맞서, 이들의 인간됨을 굳게 주장한다. 지적장애를 둘러싼 윤리적 쟁점의 모호함을 인정하면서 번은 이렇게 쓴다.

가레스와 함께한 경험이 나를 이곳으로 이끌었다. 다시 말해, 사랑과 그에 수반되는 태도가 인간됨의 가치를 드러내는 방식이며 내가 제안한 대로 우리가 하나의 공동체에 속해 있다는 사실이 도덕적 의미를 지닌다는 점을 인정하지 않고서는, 나는 그 경험을 온전히 이해할 수 없다.[62]

키테이는 《돌봄: 사랑의 노동》에서 이 아이디어를 더 깊이 발전시킨다. 이 책은 의존과 돌봄의 본질을 탐구하면서 인간 삶의 중심을 이루는 이 요소가 중증 인지장애인의 정의 문제와 불가분하게 연결되어 있음을 주장한다. 책에서 키테이는 세샤와의 경험을 바탕으로 딸과의 풍부하고 복잡다단한 관계를 철학적 논증이라는 직물 가운데 녹여낸다. 키테이는 "독립성에 대한 강조가 세샤를 다시금 불완전한 인간으로 격하시킬까 두렵다. 딸을 껴안을 때마다 나는 세샤의 인간됨을 안다"[63]고 말한다.

나는 이런 예시를 독자에게 제시함으로써 지적장애에 관한 철학 담론에 밀려오는 변화의 물결을 보여주고자 한다.[64] 키테이와 번의 입장은 내가 비판적 장애 접근이라 부른 관점에 뿌리를 두고 있다. 이들은 지적장애 범주를 자연종으로 당연시하지 않으며(다만 사회적으로 구성된 범주인지 여부에 대해서는 어느 정도 견해차가 있다),[65] 지적장애 집단을 주변화하고 왜곡해온 철학의 전통과 비판적 대화를 이어가고 있다. 또한 이 집단이 겪어온 억압과 학대의 역사를 인식하고(그렇게 자신의 성찰을 현실과 동떨어진 방식으로 추상화하지 않으며 역사적·사회적 현실의 맥락 속에 위치시킨다), 윤리적 관점에서는 지적장애인의 인간됨을 명확히 인간적인 영역에서, 즉 인간 공동체의 경계 안에서 그리고 자신의 경험과 상대방을 인격체로 존중하며 맺는 관계의 바탕 안에서 주장한다(예컨대, 다른 종과의 비교를 통해 지적장애인의 도덕적 지위를 설명하거나 옹호하는 방식과는 다르다). 이들 입장은 철학에서 일반적으로 통용되는 지적장애에 관한 전제를 거스른다는 점에서 저항의 한 형태로 볼 수 있다. 이들은 새로운 인식적 입장을 개척하고 있으며 두 가지 방식으로 '예속된 지식'을 드러내고 있다. 지적장애인과의 구체적 관계에 기반을 둔 관점을 주장함으로써(그리고 그 관계에서 제기되는 복잡한 철학적 개념과 질문, 말하자면 돌봄, 의존, 젠더 관계, 정의 등을 비판적으로 탐색함으로써), 그리고 어둠 속에 머무르며 은폐되거나 철저히 이질적인 존재로 여겨져온 타자의 얼굴을 철학의 청중에게 재현함으로써 말이다.

인식적 권위와 특권을 넘어, 동등한 시민으로

계몽주의가 이상화한 '어디에도 속하지 않는 시선'에 꾸준히 도전하고 억압받는 집단과 개인이 들려주는 고유하고 소중한 관점을 인정할 필요성을 강조해온 페미니스트 인식론의 전통에 기대어, 다수의 장애학자는 "장애가 있는 사람의 관점 인식론*"이 가능한지를 질문해왔다. 이 논의의 중요한 특징 중 하나는 모든 장애인을 하나의 본질로 환원하거나 일반화할 위험성을 처음부터 인정하고 있다는 점이다. 다음은 웬델의 주장이다.

나는 모든 장애인 혹은 모든 장애 여성이 동일한 인식적 이점을 지니고 있다고 주장하고 싶지 않다. 이들 모두가 자신의 경험을 똑같이 해석하거나 심지어 비슷한 경험을 한다고 주장하고 싶지도 않다. (⋯) 하지만 다음과 같은 주장은 하고 싶다. 장애를 가진 우리는 집단적으로 비장애인의 관점과는 다른 혹은 다양한 관점에서 상당한 지식의 축적을 이뤄냈으며 이런 지식은 비장애중심 문화 속에서 무시 받고 억압 받아왔다. 따라서 이 지식이 더욱 발전되고 좀 더 명확히 밝혀져야만 한다는 것이다.[66]

메리 마호왈드Mary Mahowald 역시 집단 간 차이에 대한 문제의식을 공유하며 장애인 집단을 구분 짓는 여러 특징을 지적한다. 마호왈드는 페미니스트가 "장애인 문화에 정체성을 두는 개인은 매우 다양한 형태의 장애를 경험한다"[67]는 사실을 인식해야 한다고 주장한다. 내부적 차이는 "장애의 원인 혹은 병인, 발현 시점, 예상 지속 기간, 개인과 사회에 미치는 영향의 정도, 관련된 손상의 유형, 그리고 타인의 장

＊　각자 자신이 속한 사회적 위치에 따라 세상과 지식을 다르게 인식한다는 의미를 담고 있다. 사회적 약자나 주변화된 집단의 관점이 그들만이 알 수 있는 지식, 즉 특권적 인식을 가질 수 있다는 주장이다.

애 인식 가능성 여부" 등을 포함한다.[68] 매우 다양한 차이에도 웬델과 같은 페미니스트 장애학자는 장애가 지닌 고유한 관점을 구체화하는 데 힘쓰고 있다. 장애가 있는 모든 이가 겪어온 억압의 역사를 감안할 때, 이 범주 가운데 머무르며 얻은 통찰과 지식, 그리고 이 역사가 지닌 깊이에 목소리를 부여하려는 시도는 정당하다.

개인의 특성과 그를 둘러싼 환경에 기인한 조건, 관점, 그리고 경험의 차이는 장애인 집단 내에서 실로 다양하며, 이런 차이는 관점 인식론의 가능성에 관한 논의 속에 반드시 반영돼야 한다. 그러나 지적장애가 있는 사람의 관점 인식론을 발전시키는 문제는 그보다 훨씬 더 큰 도전 과제를 안고 있다. 많은 관점 인식론에서 암묵적으로 전제되는 것 중 하나는 주변화된 개인의 위치와 관점은 당사자만이 분명하게 말할 수 있다는 점이다. 어떤 이들이 특정 집단을 대변한다고 주장해온 역사가 있었기에 배제된 목소리가 직접 등장할 수 있는 공간을 창조하는 일이 필요하다. 경도 지적장애가 있는 사람에게는 이와 같은 관점이 형성될 가능성이 충분한데, 이는 자기옹호운동의 움직임과 피플퍼스트 같은 조직을 통해 점차 실현되고 있다.[69] 이런 주장이 점차 힘을 얻고 있는 가운데 이 입장을 정립하고 확산시키는 데 애쓰는 비지적장애인의 과제는 비장애중심 세계에 요구하는 포용성을 실천하고 당사자의 중요한 목소리가 사라지지 않게 하는 것이다.[70]

그렇다면 자신의 위치, 정체성, 그리고 환경을 의미 있는 방식으로 성찰하기 어렵고, 입장을 명확히 표명할 수 없는 중증 장애인은 어떻게 되는가? 관점 인식론이 특정 종류의 지식을 전제로 한다면(설령 그 이론이 지식이 여러 형태로 존재할 수 있음을 인정한다 하더라도), 그런 앎이 불가능한 이들은 어떤 위치에 놓이게 되는가? 만약 관점 인식론에서 '인식론'을 제거한다면 남는 것은 무엇인가?

이 질문에 한 가지 응답을 내놓을 수 있다. 중증 장애인과 밀접하게 관계 맺고 있는 타자, 가령 옹호자, 돌봄 제공자, 친구, 가족 등이 당사자의 관점을 앞세울 수 있는 '앎의 주체'라는 것이다. 다른 이가 쉽게 알아차리지 못하는 방식으로 개인을 이해하는 사람은 그 개인의 처지를 드러내는 데 적절한 역할을 할 수 있다. 물론, 이 역시도 타자의 관점을 진정성 있게 대변하려는 시도에 따르는 잠재적 장벽과 관련해 중대한 인식론적 질문을 제기한다(이 문제는 뒤에서 다시 다룬다).

또 다른 가능성은 논의의 초점 전환이다. 마리안 야냐크^{Marianne} ^{Janack}는 인식적 권위와 인식적 특권이 긴밀히 연결된 방식을 검토하면서 이 둘을 구분하고자 한다. 이는 특정 위치에 있는 사람이 자동으로 특권을 부여받는다는 전제 위에 세워진 "인식적으로 유리한 관점을 재구성하려는" 시도에서 벗어나 "인식적 권위가 실제로 어떻게 부여되는지에 대한 과정을 탈신비화하는 것, 즉 인식적 권위가 인식적으로 특권화된 입장이나 지위에서 비롯된다는 계몽주의적 주장을 폭로하는 것"을 포함한다.[71] 이런 접근은 인식적 권위가 어떻게 가정되고 구성되며 귀속되는지에 대한 구체적인 실천과 방식에 명확히 주목하게 만든다. 동시에 이 과제는 개인의 인식적 입장과 특권을

'재구성'하는 것과 상반되지 않는다. 다만 "지식의 생산과 사회 및 정치적 실천, 그리고 화자의 에토스에 관한 우리의 판단에 영향을 미치는 윤리적 고려 사이의 연관성을 분명하게 보여준다."[72] 야냐크는 이렇게 덧붙인다.

> 왜 사회적으로 주변화된 우리는 어떤 연구가 수행되고, 어떤 증거가 타당하다고 여겨지며, 그리고 어떤 증거가 특정 이론을 반박하는 데 활용되는지에 관해 아무 발언권도 갖지 못하는가? 우리는 인식적 권위와 인식적 특권 사이의 연관성을 탈신비화함으로써 이를 문제 삼을 수 있다. 우리는 이러한 배제를 정당화하고 지지하는 정치적 실천에 주목하고, 배제된 목소리를 포함시키기 위해 요구되는 정치적 변화를 모색할 수 있다. (…) 이는 결국 주변화된 위치가 인식적 특권을 부여하며 **그 특권에 의해** 주변화된 이들이 과학에 포함되어야 한다는 주장을 중단해야 함을 의미한다. 그 대신 우리는 다음과 같은 주장을 펼쳐야 한다. 사회적으로 소외된 이들이 과학 연구가 가져오는 실질적 영향을 똑같이 혹은 그 이상으로 짊어지고 있기에, 그리고 우리를 포함하는 것이 마땅히 **옳을 뿐만 아니라** 이로써 특정한 정치적 변화가 가능하기 때문에 우리의 목소리는 포함되어야 한다.[73]

이 접근은 자신을 대변할 수 없는 지적장애인의 맥락에서 특히 유망하다. 타인이 누군가의 입장을 얼마나 온전히 이해하고 대변할 수 있는가 하는 본질적인 의문은 여전히 남아 있지만(이는 그 자체로도 세심한 관심을 기울일 만한 문제다), 인식적 권위의 구성 방식에 주목하는 일은 관점 인식론의 범주에 자동적으로 포함될 자격을 부여하는 인식적 특권을 쉽고 당연하게 주장할 수 없는 이들이 직면해야만 하는 배제적이고 억압적인 전제 및 관행을 비판적으로 성찰할 가능성을 열어준다. 즉, 특정 의사소통 방식이 제한된 지적장애인이 '사회적으로 소외된 이들'에 속하며, 특정 연구(여기서는 과학과 함께 철학도 포함된다)의 영향을 똑같이 아니면 더 크게 짊어져야만 하는 이상, 이들을 포함하는 일은 마찬가지로 중요하고 가치 있는 것이다. 비록 이들의 고유한 관점을 온전히 파악하기는 어려울 수 있지만 이들과 그 주변인이 어떤 방식으로, 그리고 어떤 이유에서 억압과 폄하를 경험해왔는지 살펴보는 비판적 작업이야말로 관점 인식론의 핵심이라 할 수 있다. 이런 측면에서 철학 담론에서 인식적 권위를 어떻게 주장하는지, 그리고 가치는 있으나 잠재적으로 문제적인 지위와 함께 부여되는 특권에 대해서도 살펴봤다.

지적장애에 관한 철학 담론에 당사자의 목소리와 얼굴을 포함시킨다고 해서 권위의 문제가 해결되는 것은 아니다. 그러나 방법론적·인식적 다원성은 지적장애의 세밀한 초상을 그릴 수 있게 하며 인간 공동체의 지평을 넓히고 지적장애인을 우리가 함께 살아가는 세계의 동등한 시민으로 포용할 수 있는 가능성에 대해 풍요로운 대화를 열어준다. 한스 라인더스Hans S. Reinders는 다음과 같이 말한다.

지적장애인을 동료 시민으로 포용하려 한다고 진지하게 이야기하려면, 먼저 우리 삶 가운데 이들을 진정한 친구로 받아들일 수 있는지를 고려해야만 한다. 정말 그럴 수 있을까? 포용이 지향하는 바는 기관이나 조직뿐만 아니라 인간으로서의 우리 자신에게도 근본적인 질문을 던진다. 다시 말해 인간으로서 우리가 추구하는 좋은 삶은 무엇인지, 그리고 그 좋은 삶 안에 지적장애인을 위한 자리가 있는지를 묻는 것이다. 이것이 내가 생각하는 진정한 도전이다. 즉, 지적장애인이 우리에게 던지는 문제는 우리가 이들에게 무엇을 해줄 수 있는가가 아니라, 우리가 이들과 함께하길 원하는지의 여부다. 결국, 중요한 것은 시민됨이 아니라 우정이다.[74]

함께 살아가는 인간 세계는 결코 당연히 주어지는 것이 아니다. 다음 장에서 논하겠지만, 지적장애에 관한 수많은 철학적 논의에서 '짐승의 얼굴'이 주된 이미지로 자리 잡아온 중증 지적장애인은 인간의 세계가 아닌 다른 세계에 놓이게 된다.

5장

짐승의 얼굴

광기는 짐승의 얼굴을 빌려 썼다.

_미셸 푸코

물론 정의상, 우리 정상인은 낙인찍힌 사람을 완전한 인간으로 여기지 않는다.

_어빙 고프먼

그들은 빠르게 촬영했다. 핸드헬드 카메라가 방 안을 빠르게 좌우로 훑었다. (…) 깡마르고 뒤틀린 사지는 다리였다. (…) 벽에 얼룩져 번진 자국은 배설물이었다. 구석에 있는 사람을 덮고 있던 하얀 천은 구속복이었다. 카메라를 등진 채 웅크리고 있는 아이는 벌거벗었고 옆에 있던 아이도 마찬가지였다. 두 아이 모두 바닥에 있었으며, 방 안에는 나무 벤치와 의자 외에는 가구가 전혀 없었다. 카메라는 기이하게 미소 짓고 있는 한 사람에게 잠시 초점을 맞췄는데, 이곳에서 옷을 완전히 갖춰 입은 사람은 그뿐이었다. 유일한 돌봄인임에 틀림없었다. 제랄도 리베라는 그 자리에 서 있던 바로 그 순간 나치 수용소를 떠올렸다. 뉴스에서 미국 군인이 다하우* 수용소의 수감자를 해방시키는 장면과 비슷했다. (⋯) 윌로브룩^{Willowbrook}**이 미국의 수용소였던 걸까? 우리도 그런 끔찍한 짓을 저질렀단 말인가?

1951년, 뉴욕 스태튼 아일랜드 중심부에 정신지체인 시설 윌로브룩주립학교가 설립됐다. 윌로브룩은 원래 4천 명을 수용하도록 설계됐지만, 1963년까지 6천 명의 입소자가 거주하고 있었다. 2년 후인 1965년, 윌로브룩을 방문한 로버트 케네디 상원의원은 언론에 "윌로브룩의 생활공간은 동물원 우리보다 더 열악하고 암울한 곳이었다. (⋯) 윌로브룩은 우리 모두에게 부끄러운 일이었다"고 말했다.[1] 1972년, 저널리스트 제랄도 리베라^{Geraldo Rivera}는 윌로브룩의 실태를

---

* 독일 뮌헨 다하우에 있던 나치 강제 수용소. 1933년에 세워진 최초의 나치 수용소로 이후에 세워진 나치 수용소의 모델이 되었다.

** 20세기 중반부터 1970년대까지 운영된 뉴욕 소재 대규모 지적장애인 수용 시설로 열악한 환경과 방치, 학대로 악명이 높았다. 1960년대에는 지적장애 아동을 대상으로 한 간염 인체 실험이 이뤄져 중대한 연구윤리 및 생명윤리 위반 사례로 기록되었다. 1972년, 언론인 제랄도 리베라의 폭로 보도는 비위생적 생활공간, 구속복, 나체로 방치된 아동 등 충격적 현실을 공개하며 미국 사회에 큰 파장을 일으켰다. 이 사건은 북미에서 탈시설과 장애인권리옹호운동을 촉발한 결정적 계기가 되었다.

지적장애의 얼굴들

세상에 널리 폭로했다. 윌로브룩은 주로 보호 대상자를 수용하고 있었으며 이들 중 75퍼센트는 장애 정도가 매우 심하거나 중증 정신지체인이었다. 리베라의 보도는 이곳에 만연해 있던 비인간적인 환경에 대해 미국 대중의 경각심을 다시금 일깨웠다.[2] 이는 즉각적인 대응이 요구되는 명백한 비인간화의 사례였다. 그러나 대중의 격렬한 야유에도 불구하고 변화는 더디게 진행됐다. 여기에는 관료적·정치적·경제적 어려움뿐만 아니라 이 집단에 대한 무심함이라는 한층 더 본질적인 의미가 내포되어 있었다.[3] 하지만 결국 변화는 일어났고 우리는 탈시설화와 지적장애인에 대한 처우 변화가 일어난 시대를 목격해왔다. 그럼에도 제도적·정치적 혹은 사회적 변화 너머에 여전히 남아 있는 질문이 있다. 왜 어떤 인간은 이토록이나 근본적으로 타자화돼 동물처럼 취급되고 대우받는가? 이런 비인간화의 양상이 어떻게 정당화될 수 있는가? 푸코가 말한 '짐승의 얼굴'이 어떻게 미치광이의 혹은 지적장애인의 '인간의 얼굴'을 가릴 수 있는가?

동물화된 인간 타자의 오랜 역사를 여기서 추적하기에는 너무 복잡하다. 그러나 지적장애에 한정해보면 처음부터 백치 범주는 이들의 동물적 본성에 크게 의존해 규정됐음이 분명하다. 윌로브룩의 사례는 바로 이런 동물화에 의해 규정되고 정당화된 비인간적 처우의 오랜 형식 중 하나에 불과하다.[4] 그러나 지적장애인의 얼굴에 덮인 짐승의 얼굴은 여전히 사라지지 않았다. 이 얼굴은 예상치 못한 곳에서 발견될 수도 있는데, 정의, 권리, 존중, 존엄, 그리고 도덕적 지위와 관련한 철학적 논의 속에서다. 지금 우리는 바로 짐승의 얼굴과 개넘적 측면에 주목하고자 한다.

지적장애에 관한 질적·양적 관점 사이의 개념적 긴장을 다시 떠올려보자. 1부의 역사적 고찰을 통해 두 관점을 모두 보여줬다. 양적 관점은 '백치'와 '정신박약자'를 인간 발달 척도의 낮은 단계에 머물러 있는 존재로, 그럼에도 어쨌든 한 인간으로 묘사했다. 루소와 시설 관리자가 이들을 유아화하며 사용했던 '어른 아이' 용어를 떠올려보라. 반면, 질적 관점은 지적장애를 본질적으로 다른 부류, 즉 인간 이하나 동물과 같은 존재로 간주했다. 두 관점은 철학적 논의에도 적용된다. 보딩턴과 포드파덱은 정신적 장애에 관한 철학적·심리학적 담론을 비교한 글에서 다음과 같은 사실을 지적했다.

항상 그런 것은 아니지만 철학자는 일반적으로 정신적 장애인을 비인격체나 가장자리 인격체로 여긴다.[5]

여기서 비인격체는 지적장애를 질적으로 다른 부류로 이해하는 관점을 반영하며, 가장자리 인격체는 지적장애에 대한 양적 이해를 시사한다.

양적 관점은 지적장애인을 인간 능력의 연속선상에서 하위 수준에 자리한 존재로 여긴다. 이런 의미에서 지적장애인은 가장자리 사례로 분류되며, 이들은 "인격성 개념에 남겨진 잔여적 문제에 불과하다. 즉, 이론의 허점이 드러나지 않도록 다뤄야 할 여러 경계적 사례 중 하나로 꼽힌다."[6] 보딩턴과 포드파덱은 정신적 장애가 이런 가장자리 사례 가운데서도 특별한 위치를 차지한다고 말한다.

> 실제로 여성이나 동물과 같은 '가장자리 존재'에 대해서는 철학적으로 많은 논의가 있었던 반면, 정신적 장애는 철학자의 주목을 거의 받지 못했기 때문에 아마도 모든 가장자리 사례 중에서도 가장 변두리에 있는 존재로 불릴 수 있을 것이다.[7]

나는 양적 관점에 따라 정신지체인을 특정 능력이나 잠재력이 결핍된 존재로 간주하는 가장자리 사례 묘사보다는 이들을 '정상인'과 질적으로 구분하는 좀 더 극단적인 묘사에 주목하려 한다.[8] 지적장애인은 인격성의 경계를 구분 짓는 존재로 자주 제시되는데, 이는 이들이 비인격체 인간이라는 별도의 범주에 속해 있기 때문이다. 철학 담론에서 지적장애인을 인간보다 동물에 더 가까운 종으로 분류해온 수많은 방식은 가히 충격적이다. 19세기, 시설장 아이작 커린이 두 지적장애 학생을 '집안의 애완동물'로 칭한 것처럼 나는 지적장애인이 여러 면에서 철학의 애완동물로 전락했음을 주장할 것이다.

지적장애인이 철학 담론에서 어떤 방식으로, 그리고 어떤 이유로 이와 같은 입장에 이르게 되었는지를 설명하기 위해서는 짐승의 본질을 먼저 살펴봐야 한다. 우선 철학자가 지적장애를 동물성과 연관 지어 논하는 방식을 탐구하고, 이후에는 구체적이고 꽤 흔한 사례인 종차별 반대 논증을 살펴볼 것이다. 짐승의 얼굴을 벗겨낸 후에는 왜 이런 철학적 접근이 문제가 되는지 논의할 것이다. 마지막으로 이런 위험을 피할 수 있는 동물성에 대한 특정한 호소 방식이 있는지 검토해보고자 한다.

지적장애의 동물화

　1990년대 지적장애에 관한 연구를 시작했을 당시, 동물권리 문헌에 지적장애에 대한 논의가 그렇게나 많이 등장한다는 사실에 놀랐다. 예를 들어, 1997년에 출간된 《실천윤리학》 선집에서는 '결함 있는 인간'에 관한 모든 언급이 동물과 관련된 장에서 발견된다.[9] 따라서 가장 명백한 연관성은 지적장애인이 비인간 동물에 관한 철학적 논의에서 두드러진 존재라는 사실이었다. 지적장애 자체에 관한 철학적 관심은 훨씬 미미했던 반면, 정신지체인과 동물을 연결 짓는 논의는 지적장애를 직접적으로 논하는 글 속에서도 발견된다. 여러 사례를 살펴본 결과(여기서는 일부만 언급한다), 일정한 패턴이 눈에 띄기 시작했다. 일반적으로 지적장애인과 비인간 동물을 관련짓는 방식은 크게 두 가지로 나타난다. 첫째, 비교적comparative 방식이다. 지적장애인의 상태나 지위를 동물과 비교하거나 '정상인'과 '지적장애인'의 사이를 우리가 동물과 맺는 관계에 비유하는 경우다. 둘째, 정의적 definitional 방식이다. 지적장애인이 특정 특성이나 능력, 또는 그것의 결여 때문에 비인간존재와 동일한 도덕적 범주에 놓이는 경우다.

　첫 번째 사례에 해당하는 몇 가지 예로 시작해보자. 앤서니 우즐리[Anthony Woozley]는 **1984**년 논문 〈정신지체인의 권리[The Rights of the Retarded]〉에서 정신지체인과 개를 비교하며 이들 모두가 정의에 대한 인식을 결여하고 있다는 자신의 주장을 설명한다.

> 개는 간청하듯, 어쩌면 비난하듯 당신을 바라볼 수는 있다. 하지만 개가 정의를 호소하거나 부정의에 대해 당신을 비난한다고 말한다면, 이는 개가 정의라는 개념을 가지고 있다고 섣불리 가정하는 셈이 될 것이다. 그리고 이 점은 많은 정신지체인의 경우에도 마찬가지다.[10]

또한 제프 맥마한은 〈인지장애, 불운, 그리고 정의〉에서 중증 인지장애인의 의존적 특성을 논하며 다음과 같이 말한다.

> 길들여진 동물과 마찬가지로 인지기능에 손상이 있는 이들이 방치되면 이들의 의존성으로 인해 본래 누릴 수 있었던 삶의 질 수준에 도달하지 못하게 될 것이다.[11]

철학자가 중증 지적장애인을 우리의 도덕적 고려 대상에 포함하자는 주장을 지지하고 논할 때조차, 놀랍게도 짐승의 얼굴이 드러난다. 마사 누스바움[Martha Nussbaum]은 정신적 손상이 있는 개인에게 적절한 대우와 존중을 보장하는 데 있어 역량접근법*의 타당성을 논증하면서, 에바 키테이의 딸이자 중증 지적장애가 있는 세샤에 대해 이야기한다. 누스바움은 세샤가 포함된 인간 번영의 개념을 상상할 수 있다는 주장을 펼치며 이런 논리를 전개한다.

> 종 규범에 대한 강조는 세샤처럼 스스로 모든 역량을 갖추지 못하고
> 보호자의 대리 행위를 통해 일부 역량을 달성해야 할 수도 있는 여성
> 을 고려할 때도 타당하다. 종 규범에 따르면 세샤의 삶은 그만큼 불행
> 한 것으로 간주되지만, 이는 만족스럽게 살아가는 침팬지의 삶이 불
> 행하다고 여겨지지 않는 것과는 분명히 다르다.** 중증의 손상이 있
> 는 이들은 너무나 자주 고등 동물에 비유되곤 한다. 어떤 면에서는 이
> 비유가 동물의 복잡한 인지능력을 상기시켜준다는 점에서 의미가 있
> 을 수 있다. 그러나 또 다른 면에서는 오해를 불러일으킬 수도 있다.[12]

---

* 번영하는 삶을 능동적으로 추구하는 존재에게 그 삶을 실현할 기회를 부여하는 접근법
이다. 누스바움은《동물을 위한 정의》에서 정의로운 사회가 모든 구성원에게 보장해야
할 조건이자 사회 구성원이 최소한의 기본적 정의로서 요구할 수 있는 권리의 내용을 열
가지 핵심 역량 목록, 즉 생명, 신체 건강, 신체적 통합, 감각·상상력·사고, 감정, 실천이
성, 소속, 관계, 놀이, 환경에 대한 통제를 제시한다. 또한 누스바움은《정의의 최전선:
장애, 시민권, 종성원권Frontiers of Justice: Disability, Nationality, Species Membership》에서
세샤의 사례에 역량접근법을 적용해 장애를 가진 개인이 사회에서 존엄성과 기회를 보
장받을 수 있는 방법을 탐구한 바 있다. 덧붙여 그는 비인간 동물의 권리에 관해서도 역
량접근법과 핵심 역량 목록을 적용한다. 이는《동물을 위한 정의》에 잘 논의되어 있다.

** 이 주장은 마사 누스바움이 역량 접근법을 옹호하는 과정에서 중증 지적장애인의 삶에
대해 종 규범이 갖는 판단 기준을 비판하는 맥락에서 나온 것이다. 종 규범에 따르면,
세샤는 인간이 누려야 할 역량을 갖추지 못했기 때문에 불행한 삶을 사는 것처럼 보인
다. 반면, 침팬지는 애초에 인간이 아니기 때문에 그런 기준이 적용되지 않으며, 만족스
럽게 살아가는 침팬지의 삶은 불행하다고 보지 않는다. 누스바움의 주장은 종 규범이
인간중심적이고 차별적인 기준임을 드러내는 동시에, 리시아 칼슨이 비판했듯 중증 지
적장애인과 동물을 비교해온 철학자의 오랜 관행 또한 드러낸다.

지적장애의 얼굴들

철학적 논의에서 중증 지적장애인을 동물에 비유하는 것은 매우 흔한 일이며, 대부분의 저자는 이런 접근 방식에 무비판적이다(누스바움은 예외로 이 점에 대해 우려할 만한 부분이 있음을 인정한다).[13] 그러나 지적장애 논의에서 동물은 단순한 비교 대상 이상의 역할을 하기도 한다. 많은 철학자는 두 집단 사이에 구분이 가능한지 질문하며 단순한 유사성을 넘어 친연성을 제기한다. 조지프 마골리스[Joseph Margolis]가 제프리 머피의 〈정신지체인은 먹히지 않을 권리가 있는가?〉를 반박하자 머피는 다음과 같이 인정한다.

> 이 둘의 차이를 명확히 할 수 있다는 확신이 더 이상 없다. (…) 나는 여전히 정신지체인을 죽이고 먹는 생각에 역겨움을 느끼지만, 매력적이고 똑똑한 고릴라 코코***를 죽이고 먹는 생각에도 마찬가지로 혐오감을 느낀다.[14]

학사르는 백치에 관한 논의에서 이와 같은 질문을 던지며 백치와 인간을 은연중에 구별 짓고, 더 나아가 백치가 동물보다도 도덕적으로 고려할 가치가 적을 수도 있음을 넌지시 시사한다.

때때로 인간은 동물과 달리 이성을 가진 존재로 여겨지기도 한다. 그

*** 코코는 언어학적 소통 능력을 연구하기 위해 사육된 고릴라로, 미국 수어를 배워 사용한 최초의 고릴라로 유명하다. 코코의 사례는 동물의 인지 능력과 의사소통 연구에서 중요한 사례로 자주 인용된다.

러나 일부 백치는 일부 동물보다 이성적이지 못한데, 왜 우리가 백치의 이익을 동물의 이익보다 더 중시해야 하는가?[15]

제프 맥마한은 경우에 따라 명확한 구분이 불가능하다고 결론 내린다.

존재를 어떻게 대우해야 하는가는 그 존재의 내재적 속성, 특히 심리적 속성과 능력에 상당 부분 의존한다. 도덕성 차원에서 볼 때 인지 능력이 손상된 존재와 유사한 능력을 지닌 비인간 동물 사이를 구분할 수 있는 것은 아무것도 없다.[16]

맥마한은 《살해의 윤리》에서 이 점을 더욱 확장해 "중증 정신지체인과 심리적 능력이 비슷한 동물 사이에는 도덕적으로 중요한 본질적 차이가 없다"[17]고 했다. 이는 결코 순수한 지적 논의에 그치지 않는다. 이 논의가 초래하는 실질적인 결과는 매우 중대하다. 특히, 맥마한이 중증 인지장애인을 문제적 존재로 간주하거나 이들을 지나치게 보호하려 한다는 점을 감안하면 더욱 그러하다. 맥마한은 결론에서 지적장애 담론을 동물에 대한 고려와 불가분하게 연결 짓는다.

만약 우리가 중증 정신지체인과는 특별한 관계를 맺고 있지만, 동물과는 그렇지 않다고 해도 그 관계의 도덕적 중요성은 미미하다. (…) 우리는 동물과 중증 정신지체인 **모두**의 도덕적 지위에 대한 이해를 수

지적장애의 얼굴들

정해야 할 것 같다. 우리가 **수렴적 동화**convergent assimilation*라 부를 수 있는 이 관점에 따르면 우리가 생각했던 것보다 동물이 더 높은 도덕적 지위를 갖고 있다는 것을 받아들여야 하며, 동시에 중증 정신지체인의 도덕적 지위가 우리가 가정했던 것보다 더 낮다는 점 또한 받아들여야 한다. 동물을 대하는 데 있어서의 제약은 우리가 생각했던 것보다 더 엄격하지만, 중증 정신지체인을 대하는 데 있어서는 오히려 더 느슨하다.[18]

두 집단 간의 연관성은 비인간 동물에 대한 적절한 처우를 보장하는 것처럼 보인다. 즉, 도덕 공동체 안에서(혹은 공동체의 가장자리나 그 바깥에서) 이들의 근접성을 인정함으로써 중증 정신지체 인간에게 실수로 지나치게 높은 지위를 부여해왔다는 사실을 깨닫게 된다는 것이다. 그러나 중증과 경증을 막론하고 지적장애인에게 너무도 자주 가해진 배제, 주변화, 학대, 방임을 보여주는 무수한 증거와 철학의 전통이 중증 지적장애인에게 온전한 도덕적 지위를 부여하는 데 주저해왔다는 사실을 보면, 그들의 우려가 대체 어디에서 비롯된 것인지 의문이 든다.

철학 문헌에서 동물과 지적장애인의 유비적 연합에 주목한 철학자는 거의 없으며 하물며 이를 비판한 경우는 더욱 드물다. 폴 스피

---

* 다른 존재나 집단이 특정한 기준이나 규범(주로 인간중심의 기준)에 점점 가까워지거나, 그에 맞춰 흡수되는 과정을 말한다.

커의 글 〈정신적 장애와 시민권^{Mental Handicap and Citizenship}〉은 예외인데 스피커는 정신지체인을 동물에 비유하는 것이 두 가지 이유에서 부적절하다고 주장한다. 첫째, "인간과 동물에게 부여되는 도덕적 권리는 동등하지 않다." 둘째, "사람의 동물에 대한 행동은 일반적으로 다른 사람에 대한 행동과는 다르며, 정신적 장애인을 동물과 동일시함으로써 당사자에 대한 타인의 행동을 바꿔버릴 수 있다."[19]

스피커는 두 가지 타당한 문제를 제기하고 있다. 비록 나중에 다시 이 문제로 돌아오겠지만, 여기서 나는 지적장애인이 지닌 권리와 동물에게 부여된 권리가 어떻게 다른지에 관한 논의를 보류할 것이다(현재로서 나는 동물과 지적장애인을 관련짓는 것이 지적장애인에 대한 태도를 필연적으로 변화시킨다는 주장을 뒷받침할 자료가 없다). 대신 훨씬 더 흔히 사용되는 철학적 수사를 비판적으로 검토함으로써 지적장애와 동물을 철학적으로 비교하는 이유와 그 함의를 좀 더 깊이 탐구하고자 한다. 특히, 철학자가 종차별 반대 논증에서 지적장애인을 끌어들이는 방식을 중심으로 살펴볼 것이다. 이런 논증을 역사적 맥락에서 살펴보면 그 의미가 달라지는가? 종차별 반대 논증에서 지적장애인을 끌어들이는 것이 꼭 필요한 일인가? 종차별주의를 비판하기 위한 논거로 지적장애인을 활용할 때 어떤 개념적 혹은 실질적 함의가 있는가? 그리고 마지막으로 지적장애인의 '인간의 얼굴'을 인정하는 것이 필연적으로 어떤 형태의 종차별주의를 드러내는 일이 되는가? 이 질문을 다루기 위해 피터 싱어의 기념비적 저작인 《동물해방》과 맥마한의 최근 작업물을 중심으로 논의를 전개할 것이다. 물론 이 두

명의 저작이 종차별주의에 반대하는 논증 전체를 포괄하는 것은 아니며, 공리주의만이 이런 논의를 전개할 수 있는 유일한 이론적 기반도 아니다. 그러나 이들의 저작은 지적장애인을 비인간 동물과 관련지어 논의할 때, 여전히 만연한 철학적 태도를 극명하게 보여주는 사례라고 할 수 있다.

종차별주의에 반대하는
철학자의 주장

피터 싱어는 자신의 선구적인 저작《동물해방》에서 종차별주의를 "자신이 속한 종의 이익을 우선시하고 다른 종의 이익을 배제하는 편견이나 편향된 태도"라고 정의한다.[20] 이어서 싱어는 이런 차별의 형태, 즉 종차별주의를 인종차별주의나 성차별주의와 동등한 것으로 취급하며 다음과 같이 말한다.

인종차별주의자는 자신이 속한 인종 구성원의 이익과 다른 인종 구성원의 이익이 충돌할 때 자신의 인종 이익에 더 큰 비중을 두어 평등의 원칙을 위반한다. 성차별주의자는 자신이 속한 성별의 이익을 우선시해 평등의 원칙을 위반한다. 종차별주의자 역시 마찬가지로 자신이 속한 종 구성원의 이익을 다른 종 구성원의 더 큰 이익보다 우선한다. 이 세 경우의 패턴은 동일하다.[21]

싱어는《동물해방》출간 이후 "비인간 동물의 도덕적 중요성을 무시하는 안일하고 근거 없는 가정이 점차 사라지고 있다"[22]고 자부할 수 있었다. 그러나 싱어가 종차별 반대 논증을 입증하기 위해 지적장애 집단을 동원하는 이유와 그 방식을 살펴볼 때, 우리는 일부 철학 담론에 끈질기게 존재하는 지적장애인에 대한 안일하고 근거 없는 가정 또한 고려해야 한다.

중증 지적장애인이 종차별주의를 보여주는 예로 자주 활용되는 것은 그리 놀라운 일이 아니다.[23] 실험을 하나의 예로 들어보자. 싱어는 동물 실험은 허용하되 인간 실험은 허용하지 않는 비-종차별주의적 주장의 가능성을 제시한다. 인간은 고등 인지기능을 지녔기 때문에 동물보다 더 큰 고통을 겪을 것이며, 만약 인간이 납치되어 과학 실험에 투입된다면 이들은 자신에게 무슨 일이 일어나는지를 알기에 그 고통이 더욱 클 거라는 주장이다. 그러나 중증 정신지체인의 경우를 고려하면 이 논증은 결국 종차별주의로 귀결된다. 싱어는 다음과 같이 말한다.

이와 동일한 논리의 주장은 성인보다 영아나 중증 정신지체인을 실험 대상으로 선호할 근거를 제공한다. 유아나 정신지체인 역시 자신에게 무슨 일이 일어날지 전혀 알지 못하기 때문이다. 이 논증에 따르면 비인간 동물과 영아, 그리고 정신지체가 있는 인간은 동일한 범주에 속한다. 만약 이 논거를 바탕으로 비인간 동물 실험을 정당화하려면, 우리 자신에게 영아와 정신지체 성인에 대한 실험도 허용할 준비가 되어 있는지 자문해봐야 한다. 우리 인간과 동물을 구분한다면, 그 구분은 우리 종 구성원을 노골적으로, 그리고 도덕적으로 정당화할 수 없는 방식으로 우대한다는 것 외에는 어떤 근거도 성립할 수 없다.[24]

싱어는 이어서 만약 누군가 종차별적 편향을 도덕적으로 정당화할 수 없다고 여긴다면 뇌 손상을 입은 인간에 대한 실험을 허용하지 않는 한, 비인간 동물 실험 역시 정당화할 수 없다고 주장한다. 동시에 싱어는 이 사례를 통해 "어떤 경우에 실험이 정당화될 수 있는지 어떻게 결정할 것인가?"라는 질문에 답하는 데 도움을 주고자 한다. 싱어는 이렇게 답한다.

우리는 실험자가 인간, 심지어 뇌 손상자에게도 정당화되지 않을 목적으로 비인간 동물에게 실험을 수행할 때마다, 이들이 자신이 속해 있는 종에 대한 편향된 태도를 드러낸다는 사실을 확인했다. 이 원칙은 우리 질문에 대한 해답을 모색하는 데 중요한 지침이 된다. 종차별적 편향이 인종차별적 편향과 마찬가지로 정당화될 수 없는 것이라면 어떤 실험이 정당화되기 위해서는 **그 실험이 뇌 손상자를 대상으로 한 경우에도 정당화될 수 있을 만큼 중요해야만 한다.**[25]

싱어의 주장에 따라 우리가 종차별주의를 폐기한다면, '어떤 비인간 동물에 대한 정당한 실험이 동일한 지적 수준의 뇌 손상자에게도 정당화될 수 있지 않은가?' 하는 문제에 직면하게 된다.

또한 싱어는 비인간 동물을 죽이는 문제도 다룬다. 싱어는 생명의 존엄성에 관한 논증에 내재한 종차별주의를 검토한다. 이 논증은 오직 인간의 생명만이 신성불가침하다고 믿는 것이다.[26] 싱어는 "심각하고 돌이킬 수 없는 뇌 손상을 입은 채 태어난 (…) 손상이 너무 심해서 말을 하거나 다른 사람을 인식할 수 없고 독립적으로 행동하거나 자기인식을 발전시킬 수도 없는 '식물인간'에 불과한"[27] 상태로 태어난 영아의 사례를 제시한다. 이어 싱어는 부모가 의사에게 영아를 죽여달라고 요청한다면 어떻게 해야 하는지를 묻는다.[28] 많은 사람이 이 요청에 반대하면서도 비인간 동물을 죽이는 일에는 반대하지 않는다는 사실은 싱어에게 있어 우리 인간의 종차별적 편향이 얼마나 뿌리 깊은지를 보여주는 것이다. 다시 말해, 장애 영아의 사례에서 우리가 분노하게 되는 근거는 인간종의 일원이라는 자의적으로 부여된 가치에 기반을 두고 있다는 것이다. 싱어는 살해의 정당성을 판단할 때 판단의 근거로 삼아야 할, 좀 더 핵심적이고 도덕적 고려와 직접적으로 관련되는 특성이 실제로 존재한다고 주장한다.

성체 침팬지, 개, 돼지, 그리고 여러 다른 종의 구성원은 **타인과 관계 맺는 능력, 독립적으로 행동하는 능력, 자기인식 능력, 그리고 삶의 가치를 부여한다고 합리적으로 말할 수 있는 그 밖의 모든 능력**에서 뇌 손상을 입은 영아를 훨씬 능가한다. 최대한의 돌봄을 기울인다 해도 일부 중증 정신지체 영아는 개의 지능 수준에 결코 도달할 수 없다. (…) 뇌 손상을 입은 영아의 '생명에 대한 권리'를 주장하는 이들의 눈에 그 영아를 동물과 구분 짓는 유일한 기준은 생물학적으로 호모 사피엔스 종에 속해 있다는 사실뿐이며, 침팬지나 개, 돼지는 그렇지 않다는 것이다. 하지만 **이런 차이**를 근거로 영아에게만 생명에 대한 권리를 부여하고 다른 동물에게는 부여하지 않는 것은 말할 필요도 없는 순전한 종차별주의다. 이는 가장 원초적이고 노골적인 인종차별주의자가 인종차별을 정당화할 때 사용하는 자의적인 차이와 정확히 같은 종류다. (…) 생명의 신성함을 신봉하는 이들은 인간과 다른 동물을 명확히 구분하면서도 우리 종 내부에서는 어떤 구분도 허용치 않기 때문에 정상 성인을 죽이는 것에 반대하는 만큼 중증 정신지체인과 회복 불가능한 치매 상태의 이들을 죽이는 것에 강력히 반대한다.[29]

이 글이 시사하는 바는 도덕적 경계의 기준이 되는 더욱 중요한 특징이 존재한다는 점이며, 이는 동물을 죽이는 행위가 뇌 손상 영아를 죽이는 것만큼 혹은 그보다 더 비난받아 마땅한 일임을 의미한다. 생명의 신성함을 주장하는 이들은 종 사이에 '자의적' 경계를 설정해뒀기에 비인간 동물의 살해를 묵인하는(혹은 묵인할 수도 있는) 반면, 뇌 손상을 입은 영아 살해에는 반대한다(단, 이 입장을 따른다는 것이 특정 조건에서 특정 동물의 살해를 반드시 용인한다는 것을 의미하진 않는다).

앞서 '사고 실험'과 '살해'에 관한 예시에서 중증 인지장애인은 우리 인간종에 대한 편향을 보여주는 사례로 작용한다. 싱어에 따르면 이런 편향은 부적절하고 자의적이다. 종 성원 자격에 근거해 경계를 긋는 것이 과연 정당하지 않은 일인가에 대한 문제는 이후에 다시 다룰 예정이다. 하지만 그 전에, 종차별주의에 반대하는 이들에게 지적장애를 사례로 삼는 주장이 왜 그토록 매력적인지를 세 가지 이유로 설명하고자 한다. 첫째, 인지장애인은 인간보다는 동물에 더 가까운 존재로 여겨진다. 둘째, 인지장애인은 변화하지 않는 고정된 상태로 묘사되어 분석하기에 단순한 사례로 여겨진다. 셋째, 인간성의 경계를 이루는 가장자리 집단을 택함으로써 자신이 속한 종에 우선권을 부여하는 것이 얼마나 자의적인지를 보여주는 데 효과적이다.

싱어와 같은 반-종차별주의자의 정의에 비춰볼 때, 중증 지적장애인은 인간의 도덕적 경계를 다시 설정해야 한다는 주장을 펼치는 데 적합한 집단이다. 싱어는 종 성원 자격 여부에 우선권을 부여하는 대신, 존재의 가치를 결정하는 데 있어 좀 더 중요한 특성이 있음을 제안한다. 싱어는 쾌락과 고통을 느낄 수 있는 능력이 인간과 비인간 모두를 대하는 근본적 기준이 되어야 한다는 공리주의적 관점을 옹호하면서도 생명을 앗는 판단에 있어서는 이 외에 추가적인 기준도 고려될 수 있다고 본다.

종차별주의를 거부한다고 해서 모든 생명이 동등한 가치를 지닌다는 의미는 아니다. **자기인식 능력, 앞을 내다보고 미래에 대한 희망과 열망을 품을 수 있는 능력, 타인과 의미 있는 관계를 맺을 수 있는 능력 등은** (…) 고통을 가하는 문제와는 무관하지만 (…) 생명을 거두는 문제와는 관련이 있다.[30]

싱어는 이 기준에 근거해 아마도 우리 중 십중팔구는 '지적장애인'의 생명보다 '정상인'의 생명을 구하려 할 것이라는 설명을 이어간다.[31] 유의할 점은 싱어가 정상인 혹은 지적장애인이 정확히 무엇을 의미하는지 정의하지 않는다는 점이다. 그러나 문맥상 정상인은 위에서 언급된 '의미 있는' 특성을 지닌 사람이며, 지적장애인은 그렇지 않은 사람이라는 점을 추론할 수 있다.

> 만약 인간의 생명과 다른 동물의 생명 중 하나를 선택해야 한다면 우리는 인간의 생명을 구해야 한다. 그러나 예외적인 경우에는 그 반대가 맞을 수도 있다. 문제가 되는 그 인간이 **정상적인 인간**의 능력을 갖추지 못했을 경우에 말이다. 그러므로 이 입장은 종차별주의가 아니다. (…) 일반적인 경우, 선택을 내려야만 하는 상황에서 인간의 생명을 동물의 생명보다 우선시하는 경향은 단순히 그들이 우리와 같은 인간종에 속해 있기 때문이 아니라 **정상인**이 지닌 특성에 근거한 것이다. 이와 같은 이유로 우리와 같은 종에 속하지만 정상인의 특성을 지니지 못한 이들을 고려할 때, 이들의 삶이 언제나 다른 동물의 삶보다 우선시돼야 한다고 말할 수는 없다.[32]

어떤 생명의 가치를 판단하는 데 있어 의미 있는 특성은 싱어가 '정상인'이 지닌다고 믿는 특성이다. 그러나 이 특성은 인간에게만 국한되지 않는다. 싱어는 다른 종의 성체 또한 개체와 관계 맺고 자율적으로 행동하며 자기인식 능력을 지닌다고 보는 반면, '뇌 손상 영아'나 '지적장애인'은 그렇지 않다고 본다(앞서와 마찬가지로 싱어는 '뇌손상인', '지적장애인', '정신지체인' 등의 용어를 혼용하며 명확한 구분 없이 사용한다). 이것이 암시하는 바는 이런 의미 있는 특성이 인간과 비인간을 포함한 개별적 존재를 구분하는 데 좀 더 정확하고 도덕적으로 타당한 경계를 만들어낸다는 것이다. 다시 말해, '비정상인'보다 일부 비인간 동물이 오히려 더 정상인에 가까울 수 있다는 것이다. 이로써 우리는 비인간 성체와 '정상적인' 성인을 동일한 범주에 포함하고 뇌손상인, 중증 정신지체인, 그리고 회복 불가능한 치매인을 별도의 범주로 분리할 수 있게 된다. 이런 구분에 적용되는 핵심 기준은 일정 수준의 인지 기능이며, 이로부터 자율성, 타인과의 관계, 미래에 대한 포부, 그리고 자기인식이 뒤따른다. 싱어는 이렇게 말하면서 자신의 입장을 확증한다.

> 동물의 생명을 정신 수준이 비슷한 인간의 생명과 마찬가지로 존중해야 한다는 사실을 잊지 않는 한, 우리는 큰 잘못을 범하진 않을 것이다.[33]

싱어는 인간의 도덕적 경계를 새로운 기준에 따라 다시 그리기 시작하면 일부 지적장애인이 '정상인'보다 오히려 동물과 더 많은 공통점을 가지고 있음을 알게 된다고 말한다. 실제로 많은 비인간 동물이 중증 인지장애인을 능가하는 정신능력을 지니고 있다. 그렇다면 정신능력을 우선시하는 것이 자신이 속한 종에 우선권을 부여하는 결정보다 덜 임의적이라는 확신에는 어떤 가정이 숨어 있을까? 이에 답하기 위해 싱어가 자신의 논증에서 지적장애인을 활용하는 두 번째 이유로 돌아가고자 한다. 바로 이 집단이 단순한 특성을 지닌다고 가정하는 것이다.

앞서 제시된 능력이 종에 소속되는 것보다 도덕적 고려에서 더 중요한 의미를 가진다면 '정상인간 영아'의 문제가 여전히 남게 된다. 영아는 자기인식, 자율성, 희망과 열망을 가질 능력 또는 타인과 의미 있는 관계를 맺을 능력이 없다는 점에서 '중증 장애인', '회복 불가능한 치매인', 그리고 '뇌 손상인'과 함께 분류될 수도 있다.[34] 이 점을 인지한 싱어는 정상 영아를 좀 더 복잡한 사례로 간주해 논의에서 제외하기로 결정한다.

아직도 모든 인간에게서 다른 모든 종의 구성원과 구별할 수 있는 의미 있는 특성을 찾아낼 수 있다고 생각하는 사람이 있다면, 다시 한번 더 다음과 같은 사실을 고려해보자. 일부 인간은 인식, 자기의식, 지능, 그리고 감각능력 면에서 여러 비인간존재보다 아주 명백하게 낮은 수준에 있다. 나는 심각하고 회복 불가능한 뇌 손상을 입은 인간, **그리고 영아를 생각하고 있다. 그러나 영아가 지닌 잠재성이라는 복잡함을 피하기 위해 그 상태가 영구적이며 최중증인 정신지체인을 중심으로 논의를 진행할 것이다.**[35]

싱어는 잠재성이라는 복잡한 문제를 다루지 않는다. 사례 활용에 있어 '정상 영아'보다 정신지체인을 선호하는 그의 태도는 정신지체인을 고정된 존재로 바라보는 관점을 드러낸다. 싱어의 가정은 '정상 영아'는 인지적 잠재력을 지니고 있지만, 영구적인 최중증의 정신지체인은 그렇지 않다는 것이다. 싱어가 정상 영아 대신 중증 지적장애인 집단을 택한 것은, 특정 인지능력에 대한 잠재성이 전혀 없는 상태로 태어난 이들이, 능력이 부족하지만 그 능력을 발달시킬 잠재성을 지닌 영아보다 동물에 더 가깝다는 전제에 기반을 둔다. 나는 도덕적 구분을 불명확하고 정의하기 어려운 잠재성(또는 그 부재)에 근거하는 것은 매우 불안정한 땅 위를 걷는 것과 같다고 주장하고 싶다. 정신지체를 고정된 특성으로 묘사해온 역사적 유산과 지적장애를 둘러싼 진단, 정의, 치료의 복잡성을 고려할 때 잠재성의 문제는 '정상 영아'의 사례보다 훨씬 더 복잡할 수 있다.[36] 더욱이 가장 중증의 지적장애인조차도 어떤 형태로든 발달을 경험할 수 있다는 충분한 증거가 존재한다.[37] 잠재성 개념의 모호함은 쉽게 일축할 수 없는 문제다. 특히, 잠재성 개념이 중증 지적장애인 집단을 어떻게 대해야 하는지에 관한 도덕적 정당성을 제공하려 한다면 더욱 그러하다.

이런 논의에 중증 정신지체인이 동원되는 방식은 이들 상태를 변화하지 않는 것으로 바라보는 관점을 드러낸다. 이들은 유의미한 발달의 잠재력이 결여되어 있고, 그 상태가 결코 달라지지 않을 것이라 여겨진다. 설사 싱어가 제시하는 경우를 상상해볼 수 있다 하더라도, 모든 최중증 지적장애인이 변하지 않으며 모든 잠재성을 결여하고 있다는 가정을 정당화할 순 없다. 최중증 장애를 지닌 아동을 가르쳐 보았거나 긴밀한 관계를 맺어본 사람이라면 그 누구든 이런 과도한 일반화에 이의를 제기할 것이다.[38] 이 분야의 전문가 사이에서도 견해가 분분하다. 존 글리슨[John Gleason]은 복잡하고 다양한 개인으로 이뤄진 집단을 이해하고 이들과 소통할 수 있는 대안적 이론 틀을 주장하면서 이렇게 말한다.

> 전통적인 임상적·심리측정학적 도구만으로는 중증 및 최중증 중복장애인의 능력을 포괄적이고 보편적으로 정의하기 어렵다. 기록된 자료를 살펴보더라도 이 집단에 대한 단순하고 일관된 서술은 존재하지 않는다.[39]

이와 같은 복잡성에도 불구하고 종차별을 논할 때 정도가 매우 심한 중증이거나 겉보기에 논란의 여지가 없어 보이는 지적장애 사례가 가장 유용하게 활용되는 듯하다. 싱어는 경증 정신지체인에 대해서는 거의 언급하지 않는다. 추측건대 이들이 도덕적 선호와 관련된다고 여겨지는 능력을 대개 갖추고 있기 때문일 것이다. 따라서 논의를 중증 정신지체인에 한정하는 것은 또 다른 '전형 효과'(3장 참조)의 사례라고 할 수 있다. 종차별 반대 논증에 활용되는 지적장애의 전형은 "결코 개만큼의 지능도 가질 수 없는" 인간, 즉 "식물인간"이다.[40] 이 전형은 여러 특징을 지닌다. 중증 사례는 대개 동물과 비교되며 이 유형은 종종 성인과 영아를 포함한 '정상인'뿐만 아니라 여러 비인간존재보다도 낮은 도덕적 범주에 배치된다. 또한 중증 정신지체인은 변화하지 않는 존재로 간주될 뿐만 아니라 질적으로 다른 부류로 분류된다. 지적장애의 전형으로 여겨지는 중증 지적장애인은 잠재력이 결여된 존재로 간주되어(지능검사 점수에 따른 정량적 분류 도식과는 달리) 인간 발달의 연속선상에 놓이지 못한다. 종성원권이라는 자의적 경계가 폄하됨에 따라 중증 정신지체인은 질적으로 뚜렷하게 구별되는 다른 범주로 출현하게 되는 것이다.

중증 지적장애인이 동물권 담론에 활용되는 이유는 이들이 종차별적 기준을 대체할 다른 대안적 특성을 정당화할 수 있으며, 대표적으로 영아에게서 나타나는 '잠재성'이라는 난해한 개념을 포함하지 않아 논란이 적은 사례로 간주되는 까닭이다. 종차별주의에 반대하는 논의에서 중증 지적장애인 집단이 특히 호소력 있는 이유는 인간 본성을 정의할 때 이 집단의 구성원이 정의의 가장자리에 위치한 존재기 때문이다. 어떤 이들에 따르면 중증 지적장애인은 오직 생물학적으로만 우리 인간종에 속하는 변두리 구성원으로, 이들은 종이라는 경계가 얼마나 자의적인지를 보여준다. 지적장애를 이처럼 극단적인 형태로 마주할 때, 말하자면 모든 중요한 인간적 자질이 결여되어 있고 심지어 발달 가능성조차 전혀 없는 존재로 제시될 때, 우리는 19세기 백치에 관한 묘사를 떠올리게 된다. 그 당시 백치는 인간의 형상 외에는 어떤 것도 지니지 못한 존재로 묘사됐다. 오늘날 이토록 텅 빈, '빈껍데기 인류'는 호모 사피엔스 종에 속한다는 단순한 생물학적 사실보다 훨씬 더 중요한 특성이 존재한다는 논증에 이용된다.

싱어의 주장을 떠올려보자.

이런 차이를 근거로 **뇌 손상**을 입은 영아에게는 생명권을 부여하면서 그 밖의 다른 동물(성체 침팬지, 개, 돼지, 그리고 뇌손상을 입은 영아보다 능력이 뛰어난 수많은 종의 구성원)에게는 그렇게 하지 않는다면, 물론 그것은 순전히 종차별주의에 불과하다.[41]

싱어는 특정한 능력에만 주목함으로써 중증 지적장애인을 인간성의 변두리로 내몬다. 중증 지적장애인은 '우리 인간'이 지닌 정신능력을 공유하지 못한다고 여겨지기 때문에 우리와 그들을 잇는 것은 오로지 생물학적 근거뿐이다. 일단 중증 지적장애인의 의미 있는 모든 인간적 특성이 벗겨지고 나면, 단지 인간종의 경계 안에 속해 있다는 이유만으로 인간적 특성을 지닌 동물보다 그들을 선호하는 것은 부당하다는 주장이 가능해진다. '우리'와 '우리의 인간성'에서 극단적으로 멀어진 존재만이 중증 지적장애인과 우리가 공유하는 유일한 특성이 호모 사피엔스라는 종적 동일성에 불과하다는 사실을 납득시키고, 종 특성이 도덕적으로 무의미하다는 결론에 설득력을 부여할 수 있게 된다.

다음의 경우를 상상해보자. 싱어는 어느 시점에서 '불치의 치매인'을 '정신지체인' 및 '뇌 손상인'과 하나로 엮어 서술한다. 흥미롭게도 싱어는 종차별 반대 논증에서 당신의 '회복 불가능한 치매 할머니'의 사례*는 활용하지 않는다. 어쩌면 이 할머니는 싱어가 말하는

"결코 개만큼의 지능도 가질 수 없는" 상태일지 모르며 "침팬지, 개 혹은 돼지가 더 높은 자기인식능력을 가질 수도" 있다.[42] 그리고 우리는 "어떤 실험이 정당화되기 위해서는 (…) 그 실험이 중증 치매 할머니를 대상으로 한 경우에도 정당화될 수 있을 만큼 중요해야만 한다"라고 판단할 수도 있다.[43] 어쩌면 우리는 싱어의 치매 걸린 할머니의 생명보다 '정상인'의 생명을 구하는 것이 더 낫다고 결론지을 수도 있을 것이다. 혹은 우리가 실험 대상을 할머니가 아닌 동물로 선택한 것은 자의적이며 정당화될 수 없고 이 선택이야말로 우리가 인종차별주의자나 성차별주의자와 같은 종류의 차별을 저지르고 있음을 보여주는 증거라고 판단할 수도 있다.

그런데 왜 이런 예시는 이상하거나 불편하게 느껴지는 걸까? 그 이유는 많은 사람에게 '할머니'란 인간의 얼굴과 인간의 역사를 품은 존재이며, 다른 이들과 어떤 형태로든 관계를 맺고 있는 존재이기 때문이다. 그러나 상당수에게 '식물인간'이나 '뇌 손상을 입은 영아'는 할머니와 같지 않은 모양이다.[44] 중증 지적장애인의 사례는 대부분의 사람이 거의 접해본 적 없고 감정적으로 공감하기 어려운 경우로 제시되며, 중증 지적장애인을 바라보는 선입견과 직관에 기대고 있다. 맥마한이 지적장애인의 이익을 "유사한 능력을 지닌 동물"의 이익보다 우선시하는 것을 종차별주의만으로 정당화할 수 없다고 주

---

*   싱어의 실제 할머니를 의미하지는 않는다. 칼슨은 '감정적으로 가까운 인간존재'를 상징하는 가상 인물을 설정해, 사고 실험에 지적장애인을 무분별하게 끌어들이는 싱어의 논증 방식을 비판한다.

장하는 데서도 이 점이 분명하게 드러난다. 맥마한은 가까운 가족의 경우를 제외한 채로 중증 지적장애를 지닌 동료 인간 집단과 여타의 인간이 공유하는 유일한 특성이 마치 생물학적 관계뿐인 것처럼 보이는 상황을 제시한다. 그에 따르면 "우리가 인지손상인과 공유하는 것은 인간종이라는 사실뿐이며, 이는 개인적 유대와 상호공감, 공통의 가치관 및 특정한 삶의 방식에 대한 공동의 헌신, 사회적 협력 혹은 특별한 배려의 정당한 근거로 좀 더 쉽게 인정되는 다른 관계적 특성을 포함하지 않는다."[45] 맥마한이 말하는 '우리'란 아마도 인지능력을 갖춘 사람, 즉 사회적으로 저 멀리 분리된 집단과 아무 연결고리도 없다고 여겨지는 '우리'를 가리키는 것으로 보인다. 인지손상인 집단을 '우리'와 극도로 다른 집단으로 구성하는 것은, 바로 '우리'와 '그들'이라는 이분법에 근거한다.

중증 지적장애인 집단이 종차별주의를 반박하기 위한 사례로 선택되는 것은 이들이 대개 인간보다 동물과 더 많은 공통점을 지닌다고 여겨지기 때문만은 아니다. 중증 지적장애인이 근본적으로 타자로 인식되기 때문일지도 모른다.[46] 앞선 장에서의 언어와 정의에 관한 논의가 시사하듯 많은 철학자가 지적장애 분류의 역사와 이 상태의 복잡성, 예컨대 내외부적 이질성과 불안정성에 익숙지 않을 수 있다. 아마 이들은 지적장애인을 실제로 접해본 적이 없을 것이다. 사회적·철학적으로 주변화된 이 집단이 철학 문헌 속에 드러날 때조차도 단편적이고 왜곡된 혹은 전형적인 모습으로 자주 제시되는 점은 유감스러운 일이다. 또한 싱어의 작업이 어느 주변화된 집단(동물)에 대한 신화를 깨고 '무비판적이고 안이한 가정'을 반박하려는 데 목적이 있음에도 또 다른 집단에 대한 신화와 가정을 여전히 그 바탕으로 삼고 이를 지속하고 있다는 점이 매우 안타까울 따름이다.

결국 지적장애에 관한 철학적 세계의 한 측면을 이루는 것은 동물과 중증 지적장애인 사이의 밀접한 관계다. 철학의 여러 영역에서 부재한 지적장애의 존재가 동물권 논의에서만큼은 두드러지는데, 이는 지적장애에 관한 철학의 전통적 접근이 지닌 몇 가지 특징을 드러낸다. 이 둘의 관계를 분석하면 지적장애를 다루는 철학 담론에서 몇 가지 중요한 형식이 나타난다. 첫째, 중증 지적장애인을 동물에 비유하는 것은 지적장애에 대한 질적 관점을 영속시킨다. 중증 지적장애인은 '정상인'과 질적으로 다른 존재로 여겨지며, 몇 가지 중요한 측면에서 드러나는 동물과의 유사성은 이들이 인간 유형보다 비인간 유형에 더 가까움을 시사한다. 종차별 반대 논증에 활용되는 지적장애인의 전형은 가장 흔하게는 중증 지적장애인, 싱어식으로 말하면 "심각하고 영구적인 정신지체인"이다. 논의되고 있는 주장을 고려할 때 다른 형태의 지적장애를 다루지 않는 것을 이해할 수도 있지만, 용어 사용의 부주의는 이 하위 집단이 전체를 대표한다는 잘못된 가정을 부추길 우려가 있다. '정신지체인', '중증 정신지체인', '지적장애인', '심각하고 영구적인 정신지체인', '뇌 손상인', '식물인간' 등의 용어가 같은 의미로 사용됐다는 점을 기억해보라. 어떤 이는 우리가 의사나 심리학자가 아니라 철학자이기 때문에, 우리가 논의하는 집단에 대해 전반적인 이해를 갖추는 것이 중요하다고 반박할 수 있

지적장애의 얼굴들

다. 그러나 살해가 어떤 경우에 정당화될 수 있는가와 같이 중대한 주장이 제기되는 상황에서 불분명한 용어 사용은 허용되기 어렵다.

이와 같은 잘못된 전제와 왜곡 외에도 중증 지적장애인과 동물을 연결 짓는 문제에 대해 우리가 우려할 만한 다른 이유가 있는가? 만약 철학자가 그들이 사용하는 언어에 주의를 더 기울이고 지적장애를 좀 더 신중하게 정의하고 설명하려 한다면 짐승의 얼굴을 버려야 할 정당한 이유가 있지 않은가? 짐승의 얼굴이 유지되고 영속될 때 어떤 중대한 문제가 뒤따르는지를 고려한다면, 종차별주의를 반박하는 데 전념하는 논의에서든 지적장애를 다루는 다른 철학적 논의에서든 지적장애 집단을 동물화하는 것을 자제해야 할 설득력 있는 이유가 있다. 비인간 동물과 지적장애인을 계속해서 연결 짓는 것은 개념적으로 불필요할 뿐만 아니라, 특정한 형태의 개념적 억압을 지속시키며 다른 구체적 억압의 양상을 외면하게 만든다. 나아가 지적장애인의 고유한 인간의 얼굴을 흐리게 한다는 점에서 해롭다.

인간과 동물에 대한 억압

여기서 구별할 필요가 있는 두 가지 질문이 있는데 이를 순서대로 살펴보겠다. 첫째는 종차별주의를 비판하는 데 있어 지적장애를 굳이 거론할 필요가 있는가 하는 문제고, 둘째는 비인간 동물과 중증 지적장애인 사이에 설정된 연관성을 문제 삼고, 중증 지적장애인을 명백히 인간으로 언급하는 것이 도덕적으로 중요한 가치가 있음을 주장하는 행위가 종차별주의의 한 형태인지 여부다. 아마도 더 쉽게 답할 수 있을 듯한 첫 번째 질문부터 시작해보자. 최근 종차별주의에 반대하는 논증이 지적장애를 끌어들일 필요가 있는지에 대해 피터 싱어는 꼭 그럴 필요는 없지만 지적장애를 거론하는 것이 주장을 펼치는 데 매우 효과적인 방식임을 강조한다.[47] 우리가 살펴본 바와 같이, 종차별적 가정을 전면에 드러내기 위해 주변화된 중증 지적장애인 집단과 비인간 동물과의 유사성에 호소할 선명한 이유가 있음은 의심할 여지가 없다. 그러나 비인간 동물이 받는 부당한 대우에 반대하는 논증을 펼치는 데 있어, 중증 지적장애인과 비교하는 방식을 끌어들이거나 한 집단의 이익을 다른 집단의 이익과 대립시키는 예를 만들지 않고도 그에 못지않게 설득력 있는 방식이 존재할 수 있다.

그런 주장을 제기함에 있어 가장 분명한 사실은 중증 지적장애인을 이용하지 않고도 비인간 동물이 지닌 도덕적으로 고려할 만한 특성을 인식할 수 있다는 것이다(그리고 우리는 항상 그렇게 해오고 있다). 게다가 종차별 반대 논증에서 지적장애인을 끌어들이는 방식은 지적장애인의 이익과 비인간 동물의 이익을 직접적으로 대립시키는 잘못된 이분법을 만들어낸다. 예를 들어, 키테이는 비인간 동물에 대한 부당한 대우를 인지장애인에 대한 그릇된 연민의 맥락에서 재고해야 한다는 맥마한의 주장을 상세히 비판하면서 "우리는 선천적 중증 정신지체인을 다른 사람을 대하듯 대우해야 하며, 그와 동시에 지금보다 동물을 더 잘 대우해야 한다"는 입장을 취하는 것이 실제로 가능하다고 주장한다.[48] 피터 번 역시 지적장애인의 이익을 동물의 이익과 대립시키거나 한쪽을 인정하는 것이 필연적으로 다른 한쪽을 배제한다는 암시는 잘못된 이분법임을 주장하면서 다음과 같이 말한다.

'만일 당신이 인간이라면 당신은 특별한 가치를 지닌다'는 명제는 '오직 네가 인간일 때만 특별한 가치를 지닌다'는 것을 의미하지 않는다. (…) 우리와 같은 인간이라는 이유만으로 모든 인간 동료가 동등하게 근본적으로 존중받을 자격이 있다는 진리에 누군가가 절대적으로 헌신할 수 있다고 보는 것은 전적으로 타당해 보인다. 그러나 우리가 동물을 어떻게 대해야 할지에 관한 문제는 여전히 열려 있으며 동물 문제 자체의 타당성에 따라 탐구돼야 한다는 점을 고려해야 한다.[49]

종차별에 반대하는 주장을 펼치거나 비인간 동물의 처우 개선을 지지하기 위해 지적장애인의 사례를 동원하는 것이 불필요하다고 단순히 말하는 것만으로는 이처럼 강력하고 효과적인 전략을 중단할 만한 충분한 이유가 되지 않는다. 하지만 두 집단을 계속해서 연결 짓는 방식이 특정한 형태의 억압을 지속시키는 동시에 또 다른 억압을 은폐한다는 점에서, 이런 철학적 접근에 반대하는 주장은 더욱더 굳건해진다.

1부에서 다룬 '억압의 얼굴'을 떠올릴 때 지적장애의 역사에서 지적장애인이 다양한 방식으로 억압받아온 희생자였음을 확인할 수 있다. 다른 한편, 철학 담론에서 지적장애인과 비인간 동물 사이에 형성된 연관성은 개념적 차원에서 특정 형태의 억압을 지속시킨다고 볼 수 있다. 여기에는 착취, 문화제국주의, 주변화와 같은 사례가 포함된다.

아이리스 매리언 영은 착취를 한 집단의 활동력이 다른 집단으로 전이되어 이익이 불평등하게 분배되는 과정으로 정의한다.[50] 앞서 착취의 역사적 사례로 수용자를 시설의 노동력으로 동원한 예를 살펴봤다. 나는 개념적 수준에서 중증 지적장애인이 종차별 반대 논증에 봉사하면서도 정작 자신의 철학적 노동에서 아무 혜택도 얻지 못한다는 점에서 이들이 착취당하고 있음을 주장할 것이다(곧 보게 되겠지만 이들은 오히려 더 나쁜 처지에 놓이게 되었을 수도 있다). 피터 싱어는 1975년 《동물해방》 초판이 출간된 이후, 비인간 동물에 관한 철학 문헌과 인식이 꾸준히 증가해왔음을 자랑스럽게 밝힌다.

불과 15년 전만 해도 동물의 지위에 관한 문제를 다룬 학계 철학자의 글을 찾아보기란 매우 어려웠다. 그러나 오늘의 나는 지난 15년 동안 이 주제를 다룬 글을 모두 모아서 이 책 한 권을 가득 채울 수 있게 되었다. 우리가 동물을 어떻게 대해야 하는지에 대한 글은 응용윤리학 강의에 쓰이는 기본 필독 자료집 거의 모두에 실려 있다.[51]

지적장애 자체를 논하는 철학 담론 역시 꾸준히 증가하고 있음은 의심할 여지가 없다. 그러나 동물권리 문헌에서 지적장애인이 강제로 떠맡게 된 두드러진 역할을 고려할 때, 지적장애에 관한 여러 철학적 논의에서 짐승의 얼굴이 여전히 지배적 형상으로 남아 있다는 것은 매우 유감스러운 일이다. 물론, 철학적 탐구에서 장애 문제 전반이 좀 더 뚜렷한 쟁점으로 부각되면서 지적장애의 다양한 얼굴이 새롭게 등장해온 것도 사실이다. 그러나 아무 문제의식 없이 비인간 동물을 계속해서 거론하는 데서 분명히 알 수 있듯, 중증 지적장애인과 비인간 동물을 연관 짓는 방식의 뿌리는 너무나도 깊다.

영에 따르면 문화제국주의를 경험한다는 것은 지배 문화가 특정 집단에 상투적 관념을 부여하고 타자라는 표지를 붙여 그 집단의 고유한 관점을 지워버리는 과정을 겪는 것을 의미한다.[52] 앞의 사례에서 보았듯이, 철학자가 낮은 인지능력을 지닌 사람을 논할 때 틀에 박힌 신념에 기대어 그 고정관념을 지속시키고 이들을 인간종에 포함시키는 것을 제외하고는 모든 면에서 철저히 타자화된 존재로 제시하는 것이 바로 개념적 수준에서 벌어지는 문화제국주의의 전형적 사례다. 인간종에서의 '최소한의 종적 공동 성원권[bare co-membership]'에 관한 맥마한의 주장과 우리가 중증 지적장애인보다 오히려 지능이 높은 화성인과 더 많은 공통점을 공유할 수 있다는 싱어의 주장은 비인격체로 여겨지는 존재가 철저한 타자성의 영역으로 내몰리게 된 여러 형태 중 단 두 가지 사례에 불과하다. 일각에서는 중증 지적장애인의 경우, 이들의 인지적 손상으로 인해 문화제국주의와 같은 억압을 의식적으로 경험하지 못하며 설령 이들이 자신만의 고유한 관점을 지닌다 할지라도 이를 표현할 능력이 없다고 반박할지 모른다. 이에 두 가지 반박이 가능하다. 첫째, 중증 지적장애인으로 낙인 찍힌 모든 이가 의식적인 경험이나 표현능력을 갖추지 못했다고 가정하는 것 자체가 문제다. 더욱이 설사 이들이 개념적 수준에서 자신이 타자로 규정되고 있다는 사실을 이해하지 못한다 할지라도 그런 규정이 실제로 그들이 받는 처우에 실질적인 영향을 미칠 것이라는 점에서 충분히 우려할 만하다. 둘째, 억압을 의식적으로 경험하거나 표현할 수 없는 이들의 관점을 철학 담론에 포함시키지 않는 것이 정당화된다 하더라도, 이들을 직접 봐왔거나 관계 맺고 있는 사람의 경험을 배제하고 근거 없는 일반화에 기대며 동물과 연결 짓는 방식에 표출한 분노를 '지나치게 감상적'이라거나 정당하지 못한 것으로 치부하는 태도는 문화제국주의의 한 형태를 보여준다.

지적장애를 동물화하는 담론에서는 여러 형태의 주변화가 나타난다. 첫째, 철학자가 지적장애인의 이해관계를 이들과 유사한 비인격체, 대표적으로는 비인간 동물에 관한 논의로 자주 격하시키고 지적장애인을 비인간 동물과 동일한 범주에 몰아넣음으로써 문자 그대로 이들을 자신의 도덕적·정치적 이론의 가장자리 사례로 구성하는 것이다. 피터 번이 지적하듯 "인지장애인은 현대 도덕철학의 다양한 조류(순수 공리주의, 비순수 공리주의*, 그리고 계약론적 사상의 여러 양식)에서 가장자리 존재로 다뤄진다."[53] 이들은 철학의 주목을 받는 다른 집단, 특히 비인간 동물에 비해 중요성이 미미한 부차적인 존재일 뿐이다. 결국, 지적장애인은 동물과의 밀접한 연관 속에서 겨우 인간과 같은 종에 속하기만 할 뿐인 가장자리 인간으로 격하된다. 이로써 지적장애인은 도덕 공동체의 가장자리뿐만 아니라 인간성의 가장자리에 놓이게 된다. 물론 '이런 논의에서는 인간 혹은 인간성 개념이 도덕적 판단의 기준으로서 아무 의미도 지니지 않는다'고 여기는 이들에게는 별로 문제가 되지 않을 수 있다. 그러나 이는 필연적으로 다음과 같은 질문을 불러일으킨다.

지적장애인을 동물화하는 관행에 도전하고 그들의 인간성을 인정해야 한다는 주장은 결국 인간성을 전제하지 않고서는 성립할 수 없다는 점에서 종차별주의를 되풀이하고 있는 것은 아닐까? 다시 말해 '중증 지적장애인은 철저한 타자가 아니다', '이들이 비인간 동물과 함께 인간의 도덕적 경계의 가장자리로 밀려나선 안 된다' 혹은 '지적장애인과 여타의 사람이 공유하는 어떤 인간성을 인정해야 한다'는 주장이 '인간'이라는 사실 자체가 특별하고 도덕적으로 고려할 만한 무언가를 지닌다고 전제하는 것이라면 과연 이런 주장을 종차별주의에 기대지 않고서도 제기할 수 있겠는가?

---

* 순수 공리주의는 모든 행위가 오직 최대 다수의 최대 행복을 위해 평가되는 전통적 형태의 공리주의다. 즉, 쾌락이나 행복만을 유일한 선으로 간주한다. 비순수 공리주의는 공리주의의 원리를 따르긴 하지만 쾌락이나 행복 외에 다른 가치나 도덕적 고려, 예를 들어 정의, 권리, 규칙 등을 일정 부분 포함하거나 반영하는 변형된 형태를 말한다. '변형된 공리주의' 혹은 '혼합형 공리주의'로 이해할 수 있다.

인간됨이란 무엇인가?

일부 철학자는 정신지체인에 관한 도덕적 논쟁에서 인간과 비인간을 구분하는 것이 핵심적이라고 주장해왔다. 조지프 마골리스는 1984년 논문 〈정신지체인에게 도덕이론 적용하기Applying Moral Theory to the Retarded〉에서 "모든 이성적 행위자가 옳다고 인정하거나 개념적으로 설득력 있다고 받아들일 수 있는, 정신지체인을 인간적으로 대우해야 한다는 원칙에 입각한 옹호"는 존재하지 않으므로 정신지체인에 대한 최선의 접근은 이들이 인간종에 속해 있다는 점을 인정하는 것이라고 주장한다.

마골리스는 말한다.

> 고백하겠다. 나는 여전히 정신지체인을 둘러싼 논의를 인간화하는 데 있어 좀 더 확고한 근거가 될 수 있는 것이 무엇인지 도무지 알지 못한다.

또한 그는 "정신지체인과 비인간 동물 사이의 경계를 흐리는 것은 개념적 재앙"이라고 믿는다.[54] 과연 마골리스의 생각이 옳은가? 싱어와 맥마한이 그랬듯 만약 인간의 도덕적 경계를 설정할 때 인지능력과 같은 기준을 적용해야 한다고 믿는다면, 이 두 존재의 '경계를 흐리는 것'은 단순한 개념적 전략이 아니라 도덕적 지위에 관한 좀 더 근본적인 입장을 드러내는 것이다. 따라서 이들의 입장은, 중증 지적장애인의 도덕적 지위를 규정할 때 인간과 비인간의 구분을 유지하는 게 그 형태가 어떻든 결국 종차별주의를 지속시키는 일이라는 것이다. 그러나 중증 지적장애인의 도덕적 지위에 대해 어떤 입장을 취하든(예를 들어, 이들을 인격체로 간주할 것인지, 유사한 인지능력을 가진 비인간 동물과 동등한 지위에 둘 것인지 등), 인간과 비인간의 구분을 유지해야 할 다른 이유가 존재한다.

앞서 본 것처럼 종차별주의에 반대하는 논의에서 활용하는 개념적 접근 중 하나는 비인간 동물과 중증 지적장애인이 겪는 부당한 처우를 나란히 비교함으로써 동물의 부당한 처우가 어느 정도 더 정당화될 수 있다는 우리의 가정을 문제 삼는 것이다.[55] 실제로 동물이 겪는 처우를 살펴보면 이들이 어떤 방식으로든 억압받고 있음에는 의심의 여지가 없다. 싱어가 소름 끼치도록 생생하게 보여줬듯, 동물은 극심한 폭력에 시달리며 인간의 이익을 위한 실험에 동원되는 등 여러 착취를 당한다. 싱어는 동물이 철학 담론에서 도덕적으로 중요하지 않은 존재로 간주되거나 배제됐다는 점에서 이들이 부당하게 주변화됐다고 주장한다. 그러나 비인간 동물이 겪는 학대와 지적장애인이 겪는 개념적·실질적 형태의 억압 사이에는 중요한 차이가 존재한다. 물론, 내가 이렇게 주장한다고 해서 어느 한쪽의 억압이 더 심각하다거나 덜하다는 의미는 아니다. 다만, 어느 한 집단이 겪는 학대와 억압을 진지하게 다루고자 한다면 두 집단을 구분해서 논해야 할 충분한 이유가 있다는 것이다. 중증 지적장애인에 관해서 말하자면 나는 이들이 인간 사회집단에 속해 있다는 사실이 도덕적 고려에서 중요한 의미를 지닐 뿐만 아니라, 가장 중증의 장애인을 둘러싼 억압을 이론화할 때도 반드시 인식돼야 할 핵심 요소임을 주장하고 싶다.

영은 사회집단 성원권을 하이데거의 던져짐[thrownness]* 개념으로 설명한다.

우리는 어떤 집단의 일원으로서 자신을 발견하게 되며 그 집단은 늘 그렇게 존재해왔던 것으로 경험된다. 우리의 정체성은 타인이 우리를 어떻게 인식하는지에 따라 규정되며, 타인은 특정한 속성, 고정관념, 규범과 늘 연관되어 있는 집단을 기준으로 우리를 규정한다.[56]

지적장애인은 다른 사회집단과 구별되는 고유한 사회집단의 일원이라는 점에서 이 집단에 속해 있다는 사실이 초래하는 구체적 결과를 경험하게 된다.[57] 안타깝게도 이런 경험은 '지적장애인'이라는 꼬리표가 붙은 이들에 대한 구체적 폭력, 학대, 낙인, 방임으로 이어졌으며 개념적 주변화와 착취로도 이어졌다. 이런 현상을 인간 사회

---

* 하이데거가 《존재와 시간》에서 사용하는 핵심 개념인 'Geworfenheit'를 옮긴 것으로, 흔히 '던져짐'으로 번역한다. 이는 인간존재가 스스로 선택하거나 기획하기 이전에 이미 특정한 역사적·사회적·신체적·언어적 조건 속에 놓여 있다는 실존적 사실성을 가리킨다. 여기서 '던져짐'은 우연적 사건이나 외적 강제를 의미하는 것이 아니라, 인간존재가 언제나 이미 주어진 '세계-내-존재'로서 자신을 발견한다는 존재론적 측면을 뜻한다. 따라서 '던져짐'은 자유나 기획과 대립되는 개념이 아니라, 오히려 그 가능성이 항상 이미 주어진 조건성 위에서만 성립함을 드러내는 개념이다.

에서 인간존재가 경험하는 독특한 억압 양상으로 바라보는 것이 중요할 수 있다.

우선 영이 말하는 억압은 개인이 사회집단의 구성원으로서 겪는 것이다. 영이 정의한 사회집단은 "문화적 양식, 관습 혹은 생활방식에 따라 적어도 다른 한 집단과 구별되는 사람들의 집합체"다.[58] 사회집단의 중요한 특성 중 하나는 자기정체성 개념인데, 영은 집단 구성원이 개인의 정체성 형성에 부분적으로 책임이 있다고 설명한다.

> 사회집단은 본질적으로 공통된 속성의 집합으로 정의되기보다는 정체감에 의해 정의된다. (…) 때로는 어떤 사회집단의 구성원으로 자신이나 타인을 분류하기 위해 객관적 속성이 필요조건이 될 수도 있지만, 그 집단을 집단이게 하는 것은 특정한 사회적 지위에 대한 동일시와 그 지위가 만들어내는 공통의 역사, 그리고 집단과 자신의 동일시다.[59]

지적장애인 또한 사회에서 특정한 지위를 부여받고 분류됐다. 그들이 받아온 처우는 분명 일관되지 않았지만 말이다(앞서 봤듯이 시설 생활에서 경미한 장애를 가진 돌봄 제공자와 보호·관리 대상이었던 중증 당사자는 처우가 매우 달랐다). 자기정체화의 문제는 지적장애인에게도 적용되는데, 이는 점점 성장해가는 자기옹호운동에서 확인할 수 있다. 그러나 중증 장애인의 경우, 이들의 정체감에 의문이 제기될 수 있다는 점에서 집단 소속과 관련된 특성이 좀 더 복잡하다. 그러나 설령 누군가가 중증 장애인 집단의 일부 구성원이 자기 정체화를 할 수 없다고 믿는다 하더라도 해당 집단에 속해 있다는 이유만으로 이들이 여전히 여러 형태로 억압받고 있음을 주장할 수 있다.[60] 이에 더해 지적장애인을 피상적이고 전형적으로 표상하는 방식은 해당 집단으로 자신을 정체화하는 사람의 정체성과 처우에 부정적인 영향을 끼친다.

집단 소속의 또 다른 중요한 특성은 정체성이 특정 집단에 속함에 따라 부분적으로 형성 혹은 구성된다는 점이다. 여기서 나는 이언 해킹이 말한 '루핑 효과'를 염두에 두고 있다. 즉, 분류의 성격 자체가 그 분류에 대한 개인의 반응에 따라 변화되고 형성될 수 있다는 점이다.[61] 마찬가지로 영은 우리가 이미 존재하고 있던 사회집단 속에 '던져진' 존재임을 강조하면서도 "집단에 귀속되도록 던져졌다고 해서 개인이 집단 정체성의 의미를 스스로 규정할 수 없다고 결론지을 순 없다. 오히려 그 집단에 자신을 동일시하는 사람은 집단 정체성의 의미와 규범을 재정의할 수 있다"고 역설한다.[62] 이는 인간이 사회집단의 구성원이라는 점에서 비인간 동물과 구별된다는 사실을 보여주며, 지적장애인 역시 인간 집단에 속해 있다는 점을 진지하게 받아들여야 할 또 하나의 이유를 제시한다.

고유한 인간 사회집단을 인식하는 것이 왜 중요한가? 물론, 동물 역시 사회적 행동이나 집단에 대한 동일시를 분명 보여주며, 나는 이를 부정하려는 것이 아니다. 그러나 인간은 인간 공동체의 구성원이라는 측면을 고려할 때, 인간은 인간답게 대우받아야 한다는 중요한 의미가 존재한다고 생각한다.[63] 어떤 처우가 정당화될 수 있는지에 관한 논의에서 중증 지적장애인과 비인간 동물을 동일시하며 뒤섞어버리는 바람에 인간을 인간으로서 인정하자는 관점이 간과되곤 한다. 앞서 살펴봤듯, 특정 행위의 정당성과 그 결과를 논할 때 비인간 동물과 중증 지적장애인은 자주 비교된다. 그러나 사고 실험이나 생명을 앗는 일과 같은 예시(이는 대개 동물에게 직접적인 영향을 주는 행위이기 때문에 예시로 선택된다)는 지적장애인과 비인간 동물 사이의 중요한 차이점을 보여주지 못한다. 오히려 심각한 경우에는 이 둘 사이의 유일한 차이가 종 소속이라는 임의적 구분뿐이라는 인식만 더욱 강화시킬 뿐이다.

제프리 머피는 〈정신지체인은 먹히지 않을 권리가 있는가?〉에서 지적장애인을 모욕하려는 의도가 아니라며 다음과 같이 말한다.

> 나는 정신지체인의 권리문제를 가장 극단적인 맥락에서 제기하려는 것, 즉 우리가 거리낌 없이 죽이고 먹는 동물과 정신지체인 사이에 본질적인 차이가 실제로 존재하는지에 관한 질문을 던지려는 것이다. 정신지체인에 관한 논의에서 선의의 감상주의가 사유인 양 받아들여지는 경우가 지나치게 많은데, 나는 이런 관행에 충격을 가함으로써 돌파구를 찾고자 한다.[64]

다른 철학자 역시 이와 유사하게 극단적 사례를 제시한다. 대표적으로 프랭크 드 루즈 Frank De Roose는 "도덕 이론은 최소한 다음과 같은 질문에 답할 수 있어야 한다고 본다. 다시 말해, 아주 거친 예를 들자면, 정신지체아를 불도저 앞에 세워 깔아뭉개는 행위가 왜 도덕적으로 혐오스러운가라는 질문에 설명을 요구하는 것은 충분히 정당한 일이다"[65]라고 말한다. 지적장애의 역사는 이처럼 끔찍하고 불쾌한 대우를 겪은 사례로 가득하다. 그러나 철학자가 스스로 이런 극단적 예시를 만들어내고 있다는 사실은 시사하는 바가 크다. 만약 인정하건대 다소 거칠고 충격적인 예시 혹은 동물의 처우와 관련된 맥락에서 도살이나 실험과 같은 관행에만 의존한다면 철학자가 '동물'과 '중증 지적장애인' 간에 큰 차이를 찾지 못하는 것은 그리 놀라운 일도 아니다. 실제로 머피는 중증 정신지체 아동을 죽이고 먹는다는 생각과 고릴라 코코를 죽이고 먹는다는 생각 모두에서 동일하게 도덕적 혐오감을 느낀다고 결론짓는다.[66] 하지만 역사를 통해 풍부하게 드러난 다른 관행을 선택한다면 비인간 동물과 중증 지적장애인 사이에는 단순한 종 소속을 넘어서는 좀 더 중요한 차이가 존재한다는 점이 명확해진다. 예컨대, 다음과 같은 대안적 사례를 생각해보자.

한 무리의 존재를 건물에 가둬두고 옷도 입히지 않으며 침대나 가구, 장난감도 제공하지 않고 콘크리트 바닥에 배변하도록 강요하며 어떤 인간적 접촉도 차단한 채 그저 가끔씩 밖으로 내보낸다고 상상해보자. 이런 행위를 동물(피터 싱어가 예를 든 돼지나 개처럼)에게 하는 것과 중증 지적장애 아동에게 하는 것이 동일한 부정의일까? 대다수는 아니라고 답할 것이다. 그렇다고 해서 동등하게 지탄받아 마땅한 해악과 처우가 동물에게는 존재하지 않거나 존재할 수 없다는 뜻은 아니다. 이 예를 통해 말하고자 하는 것은 우리가 역사적으로 실재했던 다른 행태를 고려할 때, 개와 중증 지적장애 아동 사이의 차이가 단순히 종이라는 이름 아래 임의적으로 구분된 경계가 아님을 알 수 있다는 점이다.[67] 우리는 동물이 발가벗겨진 채로 있거나, 화장실을 이용하지 못하거나, 인간의 사랑 어린 접촉을 박탈당하는 것을 보고 격분하지 않는다. 그러나 지적장애인을 제도적 관행에 의해 직간접적으로 영향을 받는 인간 사회 및 세계의 구성원으로 인정하고, 특정 개인에 대한 처우(예컨대, 시설 수용)가 많은 경우 동일한 사회집단의 다른 구성원에게까지 확장되어 정당화된다는 점을 인식할 때, 비인간 동물과 최중증 지적장애인의 사례를 구분하는 일이 더 이상 어렵지 않게 된다.*[68] 중증 사례만을 논하면서 이들을 모든 실제적·잠재적 인간 능력을 상실한 상태로 일반화하고, 당사자가 실제로 겪었던 역사적 처우를 반영하지 않는 극단적 예시(가령, 이들을 먹는다는 식의 예시)를 선택하면 지적장애인으로 낙인찍힌 이들을 구체적인 인간 세계에서 분리시키는 일이 쉬워진다. 철학의 추상적 세계에서 지적장애인이 배척당하는 현실은 지적장애인이 가족과 공동체, 그리고 고유한 역사를 지닌 사회집단의 구성원이라는 사실과 어우러지기 어렵다.

---

* '왜 어떤 처우는 동물에게는 문제가 되지 않지만, 중증 지적장애인에게는 문제가 되는가?'를 설명한다. 인지능력을 기준으로 삼을 경우에는 양자 사이에 본질적인 차이가 없다고 여길 수 있지만 사회적 소속, 곧 인간 사회의 구성원이라는 종성원권을 기준으로 삼을 경우에 중증 지적장애인과 비인간 동물 사이의 구분이 명확해진다. 칼슨은 이런 사회적 소속이 제도적 실천과 도덕적 판단의 핵심 근거가 된다고 주장한다.

이로써 종차별주의에 대한 비판은 특정 집단에 영향을 미치는 특정한 처우 문제를 논할 수 있으며, 종차별주의에 맞서면서도 특정 개인에 대한 억압이나 처우를 그 개인이 특정 집단의 구성원임을 고려해 분석하는 것 또한 가능함을 알 수 있다. 실제로 맥마한은 중증 정신지체인의 억압 문제를 비인간 동물의 학대 문제와 구분해 다룰 이유가 있음을 인정한다. 그럼에도 맥마한이 주장을 전개하는 방식은 중증 지적장애인을 더욱 비인간화하고 소외시키는 데에만 일조하며 불필요하고 문제적인 비인간 동물과의 유비에 의존한다. 맥마한은 "중증 정신지체인 한 사람, 한 사람은 모두 누군가의 자식이다"라고 인정한다.[69] 이 때문에 그는 "우리(추정컨대, 정신지체인과 연결점이 없는 '우리')는 중증 정신지체인과 비슷한 능력을 지닌 동물의 경우와는 달리, 중증 정신지체인의 안녕에 특별히 관심을 가져야 할 간접적 혹은 완곡한 도덕적 이유가 있다"고 덧붙인다.[70] 즉, 인간이라는 사실만으로는 가장 중증의 장애인에게 그 어떤 도덕적 지위도 부여하지 못하지만, 누군가와 특별한 관계를 맺고 있다는 사실에서는 도덕적 지위를 부여할 수 있다. 그러나 지적장애인이 타인과 어떤 관계를 맺고 있다는 점이 인정된다 하더라도 짐승의 얼굴은 사라지지 않는다. 맥마한은 중증 지적장애인과 가족 구성원이 맺는 관계가 도덕적으로 중요한 의미를 가질 수 있다고 주장한다(다시 말해, 장애인 개인에게 간접적으로 도덕적 지위를 부여한다는 의미다). 그러나 맥마한은 가족 관계의 본질을 상상하는 과정에서 중증 지적장애인과 애완동물을 비교한다. 이런 비교가 잠재적으로 불쾌감을 줄 수 있음을 인지하면서도,

결국 그는 그 비교에 일정한 의미를 부여하며 두 집단의 유사성을 부정하지 않는다.

우리가 다른 사람을 존중하기에 누군가의 애완동물을 야생동물에게 용인되는 방식으로 대하지 않는 것처럼, 주로 같은 이유로 우리는 중증 정신지체인을 그와 유사한 능력을 지닌 동물에게 용인되는 방식으로 대하는 것을 허용하지 않는다. 그러나 중증 정신지체인과 특별한 관계를 맺고 있는 사람은 자신이 특별히 관계 맺고 있는 이들이 애완동물의 지위를 갖는다는 언급에 분명 불쾌감을 느낀다. 하지만 이는 내가 한 주장을 오해한 것이다. 나는 중증 정신지체인이 **애완동물과 비슷하다고** 언급한 적이 없다. 내가 주장한 것은 중증 정신지체인이 어떤 사람과 특별한 관계를 맺고 있기 때문에 더 높은 도덕적 지위를 가지며 더욱 폭넓은 보호를 받을 가치가 있다는 점뿐이다. 이 점에서 중증 정신지체인의 상황과 애완동물의 **상황 사이에는 유사점이 있다.**[71]

이런 정식화된 주장은 여러 가지 의문을 불러일으킨다. 우선 맥마한이 '최소한의 종성원권bare species membership'을 도덕적 고려에서 의미 있는 것으로 보지 않는다는 점을 전제로 하자. 그리고 그가 내린 정의에 따라 누군가의 애완동물이 그의 (가상의) 중증 장애 아동과 동일한 인지능력을 지닌다고 가정해보자. 그렇다면 맥마한은 어떤 의미 있는 방식으로 해당 장애 아동이 애완동물과 다르다고 주장할 수 있을까? 아마도 맥마한은 부모와 자녀 간의 관계와 애완동물과 주인간의 관계에는 차이가 있다고 답할 것이다. 하지만 중증 지적장애인을 인간으로 여기지 않고서 어떻게 이 차이를 분명히 설명할 수 있을까?* 맥마한의 정의에 따르면 많은 이가 인격체에 해당하지 않는데 말이다.

나아가 만약 비인격체로 간주되는 중증 지적장애인의 도덕적 지위가 존재 자체로 도덕적 지위를 지닌 다른 존재와의 관계 덕분에 향상된다는 맥마한의 주장을 수용한다면, 앞서 보았던 윌로브룩을 비롯해 19세기 중반 이후 수많은 시설에 수용됐던 버림받은 아이는 그들의 안녕을 염두에 둔 가족이나 옹호자조차 없었다는 사실을 어떻게 받아들여야 할까? 맥마한은 이런 사례가 존재할 수 있음을 인정하며(비록 드물다고 주장하지만), 그런 경우 또한 도덕적으로 동일하게 문제가 될 수 있다고 덧붙인다. 그러나 이런 사례는 오직 다음과 같은 조건에서만 문제시된다. 말하자면 이 행태를 불쾌해하는 다른 누군가가 존재하는 경우에만 그렇다는 것이다.

물론 드문 경우지만, 중증 정신지체를 가진 영아가 고아여서 특별히

---

* 맥마한은 중증 정신지체인이 단순히 인간이라는 사실만으로 도덕적 고려를 받는 것이 아니라, 특정한 관계를 통해 도덕적 지위를 부여받을 수 있다고 주장한다. 따라서 인지 능력이 같다면 중증 지적장애 아동과 애완동물은 본질적으로 비슷해 보일 수 있다. 그러나 관계성(예컨대, 부모와 자녀 관계)을 이유로 이 둘의 '다름'을 구분하려 할 때, '중증 지적 장애 아동은 인간이다'라는 특수한 전제가 필요하다. 그러나 '인간이라는 사실'이 도덕적으로 중요하지 않다고 주장한 맥마한의 기준으로는 이 전제가 충분히 성립하지 않는 딜레마가 발생한다. 즉, 칼슨은 맥마한의 이론이 가진 개념적 모순이나 설명의 한계를 지적하며 의문을 제기한다.

관계를 맺고 있는 사람이 아무도 없는 경우가 있다. 그럼에도 유사한 능력을 가진 동물에게 용인되는 방식으로 그 아이를 대하지 않는 것이 적절할 수 있다. 왜냐하면 그 인간 아이에게는 유대감을 느끼지만 동물에게는 그렇지 않은 누군가에게 괴로움을 가할 수 있기 때문이다. 이는 비필연적인 부차적 영향에 대한 호소이긴 하지만, 전적으로 무관하다고 치부할 수는 없다.[72]

그렇다면 맥마한의 정의에 따라 가장 중증의 사례에 해당하는 지적장애 아동에 대한 비인간화는 단지 이 행태가 어떤 방식으로든 아이에게 유대감을 느끼는 "누군가에게 괴로움을 가할" 경우에만 문제가 된다. 이는 중증 지적장애인의 도덕적 지위에 관한 이론이 답하지 못하는 좀 더 근본적인 질문을 드러내며, 중증 지적장애인을 공동체의 구성원으로 바라보는 데 있어 제기되는 문제의 핵심을 파고든다. 이 유대감의 본질은 무엇인가? 무엇이 우리로 하여금 이 감정을 느끼게 하거나 혹은 느끼지 못하게 하는가?

일부 학자는 설득력 있게, 이 유대감을 같은 인간 동료 사이에서 느끼는 친밀감으로 설명할 수 있다고 주장한다. 그러나 유대감은 단순한 종성원권 이상의, 좀 더 견고하고 깊이 있는 인간 개념이다. 피터 번은 이렇게 쓴다.

인간이라는 개념은 타인을 바라보는 하나의 관점을 열어주며 이에 따라 타인에 대한 다양한 태도와 반응이 정당화된다. '인간존재'는 단순히 '특정 종의 구성원'이라는 의미 그 이상이다. (…) 인지장애인을 생각할 때 이들의 인간 개념을 박탈하는 것은 우리가 이들을 같은 인간으로 바라보고 반응할 수 있는 방식에 대한 기억을 지워버리는 것이다.[73]

키테이는 딸 세샤에 대해 다음과 같이 말하며 이를 되새긴다. "딸을 껴안을 때마다 나는 세샤의 인간됨을 안다."[74] 그러나 지적장애인의 인간의 얼굴을 드러내기 위해 호소하는 것은 종차별주의가 아닐까? 반드시 그렇지는 않다고 본다.[75] 종차별주의가 종성원권에 임의적으로 특권을 부여하는 데에 뿌리를 두고 있다는 점을 기억해보라. 그러나 지적장애에 대한 우리의 논의에서 인간 개념을 유지하는 것은 자의적인 것도 아니며 반드시 인간이 동물보다 우대받아야 함을 의미하지도 않는다. 만약 우리가 가장 기본이 되는 (생물학적으로 정의된) 종성원권 개념을 넘어 동료 인간으로서 존재한다는 좀 더 폭넓은 개념으로 나아간다면, 비인간 동물과 중증 지적장애인 사이에 존재하는 '도덕적 고려에서의 중요한 차이'의 인식은 어렵지 않게 되며, 인간 개념 역시 더 이상 자의적이지 않게 된다. 이 주장은 여러 방식으로 제기됐다. 예를 들어, 로레타 코펠만은 정신지체인 꼬리표가 붙은 사람과 존중에 관한 논의에서 이렇게 말한다. "나는 모든 인간은 같은 인간 동료로서 일정한 존중을 받을 자격이 있다는 견해를 옹호할 것이다."[76] 이어서 코펠만은 최중증 정신지체인은 세 가지 특징을 지녔기 때문에 같은 인간 동료로서 존중받아 마땅하다고 설명한

지적장애의 얼굴들

다. 그 세 가지 특징은 다음과 같다. 이들이 감각 능력을 지녔다는 점, 이들을 대하는 방식이 제도에 영향을 끼친다는 점, 그리고 이들이 가족과 공동체의 일원이라는 점이다.[77]

코라 다이아몬드Cora Diamond는 비인간 동물과 장애인을 연결 짓는 방식을 문제 삼는 것이 반드시 종차별주의적 입장을 의미하는 것은 아니며, 동물의 도덕적 지위를 폄하하지 않고도 인간이라는 사실의 중요성을 주장하는 일이 가능하다고 말한다.[78]

> 나는 생생하게 살아 있는 도덕적 사유 가운데 인간 생명에 대한 감각이 존재할 수 있으며, 그 감각은 인간의 운명을 이해하고 인간 삶이 서로 연결되어 있다는 인식 속에서 나타날 수 있다고 주장하려 한다. 내가 도덕적 사유에서 인간 개념을 중요하게 다루는 이유는, 주장한 바와 같이 동물을 도덕적 고려의 경계 바깥에 두기 위함이 아니다. 인간 개념에 중요성을 부여하는 일은 도덕적 고려의 경계를 설정하려는 시도가 아니기 때문이다. 인간이란 나와 같이 인간으로서의 삶을 살아가야 하는 존재이며 나와 같이 인간의 운명을 지닌 존재다.[79]

이 구절에서 다이아몬드는 동물에 대한 도덕적 고려를 확장하는 데에 반대하지 않는 한, 이것이 종차별주의가 아님을 분명히 밝히고 있다. 나 역시 인간존재 안에 내재한 인간다움을 인정하고, 이를 인정하지 못한 데서 비롯된 부정의를 지적하는 일이 반드시 자신이 속한 종의 이익을 자의적으로 우선시하는 종차별주의에 해당하지 않음을 주장하고자 한다.

그렇다면 누군가의 인간으로서의 운명을 인식하는 감각은 어디에서 비롯되는가? 다이아몬드는 우리의 상상력에서 시작된다고 말한다.

중증 정신지체인(they)은 비장애인(us)*과 더불어 인간으로 여겨지며, 이때 인간이라는 것은 생물학적 의미가 아니라 상상력으로 이해되는 개념이다.[80]

다이아몬드는 공동의 인간 운명을 인식하는 것이 어떻게 도덕적 고려의 문제로 연결되는지를 좀 더 명확히 하기 위해 특정 도덕이론에서 인격성에 필수적이라 여겨지는 능력을 갖추지 못한 인간이 조롱이나 폭력의 대상이 되었을 때 우리가 느끼는 도덕적 분개를 예로 든다. "그 분개 속에는 인간됨이 무엇인지에 관한 우리의 상상적 이해가 담겨 있을 수 있다."[81] 이런 분개의 감각은 지적장애인에 대한 처우를 개혁하고자 전개된 여러 주요 운동의 근간이 되었다. 이는 인간존재에게 가해지는 부정의에 대한 분개이자 이들을 인간 이하로 취급하는 것에 대한 분개였다. 다이아몬드는 인간 개념을 도덕적 고

＊　인용된 원문에서는 '그들(they)'과 '우리(us)'로 지칭하고 있으나, 이는 중증 지적장애인을 다시 타자화시키는 비장애중심적 지칭이라는 한계를 지닌다. 본문의 번역에서는 원문 자체가 지닌 폄훼적 의미를 살리려는 저자의 의도가 없는 한, 비장애중심적 표현은 일부 수정해 인용하되 괄호 안에 원문을 병기했다.

려에서 무관한 것으로 취급하는 담론 속에서는 이와 같은 연대감과 분개가 상실될 수 있다고 주장한다. 이런 접근법은 "어떤 인간적 특성이 도덕적 고려와 관련되는지를 두고 논쟁할 수는 있지만, 공통된 인간성 (…) 즉, 단지 인간이라는 사실 자체로는 아무 의미가 없다"[82]고 가르친다. 다이아몬드는 이런 방식이 일종의 소외로 이어질 수 있다고 주장하는데, 나는 그것이 지적장애를 다루는 특정 철학 담론에서 분명히 드러난다고 생각한다.

중증 지적장애인이 인간이라는 사실을 무시하거나 그것이 도덕적으로 무의미하다는 주장은 이들에 관한 우리의 논의를 빈곤하게 만든다. 인간성을 명백하게 박탈하는 폭력, 방임, 학대의 사례가 보여주듯이 인간에게는 인간만이 겪을 수 있는 고유한 형태의 억압이 있다. 그리고 이를 비인간 동물에 대한 부당한 대우와 쉽게 비교하거나 철학 담론에서 이들을 문자 그대로 비인간화할 때 이런 억압이 가려지거나 심지어 지속될 수도 있다.

그렇다고 해도 종차별주의 비판에는 지적장애 논의에 유익한 시사점을 제공하는 중요한 측면이 있을 수 있다. 싱어는 우리가 인간이 지닌 어떤 특성을 가치 있게 여기면서도 일부 비인간 동물 역시 그런 특성을 지니고 있다는 사실을 알아차리지 못한다고 지적하며, 그렇기에 비인간 동물을 죽이거나 실험하는 것을 삼가야 한다고 주장한다. 하지만 지적장애인의 이익과 동물의 이익이 대립한다고 보는 관점을 넘어서서 두 집단을 좀 더 있는 그대로 나타낼 필요가 있다. 그로써 각자의 고유한 특성을 인식하고 긍정할 수 있을 것이다.

이것이 바로 내가 지적장애에 관한 철학적 논의에 내재된, 문제의 소지가 있는 몇 가지 개념적·정의적 전제를 지적하면서 시도했던 바다. 중증 지적장애인에게 인격성의 본질로 간주되는 능력을 갖게 될 잠재성이 전혀 없다고 가정하는 고정적 관점은 이들의 변화나 발달의 가능성을 전적으로 부정한다. 이는 지적장애를 논하는 다른 대부분의 학문 분야(그리고 2002년 미국 정신지체협회의 정의)에서 논의 및 토론되는 장애의 다양한 역동적 이론 모델과 극명한 대조를 이룬다. 이 모델은 지적장애를 변화 가능한 상태로 보며 개인과 환경의 상호작용에 영향을 받는 것으로 이해한다. 더욱이 (그저 인간이기만 한) 최소한의 종성원권과 완전한 인격성 사이에 날카로운 이분법이 존재한다고 가정하는 것은 인격체가 될 수 있는 잠재적 또는 실제적인 능력을 지닌 자들과 그렇지 않은 자들을 손쉽게 구분할 수 있다는 생각을 내포한다. 그러나 이런 이분법적 구도를 잠재성과 능력의 연속체로 전환해 바라보고, 지적장애에 관한 의미 있는 도덕적 논의를 위해 고려해야 할 특성의 범위를 확장한다면(예를 들어, 이미 존재하는 사회집단에 속해 있거나 그 속에 '던져진' 채 존재한다는 사실, 그리고 가족 및 사회 공동체의 일원이라는 점 등을 포함한다면), 중증 지적장애인과 비지적장애인 및 경도·중등도의 지적장애인이 공유하는 것이 단지 생물학적 분류 표지뿐만은 아니라는 사실이 분명해진다.[83] 이런 인식은 지적장애인과 비인간 동물을 비교하는 방식의 논의를 필요로 하지 않으며(그런 논의는 도움도 되지 않는다), 동물의 도덕적 지위나 능력 또는 처우에 관한 어떤 부정적 함의도 내포하지 않는다.

나는 여기서 종차별에 반대하는 논의가 능력주의적 전제 및 주장에 의존하는 방식을 개략적으로 드러내고자 했다. 이는 새로운 현상이 아니다. 예를 들어, 인종차별주의는 종종 성차별주의 반대 논의에 영향을 줬으며, 많은 장애 여성은 주류 페미니즘이 특정 형태의 비장애중심주의를 재생산해왔다는 점을 지적해왔다.[84] 피터 싱어 역시 단순히 동물을 인간보다 우위에 둔다는 비판에 대응하면서 종차별·인종차별·성차별주의에 반대하는 운동 사이의 밀접한 연관성을 언급한다.

> '인간이 먼저다'라는 생각의 연장선상에서 동물복지운동에 참여하는 사람은 인간보다 동물을 더 아낀다는 말을 흔히 한다. 물론, 일부는 사실일 수 있다. 하지만 역사적으로 보면 동물복지운동의 선두에 선 이들은 동물에 전혀 관심을 두지 않았던 사람보다 인간에 대해 훨씬 더 많은 관심을 가져왔다. 실제로 흑인과 여성 억압에 반대하는 운동 지도자와 동물 학대에 반대하는 운동 지도자 사이에는 적지 않은 공통점이 존재한다.[85]

만약 우리가 비인간 동물과 지적장애인이 각기 경험하는 상이한 형태의 억압과 차별을 이를 논하는 과정에서 되풀이하지 않으면서도 인식할 수 있다고 인정한다면, 장애인권리운동과 동물권리운동 간의 연대를 구축하다는 것은 무엇을 의미할까? 지적장애인을 철학의 애완동물로 전락시키지 않으면서도 다양한 형태의 억압에 맞설 새로운 화해 방안을 구상할 수 있을까? 또한 지적장애를 둘러싼 논의 속에 여전히 '짐승의 얼굴'이 자리할 여지가 있을까?

동물성을 다시 주장하는 것의 의미

철학 문헌에서 비인간 동물과 지적장애인이 나란히 비교된 방식에 대한 앞선 분석은 결코 모든 측면을 다룬 것이 아니다. 앞서 제시한 몇 가지 예시가 중증 지적장애인과 비인간 동물을 연결 짓는 유일한 방식은 아니지만, 내가 지적장애에 관한 '전통적 접근'이라 부른 관점의 몇 가지 특징을 드러낸다. 지적장애는 변화하지 않는 상태로 간주되고, 이들을 둘러싼 범주는 의문의 여지없이 자명한 것으로 받아들여진다. 그 분류가 어떻게 형성됐는지에 대한 역사적 맥락은 언급되지 않은 채 논의되고, 가장 중증의 지적장애는 우리가 '정상적인' 인간존재라고 여기는 범주의 가장자리나 그 바깥에 위치하는 것으로 여겨진다. 이로 인해 스펙트럼의 극단에 있는 전형적 사례에서는 도덕적으로 중요한 '인간의 얼굴'이 '짐승의 얼굴'에 가려지는 일이 너무도 쉽고 빈번하게 일어난다.

그러나 지적장애와 관련해 최근에는 동물성을 전혀 다른 방식으로 이해하고 호소하는 접근이 등장했다. 이는 전통적 접근과는 반대의 결론으로 나아가는데, 이 새로운 접근에 따르면 장애를 지닌 개인의 특정한 동물적 특성을 인식할 때 오히려 당사자를(그리고 우리 자신을) 가장 분명하게 인간으로 바라보게 된다는 것이다. 예컨대, 알래스데어 매킨타이어Alasdair MacIntyre는《의존적 이성적 동물들Dependent Rational Animals》에서 자립의 덕목뿐만 아니라 "인정된 의존성의 덕목"[86] 또한 받아들여야 한다고 주장한다. 매킨타이어에 따르면 "우리는 결코 우리의 동물성을 완전히 초월하지 못한다"[87]고 인정할 때 비로소 지적장애인과의 윤리적 관계를 좀 더 충분히 실현하고 인간 번영에 대한 우리의 구상 또한 넓힐 수 있다.[88] 따라서 우리가 인간 동물임을 인식하는 것은 바로 우리의 의존성과 취약성 속에서 이뤄진다. 그리고 모든 인간이 이런 조건을 경험한다는 점에서 정도의 차이는 있지만, 능력 있는 몸과 장애화된 몸을 가르는 경계가 사라지기 시작하는 중요한 측면이 나타난다.

인간의 동물성을 재주장하는 것은 장애에 관한 몇몇 문제적 인식을 비판하는 동시에 지적장애인에게 마땅히 부여돼야 할 도덕적 지위와 존중에 주의를 기울이는 해방 철학을 제공할 수 있다는 점에서 매우 강력한 의미를 갖는다. 이는 키테이의 작업과도 공명하는데, 그녀는 우리 모두가 의존적 존재이며 모든 인간은 돌봄을 필요로 한다는 원칙에 기반을 둔, 좀 더 탄탄한 돌봄 개념을 장애와 연결 지어 주장한다.[89] 이 관점은 장애인이 경험하는 억압과 소외의 여러 양상에 주의를 기울이면서도 종차별주의에 빠지지 않을 수 있는 길이 있음을 시사한다. 매킨타이어가 자신의 작업을 규정하듯, 이런 주장은 "우리는 동물이지만 그 밖의 어떤 존재이기도 하다는 인간 본성에 관한 상像이 문화에 미치는 영향력을 전반적으로 약화시키는"[90] 시도다. 이로써 지적장애인을 비인간 동물과 연결 지어왔던 과거의 방식과는 달리, 여기서는 (배제적 접근이 아닌) 포용적 접근을 확인할 수 있다. 포용적 접근에서 중증 지적장애인은 인간존재의 가장자리에 놓인 존재가 아니라 취약성과 의존성, 그리고 인간의 동물적 본성을 통해 인간적인 것의 가장 중심적인 면모를 체현하는 존재로 제시된다.

이런 새로운 방향은 장애와 동물성을 함께 이론화할 가능성을 보여준다. 동물성에 대한 현상학적 연구와 에코페미니즘 연구 속에는 또 다른 지평을 여는 흥미롭고 새로운 접근이 존재한다.[91] 그러나 이런 이론적 움직임의 잠재적 결과뿐만 아니라 지적장애인이 비인간 동물과 비교돼온 역사를 간과하지 않기 위해서는 좀 더 주의 깊게 접근하며 과거적 성찰과 미래적 전망을 아울러야 할 필요가 있을지도 모른다. 전자와 관련해서는, 즉 과거를 되짚어보는 일은 푸코의 작업이 풍부한 출발점을 제공할 수 있다.[92]

'동물-광인'과 '동물-백치' 사이의 역사적 공명을 도식화하는 것을 넘어서 인간과 비인간 동물 사이의 관계를 다룬 푸코의 작업은 앞서 제시했던 오늘날의 철학적 문제를 이해하고 대응하는 것과 어떻게 연결될 수 있을까? 푸코적 관점에서 고려해보면 지적장애인과 비인간 동물 사이의 연관성에 대한 논의는 적어도 우리를 멈춰 세워 성찰하게 한다.

우선 광기에 관한 푸코의 작업은 오늘날 우리가 사용하는 분류의 뿌리를 추적하고, 그 분류를 시대와 역사를 초월하는 자명한 범주가 아닌 우연의 산물로 이해하는 역사적·인식론적 중요성을 강조한다. '중증 정신지체인'이나 '광인'은 그 자체로 문제적 인간 범주이며 특정한 윤리적·정치적 질문을 제기하는 존재다. 이성과 비이성의 분리를 초래한 침묵의 구조를 '고고학'*으로 추적했던 푸코의 노력은 지적장애에 관심이 있는 철학자로 하여금 지적장애에 관한 오늘날의 정의와 인식을 뒷받침하는 침묵과 이분법을 깊이 성찰하도록 촉구한다. 또한 푸코의 작업은 특정한 인간 타자와 비인간 동물을 밀접하게 연계하는 과거의 담론과 오늘날의 담론 사이의 연속성과 불연속성을 사유하도록 이끈다.

불연속성의 문제는 이런 유비가 지속될 경우, 지적장애인의 비인간화를 재생산하게 될 가능성을 제기한다. 푸코는 잘 알려진 대로 그의 저작에서 규범을 강요하는 것을 꺼리며 독자에게 명시적인 규범적 주장도 거의 제시하지 않는다. 그러나 나는 푸코의 저작 자체를 저항의 장으로 읽으며, 이에《광기의 역사》를 비인간화의 결과와 그것을 정당화하는 방식에 대항하는 논쟁적 저작으로 본다.

푸코는 인간과 비인간의 관계가 지닌 복잡성과 역동성을 밝히면서 고전 시대를 관통했던 광인 처우에 수반된 '야만성'을 폭로하고, 정신 수용소에서 시행된 새로운 기법이 '진실로' 해방적 의도를

---

* 푸코는《광기의 역사》중 〈침묵의 고고학the archaeology of the silence〉에서 '침묵'은 말해지지 않았거나 금기시된 것, 존재했지만 역사 속에서 드러나지 않은 것을 뜻한다. 침묵의 고고학은 이런 침묵의 층을 파헤쳐서 왜 그것이 침묵했는지, 어떻게 침묵했는지를 밝혀내는 작업이다. 푸코는 이 작업을 통해 이성과 비이성이 나뉘게 된 역사적·사회적 과정을 밝힌다.

지녔는지에 의문을 제기하면서, 인간 타자가 동물로 전락하는 복잡한 과정을 드러낸다. 푸코의 작업은 우리로 하여금 철학 담론이 지적장애인과 비인간 동물 사이에 추가적인 비인간화를 막을 수 있을 만큼 충분히 넓은 간극을 유지할 수 있는지 숙고하게 만든다.[93]

이에 우리는 폴 스피커의 걱정 어린 염려를 떠올리게 된다. 그가 우려한 바는 지적장애 논의에서 동물을 끌어들여 호소하는 방식이 실제로 지적장애인에 대한 태도를 변화시킬 수도 있다는 것이었다. 동물과 비교하는 방식의 논의와 그런 사례가 사람의 사고방식을 바꾸고 그에 따라 행동하게 만든다는 직접적인 증거는 없지만, 다른 집단에 속한 인간 타자를 동물화하는 것이 엄청나게 끔찍하고 잔혹한 행위를 정당화하는 근거가 되어왔다는 역사적 선례가 분명히 존재한다. 울프 울펜스버거Wolf Wolfensberger는 역사적으로 정신지체인에게 덧씌워진 인간 이하의 동물적 지위에 대해 살펴보면서, 정신지체인이 더위와 추위에 둔감하다는 믿음이 겨울철 이들이 지내는 독방의 난방 차단을 정당화했다고 설명한다. 또한 울펜스버거는 소몰이용 전기봉으로 중증 정신지체인을 다뤘던 사례에 대해 "왜 정신지체인에게 소몰이용 전기봉과 같은 자극을 가하는 방식이 동물, 특히 '말 못하는 가축'을 다루는 상징성에서 벗어나지 못한 채 이뤄지고 있는지, 왜 그 상징성을 폐기하지 않는지에 대해 여전히 의문을 제기할 수 있다"[94]고 말한다.

오늘날 중증 지적장애인의 생명을 빼앗는 행위를 정당화하는 데 있어, 우리는 명시적이든 암묵적이든 이들을 동물로 여기는 논리

지적장애의 얼굴들

에 얼마나 의존하고 있는지 물어야만 한다. 피터 번은 이를 비판하며
다음과 같이 쓴다.

> 인지장애인을 같은 동료 인간으로 바라보는 것은, 예컨대 이들 또한
> 여타의 사람과 마찬가지로 인간 부모에게서 태어났다는 사실을 상기
> 시켜줄 것이다. 이는 다시금 이들이 숫자가 매겨진 농장 가축이 아니
> 라, 이름을 가진 인간임을 일깨워줄 것이다. 이들이 지닌 이름은 다운
> 증후군 아기나 세 살짜리 자폐 아이조차 여전히 의미 있는 누군가라
> 는 사실과 밀접하게 연결돼 있다. 이들은 여전히 인간 공동체의 구성
> 원이다.[95]

지적장애의 인간성을 지키면서 이들이 지닌 장애와 동물성 모
두를 포함하는 철학과(예를 들어, 매킨타이어의 견해) 동물 비유에 기대
어 특정 중증 장애인을 도덕적 혹은 인간 공동체에서 배제하는 철학
의 차이를 비판적으로 검토하는 것은 가치 있는 작업이다. 비인간 동
물과 지적장애인을 연결 짓는 작업이 얼마나 유용하고 필요한지를
묻는 것보다, 이런 철학적 접근이 인간 공동체와 장애에 관한 우리의
개념화 방식 및 우리 자신을 인간 동물로 정의하는 방식에 어떤 영향
을 미치는지를 고민하는 편이 좀 더 생산적일 수 있다. 어째서 어떤
인간의 얼굴은 다른 이들의 얼굴보다 더 쉽게 짐승의 얼굴을 불러일
으키는가? 누구의 동물성이 강조되고 착취됐는지를 살피지 않고서
'동물성의 재주장'을 아무 맥락 없이 광범위하게 논해도 괜찮은 걸

까? 어떤 이들에게는 그들의 동물성이 아니라 인간성이 다시금 주장돼야 할 필요가 있다는 점을 외면한 채 말이다. 《광기의 역사》 서문에서 푸코는 이렇게 말한다.

> 우리는 아직도 인간이 주권적 이성의 이름으로 이웃을 가두고, 비-광기라는 냉혹한 언어를 통해 서로를 인식하고 소통하는, 그 또 하나의 광기의 역사를 쓰지 못했다.[96]

푸코의 주장은 우리에게 마지막 질문을 남긴다. 어떤 타자의 인간적 얼굴에 짐승의 얼굴을 덧씌우는 것이야말로 또 다른 형태의 야만과 광기가 아닐까? 리베라가 담아낸 윌로브룩의 참상을 떠올린다면 인간의 동물성을 주장하고 긍정하는 순간에도 이 푸코적 질문을 염두에 두는 것이 현명할지도 모른다.

지적장애의 얼굴들

6장

고통의 얼굴

나는 다음과 같은 근대적 역설에 주목하며 논의를 시작하고자 한다. 가장 이상적인 환경과 최고의 의료진을 갖춘 상황에서도 질병의 진행 과정뿐만 아니라 치료의 결과로 고통이 발생하는 일은 드물지 않다. 의학이 고통의 본성과 원인에 소극적 관심만 기울여왔다는 점을 고려할 때, 지금과는 다른 모습도 가능했을지 궁금해진다. 이 결핍은 선의의 결여 때문이 아니다. 통증이나 기능 상실에 대해 의사보다 더 큰 관심을 가진 집단은 없을 것이다. 이는 오히려 지식과 이해의 실패다.

_에릭 캐슬

고통에 주의를 기울이게 만드는 방식은 고통을 완화하기는커녕 오히려 지속시키거나 더 심화시킬 수도 있다.

_엘리자베스 스펠먼

장애와 고통 사이의 관계는 필연적이지도 충분하지도 않다.

_스티븐 에드워즈 Steven Edwards

　　앞선 장에서 제시된 논의를 통해 우리는 지적장애인의 고통이라는 문제가 얼마나 많은 철학적 관심을 받아왔는지 의문을 제기해 볼 수 있다. 많은 경우 지적장애인의 고통은 비인간 동물의 고통 문제에 가려지거나 이에 종속되어 다뤄지는 것처럼 보이기 때문이다. 지적장애 역사에는 고통의 사례가 넘쳐나며, 그중 다수는 시설 및 제도의 개혁을 촉구하는 반복적인 외침 속에서 드러난 참혹한 현실을 통해 밝혀졌다. 이런 역사(또는 오늘날의 학대 및 폭력 사례)에 대한 언급은 드물게 이뤄지는 반면, 지적장애와 관련된 생명윤리 및 철학적 담론에서는 고통에 대한 논의가 주요하게 다뤄진다. 그러나 '짐승의 얼굴'과 마찬가지로 '고통의 얼굴' 또한 이 담론을 구성하고 조직하며 특정한 형태의 지적장애를 묘사하고 '지적장애를 지닌 사람은 특정한 삶을 살아갈 수밖에 없다'는 널리 퍼진 믿음과 가정을 지속시키는 복합적 기능을 수행한다. 따라서 우리에게 중요한 것은 철학적 담론에서 고통의 성격과 의의를 더 잘 이해하고 그것의 이론적 및 이론 외적 기능을 명료화하며 다른 얼굴이 등장할 여지를 마련하기 위해 고통의 다양한 얼굴을 식별하고 이를 벗겨내는 일이다.

　　동물성과 장애 사이의 연관성이 지속돼온 것처럼 고통의 얼굴은 오랫동안 장애와 이어져왔다. 장애인권 운동가와 이론가의 주요 목표 중 하나는 비장애중심적 세계가 장애를 지닌 상태 자체를 고통과 동일시해온 관행에 도전하는 것이었다. 앞서 언급했듯이 장애권리운동은 장애 모델을 의료적 모델에서 사회적 모델로 전환하기 위해 노력해왔다. 의료적 모델은 장애를 개인의 특성, 즉 개인 내의 불행한 병리적 이상으로 규정하는 반면, 사회적 모델은 장애를 개인과 환경 간 상호작용의 산물로 정의한다. 따라서 사회적 모델은 '손상(생물학적·생리학적 또는 심리적 병리 등)'과 '장애'를 구분한다. 또한 사회적 모델은 장애의 정의에 도전할 뿐만 아니라, 비장애인이 흔히 전제하는 것처럼 장애인은 자신의 손상으로 인해 필연적으로 고통받는다는 믿음 자체에 문제를 제기한다. 이런 믿음은 이른바 '개인적 비극 모델personal tragedy model'이라 칭해지는데, 이는 많은 사람에 의해 여러 층위에서 도전받고 반박되었다. 개인적 비극 모델을 비판하는 당사자는 자신의 상태 자체가 고통의 원인이 아니라고 주장한다. 이들은 일부 손상이 신체적·심리적 고통을 유발한다는 사실을 부정하는 것이 아니다. 오히려 많은 장애 당사자와 지적장애인 자녀를 둔 부모가 주장하듯, 그들의 고통을 초래하는 좀 더 중대한 원인은 장애에 대해 차별적 견해를 지닌 사회, 그리고 장애인의 충만한 삶을 가로막는 구체적 장벽을 지닌 사회에 있다.

　　장애와 고통을 동일시하는 관행에 대한 비판은 고통의 세 가지 차원, 즉 '고통의 원인', '고통의 불가피성', 그리고 '고통의 정도'를 겨냥한다. 먼저 해당 비판은 장애인이 겪는 고통의 원인이 외부적 요인이 아닌 당사자의 상태에 있다는 전제에 도전한다. 이어서 단지 장애를 지니고 있다는 이유만으로 필연적으로 고통받는다는 주장도 반박한다. 마지막으로 해당 비판에서는 손상으로 장애인이 경험하는 고통의 정도를 잘못 표상하는 관행에도 이의를 제기한다.[1] 이런 비판의 맥락에서 지적장애와 관련해 고통이라는 문제를 고찰할 때 제기되는 고유한 쟁점들을 다루고자 한다. 정신지체 범주가 지닌 복합적 특성(예컨대 내외적 이질성, 전형 효과 등)을 고려할 때, "모든 지적장애인은 불가피하게 고통받는다"는 주장은, 모든 인간이 고통을 겪는다는 의미가 아니라면 결코 유지될 수 없다. 경증과 중증, 사회적·경제적 조건의 차이, 특정 장애인에게만 영향을 미치는 신체적·정신적 질환의 유무 등은 일반화를 어렵게 만든다. 그러나 비인간 동물과 지적장애를 논할 때 등장하는 '짐승의 얼굴'처럼 '고통의 가면' 사례 역시 현실과 특수성을 가리고 하찮게 보이게 하거나 아예 보이지 않게 만들 수 있다. 엘리자베스 스펠먼이 《슬픔의 열매Fruits of Sorrow》에서 지적했듯 "고통에 주의를 기울이게 만드는 방식은 그 고통을 완화하기는커녕 오히려 지속시키거나 더 심화시킬 수도 있다."[2] 이 통찰을 출발점 삼아 철학이 지적장애와 관련된 고통에 어떤 방식으로 관심을 기울여왔는지 비판적으로 살펴볼 것이다. 비인간 동물과 지적장애인을 연관 짓는 방식이 흔한 만큼, 고통의 문제에 근거한 지적장애 논의 또한 광범위하게 퍼져 있다.

고통이 지적장애 논의와 무관하다고 주장하려는 게 아니다. 오히려 잠재적으로 문제가 될 수 있는 특정한 사유의 경향을 추적하고 일부 형태의 고통을 경감시키는 데 기여하며 지적장애의 철학적 얼굴 자체를 변화시킬 수 있는 새로운 탐구 방향을 제시하고자 한다.

산전 전형과 철학적 전형

과거에는 철학 문헌에서 지적장애와 그 다양한 하위 범주가 잘 다뤄지지 않았으나, 생명윤리학 문헌이 점차 풍부해지고 재생산 기술과 유전학 발전을 둘러싼 논의가 점점 더 복잡해짐에 따라 지적장애 논의를 위한 새로운 공간이 마련됐다. 물론, 이런 논의는 장애 전반을 포괄하고 있지만 산전유전자검사와 선별적 임신중절과 같은 기술이 도덕적으로 정당화되거나 옹호되는 경우의 많은 사례가 지적장애기 때문에, 지적장애는 별도로 논의할 가치가 있다.

고통과 지적장애 사이의 연관성은 재생산에 대한 결정, 유전적 산전검사, 그리고 선별적 임신중절을 둘러싼 생명윤리 담론에서 자주 발견되곤 한다. 이런 관행을 옹호하는 중심 논거 중 하나는 장애로 인해 고통받게 될 아이의 삶을 사전에 방지한다는 것이다. 이 논거는 조건의 구체적 내용, 도덕적 주장의 강도(예컨대, 이런 기술이 도덕적으로 허용 가능하다는 주장부터 사용해야 할 도덕적 의무가 있다는 주장까지), 그리고 논의가 제기되는 맥락에 따라 다양하게 나타난다. 그러나 이 논거 모두에는 '고통 경감'을 추구한다는 공통점이 있으며, 그 과정에서 지적장애에 대한 특정한 전제를 드러내고 있다. 이에 대해서는 좀 더 비판적인 고찰이 필요하다. 데보라 캐플런Deborah Kaplan이 지적한 것처럼, 장애인의 삶이 살 가치 없는 것으로 판단되는 주된 이유는 고통이라는 개념에 있다.

유전적 특성을 근거로 임신중절을 허용하는 가장 매력적이고 만족스러운 이유는 이타주의다. 우리는 미래의 잠재적 아이들을 고통과 해악에서 구제하고 있다고 믿는다. 어쩌면 바로 이 정당화가 장애 권리 활동가에게 가장 불편한 것일지도 모른다."[3]

나는 이런 실천과 이를 정당화하는 논거에 대해 찬반을 논하고자 하는 것이 아니다. 오히려 나는 고통의 얼굴이 지적장애 논의에서 지배적으로 작동하는 방식을 지적하고자 한다.

앞서 지적장애 역사를 재검토하면서, 특정한 범주와 기술이 동시에 출현해왔음을 확인한 바 있다. 예컨대, 20세기 초 지능검사의 사용은 '모론'을 정신박약의 전형적 사례로 등장시켰다. 오늘날 지적장애를 둘러싼 실천을 살펴보면, 유전학과 산전검사의 진보 역시 지적장애에 대한 새로운 유형의 지식을 생성하는 방식에 유사한 전환을 초래했음이 분명해진다. 산전 관찰 및 검사와 관련한 새로운 기술과 이 기술이 만들어내는 지식은 지적장애의 새로운 전형적 범주, 즉 '산전 전형prenatal prototype'을 생성하는 데 기여했다. 곧 살펴보겠지만 이런 전형은 고통의 원인, 불가피성, 그리고 고통의 정도에 관한 일련의 전제를 수반해 형성된다.

산전 전형 형성 원인에는 여러 요인이 있으며, 이 전형 효과는 다양한 담론 속에서 반복적으로 나타남으로써 강화된다. 따라서 이 장의 목적이 철학 담론 속 고통의 얼굴을 드러내는 데 있다 하더라도, 그 고통의 얼굴이 생명윤리학과 유전학, 의학, 사회적·임상적 담론이 교차하는 지점에서 어떻게 지지되고 강화 및 지속되고 있는지를 인식하는 것이 중요하다. 브루스 제닝스Bruce Jennings는 자신이 '유전적 상상'이라 명명한 논의 속에서 이 점을 인식하며 다음과 같이 말한다.

> 유전자검사는 강한 정서적 반응을 일으키는 이론적 전제를 내포하는 형태의 지식을 제공하는데, 이 지식은 우리의 신체, 사회적 자아, 그리고 시간적 미래에 대한 인식을 선택적이며 특정한 방식으로 구조화한다. 그리고 이런 유형의 지식은 태어나지 않은 아이의 신체, 자아, 미래에 대한 인식 또한 구조화한다. 유전자검사가 제공하는 능동적이고 구성적인 지식 유형은 인간의 정신 안에 하나의 세계를 창조하며, 이 세계는 오늘날의 선도적 지식인과 과학자, 전문가에 의해 정당화된다.[4]

산전유전자검사를 둘러싼 담론을 임상적·철학적·사회적 맥락에서 살펴보면 고통의 원인을 규정하는 '고통의 귀속'이 이런 인식과 세계를 만듦에 있어 핵심 구성 요소로 작동하고 있음을 알 수 있다. 이때 이 상이 만들어지는 다양한 메커니즘을 좀 더 면밀히 분석할 필요가 있다. 왜냐하면 유전적 상상의 산물로 만들어지는 전형은 단편적 스케치 정도에 그쳐 본래의 깊이와 복합성을 가려버리는 경우가 많기 때문이다. 제닝스가 지적하듯, 이런 상상은 미래의 인격체를 구상할 수 있는 가능성을 만들어내지만, 그것으로는 충분하지 않다.

유전적 상상은 미래 아동의 현실을 사고할 수 있게 해주는 기반이다. 이 점에서 유전적 상상은 사실상 초상화보다 캐리커처에 가깝다. 이는 자아의 본질을 포착하기 위해 특정한 특성에 선택적으로 초점을 맞추고 있기 때문이다.[5]

그렇다면 무엇이 이런 전형의 구성을 가능하게 하며, 그 과정에서 고통에 대한 전제는 어떤 역할을 수행하는가?

이런 전형이 어떻게 구성되는지를 충분히 이해하기 위해서는 많은 장애 이론가가 그들의 비판에서 지적해온 고통의 세 가지 차원, 즉 '불가피성', '정도', '원인'에 주목하는 것이 도움이 된다.[6] 잠재적으로 장애가 있다고 여겨지는 태아에 대한 논의에서 자주 전제되는 첫 번째 가정은 이 아이는 필연적으로 고통스러운 삶을 살아갈 운명이라는 믿음이다. 예컨대, 아이가 취약X증후군이나 다운증후군과 같은 지적장애를 가진 경우, 그 아이에게 고통은 피할 수 없는 것으로 여겨진다. 나아가 일부 경우에는 장애의 정의 자체가 고통을 함의한다. 존 해리스John Harris는 장애를 "해를 입은 상태"로 정의하며, 장애를 가진 삶은 어떤 합리적 사람도 기꺼이 피하고자 할 것이라 논한다.[7]

많은 장애 이론가가 장애와 고통을 동일시하는 시도를 비판해왔음에도 지적장애의 전형적 사례는 독자적인 방식으로 작동하곤 한다. 첫째, 다운증후군과 같이 지적장애를 수반하는 상태의 가능성은 여성에게 산전검사를 받도록 권유하는 주된 근거로 제시된다. 따라서 지적장애, 그리고 그에 대한 두려움과 전제는 산전 전형의 구성

과정에서 중심적 위치를 차지하게 된다. 그러나 일부 질병과는 달리 (예컨대, 고통의 불가피성과 심각성이 눈에 보이는 테이삭스병^{Tay-Sachs disease}과 달리), 많은 경우에서 고통의 심각성과 고통 발생의 가능성 자체가 알려져 있지 않다. 이런 불확정성은 산전 전형의 창조에 기여한다. 왜냐하면 장애의 중증도와 무관하게, 단지 해당 상태 자체를 근거로 아이가 필연적으로 고통받을 것이라 전제되는 경우가 많기 때문이다. 예컨대 다운증후군의 경우, 사전에 장애의 중증도를 확언할 수 없다. 따라서 이 조건 자체로 인해 아이가 고통스러운 삶을 살 것이라는 가정은 오류다. 이는 다운증후군을 가진 아이가 해당 조건으로 인해 다른 아이보다 더 많이 고통받을 것이라는 보장이 전혀 없으며, 그 아이가 어느 정도의 장애를 가지게 될지 알 수 없기 때문이다.

장애와 고통을 동일시하는 관행에 도전해온 것과 마찬가지로, 여러 장애 이론가는 지적장애인이 필연적으로 고통받을 것이라는 전제에 의문을 제기해왔다. 스티븐 에드워즈는 '고통 논변^{suffering claim}' 이라 불리는 주장, 즉 "장애를 지닌 삶은 불가피하게 중대한 수준의 고통 또는 피해를 수반한다"는 주장을 비판적으로 검토한다(여기서 '중대한'이라는 표현은 "건강한 전형적 개인이 평생 동안 겪을 수 있는 고통 수준을 초과하는 정도의 피해 또는 고통을 의미하는 것"으로 해석할 수 있다).[8] 에드워즈는 지적장애인의 사례를 고려할 때, 이런 전제는 경험적 근거에 의해 반박될 수 있다고 주장한다.

예를 들어, 중등도 지적장애를 가진 사람의 사례에서는 몇 가지 반례를 찾을 수 있다. 많은 이가 통상의 비장애인과 다를 바 없이 고통 없는 삶을 살아간다고 보는 것이 전적으로 타당해보인다. 게다가 서구 국가에 거주하는 중등도 지적장애인 중 상당수는 전 세계 빈곤 지역에 거주하는 비장애인보다 훨씬 낮은 수준의 고통 속에서 삶을 영위하고 있을 가능성이 높다.[9]

다수의 증거는 다양한 양상의 지적장애를 가진 사람이 필연적으로 깊은 고통 속에서 살아가는 것은 아님을 시사한다.[10] 페카 로우히알라Pekka Louhiala는 지적장애 예방을 둘러싼 도덕적 담론을 분석하면서 이런 사례를 별도로 고찰할 이유가 존재한다고 지적한다.

지적장애는 특수한 사례다. 물리적 장애를 유발하는 여러 증후군이나 조건이 고통을 초래한다는 것은 우리가 가정할 수 있지만, 지적장애를 유발하는 조건에 대해서는 반드시 그렇다고 말할 수 없다.[11]

에드워즈와 마찬가지로 그는 다양한 수준의 지적장애를 가진 개인에 대한 연구를 근거로 지적장애와 고통의 동일시는 근본적으로 잘못됐다고 결론짓는다.

첫째, 지적장애인을 일반 인구와 비교할 때 그들의 삶의 질이 상당히 낮을 것이라고 입증된 바는 없다. 둘째, 지적장애인 집단 전체의 삶의 질에 대해 말하는 것이 과연 의미 있는 일인지도 의문이다. 셋째, 특정

지적장애의 얼굴들

하위 집단 혹은 개인이 현저히 낮은 삶의 질을 가지고 있음이 입증된다 하더라도 그 인과성에 대한 결론은 신중해야 한다. 왜냐하면 낮은 삶의 질이 지적장애 자체의 필연적 결과일 수도 있지만 환경적 요인에서 기인한 것일 수도 있기 때문이다.[12]

로우히알라의 마지막 지적은 고통의 원인을 어떻게 이해할 것인가라는 문제를 제기한다. 이는 구성된 '전형적 사례'와 '비판적 장애 관점'에서의 고통에 대한 논의가 갈라지는 핵심 지점이다. 고통의 불가피성에 대한 주장에서는 고통의 성격과 근원을 반드시 다뤄야만 한다.

장애의 의료적 모델을 지탱하는 전제와 일치하게 '산전 전형'에 귀속된 고통의 불가피성은 고통의 원인이 해당 상태 자체에 있다는 가정에 기반한다. 그러나 장애의 사회적 모델 지지자는 장애에 수반되는 고통이 해당 조건 자체에 내재한다고 가정할 수는 없다고 주장한다. 이 주장은 주로 신체적 장애를 중심으로 좀 더 정교하게 전개되어 왔으나, 지적장애에 대해서도 동일하게 적용할 수 있다. 어니타 실버스의 주장을 보자.

의료적 모델을 지탱하는 주장, 즉 '손상은 본질적으로 나쁜 것이거나 혹은 손상이 초래하는 극단적 의존성이나 필요 상태가 본질적으로 나쁜 것이므로 신체적·감각적·인지적 손상을 가진 사람은 그가 겪는 높은 수준의 고통에 대해 보상받아야 한다'는 식의 주장을 면밀하게 검토하면 그 약점이 드러난다. 우리가 알 수 있는 것은 불리함이 장애와 밀접히 연관돼 있긴 하지만 그 연관성이 장애를 지닌 삶의 본질적 열 등함에서 기인한 게 아니라는 점이다.[13]

지적장애의 경우, 고통의 외적 원인과 관련해 특정한 질문과 도 전이 제기된다. 첫째, 지적장애를 논할 때 고통과 불리함의 사회적 원 인을 획일적으로 일반화하는 것은 불가능하다. 고통의 원인은 장애 의 정도와 그 사람이 놓인 구체적 환경에 따라 개인마다 크게 다를 수 있기 때문이다. 예컨대, 경도 지적장애를 가진 많은 이는 사회적 배제 와 주변화, 그리고 정상적인 삶을 영위하지 못한다는 점이 그들이 겪 는 고통의 중요한 원인이라고 지적한다.[14]

좀 더 중증의 상태에 놓인 사람은 더 심화된 형태의 고통을 경험 할 수 있다. 의사소통의 제약으로 인해 신체적 필요가 충족되지 못할 위험성, 학대 가능성, 방임의 위험성 등은 시설화의 시대와 비교해도 결코 덜하지 않다.[15] 더 나아가 특정 환경 요인은 장애 상태 자체를 악 화시킬 수도 있다. 중증 장애를 지닌 삶은 살 가치가 없으며 이런 개 인은 특정한 형태의 지원, 돌봄, 사랑, 관심을 필요로 하지 않는다는 그릇된 가정은 발달과 번영에 기여하지 못하는 환경을 만듦으로써 오히려 더 큰 지적 측면의 장애화를 초래할 수 있다. 지적장애를 지니 고 있다는 사실 자체가 고통을 겪게 됨을 의미하지는 않는다(고통의 성격에 따라서는 지적장애를 가짐으로써 오히려 특정한 형태의 심리적 고통을 경험할 여지가 낮을 수도 있다). 오히려 중증 장애인을 처우해온 역사와 오늘날 우리 사회에서 지속되는 주변화가 방임, 학대, 억압을 매개로 하는 독특한 형태의 고통을 만들어내고 이런 고통은 다시금 개인을 더욱 장애화하는 결과로 이어질 수 있다.

여기서 다루는 내용은 전혀 새로운 것이 아니다. 여러 학문 분야에 축적된 방대한 연구는 지적장애 스펙트럼 속 개인에게 나타나는 고통의 외적·사회적 원인을 입증해왔다.[16] 내가 이런 문제를 제기하는 이유는 지적장애와 고통을 동일시하는 생명윤리학과 철학의 논증 속에서 고통의 외적·환경적 원인에 대한 개념적 또는 이론적 무시가 병존하고 있음을 지적하기 위함이다. 스펠먼과 캐슬의 문제의식을 따라 생각해보면 지적장애의 내재적 성격 때문에 필연적으로 고통받을 것이라고 전제된 '장애 아동'과 같은 '특수한 전형'을 구성하는 과정에서, 고통과 지적장애에 대한 이런 주목이 오히려 사회가 만들어내는 다른 형태의 고통을 강화하는 것은 아닌지 물을 수 있다.[17]

지금까지 우리는 장애를 가진 개인의 고통에 집중해왔다. 그러나 또 다른 고통의 얼굴이 있다. 바로 가족의 고통이다. 흥미롭게도 '지적장애 아동을 둔 가족'과 '고통'을 동일시하는 경향은 앞서 살펴본 주장과 동일한 구조를 따른다. 즉, 지적장애 아동을 둔 가족은 장애의 본질적 속성 때문에 불가피하게 고통받을 수밖에 없다는 것이다.

제프리 보트킨Jeffrey Botkin의 다음 주장을 고려해보자. 그는 "산전 정보에 대한 공개 기준은 부모에게 가해지는 해악을 예방하도록 짜여야 한다"고 주장한다.[18] 그는 태내의 아동이 다음과 같은 상태인 경우, 부모가 상당한 피해를 입게 됨을 쉽게 예측할 수 있다고 말한다. 조기에 사망하게 되는 질환, 만성질환이나 반복적 입원을 초래하는 상태, 아이가 성인이 되어도 자립할 수 없는 조건, 그리고 "부모의 시간, 노력, 재정적 자원을 끊임없이 요구할 정도로 중증의 상태"가 해당한다.[19] 그는 다운증후군을 부모에게 고통을 초래하는 주요 사례로 제시하는데, 이는 아이가 고통받기 때문이 아니라 부모에게 요구되는 지원, 시간, 노력 때문이다.[20] 그러나 진단 시점에서는 중증도를 알 수 없으며, 게다가 다운증후군을 가진 사람들 중 75~90퍼센트는 가족과 떨어져 독립적으로 생활할 수 있고 성인이 되면 취업도 가능하다. 오직 5퍼센트 미만만이 중증 혹은 최중증의 정신지체를 보일 뿐이다.[21] 그럼에도 다운증후군을 지닌 전형화된 미래의 개인은 중증의 사례로 표상되며, 부모에게 부담을 주고 자원을 고갈시키는 존재로 그려진다. 이는 많은 장애 이론가가 비판해온 장애의 개인적 비극 모델의 반복이다.

한스 라인더스는 저서 《자유주의 사회에서 장애인의 미래The Future of the Disabled in Liberal Society》에서 그가 "고통의 추정"이라 부르는, 부모의 부담에 관한 관념에 도전하며 이런 결론에 도달한다.

사람이 장애를 지녔기 때문에 고통받는다는 것은 많은 경우 사실이 아니며, 장애아를 둔 부모는 필연적으로 고통받아 견딜 수 없는 삶을 살게 된다는 것도 사실이 아니다. 그렇다면 그 아이를 받아들이기로 한 결정은 결코 비합리적인 행위가 아니라는 결론이 가능하다. 이는 특히 아이의 고통이 그리 크지 않을 경우에 더욱 그렇다. 이 경우, 고통의 원인은 자연이 이들에게 무엇을 했느냐에 있기보다는 그들 자신, 그들의 가족, 그리고 그들이 속한 공동체가 어떻게 반응할 수 있느냐에 달려 있다.[22]

라인더스는 이어서 지적장애 아동을 둔 삶에는 여러 제약이 동반되지만, 그들과 함께하는 경험이 지극히 충만한 것이라는 부모의 진술을 탐구한다. 이런 견해는 많은 사람의 직관에 반하는 것이기에(특히 '부담에 짓눌린 가족'이라는 통상의 전형적 초상을 강하게 뒤흔든다), 라인더스는 부모가 어떻게, 그리고 왜 이런 주장을 제기할 수 있는지를 설명하기 위해 많은 노력을 기울였다. 스티븐 에드워즈 역시 이 입장을 수용하며, 산전유전자검사의 정당화를 다루는 자신의 논의에 라인더스의 주장을 재구성한다.

지적장애 아동의 출생이 부모의 '좋은 삶'의 전망을 위협한다는 추정은 좋은 삶을 자율성의 극대화라는 관점에서만 이해하는 시각에서 비롯된다.[23]

결과적으로 앞서 했던 동일한 질문을 가족 전형에도 제기할 수 있다. 즉, 가족이 경험하는 고통의 원인은 아이의 상태 때문인가, 아니면 그들이 경험하는 사회적 지원의 결여 때문인가?

우리가 지적장애를 둘러싼 담론에서 흔히 동반되는 고통의 얼굴을 벗겨냈을 때, 고통의 원인, 심각성, 불가피성에 대해 우리가 지금까지 전제해왔던 바를 재검토하게 만드는 중요하고도 전혀 다른 유형의 질문이 제기된다. 이런 전형을 비판적으로 검토하고 동시에 그것을 넘어서기 위해, 나는 고통과 지적장애에 대한 두 갈래의 철학적 탐색을 수행하고자 한다. 하나는 역사적 관점에서, 다른 하나는 인식론적 관점에서다.

고통의 맥락화

철학과 생명윤리학 담론 내에서 지적장애에 대한 역사적 맥락화는 거의 이뤄지지 않았다. 누군가는 산전검사와 선별적 임신중절 등을 논함에 있어 우리가 왜 지적장애인 집단의 역사를 중시해야 하는지 의문을 제기할 수 있다. 역사적 맥락화의 중요성에는 여러 이유가 있다고 생각한다. 첫째, '짐승의 얼굴'에서 그랬듯이, 역사적 맥락화를 통해 오늘날 지적장애의 여러 얼굴이 과거의 전형과 얼마나 가까이 맞닿아 있는지를 추적할 수 있다. 둘째, 그 작업을 통해 고통과 지적장애의 젠더화된 특성에 물음을 던질 수 있다. 마지막으로 역사적 맥락화는 경우에 따라 고통과 지적장애인에 관한 철학적 논증에 내재한 암묵적 전제와 직접적인 관련성을 갖기도 한다.

앞서 살펴봤듯 전형 효과의 발생은 지적장애 역사에서 새로운 일이 아니기에 과거 사례의 개념적 토대를 되돌아보는 일은 오늘날의 산전 전형을 비판하고 저항하는 데 유용할 수 있다. 그런 역동 중 하나는 '가시성visibility'과 '비가시성invisibility' 간의 관계에서 찾아볼 수 있다. 지능검사가 받아들여지기 전, 의사가 진단을 위해 '백치'와 '정신박약'의 신체적 증상과 가시적 징후에 의존했음을 상기해보자. 즉, '비가시적 백치' 개념은 아직 형성되지 않았던 것이다. 기이한 외모, 행동 이상, 발성의 어려움, 반응 부족, 특정 과업 수행의 불능, 동물적 특성까지 백치는 오직 '가시적인' 스펙터클이었다. 한편, 지능검사는 이런 가시성을 전복시켰다. 보이지 않는 인간 특성(예컨대, 지능과 같은 특성)을 평가하게 했을 뿐만 아니라, 이전까지는 탐지되지 않았던 '고기능 정신박약'이라 불린 사례를 식별하게 했던 것이다. 특히, 그 과정에서 구성된 '모론'은 전형적인 비가시적 사례에 해당한다.

우리는 지금 또 다른 가시성의 전도를 경험하고 있다. 역사적으로 병인론은 늘 해결해야 할 수수께끼였다. 20세기로의 전환 이전에도 다양한 병인론적 설명이 제시됐지만, 의사가 백치의 원인으로 지목할 수 있는 확고한 특성과 같은 무언가가 없었기 때문에 합의에 이르지는 못했다. 우생학 광풍의 시기에는 유전론적 설명이 지배적이었으며, (이 또한 이제는 더 이상 '보이지 않는' 조상에 대한 살아 있는 이들의 기억에 의존한 것이지만) 가계도를 통해 정신박약을 가시화하려는 시도가 있었다. 그러나 백치나 정신박약의 원인인 '결함 있는 생식질'은 여전히 가시화되지 않았으며, 병인은 증상, 행동, 환경, 가계도를 통해 추론될 뿐이었다.

이제 상황은 달라졌다. 정신지체의 일부 유형은 유전적 수준에서 원인이 식별될 수 있다. 과학자는 특정한 유전적 이상, 예컨대 21번 염색체의 삼염색체성이나 X 염색체상의 '취약 부위'를 탐지할 수 있다. 엘킨스와 브라운이 지적하듯 다운증후군 선별검사(신경관 결함을 탐지하기 위한 혈청 알파태아단백 검사를 포함한다)는 유전자 선별에서 "또 하나의 주요한 단계였으며 (⋯) 이토록 보편적인 선별이 단일한 태아 기형만을 위해 제공되고 홍보된 사례는 매우 드물거나 전무했다. 다운증후군 삼중표지자 선별검사는 치명적이지 않은 예후를 가진 단일 이상에 대해 시행된 최초의 보편적 선별검사였다."[24] 이제는 삼중표지자 선별검사를 넘어 사중표지자 선별검사로 확대됐으며, 미국산부인과학회는 이를 모든 임산부를 위한 일상적 절차로 채택할 것을 권장하고 있다.[25] 지적장애와 관련된 더 많은 조건이 탐지됨에 따라 선별 절차는 확산될 것이고, 지적장애인에 대한 우리의 인식도 변화하게 될 것이다. 이에 따라 지적장애라는 분류의 내부적 이질성이 증가하고 있다.[26] 지적장애로 분류된 개인 중에 유전적 병인이 명확히 밝혀지지 않은 경우가 많기는 하나, 다운증후군이나 취약 X증후군과 같이 유전적 병인에 기반한 하위분류가 하나의 독립적 범주로 정착되고 있다.[27]

산전 전형의 맥락에서 중요한 점은 유전형이나 염색체의 이상은 태아기 단계에서 가시화되지만, 표현형적 발현은 아이가 출생하거나 어떤 상황에서는 아동기에 이르기까지도 비가시화된 채로 유지된다는 사실이다. 해당 상태의 중증도를 알기 어려운 경우가 많기에, 결정은 종종 미래의 아이에 대한 상상된 이미지에 근거해 내려지며 그 이미지는 실제로 가능한 삶의 모습이라기보다는 고정관념이나 불충분한 정보에 기초한 가정으로 구현된 경우가 많다. 더욱이 특정 유형의 지적장애에 대한 유전적 설명이 계속 발견됨에 따라 지적장애 범주의 이질성은 더욱 증가하고 있다. 이런 여러 상태와 연관된 고통의 성격과 원인에 대해 정확하고도 충분히 복합적인 설명을 제시하고자 한다면 고통과 지적장애에 관한 일반적인 진술을 경계할 필요가 있다.

이런 점은 유전 상담과 임상 실천의 맥락에서도 지적됐다. 레이너 랩Rayna Rapp의 산전검사 및 선택적 임신중절에 대한 여성의 반응에 관한 연구는, 이 전형이 임상의와 내담자 모두에 의해 어떻게 구성되고 지속되는지를 훌륭하게 보여준다. 예컨대, 레이너 랩은 '정신지체'와 관련된 가정과 두려움이 산전 전형에 대한 인식에 얼마나 깊은 영향을 미치는지를 보여준다.

> 다운증후군 아동은 경도, 중등도, 또는 심한 정신지체를 가질 수 있으며 대부분은 중간 수준을 나타낸다. 이들은 심장과 식도의 문제, 청력 손실, 백혈병 위험 증가와 같은 건강 문제를 가질 가능성이 높다. '정신지체'라는 용어는 이들 사이의 차이를 흐리게 하면서도 동시에 하나의 범주로 분류하는 상징적 묘사를 제공한다.[28]

이처럼 '정신지체' 분류가 수행하는 이중적 기능, 즉 내부의 이질성을 흐리면서도 동시에 분리하고 범주화하는 기능은 철학적 맥락에서도 분석돼야 한다. 왜냐하면 '정신지체' 개념은 윤리학과 생명윤리학 논의에서도 상징적 위상을 갖기 때문이다. 물론, 산전 전형이 유전 상담사나 임상의에 의해 활용될 때 그 구체적인 효과가 더 뚜렷하다고 주장할 수도 있다. 그러나 제도화된 담론 형태로서의 생명윤리학 안에 이런 전형이 존재한다는 사실은 지적장애를 둘러싼 인식과 실천 모두에 깊은 영향을 미칠 수 있다.[29]

유전학적 담론과 실천 속에서 장애가 어떻게 구성되는지를 다룬 풍부한 연구와 아래로부터의 목소리는(즉, 내담자, 환자, 장애 운동가와 옹호자의 목소리는), 이와 같은 실천의 도덕적 차원을 논의하고 평가하기 위해 모형, 사례, 산전 전형을 구성하곤 하는 철학자에게 중요한 자원이자 현실 점검의 기준이 된다. 물론, 지적장애라는 범주에 수반되는 오랜 개념적 구분과 복잡성의 역사에 익숙하다고 해서 전형 효과를 완전히 피할 수 있다는 보장은 없지만 '장애 아동'을 상상할 때 통용되는 문화적·사회적 고정관념에 무비판적으로 의존하거나 이를 일반화할 가능성은 그만큼 줄어들 것이다.

과거를 돌아봄으로써 고통과 지적장애에 대한 오늘날의 논의를 조명할 수 있는 두 번째 방식은 지적장애가 역사적으로 젠더화돼온 흥미롭고도 복잡한 방식을 재고하는 것이다. 특히, 여기서 세 부류의 여성이 떠오른다. 바로 '(예비) 어머니'로서의 여성, '문지기'로서의 여성, 그리고 '지적장애인' 여성이다. 지적장애의 맥락에서 이런 역할들은 고통에 대한 분석을 어떤 방식으로 복잡하게 만드는가?

역사적으로 어머니와 예비 어머니는 다양한 방식으로 지적장애의 원인 제공자로 여겨져왔다. 오늘날 우리의 상황을 보더라도 이런 인식이 반드시 변화한 것은 아니다. 장애 아동의 주요 돌봄 제공자 역할은 많은 경우 어머니에 의해 이뤄지고 있으며, 이에 따라 장애의 맥락에서 돌봄의 젠더화된 성격과 관련한 논의가 활발해지고 있다.[30] 여성에게 불균형적으로 가해지는 돌봄 부담을 고통의 원천으로 해석할 경우 필연적으로 고통의 문제가 발생한다. 에바 키테이는 '가족 부담' 개념은 젠더를 고려하지 않고서는 이론화할 수 없으며, 돌봄, 의존, 자립에 대한 개념을 신중하고 비판적으로 분석하지 않고서는 다룰 수 없음을 시사한다.[31]

마찬가지로 산전검사, 선택적 임신중절, 기타 재생산 기술들이 여성을 장애 아동을 낳을 것인지의 판단 주체로 위치시킬 때, 고통과 지적장애의 맥락에서 매우 다른 유형의 부모 부담이 나타난다. 이는 이런 실천에 참여하는 모든 여성이 고통을 겪는다는 뜻은 아니다. 하지만 '잠정적 임신(tentative pregnancy, 유전자검사 이후 임신 지속 여부를 결정하기까지의 시기)'을 개념화하며 여성의 경험을 탐구한 바버라 로스만Barbara Rothman의 연구나, 자신들이 내려야 하는 결정이 지닌 도덕적 무게에 대해 여성이 보여온 다양한 감정과 반응을 분석한 랩의 연구는, 이런 새로운 문지기 역할이 여성의 삶에 상당한 영향을 미친다는 점을 보여준다.[32] 랩은 이 역할이 매우 복합적이며 지배적인 장애 및 고통 개념에 도전할 수 있는 새로운 가능성을 지닌다고 논하면서 다음과 같이 말한다.

특정한 장애가 진단됐기에 이미 마음을 쏟은 임신을 중단하는 일은 각 여성을 '한계를 정하는 도덕철학자'로서 행동하게 만든다. 그런 여성은 인간 공동체로 입장할 수 있는 규준을 심판하는 정상화의 문지기 역할을 수행한다. 그녀는 장애 아동을 양육하는 것에 대한 자신의 두려움, 환상, 공포를 의식화해야만 한다. 그리고 그 의학적 장애 진단이 실제로 무엇을 의미하는지 사회적 맥락이 거의 없는 진공 상태에서 사고해야 한다. 선택적 임신중절에 대해 사유한다는 것은 여성으로 하여금 자신의 고정관념과 편견을 또렷이 하고 때로는 그것을 비판적으로 검토하게끔 요구한다.[33]

오늘날 이런 기술을 이용하는 모든 여성은 일종의 문지기 역할을 수행하게 되었다고 말할 수 있다. 그러나 더 나아가기 전에, 20세기 초 여성 현장 연구원과 오늘날 유전 상담 분야(역시 종사자의 9할이 여성이다) 사이에 존재하는 놀라운 유사성을 지적하지 않을 수 없다. 유전 상담사는 산전 전형이 구성되는 방식에 깊은 영향을 미치며 지적장애와 고통에 대한 인식을 형성하는 데 강력한 역할을 수행한다.[34]

젠더 관점에서 지적장애, 특히 고통에 관한 논의를 분석하는 다른 여러 방식이 존재한다. 예컨대 지적장애로 인한 고통이 오직 해당 상태 자체로부터 비롯된다는 전제를 비판하면서, 지적장애를 가진 여성이 젠더화된 형태의 억압과 학대를 어떻게 경험하는지 탐색할 수 있다. 또한 여성성과 성 정체성에 대한 사회적 전제가 소녀와 여성

지적장애의 얼굴들

장애인에게 특정한 '치료'를 어떻게 명해왔는지 드러낼 수도 있다.[35] 나아가 우생학운동 시기에 이뤄진 강제불임시술의 역사와 불임화 문제를 둘러싼 지속적인 논쟁의 여파 속에서 지적장애 여성은 '좋은 어머니'가 될 수 있는 능력과 관련한 일련의 고정관념과 전제에 직면해 있다고 논할 수도 있을 것이다.[36]

    페미니스트 생명윤리학자는 이런 쟁점을 다룰 수 있는 독특한 위치에 있다. 그러나 앞서 살펴본 마거릿 생어의 사례는 젠더와 지적장애가 교차하는 지점에서 권력의 문제와 특정 형태의 개념적 착취 위험이 항상 존재한다는 점을 상기시킨다. 이미 살펴본 바와 같이 초기 페미니스트가 여성의 재생산 자유와 권리를 주장하는 과정에서 '정신박약 자손'의 부적합성을 강조하는 우생학적 수사를 노골적으로 활용한 역사적 사례가 다수 존재한다. 이는 '정상적인' 여성은 재생산 자율성을 누릴 자격이 있고, '결함 있는' 여성은 그들과 같은 존재를 더 이상 재생산해서는 안 된다는 명확한 경계를 그은 것이었다. 논쟁의 조건은 바뀌었을지 몰라도 많은 장애 여성이 현대 페미니즘 담론에서도 이와 유사한 역학이 작동하고 있음을 지적한다. 고통을 예방한다는 명목하에 장애를 지닌다는 것의 본질과 바람직하지 않음에 대해 잘못되고 해로운 전제를 반복하는 것이다. 동물권 담론의 사례처럼, 이런 논의가 실제로 지적장애인을 위한 이해 관심에 맞춰져 있는지 아니면 지적장애인을 단지 비장애 여성의 권리를 위한 도구로 활용해 장애인의 억압과 주변화를 영속화하고 있는 것인지 비판적 성찰이 필요하다.

지적장애의 맥락에서 페미니즘 담론이 어떻게 전형 형성에 동참하는지 보여주는 간단한 사례 하나를 제시하고자 한다. 흔히 '장애가 있는 태아'는 산전검사나 선택적 임신중절에 있어 도덕적으로 문제가 없는 사례로 여겨지는데, 이는 성별 선호에 따른 성 선택이나 팔다리 길이나 눈 색깔과 같은 '비장애·비질병' 관련 특성을 선택하기 위한 경우와는 뚜렷하게 대조된다. 예를 들어, 산전 성 선택 윤리를 다룬 논의에서 도로시 웨르츠[Dorothy Wertz]와 존 플레처[John Fletcher]는 태아의 성을 선택하기 위한 산전검사를 반대하는 가장 강력한 이유 중 하나는 "이것이 산전 진단 및 선택적 임신중절을 정당화하는 주요한 도덕적 근거, 즉 심각하고 치료 불가능한 유전병의 예방이라는 근거를 약화시키기 때문"이라고 주장한다. 즉, "성별은 질병이 아니다"라는 것이다.[37] 이런 주장은 심각하고 치료 불가능한 질병의 경우 산전검사가 도덕적으로 정당화된다는 가정을 전제한다. 그러나 어떤 상태의 중증도가 불확실할 경우, 무엇이 심각한 질병 혹은 잠재적으로 심각한 상태로 취급되는가? 에이드리엔 애시는 페미니스트 사이에서 장애가 있는 태아에 대한 임신중절은 비교적 수용되는 반면, 성별 선택적 임신중절에 대해서는 강한 반대가 존재한다는 점을 지적한다.

나는 성별 선택을 이유로 임신중절을 용인하는 페미니스트를 알지 못한다. 반면 압도적인 수의 페미니스트와 미국 인구의 최소 80퍼센트 이상은 태아의 기형, 결함 또는 이상을 이유로 한 임신중절을 허용한다.[38]

이런 현상은 선택적 임신중절에 대한 도덕 논증에서 장애를 극심한 고통이나 통증과 동일시하는 경향을 보여주며, 동시에 '장애 태아'라는 전형적 사례를 강화한다. 페미니스트 생명윤리학이 이런 과정을 비판적 장애 관점에서 검토함에 따라 지적장애 범주가 형성되던 초기부터 관찰된 지적장애 여성과 비장애 여성 간의 권력 역학은 스펠먼이 지적했듯 특정한 형태의 고통에 대한 주의가 다른 형태의 억압과 차별을 지속 및 재생산하는 다양한 양상을 보여주는 데 유용하다.

우리가 장애인을 특징지어온 다양한 고통의 얼굴과 그것을 구성하고 지속시켜온 역학을 벗겨낼수록 새로운 질문이 등장한다. 장애와 고통을 단순히 등치시키는 대신, 우리는 이렇게 물을 수 있다.

고통에 대한 특정한 주목이 다른 고통의 원인을 분석하고 대응하는 것을 어떻게 방해해왔는가? 지적장애의 예방과 제거, 치유를 강조하는 것이 지적장애인과 그 가족이 사회에서 겪는 고통(사회적 폄하, 경제적 불이익, 사회적 낙인과 차별)에 대한 주의와 자원을 얼마나 빼앗아가는가? 고통을 없애기 위해 권장되는 실천이 어떻게 고통을 더하는가? 불가피한 고통의 삶이라는 비극적 초상이 장애가 있는 삶의 다른 실존적 차원을 얼마나 가리고 있는가?

이 질문은 고통의 본질과 인간 삶에서의 위치에 관한 더 깊은 인식론적 얽힘으로 우리를 이끈다. 타인의 고통의 본질과 범위를 어떻게 파악할 수 있는가? 이는 표현 수단이 제한적인 이들과 관련해서는 특히 더 어려우며, 어쩌면 당사자의 경험을 잘 말할 채비를 갖춘 타자와의 관계 속에서 지적장애인을 이해하는 관점으로 이행할 필요가 있을지도 모른다. 반대로 지적장애인이 누리는 인간적 번영의 본질과 중요성을 우리는 어떻게 이해할 수 있을까? 그리고 이런 계보의 탐구는 어떤 인식론적 도전을 제기하는가? 이 같은 질문의 문제의식에 따라 나는 세 가지 인식론적 문제를 고찰하고자 한다. 첫째, 지적장애를 아는 것의 문제, 둘째, 인식적 권위의 문제, 셋째, 지적장애인의 삶의 가치를 이중으로 부정하는 문제다.

인식론적 장벽

문제는 지적장애 여성이 자신의 내면적 삶에 대한 질문에 답할 능력이 있었는가가 아니라, 그녀가 내면적 삶을 가질 가능성 자체가 공식적인 맥락에서 전혀 고려되지 않았다는 점이다. (…) 그 여성이 과거에 겪은 고통은 그들의 현재 행동을 이해하려는 시도 속에서 고려되지 않았는데, 때로는 그 고통이 알려지지 않았기 때문이지만 더 흔하게는 그들의 지적장애 때문에 고통의 경험이 아무 영향을 미치지 않았을 것이라는 가정, 그리고 그녀가 그 경험에서 무언가를 배울 수 있는 존재로 여겨지지 않았기 때문이다.[39]

_켈리 존슨Kelly Johnson

지적장애를 안다는 것

지적장애라는 분류는 항상 다양한 학문 분야에 의해 정의됐으며 지금도 그렇다. 즉, 지적장애의 분류는 그 개념이 처음 형성될 때부터 외적으로 이질적인 환경 속에서 탄생했던 것이다. 유전학과 바이오 테크놀로지의 발전과 함께, 지적장애가 다양한 기술적 수단을 통해 진단되고 논의되며 다뤄지는 새로운 장이 열렸다(이런 기술적 수단은 유전적 향상과 태아 수술의 가능성이 과학적·윤리적으로 좀 더 현실화됨에 따라 앞으로 더 확장될 것이다). 그럼에도 지적장애는 심리학적·정신의학적·교육학적·철학적 지식의 대상이기도 하다. 이 모든 분야에서는 여전히 지적장애의 정의와 지적장애를 지닌 삶에 수반될 수 있는 고통에 어떤 지식을 전개할 수 있을지에 대한 질문이 남아 있다. 우리가 지금까지 검토해온 전형의(즉, '고통스러운 삶의 숙명을 짊어진 중증 지적장애인'이라는 전형) 흥미롭고도 역설적인 특징 중 하나는, 장애와 고통이 합쳐진 자명한 사례로 구성될 때 정작 고통의 성격과 정도에 대한 지식이 가장 파악하기 어렵다는 점이다.

C. F. 구디^{C. F. Goodey}는 이 인식론적 곤경이 철학적 영역과 유전학적 영역 모두에서 발생한다며 다음과 같이 말한다.

> 이런 특정 지식의 문제와 윤리의 문제는 서로 분리될 수 없다. 인식론적 용어로 말하자면, 생명공학이나 생명윤리, 유전 상담 전문가는 지적장애에 대해 실제로 어떻게 알고 있는가? 그들의 지식은 어떤 기반 위에 있는가? 적어도 그들은 (내가 경험한) 치통과 같은 육체적 고통은

공감을 통해 이해할 수 있을 것이다. 이는 그들 스스로 겪어봤을 경험이기 때문이다. 그러나 그들은 지적장애를 경험한 적이 없다. 따라서 지적장애는 공감을 통해 알 수 있는 것이 아니다.[40]

즉, 고통에 대한 지식을 주장할 때 명백한 인식론적 장벽이 존재하며 그 장벽은 자기표현이 언어적으로 불가능한 사람의 경우 훨씬 더 클 가능성이 있다. 지식 주장은 앎의 주체가 처한 위치에 따라 달라지기 때문에 지적장애인의 고통에 대한 모든 지식 주장이 동일한 기반 위에 있는 것은 아니다. 따라서 고통에 관한 지식을 주장할 때 확실성의 스펙트럼을 설정하는 것이 유용하다. 예를 들어, 부모나 가까운 사람은 당사자(여기에는 영유아, 고령자 등 자신의 고통을 명료화하기 어려운 다양한 경우가 포함될 수 있다)와 거의 교류가 없는 임상의보다 훨씬 더 나은 위치에서 고통에 관한 지식 주장을 할 수 있다. 또한 적어도 지적장애인과 직접적으로 접촉하는 사람은 중증 지적장애인을 둘러싼 윤리적 주장을 전개하기 위해 사고 실험을 구성하곤 하는 철학자가 가질 수 없는 종류의 지식을 가질 것이다.[41]

구디는 지적장애를 '알고 있는' 사람, 즉 지적장애인과 실제로 만나고 있는 이들조차도 지적장애를 겪는 삶에 대해 일종의 선험적 지식을 갖고 있지 않으며, 오직 비장애와 장애를 구분하는 바탕 속에서 지적장애를 이해할 뿐이라는 흥미로운 점을 지적한다.[42]

비장애인에 대해서는 지속적으로 축적되는 경험적 지식의 이점을 누

리면서, 지적장애인에 대해서는 간접적·피상적 지식만으로도 충분하다고 주장할 수는 없다.[43]

이 지적은 모든 담론에서 제기되는 지적장애에 대한 지식 주장에 중대한 함의를 지니며, 자신이 말하고 있는 그 개인과 직접적인 접촉을 한 적이 없는 철학자에게 중대한 비판적 질문을 제기한다. 구디는 이어서 혹자는 철학적 맥락에서는 지적장애가 있는 사람을 경험적으로 직접 아는 것이 중요하지 않다고 주장할 수도 있겠지만, 이는 '동등한 경쟁'이 아니라고 주장한다. 왜냐하면 그들은 '지적능력이 있는 비장애인'에 대해서는 깊이 있는 지식을 갖고 있기 때문이다.

철학자, 유전학자, 생명윤리학자 혹은 유전 상담사가 지적능력이 있는 사람을 알지 못한다고 할 수는 없을 것이다. 그들은 좋든 싫든 지적능력이 있는 사람에 대한 경험적 지식을 가지고 있다. (…) 유전학자나 유전 상담사와 같은 윤리 분야 전문가는 이른바 비장애인과 평생 동안 매일같이 접촉해왔다. (…) 그러나 전문가가 지적장애가 있는 사람과 맺는 관계에 대해서는 일반적으로 같은 말이 성립되지 않는데, 이는 현재 정의에 따르면 지적장애가 있는 사람이 인구의 약 1퍼센트에 불과한 희소 집단이기 때문이다.[44]

이 인용문에서 몇 가지 중요한 시사점을 도출할 수 있다. 첫째, 지적장애인에 대한 어떤 주장도 비장애인과 장애인 사이의 이분법을 전제하고 있으며, 이 이분법의 경계는 담론적이고 구체적인 역사 속에서 형성되었다. 이는 고통의 원인을 고려할 때 더욱 분명해진다. 당사자의 삶에 대한 직접적 지식 없이 심각한 지적장애를 가진 사람이 자신의 상태로 인해 필연적으로 겪게 될 고통의 확실성과 고통의 수준을 철학적 언어로 논하는 것은 공고한 일련의 추정을 동원하는 셈이다. 하지만 이 추정은 실제로 그들의 생생한 현실을 면밀히 살펴보았을 때 정당화되기 어려울 수 있다. 당사자의 지적능력이 결핍됐다거나 일종의 규범에서(종 전형적 기능이나 인지적 표준 등) 급격히 벗어나 있다는 사실만으로 이들의 삶이 고통으로 가득 차 있을 것이라는 결론이 도출되지는 않는다. 이 점은 많은 부모, 활동가, 장애 이론가, 그리고 지적장애를 지닌 당사자가 지속적으로 지적해온 바이기도 하다.

나아가 고통의 내재적 원인에 대한 강조는(예컨대, 장애 상태 자체가 고통의 주된 원인이라는 가정) 더욱 중대한 고통의 외재적 원인을 은폐하는 결과를 초래할 수 있다. 즉, 철학자가 지적장애의 본질에 대해 문제적 가정을 하는 이유 중 일부는 지적장애인을 직접 접해본 경험이 부족하기 때문일 수 있지만, 이런 문제를 역사적 맥락 없이 다루는 것은 비인간적일뿐만 아니라 억압적인 관행, 태도, 제도에서 비롯되는 다양한 고통의 양상을 간과하게 만든다. 이 지점에서 제프 맥마한의 주장을 상기할 필요가 있다. 그는 중증 지적장애인이 '다른 사람에게 중요한 존재'라는 점에서 도덕적 지위moral standing를 갖는다고 주장한다. 하지만 이 주장을 전개하는 과정에서 그는 이들이 아무에게도 중요하지 않은 존재일 수도 있는 '드문' 경우를 인정한다. 맥마한은 다음과 같이 말한다.

> 물론 드문 경우지만 중증 정신지체를 가진 영아가 고아여서 특별히 관계를 맺고 있는 사람이 아무도 없는 경우가 있다. 그럼에도 유사한 능력을 가진 동물에게 용인되는 방식으로 아이를 대하지 않는 것이 적절할 수 있다. 왜냐하면 그 인간 아이에게는 유대감을 느끼지만 동물에게는 그렇지 않은 누군가에게 괴로움을 가할 수 있기 때문이다.[45]

하지만 이 '드문 경우'를 역사적 맥락에서 고려해본다면, 그것이 실제로 드물다고 가정할 아무 근거가 없다는 사실을 알 수 있다. 수천 명의 시설 거주 아동이 가족에 의해 버려지고 방치됐던 여러 사례가 존재했기 때문이다. 맥마한은 이런 예시가 "우발적이지만 중요한 사례"라고 보며 단서를 덧붙이고 있다.[46] 설령 그들이 고아라고 해도, 그에 대한 학대가 누군가의 도덕적 감수성을 불쾌하게 만든다는 사실만으로도 그런 대우를 비난할 정당성이 생긴다는 것이다. 그러나 이런 끔찍한 조건과 학대가 수십 년 동안 지속됐음을 고려할 때, 왜 그렇게 많은 이가 그런 대우에 충분히 불쾌함을 느끼지 않았는지 여전히 의문이 남는다. 맥마한이 최중증 지적장애인에게 부여하는 도덕적 지위를 고려한다 할지라도 나는 그의 입장이 당사자에 대한 특정 조건과 처우를 반드시 비도덕적이라고 판단할 수 있다고는 확신하지 않는다. 그보다 중요한 점은 최근까지도 학대받고 방치되는 사례가 비교적 흔한 관행이었음에도, 이러한 사실이 여전히 드물고 예외적인 상황으로 다뤄진다는 점이다.

철학자가 고통의 외적 원인을 명시적으로 다루는 경우조차 이들이 장애인의 삶을 예방하려는 데 계속해서 헌신하고 있다는 점에서 종종 그 문제적 함의가 드러난다. 예를 들어, 로라 퍼디[Laura Purdy]는 장애인의 고통이 사회적 뿌리를 지니고 있음을 인정하면서도 궁극적으로는 장애 자체가 고통을 야기한다고 주장한다. 퍼디는 사회적 조건을 개선하려는 주장이 정당화될 수 있고 시급하다는 점에 동의하면서도 "그 목표를 진전시키기 위해 제시되는 일부 논거는 (…) 부적절하고 오히려 역효과를 낳을 수 있는 것처럼 보인다"고 평한다.[47] 퍼디가 이 같은 주장을 펼치는 이유 중 하나는 우리가 장애의 부정적인 사회적 결과를 완화시키는 속도가 너무 느리다고 믿기 때문이다.[48] 따라서 장애 자체로 인해 고통을 겪든 사회적 장애물로 인해 고통을 겪든, 퍼디는 (비록 사회적 조건의 개선을 통해 완화될 수 있더라도) 장애인이 불가피하게 곤경에 직면하게 될 것이라 가정한다(이는 장애와 고통을 동일시하는 개인적 비극 모델의 한 변형이다).

고통의 필연성을 주장하는 퍼디의 입장에 관해 적어도 두 가지 응답이 가능하다. 첫째, 퍼디가 장애와 관련한 사회 환경이 얼마나 빠르게 변화할 수 있는지에 회의적이라 할지라도, 어떤 유형의 고통이 내재적 원인보다는 외재적 원인(예컨대, 사회적 원인)에 의해 발생한다면 이는 그 고통이 불변하거나 불가피한 것이 아님을 뜻한다. 둘째, 고통의 원인이 아닌 고통 자체만을 고려함으로써 퍼디는 나를 비롯한 많은 사람이 동의하기 어려운 극단적 주장을 해야 하는 상황에 놓이게 된다. 퍼디의 분석을 논리적으로 끝까지 밀어붙이면, 특정 여성이나 아프리카계 미국인이 "특히 어려운 삶을 살 것으로 예상할 수 있고 (…) 고통의 정도와 그 불가피성을 확신할 수 있다면, 이 경우에도 재생산에 반대해야 할 근거가 존재한다"는 주장 역시 받아들일 수밖에 없게 된다.[49]

이런 발언은 인간의 삶에서 고통이 차지하는 위치가 무엇인지, 그리고 우리가 고통을 겪게 될 아이가 세상에 태어나는 것을 어느 정도까지 피하려고 할 것인지에 근본적인 의문을 제기한다. 또한 이 발언은 어니타 실버스가 제기한 다음과 같은 질문, 즉 선별적 임신중절과 같은 '예방적' 조치와 관련한 문제를 환기시킨다.

가능한 고통의 원인 가운데 어떤 것이, 해당 고통을 없애기 위한 수단으로 잠재적 고통을 겪게 될 사람의 삶 자체를 막는 것을 권고할 만큼 시급하게 제거되어야 하는 것인가?[50]

지적장애인의 고통 문제를 다룰 때 고통의 원인을 규명하는 일은 매우 중요한 문제다. 하지만 퍼디의 입장에서 알 수 있듯 설사 고통의 외재적 원인이 존재함을 밝히더라도 그 사실이 '장애가 있는 삶은 비극'이라는 사람들의 인식을 바꾸어 그 삶을 세상에 태어나게 할 가치가 있다고 보게 만들지는 결코 장담할 수 없다.

다른 인간의 고통을 평가하는 일은 언제나 중대한 인식론적 문제를 수반하지만, 지적장애 범주의 내외적 이질성은 지적장애를 가진 미래 혹은 현재의 개인에게 있어 고통의 문제가 결코 단순하지 않다는 점을 보여준다. 아울러 지적장애와 고통을 등치시키는 전제 위에 구성된 산전 전형은 장애를 가진 당사자와 가족의 삶에서 고통의 다른 원인에 대해 중요한 질문을 제기할 기회를 은폐시킨다. 물론, 최악의 시나리오를 상정할 필요 때문에 중증 사례에 집중하는 것이 정당화될 수도 있겠지만, 그런 사례가 지배적인 위치를 차지하는 것은 고통의 맥락에서 중요하게 다뤄야 할 지적장애의 다른 면모(예컨대, 고통을 필연적으로 수반하지 않음이 명백한 심각하지 않은 양태)를 가릴 위험이 있다.[51] 또한 전형적인 중증 사례는 상대적으로 경미한 지적장애를 지닌 사람이 사회에서 어떤 방식으로 복합적인 고통을 겪는지에 대한 논의에서도 관심을 돌리게 만들 수 있다.[52]

또한 (최)중증의 장애를 가진 개인의 경우, 그 고통을 아는 데 있어 문제가 더 복잡해질 수 있는데, 이는 그 개인이 언어적 표현을 하지 못하는 경우가 많기 때문이다. 하지만 이런 개인의 고통을 인식하고 관여하는 데는 언어 이외의 다른 방식이 존재한다. 브루스 제닝스는 치매에 대한 논의에서 언어적 담화를 초월하는 의사소통의 양식을 인식하는 의미론적 행위주체성semantic agency 개념을 제안한다.

의미론적 행위주체성은 의미를 창조하고 경험하는 활동에 참여하는 능력이다. 이때 '의미'는 일방적인 감각이나 감각적 체험을 넘어 인간 사이 소통의 통로나 층위에 닿아야 한다. (…) 접촉, 몸짓, 자세, 눈맞춤 심지어는 신체의 움직임을 조절해 (함께 앉아 있는 것처럼) 신체적 친밀감을 오래 유지하는 것까지도 의미론적 행위주체성의 매개가 될 수 있다.[53]

따라서 비장애인과 지적장애인 사이의 관계성과 의사소통 양식을 좀 더 넓게 개념화하는 일은 중증 지적장애의 사례에서 고통의 근원, 정도, 확실성을 규명하고자 하는 철학적 논의에 있어 좀 더 중점적으로 다뤄져야 한다. 특히 이런 규명이 예방, 치료, 그리고 이들의 공동체 참여와 관련한 구체적 정책과 행위를 정당화하는 근거가 될 경우에는 더욱 그렇다.

인식적 권위

엘리자베스 스펠먼은 타인의 고통에 주목하는 데 있어 권위의 문제를 다음과 같이 제기한다.

타인의 고통에 대해 느끼는 연민이, 그 고통이 무엇을 의미하는지 또는 어떻게 대응하는 것이 가장 적절한지에 대해 당사자가 스스로의 관점을 가질 여지를 지워버릴 때, 그 연민은 오히려 당사자에게 권위를 행사하는 하나의 방식이 될 수 있다.[54]

우리는 지적장애에 대한 철학적 담론에서 고통받는 당사자나 그들과 가장 가까운 이들의 목소리를 침묵시키고 대신 권위를 행사하는 사례를 봤다. 범주로서의 정신지체와 생생한 삶의 현실로서의 정신지체가 만들어내는 복잡성과 그 인식론적 얽힘을 고려할 때, 철학자가 이 맥락에서 '전문가'로서 발언하는 역할을 맡는 것은 더욱 문제가 된다. 지금까지의 논의를 고려할 때 철학이 이런 주제에 대해 논할 여지가 있음은 분명하다. 그러나 철학 속에서 어떤 주장은 인정되고 다른 주장은 배제되는 역학 자체는 비판적으로 검토돼야만 한다.

우선 장애를 지닌 사람의 고통이나 안녕에 대해 당사자의 관점이 자주 배제된다는 점을 인식하는 것이 중요하다.[55] 예를 들어, 장애이론가는 산전유전자검사와 선택적 임신중절을 정당화하는 '고통 논변'이 장애와 함께 사는 삶이 필연적으로 고통스럽거나 바람직하지 않다는 가정을 고통 예방 논리의 이면에 암묵적으로 전제하고 있다고 비판할 수 있다.[56] 이런 관점은 당사자가 그와 반대되는 주장을 하더라도 지속적으로 반복된다. 예컨대, 퍼디는 많은 이가 자신의 장애를 불리함으로 경험하지 않으며 반드시 극심한 고통을 겪는 것이 아님을 인정한다. 그럼에도 그녀는 이런 주장을 단지 제한적이거나 과도하게 낙관적인 것으로 빠르게 일축하며 궁극적으로는 "그들이 얻은 교훈이 그들이 겪은 고통을 정당화하는지는 회의적이다"라고 말한다.[57] 하지만 분명 매우 다양한 경험이 존재하며 퍼디가 일축하는 당사자의 논의는 반드시 진지하게 받아들여야 한다. 나아가 퍼디는 애시와 색스턴이 건강한 몸의 가치를 폄하한다고 비판하지만, 나는 이들이 단지 비장애인이 장애와 고통을 건강과 행복의 반대로 간주하는 방식을 지적하고 있을 뿐이라고 본다.[58] 퍼디가 애시와 색스턴의 주장을 일축하는 이유는 "'장애를 갖는다'는 생각 자체에 대한 우리의 혐오가 장애인을 당사자의 관점에서 이해하는 것을 가로막는다"는 어니타 실버스의 논의를 통해 설명될 수 있다.[59]

나아가 애시와 색스턴의 논증이 퍼디에 비해 지나치게 긍정적으로 보이는 이유는 장애인이 자신들의 상태가 지닌 부정적 측면을 축소하도록 종종 내몰리기 때문이다. 제니 모리스는 이를 이렇게 설명한다.

> 우리의 존재할 권리를 주장하는 과정에서 우리는 때로 장애의 경험이 전적으로 사회경제적 요인에 의해 결정된다고 주장하는 위치로 밀려나기도 했으며, 그 결과 장애의 개인적 현실을 부정하거나 축소해왔다. 비장애인 세계가 장애의 신체적·지적 특성에 대해 부정적인 반응만을 보이는 상황에서는, 이런 현실을 긍정적인 방식으로 자신의 정체성 속에 통합하기가 어렵다. 이 맥락에서 우리의 가치에 대한 주장은 우리의 몸을 부정하는 것, 그리고 장애로 살아가는 데 수반되는 어려움을 '극복'하려는 시도와 얽히게 된다.[60]

그러므로 나는 장애와 고통을 동일시하는 도식을 문제 삼는 장애 당사자의 주장을 일축하는 퍼디에게 동의하지 않으며, 고통이 어디에서 비롯되는지를 묻는 일은 중요한 문제라고 본다. 더 나아가 우리는 장애에 대한 혐오의 역사적·심리적 뿌리를 추가로 검토하고, 이것이 고통 논증에 어느 정도까지 영향을 미치고 있는지를 성실하게 평가할 필요가 있다.

　지적장애인의 경우, 그 자신의 관점이 배제되거나 무시되는 문제가 더욱 두드러진다. 자신의 관심사, 욕구, 경험을 명료화할 수 있는 지적장애인의 경우에도 그들의 장애와 제한 때문에 그 견해가 폄하될 위험이 존재한다.[61] 그러나 철학 담론에서는 그런 목소리조차 거의 부재하며, 이는 지적장애와 관련된 윤리학 및 생명윤리학의 논의에서 고통이 차지하는 비중을 고려할 때 특히 놀라운 일이다. 아마도 여기에는 지적장애인은 정의상 철학적으로 고통을 성찰하기 위한 합리적 능력이 결여돼 있다는 전제가 깔려 있는 듯하다. 이런 전제는 해당 논의에서 전형적으로 등장하는 좀 더 중증의 경우 어느 정도 참일 수 있으나, 이를 경도 또는 중등도의 지적장애를 지닌 당사자에게까지 적용하는 것은 근거 없는 가정에 불과하다. 지적장애인에 대한 묘사는 흔히 이들의 부모의 설명을 통해 제시되는데, 앞서 살펴본 것처럼 이 설명이 고통과 지적장애를 동일시하는 관점을 문제 삼는 경우(예컨대, 지적장애인이 다양한 방식으로 번영할 수 있다는 점을 보여주는 경우), 이런 문제 제기는 종종 과도하게 감상적이거나 순진한 것으로 혹은 잘못된 것으로 일축되곤 한다.[62]

가치의 이중 부정

　중증 지적장애인의 고통을 판단하려는 시도에 있어서 인식론적 장벽은 심각한 도덕적 결과, 즉 당사자의 가치에 대한 이중 부정으로 이어진다. 첫째, 중증의 사례는 많은 경우 불가피한 고통으로 운명 지어진 삶으로 가정되며, 이들은 살아갈 가치가 없다고 간주된다. 그러나 이어서 정반대의 묘사도 등장한다. 곧 중증 지적장애인은 정상적인 인간으로서의 능력을 갖추지 못했기 때문에 인간적인 고통조차 겪을 수 없다고 묘사된다. 이런 의미에서 이들은 (특정한 고통 정의에 입각한) 고통을 경험할 능력이 없기 때문에 완전한 인간으로 여겨지지 않고 완전한 지위나 도덕적 가치를 인정받지 못한다. 이로써 우리는 이중의 부정, 즉 장애가 있는 삶이 '살 가치가 없는' 것으로 간주되는 분명한 두 가지 방식에 도달한다. 한편으로는 지적장애라는 조건 때문에 그들이 필연적인 고통 속에서 살아갈 것이라 여겨져 그 삶이 살 가치가 없다고 간주되고, 다른 한편으로는 어떤 당사자는 너무 심각하게 손상되어 고통조차 느낄 수 없다고 여겨지기 때문에 그 삶이 덜 가치 있다고 간주된다(흥미롭게도 이런 경우에 고통의 문제는 완전히 사라지지 않고, 오히려 지적장애인의 가족, 주변인, 사회 전체에 전가된다. 이들은 인간의 고통에 대한 정상적 경험이 애초에 불가능하다고 여겨지는 지적장애인과 관련해 필연적 고통과 비극의 새로운 희생자로 자리 잡게 된다).

타자의 경험을 온전히 알거나 이해하는 데 따르는 인식론적 어려움과 타자의 고통에 대한 불투명성을 고려할 때, 중증 지적장애인이 고통을 느낄 수 없다는 주장이 얼마만큼의 확실성을 가질 수 있을까? 어쩌면 중대한 지적장애를 가진 이들은 매우 정교한 수준의 자각과 지적 활동에 수반되는 특정한 차원의 고통은 경험하지 않을 수도 있겠지만, 이들이 경험할 수 있는 고통이나 해악의 종류를 폭넓게 제한하는 일반화 경향에 저항해야 할 여러 이유가 있다. 맥마한과 같은 공리주의자에게 쾌고감수능력은 도덕적 고려의 중심 기준이 된다. 그러나 중증 인지장애인이 경험할 수 있는 고통의 정도의 도덕적 유의미성을 논할 때, 나는 그의 전제가 얼마나 근거 있는 것인지 다시금 의문을 품게 된다. 맥마한은 동물과 '온전한' 인간의 아픔을 다르게 간주해야 할 세 가지 이유를 제시한다. 인간의 활동과 경험이 일반적으로 동물의 그것보다 더 가치 있다는 점, 동물의 삶이 더 짧고 단순하기 때문에 정신적 상흔의 가능성과 효과가 더 적다는 점, 그리고 동물은 인간처럼 아픔을 예상할 수 없다는 점이다.[63] 그는 이 논리를 중증 지적장애인에게까지 확장한다.

> 동물의 아픔이 사람의 아픔과 동일한 강도를 지니더라도 다소 덜 중요하다고 여겨지는 이유는 중증 정신지체를 가진 인간의 아픔 또한 덜 중요하다고 여길 이유가 된다. 왜냐하면 중증 지적장애인의 삶은 아픔의 방해를 받을 수 있는 가치가 상대적으로 적고 동물과 마찬가지로 미래의 아픔을 예상하지 못하며 아픔이 쇠약이나 생명을 위협하는 질병의 전조일 수 있음을 염려하지 못하기 때문이다. 만일 일반적으로 동물의 아픔이 인간의 아픔보다 다소 덜 중요하다고 결론지었다면, 다른 조건이 동일할 때 중증 지적장애인의 아픔에 대해서도 동일한 결론을 내려야 한다.[64]

무엇이 인간 삶에서 가치를 구성하는가에 대한 규범적 판단이 문제적인 부분은 차치하고서라도, 특히 '중증 지적장애인'으로 분류된 많은 이가 겪는 의사소통의 장벽을 고려할 때, 우리는 이런 고통과 아픔의 양태가 당사자에게는 적용되지 않는다고 그토록 쉽게 가정할 수 있는지 의문을 갖게 된다. 이어서 맥마한은 물론 지적장애인이 타인과 '특별한 관계'를 맺고 있는 한 이들에게 아픔을 가하는 것이 정당화될 수 없다고 주장한다. 그러나 중증 지적장애인이 쾌고감수 능력을 지닌 존재임에도 특정한 방식으로 고통을 겪지 못한다는 점이 이들을 가치가 덜한 존재로 만들며, 이로써 우리는 다시금 중증 지적장애인이 비인간 동물과 동일한 도덕적 지위를 점유하는 것을 보게 된다.

결국, '중증 지적장애인'은 한편으로는 고통을 겪는 존재로 단죄됨과 동시에(산전 전형을 떠올려보라) 다른 한편으로는 고통을 겪지 못하는 존재로 단죄된 셈이다. 그러나 이런 이중적 초상의 핵심에는 권위의 문제, 특정 관점의 포함과 배제, 타자의 경험이 지니는 불투명성, 그리고 파악하기 어려운 고통 그 자체의 성격이라는 복잡한 인식론적 얽힘이 존재한다.

고통에 대한 반응

캐슬과 스펠먼의 논의로 돌아가보면, 다음 질문이 다시금 제기된다. 어떻게 하면 타자의 고통을 과장하지 않으면서도 타자의 고통에 주의를 기울일 수 있을까? 캐슬은 의료적 맥락에서 우리의 지식과 이해를 증진해야 한다고 제안한다. 그렇다면 지적장애의 맥락에서 이는 무엇을 의미하는가? 앞선 논의에서 몇 가지 가능성이 도출된다. 첫째, 지적장애에 관한 치료 및 예방 담론을 검토하고 고통에 관한 주장이 이 논의의 맥락 안에 어떻게 짜여 있는지를 고려하는 것이 필수적이다. 둘째, 우리는 장애의 사회적 모델을 동원해 (내적 원인을 강조하는 의료적 모델과 대조적으로) 고통의 외적 원인을 식별하는 방식을 고려하고, 이 모델이 지적장애인의 다양한 삶의 상황을 얼마나 적절하게 포착하고 대표하는지에 대해 비판적으로 검토해야 한다. 셋째, 지적장애에 관한 고통의 중요한 측면을 은폐하는 특정 전형을 반복하지 않기 위해 고통에 대한 철학적 논의를 역사적으로, 그리고 경증에서 중증에 이르는 폭넓은 스펙트럼의 지적장애를 지닌 사람의 구체적 삶과 관련지어 맥락화하는 것이 유용하다. 이런 접근은 과거의 비인간적이고 억압적인 실천이 반복되는 것을 방지할 수 있으며, 논의에 참여하는 목소리의 범위와 폭을 넓힐 수 있다.

지적장애와 고통이 서로 혼동되는 방식을 문제화하는 것을 넘어, 이런 연관이 의존하고 있는 고통의 정의 자체를 정면으로 검토할 여지도 있다. 경험의 결핍은 어떻게, 그리고 왜 지적장애와 고통을 동의어처럼 여기게 했는가? 우리는 과연 지적장애를 지닌다는 것이 본질적으로 의미 있는 경험을 결핍하게 만든다고 전제해야 하는가? 스티븐 에드워즈는 이렇게 쓴다.

중등도의 지적장애가 있는 사람은 상당한 지적 기민함을 요구하는 경험의 차원 (예컨대 물리학, 수학 혹은 철학에서의 복잡한 작업을 수행하는 것)을 경험하지 못한다고 말할 수 있을지 모른다. 그러나 그런 경험을 놓치는 건 평균적인 지능을 가진 사람 또한 마찬가지일 수 있다. (…) 요점은 어떤 사람이 인간 경험의 특정 측면을 경험하는 능력을 선천적으로 결여하고 있다는 점에서 그 사람이 고통을 겪고 있다거나 해로운 상태에 놓여 있다는 결론이 곧바로 도출되진 않는다는 것이다.[65]

이런 가정이 퇴출된다면 번영과 의미 있는 실존을 사유하는 새로운 방식이 가능해질 수 있다. 한스 라인더스는 의미와 고통에 대한 우리의 개념을 지배하는 뿌리 깊은 개인주의를 비판하며 다음과 같이 말한다.

'의미를 창출하는 것은 개인의 활동'이라는 현대 문화에 널리 퍼진 관념은 행위주체성의 개념이 적용되지 않는 인간에게 중대한 함의를 지닌다. 바로 이런 생각이 그들의 삶을 결핍된 것으로 보이게 만들기 때문이다. 즉, 행위 주체가 없는 곳에는 반드시 의미의 결핍이 동반되며 의미의 결핍이 있는 경우에는 인간존재 자체가 심각한 고통의 원인으로 여겨진다. 그리고 만약 인간존재가 단지 거대한 고통을 유발할 뿐이라면 이들을 왜 살아 있게 두는가 하는 질문은 실로 피하기 어려워진다. 이 질문은 피하기 어려울 뿐만 아니라, 분명한 답을 지닌 것처럼 보이기까지 한다.[66]

에드워즈와 라인더스의 논의는 고통에 관한 담론에서 또 다른 현상을 가리킨다. 즉, 고통의 성격을 규정하는 데 있어, 그리고 타자의 고통의 정도를 추정하는 데 있어 발생하는 투사의 위험성(어쩌면 불가피성)이다. 로우히알라는 이렇게 지적한다.

> 지적장애인이 느끼는 바를 상상하려 할 때, 우리는 너무 쉽게 자신이 갑자기 그런 정신적·신체적 특성을 갖게 되었을 때 **우리가** 무엇을 느낄지를 떠올리곤 한다. 그러나 이런 상상은 대부분의 경우 평생 동안 그런 특성을 지니고 살아온 실제 당사자가 경험한 느낌에 대해서는 아무것도 말해주지 않는다.[67]

스탠리 하우어워스Stanley Hauerwas는《고통스런 현존Suffering Presence》에서 비장애인이 고통과 지적장애를 바라보는 방식은 불가피하게 비장애인 자신의 두려움과 걱정의 흔적을 지닌다고 지적한다. 그러나 그는 이런 현상이 존재한다는 사실을 단순히 인정하는 데서 그치지 않고, 왜 지적장애인이 이와 같은 반응을 그렇게 흔히 불러일으키는지를 설명하고자 한다.

> 우리는 정신지체인이 지체된 채로 무슨 고통을 받고 있는지 알 수 있는 방법이 없다. 우리가 아는 것은 만약 자신이 정신지체를 지녔다면 어떻게 느낄지를 상상하는 것뿐이다. 그래서 대중은 종종 차라리 존재하지 않는 편이 나으며 정신지체를 지닌 채 존재하고 싶지는 않다고 생각하게 된다. 하지만 정신지체인은 비장애인이 느끼거나 이해하는 방식으로 혹은 그럴 것이라 상상하는 방식으로 자신의 장애를 느끼거

나 이해하지 않는다. 이들은 오히려 자신 나름의 방식으로 느끼고 이해한다. 따라서 우리는 우리의 추정된 불행이나 고통을 이들에게 전가할 권리도 근거도 없다. 그렇기에 아이러니하게도 고통을 예방하려는 정책은 상상의 실패에 기반하고 있다고 할 수 있다. 정신지체인처럼 보는 것도 듣는 것도 불가능한 우리는 그들에게 우리의 고통을 전가하게 된다.[68]

하우어워스의 주장처럼 우리가 '상상의 실패'에 직면하고 있다면, 어떻게 하면 스스로를 지적장애인에게 투사하지 않으면서도 동시에 지적장애인을 향한 상상을 확장할 수 있을까?[69] 타자를 상상하는 일이 내가 그 이미지에 불가피하게 부여하는 한계를 벗어나는 방식으로도 가능할 수 있을까? 여기서 우리는 지적장애의 마지막 얼굴인 '거울의 얼굴'과 마주하게 된다.

결론

거울의 얼굴

꿈에서는 모든 것이 '나'라고 말한다. 사물과 동물조차도 심지어 빈 공간도, 환영 속에 존재하는 이질적이고 낯선 대상조차도. (…) 꿈을 꾼다는 것은 단지 다른 세계를 경험하는 또 다른 방식이 아니며, 꿈꾸는 주체에게 있어 그것은 자기 자신의 세계를 경험하는 급진적 방식이다.

_미셸 푸코

나는 비장애인 학자가 자신의 정체성과 특권, 그리고 그런 요소가 자신의 학문과 맺는 관계에 대해 특히 주의를 기울일 의무를 진다고 생각한다.

_시미 린턴[Simi Linton]

나는 지적장애의 특정한 철학적 얼굴을 드러내는 과정에서 '지적장애인', '중증 인지장애인', '정신지체자'가 뿌리 깊은 타자로 그려져온 다양한 방식을 고찰했다. 그러나 여기에는 다시금 푸코가 역사적 존재론의 과제를 정의하며 제기했던 질문으로 우리를 이끄는, 또 하나의 주목할 만한 얼굴이 있다.

우리는 어떻게 스스로의 지식의 주체로 구성되는가? 우리는 어떻게 권력관계를 행사하거나 그에 복종하는 주체로 구성되는가? 우리는 어떻게 자신의 행위에 대한 도덕적 주체로 구성되는가?"[1]

이런 질문을 사유함에 있어, 여기서 말하는 '우리'를 비지적장애인으로 해석한다면 그 의미가 무엇일지를 성찰할 필요가 있다.

6장에서 투사의 문제로 논의를 마무리했다. 즉, 지적장애인을 특정한 방식으로 그려내는 이들 혹은 이들을 명확하게 비인격으로 그려내는 이들은, 지적장애인을 이해 가능한 존재로 만들기 위해 타자에게 자신의 두려움, 전제, 편견을 덧씌우는 경향이 있다는 것이다. 이런 점에서 지적장애인은 비장애인을 위한 '거울'로 기능한다고 말할 수 있다. 그러나 거울로써의 역할을 좀 더 깊이 생각할수록 이얼굴은 점점 더 복잡해진다. 왜냐하면 이 거울은 지적장애와 관련해 너무나 다양한 층위에서 작동하기 때문이다. 제3세계의 주체가 어떻게 서구의 거울로 기능해왔는지를 논하는 과정에서 우마 나라얀은 "거울로 위치 지워진다는 것은 체면을 잃은 존재가 된다는 것, 즉 얼굴을 잃는다는 의미다"[2]라고 말한다. 여기서 나는 그 가능성을 깊이 탐색하진 않겠지만, 지적장애인이 단지 비장애인을 위한 거울로 기

능할 뿐이라면 이들이 '얼굴을 잃는' 데에는 여러 방식이 있다는 점을 지적하고 싶다.[3]

첫 번째와 두 번째의 거울 역할은 이른바 존재론적 또는 실존적 기능을 수행한다. 즉, 이 두 거울은 내 본성의 어떤 차원을 비추는데, 그 방식이 서로 약간씩 다르다. 첫 번째는 흔히 말하는 "신의 은총이 아니었더라면 저 사람이 곧 나였을 것이다"라는 정서의 한 변형이다. 매킨타이어는 다음과 같이 쓴다.

> 뇌 손상을 입은 사람, 거의 움직일 수 없는 사람, 자폐적인 사람, 그리고 이와 같은 모든 사람에 대해 우리는 이렇게 말해야 한다. 이들은 우리일 수도 있었다. 그들의 불운이 우리의 것이 될 수도 있었고, 우리의 행운은 그들의 것이 될 수도 있었다(그리고 바로 이 사실이, 우리가 심각한 장애가 있는 인간과 맺는 관계를 다른 종의 심각한 장애가 있는 동물과 맺는 관계와 근본적으로 다르게 만든다).[4]

그러나 이 거울은 내가 지적장애가 있는 개인을 볼 때 왜곡된 형태로서의 나 자신을 보게 된다는 점에서, 일종의 놀이공원에 있는 거울과 유사할 수 있다. 이것이 바로 하우어워스가 애덤 스미스의 비합리적 타자에 대한 성격 규정(타자를 나 자신의 두려움이 투사된 존재로 구성하는 방식)에서 발견하는 바다. 하우어워스는 스미스의 말을 인용하며 이렇게 말한다.

스미스는 "죽음을 피할 수 없는 인간 조건이 야기하는 모든 재앙 중에서 이성을 잃는 것은 최소한의 인간성을 지닌 사람에게는 단연 가장 끔찍한 것으로 여겨진다. 그들은 인간 '비참함'의 마지막 단계를 그어떤 상황보다 더 깊은 연민으로 바라본다. 하지만 그 상태에 처해 있는 불쌍한 자는 어쩌면 웃고 노래하며, 자신의 비참함에 대해 전혀 무감할지도 모른다. 따라서 인류가 그 존재를 보고 느끼는 고통은 고통을 겪는 자의 감정을 반영한 것이 될 수 없다. 관찰자의 연민은 전적으로 그 자신이 만약 동일하게 불행한 상태로 전락했다면 무엇을 느낄것인지, 그리고 아마도 불가능한 일이겠지만 현재의 이성과 판단력을지닌 채로 그 상태를 바라볼 수 있다면 어떠할 것인지에 대한 숙고에서 비롯돼야만 한다"고 했다. (이런 스미스의 지적처럼) 우리는 정신지체인이 그 지체 상태로 인해 고통받는다고 가정하는 경향이 있다. 이는이들에 대한 공감이 부족해서가 아니라 이들과 어떻게 공감해야 할지를 확신하지 못하기 때문이다. 우리는 공감의 원천이 되는 바로 그 상상력이 (…) 그들에게 부재하는 것은 아닐까 두려워한다. 우리는 정신지체인이 그처럼 중요한 자원을 결여함으로써 치명적 결함을 지니게된다고 여긴다. 상상력이 결여되면 그들은 공감의 주체가 될 능력 자체를 상실하게 되기 때문이다.[5]

두 세기 이상을 사이에 두고 있는 이 저자들은 합리적 비장애인이 자기 자신을 투사함으로써 '불쌍한 자'를 상상하는 방식을 말해준다. 즉, 지적장애인은 어떤 핵심적인 인간적 능력이 박탈된 존재로 상상된다. 이는 왜 이런 인간 타자가 그토록 큰 두려움을 불러일으키는 지를 설명해줄 수 있는데, 사람은 취약한 인간의 모습 속에서 자기 자신을 상상하기 때문이다. 그러나 지적장애가 있는 사람이 이런 거울 기능만을 수행하게 될 경우에는 이중 왜곡이 발생할 가능성이 존재한다. 하나는 지적장애인을 보면서 낯설고 불안한 자신의 모습을 발견하게 되는 것이고, 다른 하나는 장애 상태에 놓인 자신을 상상하는 과정에서 지적장애인을 자신의 두려움이 현현된 대상으로 만들어 당사자의 실제 삶과 경험을 왜곡하게 된다는 점이다.

존재론적·실존적 거울의 또 다른 형태는 반드시 이런 왜곡으로 이어지진 않지만, 지적장애인이 자신을 되돌아보는 계기가 된다는 점에서는 유사하다. 장애라는 범주의 경계는 투과적이며 그런 점에서 우리는 모두 일시적으로만 능력 있는 존재라 할 수 있다. (하이데거 식 표현을 차용하자면) 장애를-향한-존재에 대한 실존적 자각은 장애 발생 가능성과 이에 대한 자신의 태도, 그리고 더 넓은 사회적 맥락에서의 장애의 의미를 비판적으로 성찰하는 계기가 될 수 있다. 이런 인식은 '우리 모두는 어떤 방식으로든 장애화된 존재다'라는 생각으로 번역될 수 있으며, 지적장애에 관한 많은 논의를 규정해온 '우리-그들'이라는 이분법을 폐기하자는 요구로 이어질 수 있다.

장애를 비장애인의 거울로 비춰보는 다양한 관념은 각기 다른 이유에 근거해 제시됐다. 예컨대, 하우어워스는 신학적 맥락에서 하느님과의 관계 속에서 모든 인간이 지닌 오류 가능성과 장애를 인식할 것을 촉구한다. 이를 통해 지적장애가 있는 사람 안에서 우리 자신과 우리 자신의 취약성을 보게 된다고 말하면서 "예언자처럼 정신지체인은 우리가 가진 자기 통제감의 허상 속에 감춰진 위태로움을 일깨워줄 뿐이다"[6]라고 말한다. 로버트 비치 역시 《정의의 토대: 왜 정신지체인과 우리 모두는 평등에 대한 권리를 갖는가The Foundations of Justice: Why the Retarded and the Rest of Us Have Claims to Equality》의 서두에서 이와 유사한 입장을 밝힌다.

> 우리는 모두 어떤 의미에서는 핸디캡을 지니고 있다. (…) 정신지체인의 권리 주장을 탐구함으로써 우리는 사실상 인간이자 도덕적 행위주체로서 우리 자신의 지위를, 도덕 공동체 구성원으로서의 권리와 의무를 탐구하게 된다. 결국, 우리가 정신적·신체적으로 혹은 사회적·영적으로 어떤 방식에서든 결핍된 유한한 존재라면 정신지체인의 평등에 대한 권리는 인류 공동체 전체의 문제라 할 수 있다. 그러므로 정신지체인 권리 주장의 도덕적 기반을 이해하지 못한다면, 지적장애인은 물론이고 여타의 모두도 공정한 대우를 받지 못하게 될 것이다.[7]

이런 인식은 신학적 관점을 넘어 여러 철학적 관점에서도 구현되고 있다. 예컨대, 매킨타이어는 우리가 의존성과 취약성, 돌봄에 대한 필요를 경시하지 않고 이를 인정하며 가치 있게 여겨야 한다고 주장한다. 우리는 어느 시점에서 이런 필요에 의존하게 되므로 장애를 지닌 개인 안에서 바로 우리의 모습을 보게 된다. 매킨타이어는 다음과 같이 말한다.

지적장애의 얼굴들

공동체 안팎에서 절실한 도움이 필요한 사람 가운데는 심각하게 장애화된 상태로 인해 결코 공동체의 수동적 구성원을 넘어서기 힘든 이들도 포함된다. 이들은 인지하지 못하고 말을 하지 못하거나 알아들을 수 없게 말하며 고통을 겪지만 행위하지 않는다. 나는 앞서 우리 모두에게 중요한 생각은 '내가 저 사람일 수도 있다'고 언급한 바 있다. 그러나 이런 생각은 특정한 방식의 존중으로 이어져야 한다. 우리가 타인에게 필요로 하는 돌봄과 그들이 우리에게 필요로 하는 돌봄은 상해·질병 혹은 기타 고통과 같은 우연성에 조건 지어지지 않는 헌신과 존중을 요구한다.[8]

유사한 맥락에서 마사 누스바움은 자신이 전개한 '역량 접근'에 기초해 지적장애인을 위한 별도의 역량 목록을 설정하는 것에 반대하는 주장을 펼쳤으며, 이를 통해 '우리-그들'의 이분법이 문제적이라는 점을 지적했다. 누스바움은 이렇게 말한다.

손상이 있는 사람을 위해 서로 다른 역량 목록 혹은 심지어 서로 다른 역량의 기준치를 적절한 사회적 목표로 사용하는 것은 실천적으로 위험하다. 왜냐하면 이는 처음부터 어떤 목표를 우리가 달성할 수 없거나 혹은 달성해서는 안 된다고 가정함으로써 달성하기 어렵고 비용이 많이 드는 목표에서 손쉽게 빠져나갈 수 있는 방법이 되기 때문이다. (…) 이런 단일성에 대한 강조는 전략적으로 중요할 뿐만 아니라 규범적으로도 중요하다. 왜냐하면 이는 우리에게 정신적 손상이 있는 사람을 인간 공동체의 구성원이자 평등한 시민으로서, 그리고 좋은 인간적 삶을 영위할 수 있는 능력을 지닌 존재로서 존중해야 할 의무가 있음을 상기시키기 때문이다. 또한 이는 이른바 정상적인 사람과 손상이 있는 사람 사이의 연속성을 상기시킨다.[9]

장애인과 비장애인 간의 연속성에 대한 주장은 우리가 모두 장애를 지녔다는 믿음을 반드시 수반하지는 않는다. 다만 이런 입장은 지적장애가 있는 사람이 모든 인간이 직면하는 취약성과 한계에 관해 교훈적인 가르침을 제공한다는 점에서 유사한 문제를 제기한다.

인간의 취약성과 의존성을 인정하는 일에는 커다란 가치가 있을 수 있으며 지적장애인을 본질적으로 질적으로 구별되는 존재, 즉 급진적 타자로 간주하지 말아야 할 정치적·도덕적 이유가 존재할 수 있다. 하지만 동시에 '우리 모두는 장애를 지녔다'는 선언 자체를 거부해야 할 개념적·정치적·실천적 이유도 존재한다. 첫째, 지적장애인이 단지 비장애인이 자신의 한계를 인식하기 위한 수단으로 전락할 때, 타자의 존재가 가려지고 그 자신의 얼굴을 잃거나 지워질 위험이 있다. 만약 기존의 억압 형태를 검토하려는 동기가 타자가 처한 억압의 현실에 근거하기보다는 단지 '언젠가는 저 사람이 내가 될지도 모른다'는 두려움이나 인식에 뿌리를 두고 있다면, 지적장애인의 이해관계에 대한 진정한 관심은 비장애인 자신의 성찰 속 두려움과 추정에 의해 가려지게 될 것이다. 억압이 구조적이라는 사실과 사회적·경제적 지원을 확보하기 위해 특정한 차이를 인정해야 한다는 필요성을 고려할 때, 이런 경계를 지우려는 시도는 해로운 실천적 결과를 초래할 수 있다. 장애이론가이자 활동가인 시미 린턴은 이렇게 주장한다.

> 장애인이 여전히 폄하되고 차별받는 한, 그리고 이 범주를 명명하는 일이 그런 대우에 주목하게 하는 역할을 하는 한, 나는 장애인과 비장애인 사이의 경계를 지울 의사도 관심도 없다.[10]

우마 나라얀이 정의한 거울 역할의 또 다른 특징은 그녀가 '크고 나쁜 서구 증후군big bad West syndrome'이라고 부른 것이다. 서구 학자가 3세계 주체에 관심을 표명하는 방식을 논의하면서, 그녀는 서구의 몇몇 논의에서는 식민 행위에 대한 비판적 검토가 해당 3세계 맥락에서의 억압의 구체적 성격을 다루기보다 서구가 자신의 실천을 되돌아보게 하는 데 그칠 뿐이라고 말한다. 그녀는 다음과 같이 주장한다.

> 3세계와 3세계의 주체는 서구가 마치 자신의 시선을 다른 곳으로 옮기고 있다고 믿으면서도 실제로는 끊임없이 자신에게 되돌아가는 작업을 수행할 수 있는 거울로 기능한다.[11]

비록 철학적 담론에서 지적장애인이 차지하는 위치가 여기에 직접적으로 유비되는 것은 아니지만 나라얀의 우려는 나의 문제의식과도 맥을 같이한다. 철학자가 지적장애에 주목하는 이유 중 하나는 자신의 도덕 이론이 얼마나 수용 가능하고 완전한지를 검토하기 위해서다. 즉, "지적장애가 있는 사람과 같은 주변적 사례를 고려할 때, 우리의 이론은 얼마나 잘 작동하는가?"라는 질문에 답하려는 것이다. 이는 물론 중요한 질문이지만 만약 이런 비판적 태도가 결국 이론과 그에서 혜택을 얻는 비장애인에게만 초점을 맞춰 지적장애인의 얼굴을 삭제하고 왜곡한다면, 이는 스스로 무력해지는 결과를 초래할 것이다. 만약 주변화된 사례에 주의를 기울이는 목적이 단지 이론이 어느 정도까지 완결적인지를 점검하는 데에만 그치고 주변화된 사례가 지닌 구체적인 도덕적 문제와 이해관계에 주의를 기울이지 않는다면, 나는 여기에 나라얀이 탈식민주의 학문에 대해 지적한 것과 유사한 위험이 내포되어 있다고 주장하고자 한다. 나라얀은 다음과 같이 말한다.

거울이 된다는 건 서구를 향해 마주 보는 얼굴이 된다는 것과는 다르다. 마주 보는 얼굴이 된다는 것은 다양한 표정과 반응을 지닌 것이며, 서구라는 타자에 대한 응답인 동시에 그 자신의 권리를 지닌 주체로서의 응답이기도 하다.[12]

도덕 이론을 비판적으로 재검토하기 위해 지적장애인의 문제로 눈을 돌리는 시도가 결국 그 당사자를 왜곡하거나 지우고 배제하는 방식으로 귀결된다면, 이는 매우 역설적인 결말일 것이다.[13]

지적장애인이 비장애인을 위한 거울로 기능하는 또 다른 방식은 좀 더 넓은 전문적 맥락 안에 놓인다. 시설화의 역사 속에는 '정신박약자'가 전문가의 정당성과 권위를 획득하는 데 필요한 자원으로 동원된 수많은 사례가 존재한다. 학문 제도 내에서 이런 권력은 개념적 착취의 방식으로 나타날 수 있으며, 이 경우 지적장애가 있는 사람은 어떤 혜택도 얻지 못한 채 철학적 작업에 동원된다(동물의 이익을 강화하기 위한 도덕적 논거로 지적장애인을 동원했던 일부 동물권 문헌에서도 이 양상이 나타나는 것을 살펴본 바 있다). 이런 거울 역할에 대한 우려는 두 가지 측면이 있다. 첫째, 이런 주변화된 사례에 대한 주목은 나라얀이 말한 '크고 나쁜 서구 증후군'과 유사하게 지적장애를 지닌 주체를 어떤 의미 있는 방식으로도 인식하지 못한 채 단지 학술 이론에 대한 비판으로만 귀결될 우려가 있다. 둘째, 지적장애에 대한 논의가 이 집단과 관련된 복잡한 도덕적 문제와 권력관계를 다루지 않은 채 일종의 인지적 특권만을 정당화할 수도 있다. 구디는 이런 종류의 재귀성을 좀 더 일반적인 연구 맥락에서 설명한다.

> 지적장애에 대한 확실성을 탐구하는 작업은 주로 학문 및 과학 공동체, 즉 사회 전체를 대신해 지적능력의 담지자擔持者로 간주되는 집단에 의해 수행된다. 이 집단은 이런 개념을 임의로 발명하고 재창조할 수 있을 뿐만 아니라, 그 과정에서 우세하게 작동하는 의지는 해당 논증에서 이해관계를 가진 집단의 자기정의self-definition에서 비롯된다.[14]

타자 안에서 비지적장애인으로서의 자기 자신을 인식하라는 요청은 가치 있을 수 있다. 이런 시도는 중증 지적장애인이 단지 인간성의 빈 껍데기에 불과한 존재가 아닐 수 있으며, 비장애인과 단순히 같은 종에 소속됐다는 것 이상으로 많은 걸 공유하고 있다는 점을 인식할 수 있다. 좀 더 넓은 이론적 맥락에서도 지적장애의 복잡성을 다루는 일은 우리의 철학적 관점을 비판적으로 재검토하고 어쩌면 이를 변화시킬 잠재력을 지닌 작업이라는 점에는 의문의 여지가 없다. 우리의 관점이 충분히 포괄적이지 않을 수 있음을 인식하고 차이가 아닌 동일성을 인정할 때, 주변화와 그 밖의 개념적·구체적 억압에 맞서 강력한 힘을 발휘할 수 있게 된다.

주변화된 사례와 관련해 특정한 도덕 이론이 어떻게 작동하는지를 검토하는 일은 유익할 수 있다. 물론, 이런 접근 방식 모두를 의심하자고 말하는 것은 아니다. 다만, 주변화된 집단에 대한 주목이 그 속의 타자를 보이지 않게 만들고 진정한 비판적 입장을 담지 못하며 지적장애가 불러일으키는 인식론적 장벽을 직면하지 않은 채 오히려 거울로 반사되는 이미지를 통제함으로써 자신을 보호하려 할 때, 철학 담론에서 지적장애인의 얼굴은 가려지거나 왜곡될 위험에 처하게 됨을 지적한 것이다.

연속성과 불연속성

권위의 얼굴, 짐승의 얼굴, 고통의 얼굴, 거울의 얼굴이 철학적 담론에 출현하게 된 것은 백치, 정신박약, 그리고 이후의 정신지체라는 범주가 과학적 정당성을 획득하고 특정 개념적 틀, 도덕적 관념, 제도적 실천과 지식에 대한 학문적 주장에 의해 해당 범주가 확립되었던 시기로 거슬러 올라간다.

철학적 맥락에서 지적장애가 정의되고 논의되어온 다양한 방식을 조망해보면 지적장애의 역사 속 개념적 긴장이 비록 형식을 달리하며 전이되고 변형됐음에도 여전히 현재 진행형으로 존재하고 있음을 알 수 있다. 지적장애인과 비장애인을 양적·질적 측면에서 다른 존재로 바라보는 두 관점 간의 긴장은 각각 '고통의 얼굴'과 '짐승의 얼굴'이라는 개념을 통해 드러난다. 고통이라는 보편적 인간 경험의 경우, 지적장애인은 그들의 상태로 인해 훨씬 더 큰 고통을 겪는다고 여겨지거나 반대로 '정상인'에 비해 고통을 겪는 능력이 감소된 존재로 인식된다. 반면, 비인간 동물과 연결 짓는 맥락에서는 중증 지적장애를 지닌 이들이 '우리'와 질적으로 너무나도 다르다고 여겨져서 그들의 능력이나 도덕적 지위 면에서 동물에 더 가까운 존재로 이해되는 견해가 여전하다는 것을 확인할 수 있다.

한편, 내가 '전통적 접근'이라 명명한 이런 전제는 점차 힘을 잃고 있으며, 새로운 질문과 새로운 얼굴이 등장하고 있다. 우리의 동물적 본성을 되찾고 이를 장애와의 관계를 재사유하기 위한 기반으로 삼으려는 움직임은 지적장애인에 대한 '양적 초상'으로 우리의 관점을 되돌려놓는다. 양적 관점에서 지적장애인은 취약하고 의존적이며 지원을 필요로 한다는 특성이 좀 더 뚜렷하고 명확하게 드러날 수 있다. 그러나 이런 특성 모두가 인간 동물로서의 우리를 구성하는 보편적 요소로 꼽힌다. 나아가 포스트모던 관점은 장애를 불안정한 정체성의 전형으로 인식할 것을 촉구하며, 장애를 인간 주체성 개념의 주변이 아닌 중심에 위치하게 한다.

장애의 사회적 모델에 따르면, 지적장애의 경우에 그 상태 자체에서 비롯된 고통보다 외적 요인에 의한 고통이 더 파괴적일 수 있음을 염두에 둘 필요가 있다. 이런 관점은 지적장애를 고정적이고 기질적이며 쉽게 정의될 수 있는 불변의 상태로 묘사하는 정태적 시각에 의문을 제기한다. 우리가 보아온 바와 같이 유전학의 발흥 이후 새롭게 제시된 지적장애의 정의 방식은 산전 단계에서 지적장애가 어떻게 가시화되거나 혹은 비가시화되는지를 재구성해왔다. 그러나 개념적 지형은 여전히 복잡하기 그지없다. 장애에 대한 의료적·사회적·포스트모던적 모델을 둘러싼 철학적·이론적 논의는 장애가 기질적인 것인지 비기질적인 것인지, 고정적인 것인지 변동적인 것인지에 관한 긴장이 여전히 지속되고 있음을 보여준다. 또한 1부에서 지적장애의 역사적 개관을 살펴봤듯이, 이런 긴장은 이 범주를 규정해온(그리고 지금도 계속해서 규정하고 있는) 몇 가지 특징을 부각시킨다. 즉, 범주의 내외부적 이질성, 범주의 불안정성, 범주가 전형 효과를 산출하는 능력, 그리고 범주가 특정한 권력관계 속에 내재되어 있다는 점과 같은 것 말이다.

그러나 과거와 현재 사이의 제도적·시설적 세계, 학문적·철학적 세계 차원에서의 연속성만을 논하려는 것은 아니다. 과거와 현재 사이의 불연속성을 통해 내가 감각해온 깊은 부조화를 이해하고자 했다. 지적장애가 이해되고 다뤄지는 방식은 상당히 변화해왔다. 탈시설, 장애권리운동, 장애학, 대대적인 입법 개혁, 미국에서 가장 오래된 지적장애 관련 전문 기관인 미국지적·발달장애협회가 '정신지체'라는 용어를 제거한 일, 부모의 옹호 활동, 당사자의 자기옹호운동, 다운증후군·자폐·지적장애를 가진 사람이 공동 저자로 참여한 책 출간 등이 대표적 예다. 지적장애 당사자의 목소리와 관심사는 이제 권리, 옹호, 접근성에 관한 논의에서 더욱 두드러지게 나타난다. 철학 및 여러 장애 이론에서 등장한 개념적 모델은 억압과 배제의 다양한 양상 사이의 복잡한 관계를 포착하고 있으며, 더 이상 '장애(특히 지적장애)'를 자연적 인간종으로 당연하게 여기는 관점을 취하지 않는다. 또한 생명윤리학에서 점차 부상하는 비판적 장애 관점과 새로운 재생산 기술 및 유전 기술에 대해 장애운동이 제기하는 광범위한 도전은 유전학 시대에 지적장애인의 운명이 결코 이미 정해진 것이 아님을 시사한다. 우리는 19세기 중반 이래, 그리고 1927년 벅 대 벨 판결[Buck vs. Bell]*에서 홈스 판사가 "천치는 삼대로 족하다!"라고 선언한 이후로 아주 먼 길을 걸어왔다.

그렇다면 앞서 언급한 부조화의 감각은 지적장애를 둘러싼 심

---

* 1927년 미국 연방대법원이 지적장애가 있다고 분류된 여성 캐리 벅에 대한 강제 불임을 합헌으로 인정한 판결로, 우생학적 개입을 국가 정책 차원에서 정당화한 대표적 판결이다. 본 판결은 이후 미국에서 강제 불임을 정당화하는 근거로 작용했으며, 장애인과 취약 집단에 대한 제도적 차별의 상징으로 강하게 비판받아왔다.

대한 변화가 철학 담론 속에 등장하는 여러 얼굴에 반영되어 있지 않다는 느낌에서 비롯된 것이 아닌가 한다. 이 책을 집필한 것은 이런 불일치의 감각을 이해하고 그것을 개략화하며 문제화해 어쩌면 그 배경에 있는 이유를 설명하려는 일종의 시도였다.

인지부조화

나는 감정적 훈련의 형태로 가끔은 한 발 물러서서 다른 사람이 보는 방식으로 아이를 보려 노력해봤다. 즉, 내 아이를 하나의 범주, 인간의 하위 집단 중 하나의 예로서 보는 방식이다.
"이 아이는 다운증후군을 가진 아이야."
나는 스스로에게 그렇게 말해볼 수도 있다.
"이 아이는 발달장애가 있는 아이야."
그러나 이런 시도는 결코 통하지 않는다. 제이미는 여전히 내게 제이미일 뿐이다. 제이미를 다른 시대, 다른 장소에서 사람들이 바라봤을 법한 방식으로 상상해보려 한 적도 있다.
"이 아이는 정신지체아다."
심지어 "이 아이는 몽골로이드 아이"라고도 상상해봤다. 이런 시도는 견디기 힘든 인지부조화를 불러온다.

_마이클 베루베Michael Bérubé

우리는 정신연령이 결코 영아의 수준을 넘지 못할 사람을 포함해, 인간 존재 안에서 존엄성을 발견할 준비가 항상 되어 있다. 하지만 우리는 개나 고양이에게는 존엄을 부여하지 않는다. 그들은 분명히 인간 유아보다 더 고등한 정신능력을 갖추고 있음에도 말이다. 이런 비교 자체만으로도 어떤 이들에게는 분노를 일으킬 것이다. 하지만 왜 존엄은 언제나 종 소속성과 함께 가야만 하는가? 개인의 특성이 어떠하든 말이다.

_피터 싱어

일부 철학자가 지적장애인의 인격성과 존엄성 자체를 문제 삼으며 이들을 비인간 동물과 비교하는 관행은, 철학자와 비철학자 모두에게 놀라움, 당혹감 심지어 분노를 유발할 수 있다.[15] 권리, 정의, 존엄이라는 문제에 전문적으로 천착하는 이들이 지적장애를 이토록 비정상적이고 도덕적으로 문제가 되는 방식으로 언급하는 현상을 어떻게 설명할 수 있을까?[16] 책을 마무리하며 철학적 담론 내부에 존재하는 세 가지 부조화를 간략히 검토하고자 한다. 이 부조화는 철학자가 어떻게 그토록 쉽게 확신을 가지고 이런 질문을 제기하고 연관성을 주장하는지에 대한 이유를 설명해줄지도 모른다. 이 부조화는 푸코가 역사적 존재론의 핵심 축으로 제시한 세 가지, 즉 지식, 권력, 윤리라는 세 축을 따라 발견될 수 있다.

첫 번째 부조화는 인식적 권위와 관련돼 있다. 우리가 앞서 살펴본 바와 같이 멀찍이 떨어져 있는 도덕철학자의 추정적 권위와 지적장애인 당사자와 구체적이고 체화된 관계를 맺고 있는 사람의 권위 사이에는 부조화가 존재한다. 이런 권위는 다양한 방식으로 표출된다. 지적장애에 대한 '지나치게 감상적인' 태도를 폄하하는 방식으로, 특정 유형의 사람과 전혀 접촉하거나 관계를 맺지 않은 사람이 오히려 그 사람의 본성·능력·도덕적 지위를 판단할 자격이 있다고 간주하는 방식으로, 이 집단에 대한 추정적 지식과 (지적장애의 본질 및 경험에 관한 주장을 뒷받침하는) 실제 증거 사이에 수많은 간극을 형성하는 방식으로 드러난다. 이로 인해 몇 가지 물음이 제기된다.

첫째, 설사 실제로 지적장애인에 대한 견해 중 일부가 감상적이고 과잉 배려하는 태도라는 비판을 받을 만하더라도, 이런 관점이 지적장애에 관한 합리적·도덕적 담론에서 꼭 제외되어야 하는 이유가 되는가? 수전 웬델은 철학 담론에 장애 당사자의 관점을 인정하고 통합하는 것이 얼마나 중요한지를 논한다. 스스로를 대변해 말할 수 없고 자신의 관점을 명확히 표현할 수 없는 이들의 경우, 이들의 세계 안에서 함께 살아가는 사람이 그 관점에 목소리를 부여하기 시작하는 일은 더욱더 중요할지도 모른다. 실제로 그렇게 하지 않는다면 윤리적 탐구의 범위와 깊이, 타당성 자체가 훼손될 수도 있다.

둘째, 과잉 배려적인 옹호자가 지적장애인과 비인간 동물 간의 심각한 문제적 연관에 대응하고 있다면 이들의 격분과 강렬한 감정 표현이 왜 폄하돼야만 하는가? 철학자 코라 다이아몬드는 지적장애인에 대한 학대의 맥락에서 격분이 차지하는 중요한 위치를 논한다. 시인 오드리 로드를 포함한 여러 여성의 호소력 짙은 언어는 억압과 폭력에 대한 '볼썽사나운' 반응인 분노와 같은 감정이 문제를 진단하고 그에 대응하는 데 필수적인 위치를 차지함을 상기한다.[17] 이 집단에 가해진 심각한 학대에 대한 정당한 경악을 넘어서 철학적·개념적 비인간화의 특정 형태, 특히 비인간 동물과 지적장애인을 연결함으로써 발생하는 비인간화에 대한 대응에서도 격분은 중요한 역할을 한다. 그런 비인간화에 분노 없이 대응하는 것이야말로 더 큰 우려가 아니겠는가? 피터 번은 생체실험에 관한 논쟁에서 제시된 유비에 대해 논하며, 논자가 분노에 반응하는 방식 자체가 오히려 분노스럽다는 점을 강조한다.

> 생체실험에 대한 논자인 프레이^{Frey}는 '매우 심한 중증의 정신박약자, 중증 뇌손상 환자, 심각한 장애를 지닌 신생아'로 시작하는 목록을 제시하며 이런 정신적 장애인이 첫 번째 실험 후보임을 분명히 한다. 프레이는 자신의 제안이 (…) 격분을 유발할 수 있다는 점을 인정한다. 프레이는 이에 대응하며 격분과 같은 이런 느낌은 '교육, 정보, 그리고 논증의 신중한 설명을 통해 제거될 수 있다'는 가능성을 제시한다. 즉, 그는 도덕 공동체 내에 존재하는 무지하고 철학적으로 훈련되지 않은 감정에서 격분과 같은 부정적 느낌이 비롯된다고 주장하는 셈이다. 그는 공동체의 구성원에게 도덕철학을 충분히 훈련시키면 격분의 감정이 생기지 않을 것이라 주장한다.[18]

어떤 경우에는 지적장애에 관한 '정당한' 지식이 생산되는 과정 자체가 앎의 주체와 앎의 객체 간의 뿌리 깊은 간극을 드러낸다. 푸코가 드러낸 이성과 비이성 사이의 간극을 떠올리게 하는 이런 간극의 생성과 유지는 특정 개인의 인격성을 문제 삼는 철학적 권위와 당사자 및 이들과 공동체적 연대를 이루는 사람들로부터 시작된 '사람이 먼저다 people first'라는 신념 간의 부조화를 설명할 수 있을지도 모른다.

두 번째 부조화는 철학 담론이 특정 집단(예컨대, 비인간 동물이나 비장애 여성)에 대한 정의 실현에는 깊은 관심을 기울이면서도 지적장애인과 관련된 정의의 쟁점에서는 상대적으로 무관심하다는 점에서 드러난다. 나는 각 집단에 할애된 관심의 불균형을 계량하기보다는 이런 격차의 기저에서 정의에 대한 무관심을 지속시킬 수 있는 두 가지 억압의 형태를 지적하고 이로써 지식과 관련된 권력의 문제를 제기하려 한다.

앞서 살펴본 바와 같이 지적장애인은 철학 담론에서 여러 방식으로 주변화됐다. 지적장애인이 어떤 형태의 인격성도 부여받지 못할 때 이들은 배제되어 정의의 영역 바깥에 놓이게 된다. 철학적 담론 내에서 언급된다고 해도 지적장애인은 거의 항상 '가장자리 사례'로 정의된다. 이는 비인간 동물에 관한 논의에서도 명백한데, 이들 또한 일반적으로 인격체로 정의되지 않으며 특정 맥락에서 주변적 사례로 제시될 뿐이다. 그러나 이 두 주변화된 집단이 나란히 등장할 때, 우리는 억압의 또 다른 얼굴을 마주하게 된다. 이 책에서는 이를 '개념적 착취'라고 명명한 바 있다. 아이리스 영은 착취를 한 집단의 에너지가 다른 집단으로 전이되어 이익이 불평등하게 분배되는 과정으로 정의한다.[19] 개념적 수준에서 볼 때, 중증 지적장애인을 단지 비인간 동물의 더 나은 처우를 주장하는 논거를 강화하기 위해 활용한다면, 이들은 분명 착취당하고 있다고 할 수 있다. 이런 논증이 지적장애인이 겪는 억압을 인식하지 못하거나 도덕적 지위의 근거로서 종 소속이 거론되는 것을 문제 삼기 위해 지적장애인을 이용하고 도덕적 고려에서 유의한 어떤 성질마저 박탈할 때, 지적장애인은 개념적 착취의 피해자가 된다. 이와 유사한 영향은 비장애 여성의 재생산 권리를 보장하기 위해 지적장애에 대한 전형적 재현을 활용하는 페미니스트 생명윤리 담론에서도 나타난다.

이처럼 철학 담론이라는 무대에서 지적장애인은 주변화되고 개념적으로 착취당하며, 다른 집단의 정의正義 문제를 제기하는 배경으로서만 등장한다. 앞서 논의한 두 가지 억압 양상은 개념적 차원의 것이지만, 구체적으로 행해지는 억압만큼이나 해로울 수 있다. 개념적 억압으로 인해 지적장애인과 비인간 동물의 지속적인 연결이 무비판적으로 용인되고 고정관념과 전형이 지속되며 지적장애인의 정의 문제에 대한 관심이 다른 곳으로 향하게 되기 때문이다.

푸코가 "우리는 어떻게 도덕적 주체로서 자신을 구성하는가"라는 질문을 던질 때, 그 질문은 다음과 같은 더 넓은 함의를 내포한다. 우리는 어떻게 도덕 공동체의 경계를 그으며 누가 그 안에 포함될 수 있는지를 결정하는가? 이는 세 번째 부조화로 이어진다. 즉, 개념적 공동체를 구성하고 철학적 경계를 그리는 과업(예컨대, 비인간 동물과 지적장애인을 동일한 도덕 영역에 위치시키는 일)과 인간 공동체 속 지적장애인의 구체적인 존재 방식에 대한 관심의 결여 사이에 존재하는 부조화다. 도덕 담론 속에서 지적장애인이 가장 추상적이고 희미한 방식으로 그려질 때, 그런 '비인격체'의 결핍된 삶과 이들이 타인과 공동체 속에서 함께 나누는 풍부한 삶 사이에서의 깊은 간극이 발생한다. 중증 지적장애인과 '우리'가 무엇을 공유하고 있는지에 대한 앞선 맥마한의 서술을 떠올려보자. 그는 가까운 가족의 경우를 제외하고, 중증 지적장애를 지닌 집단과 그렇지 않은 집단이 공유하는 유일한 특성이 마치 생물학적 관계뿐인 것처럼 보이는 상황을 제시한다.

> 우리가 인지손상인과 공유하는 것은 인간종이라는 사실뿐이며, 이는 개인적 유대, 상호공감, 공통의 가치관, 특정한 삶의 방식에 대한 공동의 헌신, 사회적 협력 혹은 특별한 배려의 정당한 근거로 좀 더 쉽게 인정되는 다른 관계적 특성을 포함하지 않는다.[20]

맥마한이 말하는 '우리'란 아마도 인지능력을 갖춘 사람, 즉 사회적으로 저 멀리 분리된 집단과 아무 연결고리도 없다고 여겨지는 '우리'를 가리키는 것으로 보인다. 반면, '그들'에는 중증의 인지적 손상을 지닌 이들뿐만 아니라 그들의 가족이나 가까운 사람까지 포함될 것이다(분명 이들은 인지적 손상을 지닌 이들과 단순한 종 소속 이상의 것을 공유하고 있기 때문이다). 인지손상인 집단을 '우리'와 극도로 다른 집단으로 구성하는 것은, 바로 '우리-그들'이라는 이분법에 근거한다. 그리고 이런 개념적 거리가 철학자가 지적장애인을 비인간 동물과 동일한 범주 아래에 손쉽게 배치할 수 있는 이유를 설명해줄지도 모른다. 그러나 그 결과로 상실되는 것은 오직 이 완전히 인간적인 세계를 살아가는 사람들의 관점과 서사적 서술이 포함될 때에만 비로소 드러나는, 구체적이고 체화된 삶과 관계의 풍부한 직조물이다. 그리고 이런 상실은 많은 이에게 여전히 잘 알려지지 않은 채로 남아 있다. 에바 키테이가 자신은 딸을 인간성의 충만함 속에서 바라볼 수밖에 없다고 쓸 때, 그는 인간공동체 안에서의 세샤의 자리를 인정하고 있는 것이다. 그리고 그 자리는 인간종에서 최소한의 종적 공동 성원권보다 훨씬 더 두텁고 견고하다.

이런 삶의 생생하고 인간적인 차원을 인식하거나 통합하지 못하는 것은 비인간 동물과 인지장애인이 도덕적 담론에서 공유하는 개념적 공간에 더욱 큰 정당성을 부여하는 결과를 낳는다. 바로 이 지점에서 서사적 작업에 대한 강조와 주목, 그리고 지적장애를 정의와 도덕적 인격 고찰에 포함시켜야 한다는 윤리적 요구야말로, 비인간 동물과 중증 지적장애인이 비장애인의 애정에 의해서만 인간공동체의 구성원이 된다고 여기는 철학적 세계에 제시하는 도전장이 될 것이다.

메리 마호왈드는 다음과 같이 지적한다.

현재 비장애 상태에 있는 학자에게는 인지적 장애를 지닌 사람보다 신체적 장애를 지닌 사람에게 마음을 여는 것이 더 쉽다. 반면, 인지적 장애를 지닌 사람에게 진정으로 열린 태도를 갖는 일은 현재 비장애 상태에 있는 학자뿐만 아니라, 신체적 장애를 지닌 학자에게도 어려

울 수 있다.[21]

이런 간극을 해소하기 위해 나는 몇 가지 전략을 제시하고자 한다. 첫째, 중증 지적장애인을 둘러싼 관계 속에 있는 이들의 도덕적·인식적 권위가 확보돼야 한다. 이는 도덕적 담론의 일부로서 서사의 중요성을 인정하는 것을 포함한다. 둘째, 동물과 지적장애인 사이의 연관이 지닌 복합적이고 불편한 역사를 면밀히 검토하고, 오늘날 제기되는 연결성 또한 그 맥락 속에서 고찰할 필요가 있다. 셋째, 비인간 동물을 위한 주장을 펴기 위해 중증 지적장애인을 그 사례로 사용하는 것이 필수적인 것인지 또한 그 반대의 경우도 반드시 필요한 것인지를 물어야만 한다. 두 집단의 이해관계가 서로 충돌하는 것처럼 제시되는 허술한 비교 프레임에 의존하지 않고도 두 집단 각각에 대해 독립적으로 정의를 요구하는 주장을 펼치는 것이 가능하지는 않은가? 마지막으로 지적 특권과 연관된 두려움과 불편함을 정면으로 마주하고, 더 나아가 이 논의 속에 분노가 자리할 수 있는 공간을 마련하는 것이 결정적으로 중요하다고 생각한다.

페미니스트 인식론에서 새롭게 등장하고 있는 일련의 연구는 앞서 논의된 부조화를 설명할 수 있는 또 다른 방식을 제시할 뿐만 아니라, 이를 다루기 위한 유망한 전략을 제공한다. 비판적 인종이론 연구에서 영감을 받은 '무지의 인식론'으로의 전환은 장애의 맥락에서, 그리고 그중에서도 지적장애를 둘러싼 담론의 맥락에서 고려될 때 특히 흥미롭다. 낸시 투아나는 논문 〈무지의 스페큘럼The Speculum of Ignorance)*에서 무지의 분류 체계를 제시하며 여섯 가지 상이한 무지의 유형을 식별해낸다. 투아나의 분석은 여성 건강(그리고 오늘날의 여성 건강 운동 속에서 형성된 여성의 몸에 대한 지식의 창출)과 관련된 사례를 중심으로 전개되는데, 이는 이 책의 주제와도 긴밀히 연결된다. 또한 투아나가 제안한 범주화 방식은 장애에 관한 철학적 사유 방식을 이해하고 도전하는 데에도 유용한 도구가 된다.[22] 나는 투아나의 분류를 크게 세 가지 범주, 즉 의도적으로 무지에 머무르려는 노력과 다른 집단에 대한 무지를 유지하는 것, 그리고 진정한 인식적 장벽으로 묶어서 논하고자 한다.

투아나가 여섯 가지로 분류한 무지의 처음 두 가지 형태는 '의도적으로 무지에 머무르려는 노력'에 기초한다. 즉, "우리가 모른다는 사실을 알면서도 알고자 하지 않는 것"[23]과 "의도적 무지"[24]의 태도다. 이 둘은 질적으로 구별되는데, 후자의 경우에는 '그들은 알지 못하며 알고자 하지도 않는' 반면, 전자의 경우에는 인식의 대상이 단지 '현재의 관심사와 연결되어 있지 않을' 뿐이기 때문이다. 특히 첫번째 유형의 무지는 특정한 형태의 지식이 관심 범위 밖에 있을 때 발생한다(투아나는 과학계가 남성 피임약 개발에 관심을 두지 않은 사례를 든다).

이런 무지의 형태는 우리가 검토해온 지적장애 담론의 여러 특

---

*   스페큘럼은 라틴어로 '거울'을 뜻하지만, 동시에 산부인과에서 사용하는 진찰 기구인 '질경'을 가리키기도 한다. 투아나는 스페큘럼의 의도적인 중의성을 통해 사회가 무지를 어떻게 생산하고 유지하며, 여성의 몸을 '알기 위해' 사용하는 과학적·의학적 도구 자체가 실제로는 어떻게 체계적 무지를 생산해왔는지를 지적한다.

징을 설명하는 데 도움이 될 수 있다. 첫째, 일부 철학자가 자신이 다루는 지적장애인의 구체적 조건과 삶의 현실에 대해 명백히 무관심하다는 점을 들 수 있다. 앞서 살펴본 바와 같이, 그들은 때로 해당 상태의 본성과 복잡성을 포함하지 않는 이유를 설명하는 과정에서 의학 전문가에게 판단을 유보한다. 하지만 이 분야가 자신의 관심사나 전문성을 갖는 영역이 아님을 시인하면서도 논의의 대상이 되는 지적장애인의 운명에 대한 도덕적 판단을 내리는 데는 아무 제약을 받지 않는다. 또한 이 범주가 형성된 역사적 맥락에 대한 뚜렷한 무관심도 두드러진다. 즉, 지적장애인에 대한 억압과 처우의 역사는 지적장애 집단과 비인간 동물 간의 억압을 연결 지을 때나 고통의 문제를 다룰 때조차 거의 언급되지 않는다. 따라서 우리는 '정신지체'라는 범주가 지닌 역사적 맥락과 복잡성이 단순히 철학적 관심의 레이더에 포착되지 않는 것인지 아니면 이들을 비인간 동물과 비교하거나 그 고통의 이유를 다룸에 있어 철학자가 그런 세부적 사항을 '알고자 하지 않거나' 혹은 알아내려 하지 않는 좀 더 명확한 태도를 취하고 있는 것인지를 물을 수 있다.

무지의 두 번째 유형, 즉 '의도적으로 무지에 머무르려는 노력'에 기초한 무지의 두 번째 유형은 자신의 권력적 지위를 유지하는 것과 더욱 밀접하게 연결돼 있으며, 타인의 위치와 그들이 겪는 억압을 고려함으로써 자신의 지위가 흔들리는 것을 거부하는 태도와 관련된다. 투아나는 이와 관련해 메릴린 프라이와 찰스 밀스의 인종에 대한 중요한 연구를 인용하면서, 백인이 "비백인이 겪는 억압적 조건, 그 불형평성을 떠받치는 제도·신념·관행, 그리고 인종화된 위치 때문에 백인이 누리는 특권"에 대해 취하는 "완강한 무지"를 지적한다.[25] 이와 유사한 현상은 지적장애인의 동물성에 호소함으로써 그들에 대한 비인간적 처우를 정당화해온 역사가 철학 담론에서 완전히 누락되어 있다는 점에서도 발견할 수 있다. 1970년대에 폭로된 윌로브룩 수용 시설의 참혹한 환경(아동이 알몸으로 감금된 채 자신의 배설물 속에 방치되고, 어떤 인간적 접촉도 허용되지 않았던 끔찍한 환경)은 지적장애인과 동물의 관계가 단순한 철학적 사고 실험에 그치지 않았음을 보여주는 수많은 사례 중 하나에 불과하다. 물론, 지적장애에 관한 철학 담론에 나타나는 특정한 누락과 왜곡이 적극적 무지의 명확한 사례인지 아니면 무지의 첫 번째 범주에 해당하는 철학적 관심의 범위를 설정하는 문제에 불과한지 확인하는 일은 쉽지 않다. 그럼에도 중증 지적장애인을 비인간화하는 논변이 전개되는 맥락에서는 이와 같은 인지적 특권의 문제를 반드시 고려해야만 한다.

투아나는 또한 앎의 주체 이외의 집단에 무지가 귀속되는 방식, 즉 타인의 무지를 전제하고 구성하는 과정을 지적한다. 이 과정은 인식적 권위를 지닌 이들이 타인의 특권과 권위를 박탈하려는 시도로 드러난다. 이런 유형의 무지는 다시 두 가지 형태를 취한다. 첫 번째 유형의 무지는 "그들은 우리가 알기를 원하지 않는다"는 말로 표현될 수 있고, 두 번째 유형은 "인식적으로 불리한 정체성이 구성되는 과정에서 생산되는 무지"다.[26] 첫 번째 경우는 "특정 집단의 무지가 체계적으로 조장되는 과정"을 수반한다.[27] 여기서 투아나는 여성이 자신의 신체에 대해 알지 못하도록 방해받았던 다양한 사례를 예로 들며 특정 집단이 어떻게 무지한 존재로 여겨져왔는지를 질문한다. 이런 사례는 지적장애인에 대한 다양한 형태의 처우 속에서도 어렵지 않게 찾아볼 수 있다. 철학적 맥락에서 중요한 것은 철학자가 지적장애인을 두고 행하는 일반화와 장애의 구체적 차원에 대한 부주의가 어떤 문제적인 방식으로 특정 집단을 전적으로 '무지한' 존재로 구성하게 되는지를 숙고하는 일이다. 이런 첫 번째 유형의 무지는 인식적으로 폄하된 집단이 특정 형태의 지식에 접근이 불가능하게 되는 방식에 초점을 맞추는 반면, 두 번째 유형의 무지는 (물론 두 형태가 분명히 서로 연결돼 있기는 하지만) 특정한 정체성에 대한 그 어떤 인식적 권위도 전면적으로 박탈한다는 점에서 더욱 파괴적이다.[28] 지적장애에 관한 철학적 담론의 맥락에서는, 특정 집단(장애인과 비장애인 모두)이 인식론적으로 권리를 박탈당하는 방식에 주의를 기울이는 것만큼 해당 집단이 속한 범주의 역사나 삶의 현실에 관해 존재하는 특정한 형태의 의도적 무지를 비판적으로 검토하는 일 역시 중요하다.

마지막 세 번째 범주에 속하는 두 가지 형태의 무지는 앞서 언급된 유형보다 더욱 견고한 인식론적 장벽에서 기인한다. 첫 번째 유형은 "우리는 우리가 모른다는 것조차 알지 못한다"는 말로 표현될 수 있다. 이 유형의 무지는 철학적 논의에서 지적장애인 집단을 어떤 인간적 특성도 지니지 않은 존재로 인식하는 작업을 목도했을 때 내가 느낀 반응을 가리킨다.[29] 따라서 우리는 이렇게 물을 수 있다. "추상적인 사고 실험을 구성하는 데에만 몰두하는 이론가에게는 접근 불가능한, 소위 '결핍된 삶'으로 간주되는 이런 삶에는 어떤 다른 차원이 존재하는가?" 나는 그런 차원이 존재한다고 본다. 따라서 인식론적 과제는 이런 특정 형태의 지식을 드러내고 이를 가리고 있는 장벽을 무너뜨릴 수 있는 방식을 찾는 것이다.

어쩌면 중증 지적장애의 어떤 차원은 철학자 혹은 가족이나 옹호자의 인식론적 이해 범위를 영원히 넘어서는 영역에 머무를지도 모른다. 이를 인정하는 일은 "애정 어린 무지"의 한 형태에 관여하는 것이며, 이는 "우리가 알 수 없는 것을 받아들이는" 것을 의미한다.[30] 어떤 면에서는 마지막 두 형태의 무지(알지 못함조차 인식하지 못하는 무지와 알 수 없음 자체를 받아들이는 무지) 사이의 긴장은 중증 지적장애가 있는 사람이 제기하는 도전과 교훈의 일부를 가장 잘 포착할 수 있는 영역일지도 모른다. 적어도 이들과 가장 가까운 이들이 애정 어린 형태의 무지를 가장 기꺼이 받아들인다는 흥미로운 사실은 권위, 겸손, 그리고 인식적 책임에 대한 재고가 절실히 필요하다는 점을 선명하게 드러낸다.[31] 억압에 맞서 싸우고 지적장애 당사자에게 권위를 부여하는 맥락에서 '무지를 되찾는다는 것'은 참으로 흥미로우면서도 동시에 잠재적으로 위험한 개념이다. 철학적 맥락에서 얼마나 기이하게 들리는 표현인가. 또한 인식론을 연구하는 학자에게는 얼마나 터무니없는 구호인가. 그럼에도 이 표현은 나를 이 책의 여정을 시작하게 한 플라톤에게로 다시 데려간다.

지적장애를 둘러싼 세계 여행하기

이 책은 두 가지 세계, 즉 지적장애를 둘러싼 과거의 '시설적·제도적 세계'와 현대의 '철학적 세계'를 나란히 제시해왔다. 비록 시설적·제도적 세계와 그 모든 실천이 철학자의 논증이나 텍스트보다 '실체적인' 것으로 보일 수 있겠지만, 19~20세기 시설장과 지적장애를 연구 대상으로 삼은 철학자 모두가 넬슨 굿먼이 "세계 만들기"라고 부른 작업에 관여하고 있다. 그에 따르면 '인간 분류자'이자 '세계 창조자'로서의 우리는 "기술되는 어떤 것이든 그것을 기술하는 방식에 의해 제약된다."[32] 그는 덧붙여 말한다.

> 세계는 만들어지기도 하고 발견되기도 한다. 앎이란 재창조하고 서술하는 일이다. 법칙의 발견은 그것을 제정하는 일을 동반한다. 패턴의 인식은 그것을 발명하고 적용하는 일이다. 이해와 창조는 함께 간다.[33]

지적장애라는 분류의 역사적 전개는 이런 점에서 흥미롭다. 인간존재가 탐구의 대상이 될 때, 발견과 창조, 이해와 형성 사이의 복잡한 관계가 드러나기 때문이다. 그리고 우리는 동시대의 철학자가 나름의 지적장애 세계를 만들어온 방식에서도 그와 유사한 점을 발견할 수 있다.

그러나 이를 검토함에 있어 내가 단지 두 세계 사이의 흥미롭거나 인상적인 유사성만을 드러내고자 했던 것은 아니다. 지적장애를 지식의 객체로 다뤄온 복잡한 역사를 드러내는 일은 지적장애에 대한 전통적 철학 관점을 비판적으로 정식화하는 데 결정적인 역할을 한다. 어니타 실버스는 이를 '역사적 반反사실화'의 과정이라 부르며 다음과 같이 말한다.

> 사회제도가 역사적으로 특정한 유형의 자아를 포용했는지 혹은 배제했는지를 간과하지 않고 인식하는 일은 우리가 배제한 이들에 대해 본질적이라고 생각하는 개념이 실제로는 역사적 우연의 산물일 수 있음을 일깨워준다.[34]

이런 시각은 철학과 역사의 관계에 대한, 그리고 지식인의 과제에 대한 푸코의 관점과도 공명한다.

> 나는 지식인의 작업에 대해 이렇게도 말하고 싶다. 즉, 있는 그대로를 서술하되 그것이 그렇지 않을 수도 있었던 것 혹은 지금과 같은 방식이 아닐 수도 있었던 것으로 보이게 만드는 일은 어떤 의미에서 생산적이다. (…) 내가 보기에 역사에 의존하는 것이 의미를 갖는 이유 또한 여기에 있다. 역사는 지금 존재하는 것이 언제나 그래왔던 것은 아님을 보여주는 역할을 하기 때문이다. 다시 말해, 우리에게 가장 자명해 보이는 것조차도 불안정하고 취약한 역사의 과정 속에서 만남과 우연이 교차하는 지점에서 형성됐다.[35]

지적장애의 초기 시설적·제도적 세계와 현대 철학 담론의 세계를 오가며 그 사이의 공명과 간극을 그려내는 가운데, 나는 철학에서 멀리 떨어져 있거나 철학 안에서 가려져왔던 다른 세계를 탐구할 가능성을 지적해왔다. 나는 이 작업이 좀 더 포용적인 철학적 대화를 열기 위한 서문이자 요구라 생각한다. 이에 나는 지적장애인의 세계에서 우리를 더욱 멀어지게 하거나 그 세계의 존재를 주변화하고 부정하는, 혹은 그 풍요로움의 인식 가능성을 외면하거나 고유하면서도 함께하는 더 넓은 세계의 일부로 인식하지 못하게 만드는 특정한 '세계 만들기의 방식'을 문제 삼았다.

그러나 지적장애를 철학하는 방식에 경고의 목소리를 내는 것이 철학의 세계를 완전히 떠나야 한다는 뜻은 아니다. 널리 알려진 푸코와 데리다의 논쟁에서 데리다는 푸코의 '광기의 역사' 프로젝트 본질 자체에 도전한 바 있다. 데리다는 푸코가《광기의 역사》에서 보여준 시도는 광기 자체가 모습을 드러낼 수 있는 공간을 여는 데 실패했다며 이렇게 주장했다.

푸코는《광기의 역사》를 쓰면서 광기 그 자체의 역사를 쓰고자 했다. 그 자체, 광기 그 자체의. 곧 광기 스스로가 말하게 함으로써 말이다. 푸코는 광기가 말 그대로 모든 의미에서 책의 주체가 되기를 원했다. 즉, 광기가 책의 주제이자 1인칭 화자이며 저자가 되기를, 자기 자신에 대해 말하는 광기가 되기를 원했던 것이다.[36]

지적장애의 얼굴들

데리다에 따르면 이 작업은 두 가지 측면에서 실패했다. 첫째, 사실상 '광기 그 자체'에 목소리를 부여하지 못했다. 즉, 광기는 "스스로를 대변하지 않았다." 한편, 이런 사실은 더 깊은 역설을 드러낸다. 데리다는 이성이 사용하는 바로 그 도구를 통해 이성을 근본적으로 비판하려는 기획의 실행 가능성 자체에 의문을 제기한다. 이런 비판을 진지하게 받아들인다면 나의 책 역시 유사한 함정에 빠져 있지 않은지 의문이 제기될 수 있다. 나는 지적장애가 "스스로를 대변하게" 하려고 어느 정도로 노력했는가? 또한 지적장애를 철학화하는 특정한 방식을 비판하고, 학문 내부에서 철학자의 역할을 폭로하고 도전하는 과정에서 (오드리 로드의 표현을 빌리자면) 나는 주인의 도구로 주인의 집을 해체하려 한 것은 아닌가?

"이 책 속에서 지적장애가 스스로를 대변하는가?"라는 질문에 답해보자. 나는 이 책을 통해 지적장애인을 대변하려는 의도는 없었으며 당사자가 직접 자기 목소리를 낸 것도 아니다. 다만, 학문적 맥락 속에서 지적장애인 가족을 위해 말하거나 그들과 함께 목소리 내는 이들의 경우를 중심으로, 어떤 서사가 무효화되는지에 관한 복잡한 역동과 메커니즘을 탐구해왔다. 우리가 이미 살펴보았듯, 단순히 포용을 요구하는 것만으로는 충분하지 않다. 앙리 스티케는 특정한 목소리가 포함되는 방식 자체가 문제일 수 있음을 상기한다. 이 책에서 지적장애가 논의되는 '위로부터의' 방식을 문제화함으로써 지적장애인의 목소리와 관점이 포함되고 환영받을 수 있는 철학적 공간을 마련하고자 했다. 따라서 남겨진 과제는 이런 철학적 담론이 확장되기 위해선 무엇이 필요한지, 푸코가 말한 계보학적 작업에 참여한다는 것이 무엇을 뜻하는 것이고 "예속된 지식"[37]을 해방시킨다는 것이 무엇을 의미하는지, "우리 없이 우리에 대해 말하지 말라"[38]는 강력한 자기옹호 구호를 진지하게 받아들이는 것이 어떤 의미인지, 그리고 이런 쟁점이 다양한 지적장애의 맥락에서 어떤 함의를 갖는지 숙고하는 일이다.

하지만 오드리 로드의 주장, 즉 "주인의 도구로는 결코 주인의 집을 허물 수 없다"는 지적을 어떻게 성찰해야 할까? 가장 일반적인 의미에서 이 책은 모든 철학적 도구를 내려놓자고 촉구하는 것이 아니다. 철학이 다양한 형식을 통해 지적장애에 기여할 수 있다는 깊은 확신은 우리가 현재 지적장애에 대해 어떻게, 그리고 왜 이야기하는지를 진지하게 살펴야 한다는 나의 의지를 뒷받침한다. 만약 실제로 지적장애가 철학의 주변부에서 벗어나기 시작했다면, 지적장애가 우리의 가장 근본적인 윤리적·인식론적·정치적·실존적 질문을 어떻게 새롭게 조명하고 이에 도전하고 있는지 살펴봐야 한다. 나아가, 이 질문을 재구성하고 철학적 탐구의 새로운 지평을 열 수 있는 방법에 대한 고민이 필요하다. 이런 종류의 작업은 이미 진행 중이며 심대한 변혁적 효과를 일으키고 있다. 나는 특정한 구분(예컨대, 인격-비인격, 정상-비정상)을 배경으로 삼은 몇몇 기법 및 권력 양식이 지적장애인을 규정해온 방식에 대해 푸코적 관점에서 우려를 표명하지만, 합리적 담론이 아무 역할도 하지 못한다고 암시하려는 것은 아니다. 이는 푸코 역시 마찬가지였는데, 그의 비판적 기획의 특수성을 인식한다면 더욱 그렇다.

　　나는 18세기 이래로 철학과 비판적 사유의 중심 쟁점은 언제나(지금도 그렇고 앞으로도 그러리라 희망하는데) 바로 다음과 같은 질문이라 생각한다. 우리가 사용하는 이성이란 대체 무엇인가? 이성이 역사 속에서 끼친 영향은 무엇인가? 이성의 한계는 어디까지이며 내포된 위험은 무엇인가? 합리적 존재로서 다행히도 합리성을 실천하려는 의지를 지니고 있으면서 불행히 그 합리성이 내재적 위험으로 뒤얽혀 있는 상황에서 우리는 어떻게 존재할 수 있는가? 우리는 이 질문에 가능한 한 가까이 머물러 있어야 하며, 이 질문이 근본적이면서도 극히 해결하기 어려운 문제임을 항상 염두에 두어야 한다. 더 나아가 이성을 제거해야 할 적이라고 단정하는 일이 극히 위험한 것만큼, 합리성에 대한 어떤 비판적 물음도 우리를 비합리성으로 빠뜨릴 위험이 있다는 주장 역시 똑같이 위험하다.[39]

　　마리아 루고네스Maria Lugones는 이런 작업이 가져올 수 있는 풍요로움, 즉 인식적·정치적 변화를 '세계 여행world travel'이라는 개념으로 포착한다. 루고네스는 다음과 같이 말한다.

　　내가 누군가의 '세계'로 여행하는 것이 그들과 동일시되는 하나의 방식이라고 생각하는 이유는 그들의 '세계'로 여행함으로써 우리는 그들이 된다는 것이 무엇인지, 그리고 그들의 눈에 비친 우리 자신이 된다는 것이 무엇인지를 이해할 수 있기 때문이다. 오직 서로의 '세계'로 여행했을 때만 우리는 서로에게 온전히 주체가 된다. (…) 다른 사람의 '세계'로 여행함으로써, 우리는 오만한 인식의 희생자로 여겨지는 이들이 실제로는 주체이며 생동하는 존재이자 저항자이며 장래를 구성하는 자라는 점을 발견하게 된다. 비록 주류적 구성 속에서는 그들이 오로지 오만한 인식자에 의해 생명력을 부여받는 존재, 즉 유순하고 쉬이 접혀 봉해지며 분류 가능한 존재로만 그려지더라도 말이다.[40]

지적장애의 일부 사례에서는 그들의 눈에 비친 우리 자신이 어떤 존재인지, 그리고 그들이 되는 것이 무엇인지를 완전히 이해하려는 욕망은 '애정 어린 무지'에 잠시 자리를 내줘야 할 수도 있다. 그럼에도 다른 사람의 세계를 기꺼이 바라보고 그 일부가 되려는 태도는 상대를 단지 나 자신을 비추는 거울로만 취급하는 것과는 다르다. 이런 태도는 함께 연결되고 소통하며 더불어 살아가는 새로운 가능성을 열어준다.

이 책 첫 장의 제목은 조지나 클리게에게 빚진 것이다. 왜냐하면 클리게가 실명失明을 "영화 제작자 최악의 악몽"이라 표현했던 것이 철학과 지적장애의 관계에 대한 나의 인상과 맞닿아 있었기 때문이다. 그러나 나의 논의 속에도 시각적 은유가 깊숙이 스며들어 있다는 점을 모르는 바는 아니다. 거울 이미지가 가장 명백한 예이며, 나는 "얼굴을 본다"거나 "생각을 벗겨낸다"는 언어 표현 속에 여러 발상을 담아왔다. 철학을 이성이나 로고스로 이해하는 관점이 시각이나 가시성 및 반영성과 맺는 관계를 탐구하는 일은 이 책에서 다룰 수 있는 범위를 넘어서는 것이다.[41] 그러나 비장애중심주의의 문제를 다루면서, 나의 시각중심적 언어가 특정한 세계 내 존재 방식의 흔적을 배반하고 있음을 인정하지 않는다면 그것은 슬픈 아이러니일 것이다.

지적장애의 맥락에서 거울적 반영을 넘어서는 데에는 해방적 잠재력이 있을지도 모른다. 나는 특정한 역사적·철학적 담론 속에서 발견되는 지적장애의 얼굴에 대해 말해왔지만, 타자의 얼굴은 더 깊은 의미를 지닌다. 에마뉘엘 레비나스Emmanuel Levinas가 '얼굴'에 대해, 그리고 그 현존 앞에서 스스로가 경험하는 윤리적 요구에 대해 전개한 사유는 타자와의 관계를 상상하는 하나의 길을 제시한다. 여기서 타자의 얼굴을 인지한다는 것은 단순히 타자의 얼굴을 본다는 문자적 해석을 넘어서는 일이다.[42] 응시를 비롯해 시각적인 행위에 대한 강조를 넘어설 때 우리는 '타자 곁에 있음', '타자의 현존 속에 있음'이라는 새로운 차원을 발견할지도 모르며, 지적장애와의 관계 속에서 (문자적·은유적 의미 모두에서) 접촉과 포옹의 힘을 탐구하게 될지도 모른다.[43]

푸코는 '비판적 존재론'이란 무엇인가를 논하며, 이런 역사 비판적 태도는 단일하고 영속적인 이론이나 교의를 제시하는 것이 아닌 실험적인 과정이어야 한다고 주장한다.

자기 자신에 대한 비판적 존재론은 하나의 이론이나 교의로서 혹은 축적돼가는 영구적인 지식의 집합으로서가 아니라 하나의 태도, 하나의 에토스, 하나의 철학적 삶으로 사유돼야 한다. 이 철학적 삶 속에서 우리가 누구인지를 비판하는 일은 곧 우리에게 부여된 한계에 대한 역사적 분석이자 그 한계를 넘어설 가능성을 실험하는 과정이 된다.[44]

지적장애의 얼굴을 마주한 지금, 우리의 철학적 에토스를 재정의하고 다시 상상할 때가 되었다.

감사의 글

이 책은 여러 변화를 거쳐 지금의 모습에 이르렀습니다. 그 과정에서 자신의 통찰과 질문, 목소리를 아낌없이 나눠준 많은 분께 깊이 감사드립니다. 뉴욕 포키프시 재활학교에서 만난 훌륭한 분들과 학부 시절 미치 밀러, 더글러스 윈블래드, 우마 나라얀, 마이클 매카시에게서 받은 철학적 영감과 지지가 없었다면 이 책은 세상에 나오지 못했을 것입니다. 대학원에서 이 책의 초기 아이디어를 발전시킬 무렵, 토론토대학교에서 만난 동료와 멘토, 특히 캐서린 모건, 에이미 멀린, 앙드레 곰베이는 철학과 장애에 관한 사유를 풍부하게 키워갈 수 있는 환경을 제공해줬습니다. 또한 그 누구도 대신할 수 없는 유일무이한 분 이언 해킹 선생님께 감사드립니다. 이 프로젝트가 진행되는 동안 변함없이 힘이 되어주시고, 제 철학적 작업을 다지고 확장하며 영감을 주어 끊임없이 도전하도록 이끌어주신 무수한 도움에 진심으로 감사드립니다.

장애에 대한 저의 이해는 삶 속에서 경험한 바와 학문적 탐구 양쪽 모두에서, 철학 안팎의 여러 사람과 나눈 학제적 대화를 통해 한층 더 깊어졌습니다. 2000년 여름, NEH 장애학 세미나에 저를 초대해주신 폴 롱모어와 로즈메리 갈런드 톰슨, 그리고 장애 문제에 깊은 관심을 갖고 지금까지도 제게 힘이 되어주는 모든 참가자와 발표자께 감사드립니다. 또한 미국철학회, 세계생명윤리대회, FEAST, 장애학회, 시애틀대학교 연례 철학회의 발표, 브리검여성병원, 스미스칼리지, MIT젠더철학워크숍 등에서 연구의 일부를 발표했을 때 주신 유익한 회신 덕분에 제 아이디어와 논증이 크게 성장할 수 있었습니다.

특히, 2008년 가을 스토니브룩대학교에서 인지장애와 도덕철학에 관한 학회를 조직하기 위해 저를 초대해주신 에바 키테이에게 감사 인사를 전하고 싶습니다. 또한, 2009년 4월 영국 노팅엄에서 열린 '대조적 논점: 지적장애에 관한 원탁회의'에 저를 초대해주신 제니퍼 클레그에게도 감사드립니다. 이 만남에서 나눈 풍성한 아이디어와 대화 덕분에 철학적 시야가 넓어졌고 연구에 대한 새로운 비판적 관점을 얻을 수 있었습니다.

또한 많은 분의 세심하고 깊이 있는 검토로 이 책의 완성도를 한층 더 높일 수 있었습니다. 이 과정에서 어니타 실버스, 소피아 웡, 셸리 트레마인, 힐데 린데만, 리사 디트리히, 그리고 초기 원고를 검토한 수많은 익명의 심사자와 편집자가 함께했습니다. 이 책의 1장은 《푸코와 장애의 통치》에 처음 실렸으며, 2장은 〈인지적 능력주의와 장애학: 지적장애 역사에 대한 페미니스트적 성찰〉의 확장판인 〈히파티아: 페미니즘과 장애 특별호Hypatia: Special Issue on Feminism and Disability〉 1부,

제16권 4호(2001년 가을)에 게재된 바 있습니다. 특히, 에바 키테이에게 감사드립니다. 제 글과 아이디어를 세심하게 신경 써주신 것, 이 주제에 관해 깊이 있는 통찰과 지혜를 전해주신 데다 아름다운 딸 세샤와 디스커버리센터를 소개해주신 것, 그리고 이처럼 뜻깊은 작업에 함께할 기회를 주신 것에 감사드립니다.

마지막으로 이 프로젝트에 열정과 지지를 아낌없이 보내주신 훌륭한 편집자 디 모텐슨에게 큰 빚을 졌습니다. 또한 로라 매클라우드와 제 사유와 글에 구체성과 명료성을 부여해주신 크리소나 슈미트에게도 감사드립니다.

시애틀대학교와 하버드 글쓰기 프로그램에서는 저를 따뜻하게 맞아주는 지적공동체와 함께할 수 있는 행운을 누렸습니다. 제 연구의 많은 부분을 지원해준 두 학과와 해당 대학에 감사드리며, 자신의 철학을 나눠준 나의 제자들에게도 감사드립니다. 또한 아이디어와 우정, 그리고 좋은 와인을 나누며 나와 함께해준 너그럽고 멋진 동료들을 마음 깊은 곳에 간직하고 있습니다. 아울러 저를 여러 방면에서 성장시켜준 철학자 친구 마크 클레이먼, 코린 페인터, 크리스티안 로츠, 마이클 에스킨, 카트린 스텐겔이 제 곁에 있는 것은 더할 나위 없이 큰 행운이라 생각합니다.

그리고 나의 소중한 친구와 아름다운 가족에게 전합니다. 저는 이 책에 지혜롭고 사랑이 넘치는 부모님께 배운 생각과 신념, 그리고 여러분과 삶을 함께하며 더욱 소중히 여기게 된 가치를 담았습니다. 그것은 바로 인간의 아름다움과 존엄성에 대한 믿음, 공감과 친절, 존중의 중요성, 사랑으로 맺어진 관계의 소중함, 그리고 희망과 변화의 가능성입니다. 제가 쓴 모든 글을 읽어주시고 이 길로 나아가도록 격려해주신 어머니, 아버지 감사드립니다.

사랑하는 제레미야, 당신의 인내와 사랑, 헌신, 그리고 당신이 제게 안겨준 헤아릴 수 없는 수많은 선물에 어떻게 고마움을 전할 수 있을까요(끝날 줄 모르는 장애 역사 이야기를 기꺼이 들어줬던 그 마음까지 포함해서 말입니다). 그리고 소중한 줄리안에게는 이 말을 전하고 싶습니다. 내 세상 속에 함께해주고 또 다른 수많은 세상을 열어줘서 고맙습니다.

《지적장애의 얼굴들》은 2009년에 처음 출간됐습니다. 16년이라는 시간의 간극이 신경 쓰여 번역을 망설이기도 했지만, 돌이켜보니 괜한 고민이었습니다. 모든 지혜로운 책이 그렇듯, 이 책 역시 불과 며칠 전에 쓰인 것처럼 느껴지기 때문입니다. 지적장애인을 향한 사회의 시선이 그사이 크게 달라지지 않았기에 더욱 그렇습니다. 복지나 의료의 측면에서는 적지 않은 발전이 이루어졌다고 말할 수 있겠지만, 그것이 곧 우리의 마음과 생각의 성숙을 의미하지는 않을 것입니다.

리시아 칼슨은 우리가 떠올리는 '지적장애인의 얼굴'이 본래부터 주어진 실체가 아니라 특정한 역사적 과정에서 형성됐음을 보여줍니다. 철학, 의학, 교육, 제도, 윤리 담론 속에서 지적장애는 서로 다른 모습으로 등장했으며, 각 담론은 각기 다른 방식으로 지적장애를 바라봤습니다. 칼슨이 말하는 '얼굴들faces'은 바로 이런 역사적·철학적 형상들을 가리킵니다. 이 얼굴들은 과거의 낡은 이미지로 사라진 것이 아니라, 오늘날 사유와 제도 속에 여전히 층층이 누적되어 있습니다.

칼슨의 작업은 다양한 담론 속에서 형성된 지적장애의 여러 얼굴을 하나하나 드러내며, 이 얼굴이 어떤 지식과 권력관계 속에서 만들어졌는지를 추적합니다. 그 과정에서 이 책은 지적장애를 단순한 의학적 상태나 개인적 결함으로 이해하는 익숙한 틀을 넘어, 인간과 인간다움에 관한 철학적 논의를 재고하게 합니다. 이처럼 지적장애를 둘러싼 논의는 근대적 인간이 스스로를 어떻게 이해해왔는지, 그리고 그 과정에서 누구를 인간성의 경계 바깥으로 밀어내왔는지를 드러내는 중요한 장이 됩니다.

이 책이 지적장애 당사자를 비롯하여 가족과 친구, 동료와 활동가, 그리고 지적장애 당사자와 우정을 나눌 준비가 된 모든 독자에게 의미 있는 성찰의 계기가 되기를 바라며 번역을 진행했습니다. 이러한 마음이 독자 여러분께 전해져, 지적장애가 있는 '사람'의 있는 그대로의 얼굴을 마주하고 상호 간의 우정을 싹틔우는 씨앗이 되기를 바랍니다. 나아가 이 책이 지적장애를 둘러싼 익숙한 가정을 잠시 멈추고 인간과 능력, 취약성과 의존, 그리고 도덕적 공동체의 경계에 대해 한층 깊이 질문해보는 계기가 된다면, 그보다 더한 보람이 없겠습니다.

책을 집필하고 지금도 장애철학을 비롯한 여러 분야에서 지혜를 나눠주고 계신 리시아 칼슨 선생님께 깊이 감사드립니다. 또한 이 책이 한국어로 번역되어 독자들을 만날 수 있도록 애써주신 푸른숲 출판사 선생님들께 감사드리며, 추천사를 맡아주신 김도현, 이진희,

조한진 선생님과 원고를 먼저 읽고 귀중한 자문을 주신 배세진 선생님께도 진심으로 감사의 마음을 전합니다.

2026년 봄,

옮긴이 이예린, 유기훈

책을 여는 글은 Michel Foucault, "The Masked Philosopher," in Foucault Live, Interviews (1966 – 84), ed. Sylvere Lotringer (New York: Semiotext(e), 1996), 198 – 99에서 인용했다.

들어가며

1   Alasdair MacIntyre, Dependent Rational Animals (Chicago: Open Court, 1999); Martha Nussbaum, Frontiers of Justice: Disability, Nationality, and Species Membership (Cambridge, Mass.: Belknap, 2006); Eva Kittay, Love's Labor: Essays on Women, Equality, and Dependency (New York: Routledge, 1999). (《돌봄: 사랑의 노동 – 여성, 평등, 그리고 의존에 관한 에세이》, 나상원 · 김희강 옮김, 박영사, 2016); Ian Hacking, The Social Construction of What? (Cambridge, Mass.: Harvard University Press, 1999). 2008년 맨해튼 스토니브룩대학교에서 '인지장애: 도덕철학에 대한 도전(Cognitive Disability: A Challenge to Moral Philosophy)'이라는 주제로 열린 학술대회에는 다수의 저명한 철학자와 생명윤리학자가 참석했으며, 이는 지적장애에 대한 관심이 점점 높아지고 있음을 보여준다. 이 학술대회의 논문 모음집은 다음에서 찾아볼 수 있다. Licia Carlson and Eva Kittay, eds., Cognitive Disability and Its Challenge to Moral Philosophy (Malden, MA: Wiley-Blackwell, 2010).

2   외부 기고 칼럼. Peter Singer, New York Times, January 26, 2007.

3   Henri Stiker, A History of Disability, trans. William Sayers (Ann Arbor: University of Michigan Press, 2000), 15. (《장애: 약체들과 사회들》, 오영민 옮김, 그린비, 2021)

4   Georgina Kleege, Sight Unseen (New Haven, Conn.: Yale University Press, 1999), 57.

5   다음을 참고하라. Anita Silvers, "(In)Equality, (Ab)Normality, and the Americans with Disabilities Act," Journal of Medicine and Philosophy 21 (1996): 102 – 11; Silvers, "On Not Iterating Women's Disability," in Embodying Bioethics, ed. Laura M. Donchin and Anne Purdy (Lanham, Md.: Rowman & Littlefield, 1999), 177 – 202; Ron Amundson, "Disability, Handicap, and the Environment," Journal of Social Philosophy 23, no. 1 (1992). 이 분야의 방대한 문헌을 이 짧은 목록 안에 모두 담아 내긴 어렵다.

6   다음을 참고하라. Michael Oliver, The Politics of Disablement (London: Macmillan, 1990); Susan Wendell, "Toward a Feminist Theory of Disability," Hypatia 4, no. 2 (Summer 1989); Wendell, The Rejected Body (《거부당한 몸》, 강진영·김은정·황지성 옮김, 그린비, 2013); Feminist Philosophical Reflections on Disability (New York: Routledge, 1996); Harlan Lane, "Constructions of Deafness," Disability and Society 10, no. 2 (1995); Michelle Fine and Adrienne Asch, eds., Women with Disabilities (Philadelphia: Temple University Press, 1988); Jenny Morris, Pride and Prejudice: Transforming Attitudes to Disability (Philadelphia: New Society Publishers, 1991); Lennard Davis, ed., The Disability Studies Reader (New York: Routledge, 1997); Rosemarie Garland Thomson, Extraordinary Bodies (New York: Columbia University Press, 1997). (《보통이 아닌 몸》, 손홍일 옮김, 그린비, 2015); Susan Browne, Debra Conners, and Nanci Stern, eds., With the Power of Each Breath: A Disabled Women's Anthology (Pittsburgh: Cleis, 1985); Francis and Silvers, Americans with Disabilities. 사회적 모델에 관한 논의가 워낙 방대해서 여기 제시된 목록은 일부에 불과하다.

7   Francis and Silvers, Americans with Disabilities, 210.

8   Peter Mittler, "International Perspectives," in The Human Rights of Persons with Intellectual Disabilities: Different but Equal, ed. Stanley Herr, Lawrence O. Gostin, and Harold Hongju Koh (Oxford: Oxford University Press, 2003), 25 – 48, 29.

9   미국지적·발달장애협회는 1876년에 설립됐으며, 설립 당시 명칭은 '미국백치·정신박약자시설의료관리자협회Association of Medical Officers of American Institutions for Idiotic and Feeble-minded Persons'였다. 1933년에는 '미국정신결함협회American Association on Mental Deficiency'로 명칭을 바꿨으며 1988년에는 '정신결함mental deficiency'이라는 용어를 '정신지체'로 변경했다. 관련 내용은 다음을 참고하라. William Sloan and Harvey A.

Stevens, A Century of Concern: A History of the American Association on Mental Deficiency, 1876 – 1976 (Washington, D.C.: American Association on Mental Deficiency, 1976). 그리고 2007년에 '미국정신지체협회American Association on Mental Retardation, AAMR'에서 '미국 지적·발달장애협회'로 명칭을 바꿨다. 자세한 내용은 다음을 참고하라. www.aaidd.org.

10 Ruth Luckasson et al., Mental Retardation: Definition, Classification, and Systems of Supports, 9th ed. (Washington D.C.: American Association on Mental Retardation, 1992), x.

11 앞의 책, 1.

12 앞의 책, 13.

13 앞의 책, x. 이는 여전히 정신지체를 병리학적 상태로 규정하는 임상적 정의와는 차별화된다. 〈정신장애 진단 및 통계 편람Diagnostic and Statistical Manual of Mental Disorders, DSM-IV〉은 정신지체를 "전반적인 지적기능이 평균보다 현저히 낮고, 적응 기능에 중대한 제약이 동반되는 상태이며 (…) 발병 시기는 18세 이전이어야 한다"고 정의한다. (Washington, D.C.: American Psychiatric Press, 1994), 39. 또한, 〈국제질병분류 10차 개정판International Statistical Classification of Diseases and Related Health Problems, ICD-10〉은 정신지체를 "지적기능 수준이 낮아 일반적인 사회 환경이 요구하는 일상 적응능력이 떨어진 상태"로 규정한다. (Geneva: World Health Organization, 1994), 227. DSM-IV와 ICD-10 모두 정신지체를 경도, 중등도, 중증, 최중증, 그리고 중증도 불명확의 하위분류로 나눈다.

14 American Association on Mental Retardation, 2002.

15 다음을 참고하라. James W. Trent, Inventing the Feeble Mind: A History of Mental Retardation in the United States (Berkeley: University of California Press, 1994), chap. 7; David Rothman and Sheila Rothman, The Willowbrook Wars (New Brunswick, N.J.: Aldine Transaction, 2005).

16 피플퍼스트와 같은 국제적인 자기옹호조직은 '정신지체' 개념에 끊임없이 도전하며, 수많은 이에게 다양한 방식으로 힘을 실어주고 있다. 자기옹호운동을 펼치는 당사자들의 저작과 관련 문헌은 다음을 참고하라. Paul Williams and Bonnie Shoultz, We Can Speak for Ourselves: Self-Advocacy by Mentally Handicapped People (London: Souvenir, 1982); Gunnar Dybwad and Hank Bersani Jr., eds., New Voices: Self-Advocacy by People with Disabilities (Cambridge, Mass.: Brookline, 1996); Dan Goodley and Geert Van Hove, eds., Another Disability StudiesReader: People with

Learning Difficulties and a Disabling World (Antwerp-Apeldoorn: Garant, 2005); Jason Kingsley and Mitchell Levitz, Count Us In: Growing Up with Down Syndrome (New York: Harcourt Brace, 1994).

17 정신지체의 원인으로 확인된 유전적 병인은 700가지가 넘지만, 실제로 유전 질환이 정신지체 전체 사례 중 약 3분의 1정도 차지하는 것으로 추정된다. 관련 내용은 다음을 참고하라. Elisabeth M. Dykens, Robert M. Hodapp, and Brenda M. Finucane, eds., Genetics and Mental Retardation Syndromes (Baltimore, Md.: Brookes, 2000), 3-5.

18 다음을 참고하라. Mark Rapley, The Social Construction of Intellectual Disability (Cambridge: Cambridge University Press, 2004); Richard Jenkins, ed., Questions of Competence: Culture, Classification, and Intellectual Disability (Cambridge: Cambridge University Press, 1998).

19 Patricia Ainsworth and Pamela C. Baker, Understanding Mental Retardation (Jackson: University of Mississippi Press, 2004), 3.

20 예를 들어, ICD-10은 문화적 편향이 개입될 수 있기 때문에 "지능 수준을 획일적으로 적용해서는 안 된다"고 규정하고 있다. 다음을 참고하라. Ainsworth and Baker, Understanding Mental Retardation, 69.

21 다음을 참고하라. Mark Rapley, Social Construction; Marian Corker and Tom Shakespeare, eds., Postmodernity/Disability (New York: Continuum, 2002).

22 Lennard Davis, Bending Over Backwards (New York: New York University Press, 2002), 86.

23 예를 들어, 피터 번은 인지장애 개념을 해체하려는 주장에 대해 여러 측면에서 반론을 제시하는데, 번은 장애인이 처한 현실을 외면할 수 없으며 이 분류의 발생과 사용이 인지장애인을 억압하는 근원이 아님을 주장한다. 관련 내용은 다음을 참고하라. Philosophical and Ethical Problems in Mental Handicap (London: Macmillan, 2000).

24 Robert M. Veatch, The Foundations of Justice: Why the Retarded and the Rest of Us Have Claims to Equality (New York: Oxford University Press, 1986), 197.

25 Anita Silvers, "Formal Justice," in Disability, Difference, Discrimination, ed. Anita Silvers, David Wasserman, and Mary Mahowald (Lanham, Md.: Rowman & Littlefield, 1998); Eva Feder Kittay, Love's Labor (New York: Routledge, 1999); Ron Amundson, "Biological Normality and the ADA," in Americans with Disabilities:

Exploring Implications of the Law for Individuals and Institutions, ed. Leslie P. Francis and Anita Silvers (New York: Routledge, 2000); Susan Wendell, The Rejected Body (New York: Routledge, 1996).

26 사회적 구성에 관한 논의는 이 장 후반부에서 다시 언급한다.

27 Hacking, Social Construction, 20.

28 앞의 책, 56, 58. 비록 해킹이 자신의 책에서 '드러내기'를 구성주의적 접근의 한 방식으로 정의하고 있지만, 나는 이 개념을 지적장애에 관한 철학적 논의에 적용하면서 좀 더 넓은 의미로 사용하고 있다.

29 Ian Hacking, Historical Ontology (Cambridge, Mass.: Harvard University Press, 2002), 23.

30 Foucault, "What Is Enlightenment?" in Ethics: Subjectivity and Truth: Michel Foucault, ed. Paul Rabinow (London: Penguin, 2000), 316.

31 Foucault, "What Is Enlightenment?" 318.

32 앞의 글, 318.

33 Michel Foucault, "The Subject and Power" in Michel Foucault: Beyond Structuralism and Hermeneutics, ed. Hubert L. Dreyfus and Paul Rabinow, 2nd ed. (Chicago: University of Chicago Press, 1983), 222.

34 앞의 글, 223.

35 Michel Foucault, History of Sexuality (New York: Vintage), 1:95 – 96. (《성의 역사1: 지식의 의지》, 이규현 옮김, 나남출판, 2020, 《성의 역사2: 쾌락의 활용》, 신은영·문경자 옮김, 나남출판, 2018, 《성의 역사3 : 자기 배려》, 이혜숙·이영목 옮김, 나남출판, 2020, 《성의 역사4: 육체의 고백》, 오생근 옮김, 나남출판, 2019)

36 Foucault, "What Is Enlightenment?" 315 – 16.

37 Michel Foucault, Histoire de la Folie (Paris: Galimard, 1979), 57. (《광기의 역사》, 이규현 옮김, 나남출판, 2020) 데리다는 데카르트가 '전능한 악마가 우리를 완전히 속인다는 가설(the evil genius hypothesis)'을 통해 완전한 광기의 가능성과 맞닥뜨리며, 광기는 사유의 가장 본질적인 내면으로 환영받는다고 믿는다.

38 Roy Porter, "Mother Says It Done Me Good," London Review of Books 16 (April 1997): 6.

39 Michel Foucault, "Discourse on Power," in Remarks on Marx (New York: Semiotext(e), 1991), 174.

1장 백치와 시설이라는 쌍둥이 형제

1 지난 한 세기 동안의 정신지체의 역사를 개괄적으로 살펴보고자 한다면 다음의 서문을 참고하라. Steven Noll and James W. Trent, eds., Mental Retardation in America: A Historical Reader (New York: New York University Press, 2004). 그 밖의 역사서는 다음을 참고하라. Peter Tyor and Leland Bell, Caring for the Retarded in America: A History (Greenwich, Conn.: Greenwood, 1984); Leo Kanner, A History of the Care and Study of the Mentally Retarded (Springfield, Ill.: Thomas, 1964); Richard C. Scheerenberger, A History of Mental Retardation (Baltimore, Md.: Brookes, 1983); Scheerenberger, A History of Mental Retardation: A Quarter Century of Promise (Baltimore, Md.: Brookes, 1987); Trent, Inventing the Feeble Mind.

2 다음을 참고하라. Michel Foucault, The Birth of the Clinic: An Archaeology of Medical Perception (New York: Vintage, 1994). 《임상의학의 탄생: 의학적 시선의 고고학》, 홍성민 옮김, 이매진, 2006); Foucault, Discipline and Punish : The Birth of the Prison (New York: Vintage, 1979). 《감시와 처벌: 감옥의 탄생》, 오생근 옮김, 나남출판, 2020); Foucault, History of Madness (New York: Routledge, 2006).

3 장애 역사에 대한 푸코적 접근의 사례로는 다음을 참고하라. Henri Stiker, A History of Disability, trans. William Sayers (Ann Arbor: University of Michigan Press, 1997); Shelley Tremain, ed., Foucault and the Government of Disability (Ann Arbor: University of Michigan Press, 2005). 《푸코와 장애의 통치》, 박정수·임송이 옮김, 그린비, 2020) 게다가 푸코의 '정신의학의 권력' 강의와 관련해 흥미로운 연구가 가능하다. 이 강의는 푸코가 광기가 아닌 백치와 지적장애인 시설에 대해 직접적으로 언급한 거의 유일한 사례 중 하나이기 때문이다. 관련 자료는 다음을 참고하라. Michel Foucault, Psychiatric Power: Lectures at the Collège de France, 1973‒1974, ed. Jacques Lagrange and Arnold Davidson, trans. Graham Burchell (New York: Picador, 2008). 《정신의학의 권력: 콜레주 드 프랑스 강의 1973~74년》, 오트르망·심세광·전혜리 옮김, 난장, 2014)

4 Michel Foucault, The Birth of the Clinic: An Archaeology of Medical Perception, trans. A. M. Sheridan Smith (New York: Vintage, 1994), xix.

5 Foucault, Discipline and Punish, 255. 제임스 트렌트의 저서 《박약한 정신의 발명》은 이 새로운 유형들이 규정되는 메커니즘을 상세히 설명한다.

6 나는 특히 푸코의 정신의학 권력 강의에 주목하는데, 푸코는 직접적으로 백치 시설

에 대해 언급한다. 실제로 푸코는 정신의학의 권력 및 아동 관리에 관한 이론의 발전 과정에서 광기보다 백치에 더 중요한 위치를 부여한다. "내게는 아동의 정신의학화가 완전히 다른 유형, 즉 천치, 백치, 그리고 곧 정신지체로 불리게 될 아동을 통해 이뤄진 것처럼 보인다." Psychiatric Power, 203. 푸코는 이 강의에서 에스키롤부터 세 갱에 이르는 백치 이론의 발생 과정을 살펴보고 시설에 구현된 정신의학 권력을 분석한다.

7   다음을 참고하라. Wolf Wolfensberger, "The Origin and Nature of our Institutional Models," in Changing Patterns in Residential Services for the Mentally Retarded, ed. Robert Kugel and Ann Shearer (Washington, D.C.: President's Committee on Mental Retardation, 1976), 48 – 70; Duane Stroman, Mental Retardation in Social Context (Lanham, Md.: University Press of America, 1989), 101 – 14; Trent, Inventing the Feeble Mind, chaps. 1 – 5.

8   Philip M. Ferguson, Abandoned to Their Fate: Social Policy and Practice toward Severely Retarded People in America, 1820 – 1920 (Philadelphia: Temple University Press, 1994), 3.

9   앞의 책, 75.

10   Michel Foucault, "Polemics, Politics, and Problemizations: An Interview," in The Foucault Reader, ed. Paul Rabinow (New York: Pantheon, 1984), 389.

11   Wolf Wolfensberger, The Principle of Normalization in Human Services (Toronto: National Institute on Mental Retardation, 1972), 15 – 24. (《사회복지서비스와 정상화이론》, 김용득 옮김, 나눔의 집, 2004)

12   John Locke, An Essay Concerning Human Understanding (London: M'Corquodale, 1900), 105 – 106. (《인간오성론》, 이재한 옮김, 다락원, 2009)

13   '백치'와 '광기'가 나란히 혹은 서로 얽히며 전개된 역사를 추적하는 일은 그 자체로 한 권의 책이 될 만한 주제이며, 동시에 지적장애 범주가 형성되는 과정에서 중요한 의미를 지닌다. 그럼에도 이 장에서는 이를 단편적으로만 언급할 것이다. 광기의 역사에 대해서는 다음을 참고하라. Michel Foucault, Madness and Civilization: A History of Insanity in the Age of Reason, trans. Richard Howard (New York: Pantheon, 1965); Gerald Grob, Mental Illness and American Society, 1875 – 1940 (Princeton, N.J.: Princeton University Press, 1983); Jan Goldstein, Console and Classify: The French Psychiatric Profession in the Nineteenth Century (Cambridge: Cambridge University Press, 1987).

14 다음을 참고하라. Douglas Baynton, Forbidden Signs: American Culture and the Campaign against Sign Language (Chicago: University of Chicago Press, 1996); Harlan Lane, When the Mind Hears: A History of the Deaf (New York: Vintage, 1989); Adriana S. Benzaquen, Encounters with Wild Children: Temptation and Disappointment in the Study of Human Nature (Montreal: McGill-Queen's University Press, 2006).

15 Foucault, Psychiatric Power, 205.

16 Wolfensberger, Principle of Normalization, 31.

17 Dorothea Dix, "Memorial to the Legislature of Massachusetts" [1843] in History of Mental Retardation: Collected Papers, ed. Marvin Rosen, Gerald Robert Clark, and Marvin S. Kivitz (Baltimore: University Park Press, 1976), 1:5, 15.

18 그녀의 우려에도 딕스는 "불치의 정신이상자와 백치를 위한 순수 보호 목적의 주립 정신병원을 초기부터 지지한 인물 중 한 명이 되었다." Philip Ferguson, "The Legacy of the Almshouse," in Mental Retardation in America, 40 - 64, 41.

19 Marvin Rosen, Gerald Robert Clark, and Marvin S. Kivitz, introduction to History of Mental Retardation: Collected Papers, 1:xvii - xviii; Trent, Inventing the Feeble Mind, 12 - 16.

20 Rosen, Clark, and Kivitz, introduction, xviii. 정신박약 시설의 초기 역사를 좀 더 상세히 살펴보고자 한다면 다음을 참고하라. Trent, Inventing the Feeble Mind, chap. 1.

21 Foucault, Discipline and Punish, 202.

22 다음을 참고하라. Trent, Inventing the Feeble Mind, 40 - 59; Mabel Talbot, Edouard Seguin: A Study of an Educational Approach to the Treatment of Mentally Defective Children (New York: Columbia University Press, 1964).

23 Edouard Seguin, Idiocy and Its Treatment by the Physiological Method (Albany, N.Y.: Brandow, 1910), 32.

24 Samuel Gridley Howe, "On the Causes of Idiocy" [1848] in History of Mental Retardation: Collected Papers, 1:37. 제임스 트렌트는《박약한 정신의 발명》에서 이런 분류 체계들의 다양한 변천사를 추적하고, 분류가 단순히 개별 유형에 대한 객관적 지식을 반영하는 것이 아니라, 제도의 광범위한 목적과 필요성, 그리고 사회적 인식의 변화와 어떻게 연관되는지를 분석한다.

25 Seguin, Idiocy and Its Treatment, 56.

26 Charles T. Wilbur, "Institutions for the Feeble-Minded," in History of Mental

Retardation: Collected Papers, 1:296.

27 새롭게 등장한 정신병원이 광인을 신체적 속박에서 해방했음에도 푸코는 이들이 진정으로 "해방됐는지"에 대해서는 의문을 제기한다.

28 세갱은 피넬의 제자였다.

29 Foucault, Madness and Civilization, 270.

30 Sloan and Stevens, Century of Concern, 1–2.

31 다음을 참고하라. Erving Goffman, Asylums: Essays in the Social Structure of Mental Patients and Other Inmates (Garden City, N.Y.: Anchor, 1961), 6. (《수용소》, 심보선 옮김, 문학과 지성사, 2018)

32 Foucault, Discipline and Punish, 215.

33 앞으로 살펴보겠지만, 시설 내에서 생산성 개념은 복잡한 방식으로 작용했다.

34 Foucault, Discipline and Punish, 235–36.

35 시설에서 어떻게 생활했는지를 보여주는 사례로는 다음을 참고하라. Trent, Inventing the Feeble Mind, chap. 4.

36 제임스 트렌트는 지적장애와 시설의 역사를, 전문적 권위와 시설관리자들의 정당성 유지라는 이해관계의 관점에서 탁월하게 해석하고 있다.

37 예를 들어, 페니 리처드Penny Richards는 시설의 울타리를 넘어서면 "훨씬 더 복잡한 서사가 드러난다"고 주장한다. 다음을 참고하라. Penny Richards, "Beside Her Sat Her Idiot Child: Families and Developmental Disability in Mid-Nineteenth Century America," in Mental Retardation in America, 66.

38 인지장애와 철학에 관한 학술대회에서 발표한 나의 논문과 관련해 지적장애의 '어두운 제도사'에만 초점을 맞추는 것의 위험성을 지적해준 제니퍼 클레그에게 감사를 표한다.

39 Georges Canguilhem, The Normal and the Pathological, trans. Carolyn R. Fawcett (New York: Zone, 1989), 41–42. (《정상적인 것과 병리적인 것》, 여인석 옮김, 그린비, 2018)

40 세갱의 견해를 미국 지적장애사와 관련해 심층적으로 다룬 논의는 다음을 참고하라. Trent, Inventing the Feeble Mind, chap. 3.

41 Seguin, Idiocy and Its Treatment, 57.

42 Foucault, Psychiatric Power, 205. Here Foucault is quoting the French physician Belhomme (1824).

43 Foucault, Psychiatric Power, 209.

44 Seguin, Idiocy and Its Treatment, 48.

45 재인용. Trent, Inventing the Feeble Mind, 17.

46 Seguin, Idiocy and Its Treatment, 29. 정신지체인은 그 결함에도 순진무구하며 도덕적 지위를 지닐 자격이 있다는 관점은 신학적 접근을 취하는 정신지체 관련 철학 문헌에서 찾아볼 수 있다. 비록 이 관점을 다루진 않겠지만, 5장에서 살펴볼 담론과는 구별되는 또 하나의 대안적 관점임을 알아둘 필요가 있다. 자세한 내용은 다음의 논문을 참고하라. "Section III: Theology and Philosophy of Religion," in Ethics and Mental Retardation, ed. Loretta Kopelman and John C. Moskop (Dordrecht: Reidel, 1984), 127–84.

47 Jean-Jacques Rousseau, Emile, or On Education, trans. Allan Bloom (New York: Basic, 1979), 61. (《에밀- 인간 혁명의 진원지가 된 교육서》, 이환 옮김, 돋을새김, 2015)

48 앞의 책.

49 재인용. Trent, Inventing the Feeble Mind, 104.

50 재인용. Nicole Hahn Rafter, Creating Born Criminals (Chicago: University of Illinois Press, 1997), 24.

51 Foucault, Psychiatric Power, 209.

52 이후에 치유 가능성과 치유 불가능성에 대해 논하겠지만, 두 개념 모두 백치를 양적 관점에서 바라보고 있음을 지적할 필요가 있다. 치유 불가능한 자들은 유아기를 벗어나지 못하는 '영원한 어린아이'다. 푸코가 지적했듯 이런 발달의 실패에는 두 가지 유형이 있는데, 발달정체와 발달지연이다. 푸코는 이 구분이 백치와 정신지체인을 분류하는 데 핵심적이며, 세갱의 백치 교육·치료 프로그램에 있어서도 중심적인 역할을 했다고 주장한다. 관련 내용은 다음을 참고하라. Foucault, Psychiatric Power, 207–208.

53 재인용. Sloan and Stevens, Century of Concern, 6.

54 정신지체의 여러 정의에서 지능점수는 여전히 중요한 요소로 작용한다. DSM-IV, ICD-10, 그리고 미국지적·발달장애협회의 정의 모두 '평균 이하의 지능' 수준을 측정하기 위해 지능점수를 사용하고 있지만, 주목할 점은 현재 AAIDD가 주로 '지원'이라는 관점에서 지적장애를 정의하고 있다는 것이다.

55 나는 푸코의 《광기와 문명Madness and Civilization》을 바탕으로 동물성과 광기의 관계를 논한 바 있는데, 이 내용은 다음에 실려 있다. Licia Carlson, "The Human as Just An Other Animal," in Phenomenology and the Non-Human Animal, ed. Christian

Lotz and Corinne Painter (Dordrecht: Springer, 2007).

56 Howe, "On the Causes of Idiocy," 37.

57 앞의 글, 38.

58 앞의 글, 39.

59 앞의 글, 37.

60 Alonzo Potter, John K. Kane, James Martin, George E. Wood, and Charles D. Cleaveland, "Education of Idiots: An Appeal to the Citizens of Philadelphia" [1853] in History of Mental Retardation: Collected Papers, 1:63.

61 Henry H. Goddard, The Kallikak Family: A Study in the Heredity of Feeblemindedness (New York: Macmillan, 1939), 66.

62 이와 관련한 훌륭한 논의는 다음을 참고하라. David Wright, "Mongols in our Midst: John Langdon Down and the Ethnic Classification of Idiocy, 1858 - 1924"; and Daniel J. Kevles, "Mongolian Imbecility: Race and Its Rejection in the Understanding of Mental Disease," in Steven Noll and James Trent, eds., Mental Retardation in America; Anna Stubblefield, "'Beyond the Pale': Tainted Whiteness, Cognitive Disability, and Eugenic Sterilization," Hypatia 22, no. 2 (Spring 2007): 162 - 81.

63 남부 지역에서 정신박약 문제가 어떻게 다뤄졌는지에 관한 종합적인 연구로는 다음을 참고하라. Steven Noll, Feeble-minded in our Midst: Institutions for the Mentally Retarded in the South (Chapel Hill: University of North Carolina Press, 1995). 이 책에 따르면, 20세기 초반 40년 동안 남부에서 문을 연 10개 시설 중 단 두 곳만이 흑인과 백인 입소자를 함께 수용했다고 한다(p.89).

64 Noll, Feeble-minded in our Midst, chap. 5; Stubblefield, "Beyond the Pale."

65 Seguin, Idiocy and Its Treatment, 39.

66 Chris Borthwick, "Racism, IQ, and Down's Syndrome," Disability and Society 11, no. 3 (1990), 403 - 410.

67 다음을 참고하라. Wright, "Mongols," 103 - 104. Kevles, "Mongolian Imbecility," 케블스의 글에서는 21세기로 접어들면서 인종과 다운증후군 사이의 관계가 어떻게 지속되고 변화했는지에 관한 흥미로운 논의를 볼 수 있다. (120 - 27).

68 Edouard Seguin, "Origin of the Treatment and Training of Idiots" [1866] in History of Mental Retardation: Collected Papers, 1:156.

69 Foucault, Psychiatric Power, 208 - 209.

70 오늘날 질적 관점에서 그려진 지적장애의 초상을 살펴보면, 일부 중증 지적장애인은

질적으로 다르며 비인간 동물과 유사하다는 견해는, 현재로서는 철학적 논의 속에서만 명맥을 유지하는 것으로 보인다. 동물과 중증 지적장애인의 연관성을 다루는 다른 학문 분야나 맥락을 나는 알지 못한다.

71 Isaac Kerlin, "Our Household Pets" [1880] in History of Mental Retardation: Collected Papers, 1:285.

72 내가 말하는 '기능적functional'이라는 용어는 해부학적anatomical과 대비되는 의미, 즉 생리학적physiological 의미가 아니다. 개인이 특정 환경에서 특정 방식으로 기능할 수 있는 능력에 따라 그 상태를 정의하는 방식을 말한다. 다시 말해 '기능적'이란, 개인과 환경이 맺는 관계와는 무관하게 어떤 유기적 결함을 기준으로 정신적 장애의 양상을 규정짓는 '생물학적' 또는 '유기적' 정의와는 대비되는 개념이다.

73 Seguin, Idiocy and Its Treatment, 29.

74 Howe, "On the Causes of Idiocy," 37.

75 재인용. Trent, Quoted in Trent, Inventing the Feeble Mind, 65.

76 앞의 책, 80.

77 나는 이 장의 후반부에서 훈련과 교육을 혼동하는 것에 대해 논할 것이다.

78 다음을 참고하라. Penny Richards, "Beside Her Sat Her Idiot Child: Families and Developmental Disability in Mid-Nineteenth Century America," in Mental Retardation in America, 65-86. 어머니와 지적장애 발생원인 간의 관계에 대해서는 다음 장에서 더 자세히 논할 것이다.

79 가족에게 기대했던 역할에 관한 논의는 다음을 참고하라. Richards, "Beside Her Sat Her Idiot Child"; and Janice Brockley, "Rearing the Child Who Never Grew," in Mental Retardation in America, 130-64.

80 Foucault, Psychiatric Power, 115.

81 Howe, "On the Causes of Idiocy," 35.

82 앞의 글, 50-59.

83 앞의 글, 34.

84 앞의 글.

85 나는 우생학 운동의 복잡성에 대해 명시적으로 다루지는 않지만, 이 운동은 정신박약자와 관련된 분류 체계와 제도적 실천에 직접적인 영향을 미쳤다. 관련 내용은 다음을 참고하라. Mark Haller, Eugenics: Hereditarian Attitudes in American Thought (New Brunswick, N.J.: Rutgers University Press, 1963); Stephen Jay Gould, The Mismeasure of Man (New York: Norton, 1981); Daniel Kevles, In the Name of

Eugenics (New York: Knopf, 1985); Martin Pernick, The Black Stork: Eugenics and the Death of "Defective" Babies in American Medicine and Motion Pictures (New York: Oxford University Press, 1996); Diane Paul, Controlling Human Heredity: 1865 to the Present (New York: Humanity, 1995).

86 다음을 참고하라. Rafter, Creating Born Criminals, 68 - 69; chap. 4.

87 이 병렬적 도식에 관해서는 많은 반례가 존재한다. 예를 들어, 정신지체를 유발하는 조건인 다운증후군이 치료 불가능한 염색체 결함으로 발생한다고 해서 그 개인이 교육의 혜택을 전혀 받지 못한다거나 환경에서 전혀 영향을 받지 않는다는 것을 의미하진 않는다. 실제로 유전적 결함으로 나타나는 정신지체가 상당 부분 환경적 결핍이나 아동의 인지능력에 대한 잘못된 가정에서 비롯된다고 주장하는 이들도 많다 (Borthwick, "Racism" 참조).

88 재인용. Philip L. Safford and Elizabeth J. Safford, A History of Childhood and Disability (New York: Teachers College Press, 1996), 168.

89 앞의 책, 169.

90 Edouard Seguin, "Psycho-Physiological Training of an Idiotic Hand" [1879] in History of Mental Retardation: Collected Papers, 1:163. 다음을 참고하라. Trent, Inventing the Feeble Mind, chap. 3.

91 Seguin, "Origin and Treatment of Training of Idiots," 158.

92 Potter, Kane, Martin, Wood, and Cleaveland, "Education of Idiots," 65.

93 교육과 훈련의 차이에 대해서는 이 장의 후반부에서 다룰 것이다.

94 Goddard, Kallikak Family, 53.

95 정신박약자를 위협적 존재로 규정하는 담론에 관한 상세한 논의는 다음을 참고하라. Trent, Inventing the Feeble Mind, chap. 6; Tyor and Bell, Caring.

96 Goddard, Kallikak Family, 101 - 102.

97 불임수술의 역사에 대해서는 다음을 참고하라. Philip R. Reilly, The Surgical Solution: A History of Involuntary Sterilization in the United States (Baltimore, Md.: Johns Hopkins University Press, 1991); Trent, Inventing the Feeble Mind, chap. 6.

98 Ferguson, Abandoned to Their Fate, 10.

99 Safford and Safford, A History of Childhood and Disability, 181.

100 앞의 책.

101 공립학교에 정신박약아를 통합하는 문제를 두고 협회 내부에서 반대가 있었는데, 추

측건대 교육 감독관들이 자신의 전문적 권위가 위협받는다고 느꼈기 때문일 것이다. 다음을 참고하라. Sloan and Stevens, Century of Concern, 95.

102 앞의 책, 26.

103 Potter, Kane, Martin, Wood, and Cleaveland, "Education of Idiots," 64.

104 앞의 글, 65.

105 Foucault, Psychiatric Power, 212.

106 앞의 책, 214.

107 Ferguson, Abandoned to Their Fate, 2 – 3.

108 앞의 책, 70. 이 주장은 윌버가 제기한 것이다.

109 Trent, Inventing the Feeble Mind, 80.

110 앞의 책, 88 – 90. 뇌전증 환자가 종종 별도로 수용됐다는 점도 흥미롭다. 엘렌 드와이어는 뉴욕주 뇌전증 환자 시설인 크레이그 콜로니를 조사하면서, 뇌전증과 지적장애 범주들(예를 들어 백치, 천치, 모론)이 제도적 관행과 어떻게 교차하는지를 흥미롭게 분석한다. 다음을 참고하라. "The State and the Multiply Disadvantaged: The Case of Epilepsy," in Mental Retardation in America, 258 – 80.

111 퍼날드는 다음과 같이 썼다. "보호 전담 부서에는 도덕적 천치들과 학교 교육 부서를 졸업했거나 학령기를 지난 성인 남녀 가운데 자신과 지역사회의 안전을 위해 엄격하고 신중한 관리·감독이 필요한 사람들이 포함된다." "Description of American Institutions" [1893] in History of Mental Retardation: Collected Papers, 1:324.

112 Isaac N. Kerlin, "Moral Imbecility" [1889] in History of Mental Retardation: Collected Papers, 1:307. 도덕적 천치 개념의 전개 과정에 관한 훌륭한 논의를 보려면 다음을 참고하라. Rafter, Creating Born Criminals, chap. 4.

113 Sloan and Stevens, Century of Concern, 26.

114 Rafter, Creating Born Criminals, 69.

115 나는 훈련과 교육을 구분하고 있으나, 이 둘 사이의 경계가 불분명할 수도 있음을 인식하고 있다. 적응기술이나 직업기술을 배우는 것은 일종의 교육으로 간주될 수 있다.

116 History of Mental Retardation: Collected Papers, 1:323. 여기서 우리는 양적 관점에서 그려진 정신박약의 초상을 볼 수 있다.

117 Burton Blatt, The Conquest of Mental Retardation (Austin: Pro-ed, 1987), 178.

118 Fernald, "Description of American Institutions," 323; Trent, Inventing the Feeble Mind, 94 – 95.

119 Fernald, "Description of American Institutions," 325.

120 트렌트는 이런 훈련이 종종 5세부터 시작됐다고 기록하고 있다(p.109).

121 Fernald, "Description of American Institutions," 324.

122 Trent, Inventing the Feeble Mind, 109.

123 나는 이 역설을 다음 장에서 좀 더 면밀하게 검토할 것이다.

124 재인용. Ferguson, 121.

125 Trent, Inventing the Feeble Mind, 23. 수용자들의 훈련과 교육을 시설의 필요와 관련해 살펴볼 때, 나는 이를 단순화하려는 의도가 없으며 시설의 존속이 훈련과 교육의 유일한 목적이었음을 주장하려는 것도 아니다. 시설 내 개인의 삶의 질을 향상시킨 실천과 개선, 그리고 개인의 삶을 거의 개선하지 못하고 단지 시설의 효용성에만 기여한 실천을 구분하는 것이 중요하다. 이뿐만 아니라 개인과 시설 모두에 도움이 되면서, 상호 상승효과를 낳았을 가능성 또한 염두에 두어야 한다(이 점을 지적해준 에바 키테이에게 감사 인사를 전한다).

126 이어서 다루는 내용은 우생학운동과 그와 관련된 정신능력검사, 그리고 지적장애를 둘러싼 이론 및 실천의 복잡성과 풍부함을 온전히 보여주지는 못한다.

127 모론은 도덕적·지적 결함의 한 유형으로, 도덕적 천치가 그 전형이다. 다음을 참고하라. Rafter, Creating Born Criminals.

128 고다드의 정신박약 유전에 관한 연구는 데보라 칼리캑의 이야기를 다룬다. 데보라는 고다드가 연구 부서를 설립한 빈랜드 훈련 학교에 다니던 22세 여성이었다. 고다드는 칼리캑 가문의 계보를 데보라의 증조부인 마틴 시니어까지 거슬러 올라가 추적한다. 마틴 시니어는 '이름 없는 정신박약 소녀'와 운명적인 관계를 맺었고, 소녀의 혼외자인 정신박약 아들은 칼리캑 가문을 둘로 나누었다. 하나는 마틴이 아내와 낳은 훌륭하고 정상적인 자손의 계보고, 다른 하나는 3대 후에 데보라를 낳은 정신박약 자손의 계보다(p.113). '칼리캑'이라는 이름은 고다드가 창안한 것으로, 그리스어로 '선good'을 뜻하는 'kallos'와 '악bad'을 뜻하는 'kakos'에서 유래했다.

129 이들은 주로 남부 및 동부 유럽 출신이었다.

130 19세기 중반의 시설 설립 운동은 20세기 초 '정신박약의 위협'에 맞선 캠페인이나 우생학 운동에 비하면 대중적 주목을 훨씬 덜 받았다. 다음을 참고하라. Trent, Inventing the Feeble Mind, chaps. 5-6.

131 Goddard, Kallikak Family, 56.

132 앞의 책, 58-59.

133 앞의 책, 101-102.

134 Foucault, Discipline and Punish, 255.

135 재인용. Rafter, Creating Born Criminals, 140.

136 Alfred Binet and Theodore Simon, The Development of Intelligence in Children, trans. Elizabeth Kite (Nashville, Tenn.: Williams, 1980), 76.

137 앞의 책, 40.

138 앞의 책.

139 앞의 책, 42 - 43.

140 Seguin, Idiocy and Its Treatment, 58.

141 Henry H. Goddard, "Four Hundred Feeble-Minded Children Classified by the Binet Method," in History of Mental Retardation: Collected Papers, 1:364.

142 Binet and Simon, Development of Intelligence, 37.

143 Sloan and Stevens, Century of Concern, 108.

144 미국에서는 지능검사가 인기를 끌었으나 프랑스에서는 그렇지 못했던 복잡한 사정이 있다. 미국의 경우 지능검사가 군입대자들에게 시행됐기 때문이다. Gould, Mismeasure, 192 - 233을 참고하라. (《인간에 대한 오해》, 김동광 옮김, 사회평론, 2003) 프랑스의 우생학 운동에 관한 논의는 다음을 참고하라. Mark Adams, ed., The Wellborn Science: Eugenics in Germany, France, Brazil, and Russia (Oxford: Oxford University Press, 1990); Ian Dowbiggin, Inheriting Madness (Berkeley: University of California Press, 1991); Robert A. Nye, Crime, Madness, and Politics in Modern France (Princeton, N.J.: Princeton University Press, 1984).

145 재인용. Gould, Mismeasure, 163.

146 이런 가계도 조사는 흔히 '족보 연구'라 불리며, 이에 대해서는 다음 장에서 좀 더 자세히 다룰 것이다.

147 Goddard, Kallikak Family, 66.

148 고다드는 《칼리캑 가문》 서문에서 "과학자는 판단을 보류하고, 정신박약이 유전된다는 주장에 대한 증거와 이와 관련해 멘델리즘Mendelism에 관한 논의를 충분히 담은 자료들이 나올 때까지 기다려야 한다"라고 당부한다(p. x). 고다드는 책 말미에서 정신박약이 멘델적 의미에서 '단일 형질(unit character, 하나의 유전자가 특정 형질을 결정하는 기본 단위)'이 아닐 수도 있다는 충분한 이유가 있을지 모른다고 인정하면서도 (p.111) 다음과 같이 말한다. "여기에 제시된 내용만으로도 멘델의 법칙이 인간 유전에 적용될 가능성을 보여주기에 충분하다."(p.115)*

149 앞의 책, 12.

150 앞의 책.

2장 객체와 주체를 오가는 '젠더화' 문제

여는 글은 Elizabeth Spelman, Inessential Woman: Problems of Exclusion in Feminist Thought (Boston: Beacon, 1988), 14에서 인용했다.

1   Foucault, Psychiatric Power, 15.
2   푸코는 권력이 "위로부터" 올 수도 있고(그 한 예가 군주의 권력이다), "아래로부터" 생
    겨날 수도 있다고 주장한다. 다음을 참고하라. History of Sexuality, 93 – 94.
3   Foucault, Psychiatric Power, 15.
4   다음의 참고 목록은 급성장하고 있는 이 분야의 일면에 지나지 않는다. Wendell,
    Rejected Body; Silvers, Wasserman, and Mahowald, eds., Disability and Difference;
    Asch and Fine, eds., Women with Disabilities; Linton, Claiming Disability; Jenny
    Morris, Pride against Prejudice; Morris, Encounters with Strangers; Eva Kittay,
    Alexa Schriempf, Anita Silvers, and Susan Wendell, "Special Issue: Feminism and
    Disability," pts. 1 – 2, Hypatia 16, no. 4 (2001); 17, no. 3 (2002); Rosemarie Garland
    Thomson, Extraordinary Bodies; Bonnie Smith and Beth Hutchison, eds., Gendering
    Disability (New Brunswick, N.J.: Rutgers University Press, 2004).
5   다음을 참고하라. Nicole Rafter, "The Criminalization of Mental Retardation"; Molly
    Ladd-Taylor, "The Sociological Advantages of Sterilization: Fiscal Policies and
    Feeble-Minded Women in Interwar Minnesota"; Karen Keely, "Sexuality and
    Storytelling: Literary Representations of the 'Feebleminded' in the Age of
    Sterilization"; Penny Richards, "Beside Her Sat Her Idiot Child"; Janice Brockely,
    "Rearing the Child Who Never Grew"; Leila Zenderland, "The Parable of the
    Kallikak Family: Explaining the Meaning of Heredity in 1912."
6   나는 '젠더화'라는 용어를 산드라 벰Sandra Bem이 사용한 것과 동일한 의미로 쓴다.
    벰은 개인과 제도적 관행이 젠더화되는 방식을 논하면서 남성 권력을 재생산하는 세
    가지 관점 또는 가정을 제시한다. 그 세 가지는 다음과 같다. 남성이 중심이 되는 남

---

*   고다드는 정신박약이 멘델의 법칙에서 말하는 '단위 형질unit character'로 정확하게 떨
    어지는 특성은 아닐 수 있다고 인정하면서도, 동시에 멘델의 법칙이 인간 유전에 적용
    될 가능성은 충분히 있다고 보았다.

성중심주의 관점, 남성과 여성 사이의 사회적으로 인식된 차이가 사회생활을 조직하는 원리로 작용하는 젠더 이분법, 그리고 남녀 차이를 생물학적으로 설명하며 불평등을 정당화하는 생물학적 본질주의다. Sandra Bem, Lenses of Gender: Transforming the Debate on Sexual Inequality (New Haven, Conn.: Yale University Press, 1993), 2.

7 여성 집단은 서로 배타적으로 구분되지 않았다. 여성이 동시에 여러 역할을 수행했다는 점은 이 역사의 가장 흥미로운 특징 중 하나다. 이 장에서 논하는 여성 집단은 백인 여성들이며, 빅토리아 시대의 여성성에 관한 고정관념은 백인 여성에게만 해당했다는 사실을 유념할 필요가 있다. 이 고정관념은 아프리카계 미국인이나 동·남부 유럽 출신 이민 여성에게는 적용되지 않았다. 또한 여성 사이에는 계급 차이도 존재했다. 예컨대 시설에 수용된 정신박약 여성은 대개 가난했던 반면, 여성 연구자와 개혁가는 주로 상류 중산층 출신이었다. 이 장에서는 인종과 계급보다는 젠더를 특정 여성 집단을 분석하는 틀로 삼는다.

8 다음을 참고하라. Foucault, History of Madness; Birth of the Clinic; Discipline and Punish; History of Sexuality.

9 Foucault, "The Subject and Power," in Hubert Dreyfus and Paul Rabinow, eds., Michel Foucault: Beyond Structuralism and Hermeneutics (Chicago: University of Chicago Press, 1983), 222.

10 Foucault, History of Sexuality, 95.

11 Foucault, "Subject and Power," 222 – 23.

12 푸코는 《성의 역사》(1:101)에서 '역=담론'의 가능성을 언급한다. 이는 억압적이지 않고 해방적인 권력 관계를 의미한다.

13 Foucault, "Subject and Power," 208.

14 Iris Marion Young, Justice and the Politics of Difference (Princeton, N.J.: Princeton University Press, 1990), chap. 2. (《차이의 정치와 정의》, 김도균·조국 옮김, 모티브북, 2017)

15 앞의 책, 40.

16 앞의 책, 41.

17 앞의 책, 9.

18 앞의 책, 43.

19 앞의 책, 41.

20 앞의 책, 42.

21 지적장애의 역사에서 폭력이 지대한 역할을 했다는 점은 두말할 나위 없다. 시설에서 자행된 체벌, 참혹한 생활환경, 강제불임시술, 성적 학대 등은 일부에 불과하다. 그러나 이 장에서는 '폭력'과 직접적으로 관련된 억압은 논외로 하겠다.

22 Young, Justice and the Politics of Difference, 49.

23 앞의 책.

24 앞의 책, 53.

25 앞의 책.

26 앞의 책, 56.

27 앞의 책, 58 – 59.

28 이 주제는 다음의 두 책에서 다루고 있다. Elaine Showalter's book The Female Malady: Women, Madness, and English Culture, 1830 – 1980 (New York: Pantheon, 1986); and Phyllis Chesler, Women and Madness (New York: Avon, 1983).

29 다음을 참고하라. History of Mental Retardation: Collected Papers.

30 다음을 참고하라. Sloan and Stevens, Century of Concern.

31 Trent, Inventing the Feeble Mind, 69 – 77.

32 앞의 책, 23.

33 Kerlin, "Moral Imbecility," 308.

34 다음을 참고하라. Rafter, "The Criminalization of Mental Retardation," in Mental Retardation in America.

35 이는 1891년 협회(AAMD) 창립 멤버 중 한 명인 G. H. 나이트[G. H. Knight] 박사의 발언이다. Sloan and Stevens, Century of Concern, 21.

36 Sloan and Stevens, Century of Concern, 26.

37 앞의 책, 76.

38 Peter Tyor, "Denied the Power to Choose the Good: Sexuality and Mental Defect in American Medical Practice, 1850 – 1920," Journal of Social History 10 (1977): 473.

39 재인용. Tyor, "Denied the Power," 482.

40 Tyor, "Denied the Power," 480.

41 1880년대 후반까지 펜실베이니아, 오하이오, 일리노이에는 가임기 여성을 위한 별도의 코티지 또는 시설이 있었다. Trent, Inventing the Feeble Mind, 76.

42 Sloan and Stevens, Century of Concern, 65.

43 뉴욕 티엘스에 위치한 정신박약자 주립 시설인 레치워스 빌리지는 1911년에 설립돼, 1926년까지 2천 명의 환자를 수용했다. 퇴소한 107명의 남성과 148명의 여성 가

운데 14명의 남성과 84명의 여성이 다시 시설로 돌아왔는데, 이 중 여성의 5퍼센트는 혼외자를 출산했기 때문에 재수용된 것이었다. 다음을 참고하라. Howard W. Potter and Crystal McCollister, "A Resume of Parole Work at Letchworth Village," in History of Mental Retardation: Collected Papers, 2:137.

44 앞의 글.

45 Trent, Inventing the Feeble Mind, 트렌트는 불임수술이 어떻게 활용됐는지를 추적하며, 1920년대까지 퇴소를 위해 불임수술이 요구됐음을 지적한다(chap. 6).

46 Potter and McCollister, "Resume of Parole Work," 143.

47 Tyor, "Denied the Power," 477.

48 Goddard, Kallikak Family, 11 - 12. 이 사례가 다양한 젠더 역할과 퇴행 및 유전 개념 사이의 교차점을 어떻게 드러내는지에 대한 좀 더 상세한 논의는 다음을 참고하라. Leila Zenderland, "The Parable of the Kallikak Family", Mental Retardation in America, 165 - 85.

49 Young, Justice and the Politics of Difference, 43, 45.

50 앞의 책, 41.

51 Seguin, Idiocy and Its Treatment, 190.

52 앞의 책, 193.

53 앞의 책.

54 Kerlin, "Manual of Elwyn," in History of Mental Retardation: Collected Papers, 1:316.

55 Foucault, Psychiatric Power, 115.

56 Fernald, "Description of American Institutions," 324.

57 앞의 글, 324 - 25.

58 Trent, Inventing the Feeble Mind, 105.

59 앞의 책, 122.

60 Fernald, "Description of American Institutions," 325.

61 Trent, Inventing the Feeble Mind, 104.

62 재인용. Trent, Inventing the Feeble Mind, 104 - 105.

63 William Rhinelander Stewart, The Philanthropic Work of Josephine Shaw Lowell (New York: Macmillan, 1911), 100.

64 다음을 참고하라. Trent, Inventing the Feeble Mind; Tyor, "Denied the Power."

65 다음을 참고하라. Trent, Inventing the Feeble Mind, chap. 5.

66   앞의 책, 110.

67   앞의 책, chaps. 4 - 5.

68   Young, Justice and the Politics of Difference, 54.

69   이들의 노동에서 발생하는 이익이 전이되는 방식은 영이 정의한 착취에 부합하지만, 나는 이들의 돌봄 노동을 착취의 한 형태로 환원하는 것을 피하고자 한다. 이 노동은 돌보는 이들과 돌봄을 받는 이들 모두의 삶에 의미를 부여하고 풍요로움을 가져다줬을 가능성이 매우 높다.

70   Young, Justice and the Politics of Difference, 50.

71   이 모델의 위계적 성격(즉, 지배자·피지배자 구도)은 권력이 다양한 지점에서 발생하며 저항의 가능성을 내포한다는 푸코의 권력 개념과 상충하는 것으로 볼 수 있다. 다음을 참고하라. History of Sexuality, 94 - 96.

72   Trent, Inventing the Feeble Mind, 129.

73   다음을 참고하라. Nicole Hahn Rafter, White Trash: The Eugenic Family Studies, 1877 - 1919 (Boston: Northeastern University Press, 1988).

74   완벽한 어머니와 나쁜 어머니에 관한 일련의 신화 속 어머니 탓하기 현상에 대한 논의는 다음을 참고하라. Paula Caplan, Don't Blame Mother: Mending the Mother - Daughter Relationship (New York: Harper & Row, 1989).

75   Marouf Arif Hasain Jr., The Rhetoric of Eugenics in Anglo-American Thought (Athens: University of Georgia Press, 1996), 81.

76   재인용. Sloan and Stevens, Century of Concern, 76 - 77.

77   Linda Gordon, Woman's Body, Woman's Right: A Social History of Birth Control in America (New York: Grossman, 1976), 122.

78   다음을 참고하라. Richards, "Beside Her Sat Her Idiot Child"; and Janice Brockley, "Rearing the Child Who Never Grew."

79   Seguin, Idiocy and Its Treatment, 60, 62.

80   Caplan, Don't Blame Mother, 105.

81   Foucault, Psychiatric Power, 115.

82   예를 들어, 여성의 정신 활동*은 이른바 위험하다고 여겨진 월경 장애와 관련 있는

---

*   특히 19~20세기 초, 의학 및 정신의학 문헌에서는 여성의 '정신 활동'이 과도할 경우 신체적·정신적 질병을 유발할 수 있다고 여기는 경우가 많았다.

것으로 간주되기도 했다. 다음을 참고하라. Judith Walzer Leavitt, ed., Women and Health in America (Madison: University of Wisconsin Press, 1984).

83 Sloan and Stevens, Century of Concern, 14.

84 Gordon, Woman's Body, 140.

85 Hasain, Rhetoric of Eugenics, 83. 재니스 브로클리는 당대의 문학이 어머니와 아버지의 이상적인 양육관을 어떻게 드러내고 묘사했는지를 지적한다. 다음을 참고하라. "Rearing the Child Who Never Grew," in Mental Retardation in America, 130–38.

86 앞의 글, 84.

87 앞의 글, 81.

88 Brockley, "Rearing," 136.

89 이전 장에서 살펴보았듯, 장애가 있는 자녀를 제대로 돌보지 못하고 좋은 환경을 제공하지 못하는 어머니의 무능력이 시설 수용의 필요성을 정당화했다는 점을 기억하라.

90 고든은 백인 인구가 감소하고 이민자 및 타락한 여성만 아이를 낳는다는 '인종적 자살'에 대한 우려가 '자발적 모성'을 주장하는 여성에 대한 반발을 불러일으켰다고 지적한다. 여성이 더 교육받고 피임을 통해 출산을 통제할 수 있다면 모성이 개선될 것이라는 페미니스트적 주장은 반페미니스트들에 의해 뒤집힌다. 유전이 중요시되면서 모성을 숙련된 노동으로 보던 시각에서 벗어나 여성을 '번식자'로 간주하게 되었고, 이때 어머니로서의 역할을 의미하는 모성 기능은 자연의 일부로 여겨지게 되었다. (Woman's Body, 134).

91 Sloan and Stevens, Century of Concern, 76.

92 Hasain, Rhetoric of Eugenics, 82.

93 다음을 참고하라. Zenderland, "Parable," 172–78.

94 Rafter, White Trash, 74.

95 앞의 책, 21.

96 Hasain, Rhetoric of Eugenics, 82.

97 주로 부모가 자녀들의 시설 수용에 책임을 지고 있었던 만큼, 어머니와 더 넓게는 부모 전반에 비해 영향력이 약했던 현장 연구원들의 권한을 추적하는 일은 흥미로울 것이다. 부모 권력의 성격과 부모 및 의료 당국 간의 긴장 관계에 관한 논의는 다음을 참고하라. Ellen Dwyer, "The State and the Multiply Disadvantaged: The Case of Epilepsy," in Mental Retardation in America, 265–66, 273–74.

98 Zenderland, "Parable," 177.

99 여성 연구원들의 작업과 새롭게 부상하고 있는 유전 상담 분야 사이에는 매우 흥미로운 유사점들이 존재한다. 여성이 유전 상담을 주로 수행하며 '문지기'와 유사한 역할을 제공하는데, 이에 대해서는 2부에서 논의할 것이다.

100 이는 논의를 전개하기 위한 구분일 뿐이며, 두 집단이 서로 배타적이라는 의미는 아니다.

101 도로시아 딕스 역시 이 맥락에서 면밀히 살펴볼 만한 인물이다. 다음을 참고하라. David L. Gollaher, Voices for the Mad.

102 로웰에 대한 해석을 둘러싼 논쟁의 양상을 이해하려면 다음을 참고하라. Nicole Rafter, "Criminalization of Mental Retardation," 233; and Joan Waugh, Unsentimental Reformer: The Life of Josephine Shaw Lowell (Cambridge, Mass.: Harvard University Press, 1997), 2 – 11. 생어에 관한 유사한 논의로는 다음을 참고하라. Angela Franks, Margaret Sanger's Eugenic Legacy: The Control of Female Fertility (Jefferson, N.C.: McFarland, 2005); and Alexander Sanger, "Eugenics, Race, and Margaret Sanger," Hypatia 22, no. 2 (Spring 2007): 210 – 17.

103 Sanger, "Eugenics, Race, and Margaret Sanger," 213.

104 Rafter, "Criminalization of Mental Retardation," 249. 그러나 로웰은 사별한 상태였고 혼외 출산도 하지 않았으며 '바람직하지 않은' 하층계급에 속하지도 않았다. 자세한 내용은 다음을 참고하라. Waugh, Unsentimental Reformer, 78 – 91.

105 이런 현대 페미니즘의 도전 과제들에 대해서는 4장에서 직접적으로 다룰 것이다.

106 Robert H. Bremner, American Philanthropy (Chicago: University of Chicago Press: 1960), 101. 로웰의 전문가로서의 경력과 그 의의를 종합적으로 살펴본 전기는 다음을 참고하라. Waugh, Unsentimental Reformer.

107 Waugh, Unsentimental Reformer, 103.

108 위Waugh는 로웰이 수많은 남성 사이에서 유일한 여성으로 활동했음에도 "고위 공직에 처음 진출한 여성 중 한 명으로서, 모든 영역에서 성평등을 주장하기보다 '철저히 여성다움'을 유지하는 것이 자신의 정책적 목표를 보다 효과적으로 추진하는 방법임을 항상 인식하고 있었다"는 흥미로운 지적을 한다. (Unsentimental Reformer, 123).

109 Stewart, Philanthropic Work, 91 – 92. 이후에 논의하겠지만, 로웰이 시설 운영을 여성들이 전담하길 원했다는 사실은 그녀를 초기 페미니스트로 볼 수도 있음을 시사한다. 그러나 안타깝게도 여기서는 이 주장을 자세히 다루기가 어렵다.

110 Stewart, Philanthropic Work, 91 – 92; Waugh, Unsentimental Reformer, 134 – 35.

111 Stewart, Philanthropic Work, 101.

112 Waugh, Unsentimental Reformer, 118 – 19.

113 Trent, Inventing the Feeble Mind, 74.

114 앞의 책.

115 앞의 책, 75.

116 Stewart, Philanthropic Work, 119.

117 재인용. Trent, Inventing the Feeble Mind, 76.

118 Rafter, Creating Born Criminals, 41.

119 Trent, Inventing the Feeble Mind, 76.

120 Stewart, Philanthropic Work, last chapter; Waugh, Unsentimental Reformer, 239 – 42.

121 Anne Firor Scott, "Women's Voluntary Associations: From Charity to Reform," in Kathleen McCarthy, Lady Bountiful Revisited: Women, Philanthropy, and Power (New Brunswick, N.J.: Rutgers University Press, 1990), 35 – 54, 48.

122 Trent, Inventing the Feeble Mind, 74. Waugh, Unsentimental Reformer, 또한 워는 로웰의 작업이 지닌 역설적 성격을 언급한다. "그녀가 자신의 권한을 확장하면 할수록 다른 여성이 대안적인 직업 선택을 고려할 수 있는 가능성 또한 커졌다. 1870년대 이후, 그녀는 여성의 전문직 진출을 장려했으며 (…) 공무원 제도 개혁의 혜택을 여성의 고용 기회 확대와 연결 지었다."(p.141).

123 Waugh, Unsentimental Reformer, 118.

124 재인용. Stewart, Philanthropic Work, 101.

125 다음을 참고하라. Hasain, Rhetoric of Eugenics, chap. 4.

126 Gordon, Woman's Body, 144.

127 앞의 책, 121.

128 이런 여러 해석을 간략히 살펴보려면 다음을 참고하라. Angela Franks, Margaret Sanger's Eugenic Legacy: The Control of Female Fertility (Jefferson, N.C.: McFarland, 2005), 5 – 13.

129 다음을 참고하라. Franks, Margaret Sanger; Alexander Sanger, "Eugenics"; Ellen Chesler, Woman of Valor: Margaret Sanger and the Birth Control Movement in America (New York: Simon & Schuster, 2007).

130 Margaret Sanger, Woman and the New Race (New York: Brentano's, 1920), 40 – 41.

131 앞의 책, 87.

132 재인용. Franks, Margaret Sanger, 44.

133 Sanger, Women and the New Race, 45. 다시 말하지만 이 담론에 내재한 인종주의와 장애 사이에는 강한 연관성이 있다. 안타깝게도 이는 해당 작업의 범위를 넘어서는 광범위한 주제다.

134 Franks, Margaret Sanger, 16.

135 Sanger, Women and the New Race, 233 – 34.

136 Franks, Margaret Sanger, 188.

137 여성 집단들 사이의 권력 역학을 살펴본다고 해서 당시의 개혁가들과 페미니스트를 악마화하려는 것은 아니다. 많은 경우, 이들의 의도는 고결했고 노력은 의심할 여지 없이 중요한 영향을 미쳤으며 많은 이의 삶을 개선했을지도 모른다. 그럼에도 특정한 전제와 권력 역학이 어떻게 그들의 장애 개념과 이 '타자' 집단과의 관계를 형성하고 규정했는지 살펴보는 것은 시사하는 바가 크다.

138 Iris Marion Young, "Lived Body vs. Gender: Reflections on Social Structure and Subjectivity," Ratio, December 4, 2002, 425 – 26.

139 Spelman, Inessential Woman, 7.

3장 분석을 위한 중간 고찰

1 Eva Kittay, "When Caring Is Just and Justice Is Caring," in The Subject of Care: Feminist Perspectives on Dependency, ed. Eva Feder Kittay and Ellen K. Feder (Lanham, Md.: Rowman & Littlefield, 2002), 265.

2 Hacking, Social Construction, 101 – 102.

3 이 장에서의 논의를 위해 오늘날에도 일부 맥락에서 여전히 사용되고 있는 지적장애의 역사적 범주인 정신지체에 특히 주목할 것이다.

4 장애의 사회적 구성에 관한 문헌은 지난 25년간 폭발적으로 증가해왔다. 다만 여기서 다루는 자료들은 전체를 아우르는 조사도, 대표성을 갖춘 사례도 아니다. 여러 학문 분야를 아우르는 방대한 연구들 가운데 내가 제시하고자 하는 차이점을 적절히 보여주는 몇 가지 사례만을 선별했다.

5 다음을 참고하라. Angela Licia Carlson, "Mindful Subjects: Classification and Cognitive Disability" (Ph.D. diss., University of Toronto, 1998), 6; Hacking, Social Construction, 36 – 37.

6 다음을 참고하라. Michael Oliver, The Politics of Disablement (London: Macmillan,

1990), 22.

7   Wendell, The Rejected Body, 35.

8   앞의 책, 36-46.

9   Jane Mercer, Labeling the Mentally Retarded: Clinical and Social Systems Perspectives on Mental Retardation (Berkeley: University of California Press, 1973), 36.

10   다음을 참고하라. Rapley, Social Construction; Robert Bogdan and Steven J. Taylor, Inside Out: The Social Meaning of Mental Retardation (Toronto: University of Toronto Press, 1982); Bogdan and Taylor, "Relationships with Severely Disabled People: The Social Construction of Humanness," Social Problems 36, no. 2 (1989): 135-48; Philip Ferguson, "The Social Construction of Mental Retardation," Social Policy 18, no. 1 (1987): 51-56; Richard Jenkins, ed., Questions of Competence: Culture, Classification and Intellectual Disability (Cambridge: Cambridge University Press, 1998).

11   Harlan Lane, "The Social Construction of Deafness," Disability and Society 10, no. 2 (1995): 172.

12   Adrienne Asch and Michelle Fine, "Shared Dreams: A Left Perspective on Disability Rights and Reproductive Rights," in Women with Disabilities (Philadelphia: Temple University Press, 1988), 5-6.

13   다음을 참고하라. Ron Amundson, "Biological Normality and the ADA," in Americans with Disabilities; and "Against Normal Function," Studies in History and Philosophy of Biological and Biomedical Sciences 31C (2000): 33-53.

14   다음을 참고하라. Oliver, The Politics of Disablement, 22.

15   앞의 책, 58.

16   해킹은 이를 구체적 예로 제시하고 있으나, 본문에서는 해당 부분을 다루지 않을 것이다. 다음을 참고하라. Hacking, Social Construction, 111-12.

17   이 용어는 제임스 트렌트에게서 차용한 것이다.

18   Hacking, Social Construction, 6.

19   다음을 참고하라. Trent, Inventing the Feeble Mind; Rapley, Social Construction; Noll and Trent, eds., Mental Retardation in America.

20   Hacking, Social Construction, 6.

21   다음을 참고하라. Rapley, Social Construction; Dan Goodley and Mark Rapley,

"Changing the Subject: Postmodernity and People with 'Learning Difficulties,'" in Disability/Postmodernity, 127.

22   Shelley Tremain, "On the Subject of Impairment," in Corker and Shakespeare, eds., Disability/Postmodernity, 42.

23   Kittay, Love's Labor, 180.

24   Byrne, Philosophical and Ethical Problems. 번의 실용적 고려에는 공감하지만, 5장 억압에 관한 분석과 '인지장애 해체'를 비판하면서 내놓는 여러 결론에는 동의하지 않는다. 지적장애 범주의 존속 여부 문제에 관한 다른 접근법은 최근 출간된 지적장애 및 인권 관련 저서에서 찾아볼 수 있다. 다음을 참고하라. Stanley Herr, Lawrence O. Gostin, and Harold Hongju Koh, eds., The Human Rights of Persons with Intellectual Disabilities: Different but Equal (Oxford: Oxford University Press, 2003).

25   Hacking, Social Construction, 12.

26   앞의 책, 122.

27   이어지는 내용은 해킹이 논의한 인간종의 되먹임 효과the looping effect of human kinds의 몇 가지 측면에 기반을 두고 있으나, 최근 해킹은 "종kinds"이라는 표현 자체를 더 이상 사용하지 않는다. 다음을 참고하라. "Kinds of People: Moving Targets," Proceedings of the British Academy 151 (2007): 285–318.

28   여전히 도덕적 천치는 '정상'인 사람보다 지적으로 열등하다고 여겨졌지만, 도덕적 천치를 정의하는 핵심 특징은 지적결함이 아니라 도덕적 결함이었다.

29   어떤 사람들은 내가 설명한 집단 내 다양성(내적 이질성)이 실제로는 집단 간 차이(외적 변이)를 보여주는 증거에 불과하다고 주장할 수도 있을 것이다. 다시 말해, 하위 집단을 수직적·수평적으로 나누는 방식은 단지 사람들이 서로 상충되는 정의를 내리고 있다는 사실을 보여줄 뿐이라는 것이다. 그러나 이처럼 다양한 세부 분류가 종종 한 개인의 분류 체계 안에 공존한다는 점을 고려해, 나는 내외부의 구분을 계속 유지하고자 한다.

30   Seguin, Idiocy and Its Treatment, 29.

31   L. P. Brockett, "Idiots and the Efforts for Their Improvement" [1856] in History of Mental Retardation: Collected Papers, 1:78.

32   Binet and Simon, "Upon the Necessity of Establishing a Scientific Diagnosis of Inferior States of Intelligence," in History of Mental Retardation: Collected Papers, 1:335.

33   다음을 참고하라. Ned Block and Gerald Dworkin, eds., The IQ Controversy: Critical

Readings (New York: Pantheon, 1976). 좀 더 최근에는 다음의 출간으로 논쟁이 촉발됐다. Richard J. Herrnstein and Charles Murray, The Bell Curve: Intelligence and Class Structure in American Life (New York: Free Press, 1994). 다음을 참고하라. Steven Fraser, ed., The Bell Curve Wars: Race, Intelligence, and the Future of America (New York: Basic, 1995); Russell Jacoby and Naomi Glauberman, eds., The Bell Curve Debate: History, Documents, Opinions (New York: Times Books, 1995).

34 다음을 참고하라. the DSM-IV, ICD-10, and AAMR definitions of mental retardation.

35 Howe, "On the Causes of Idiocy," 49. 이 구절의 마지막 문장은 백치를 돌보는 일이 자비롭고 인도주의적인 사명이라는 인식이 심지어 감독관 사이에서도 자리하고 있었음을 보여준다.

36 이런 학문 분야가 정신지체에 관해 항상 동등한 권위를 지녔던 것은 아니다. 주목할 만한 연구 분야 중 하나는 다양한 담론의 권위가 역사적으로 어떻게 변해왔는지를 살펴보는 것이다. 19세기 중반에는 의학 담론이 지배적이었으며, 이어 정신지체에 대한 유전학적 설명이 부상하면서 그 권위는 더욱 강화됐다.

37 이런 통찰로 인해 장애인 공동체에서는 비장애인을 '일시적으로 신체가 건강한 사람들temporarily able-bodied persons, TABs'이라 부르게 되었다. 물론 이러한 논리는 소위 정상지능을 지닌 사람able-minded에게도 동일하게 적용될 수 있다.

38 AAMR, 1992, 9.

39 정신지체에 관한 흥미로운 비교문화 연구들이 이 사실을 지적하고 있다. 다음을 참고하라. Jenkins, Questions of Competence; R. B. Edgerton, "Mental Retardation in Non-Western Societies: Towards a Cross-Cultural Perspective on Incompetence," in Socio-Cultural Aspects of Mental Retardation, ed. H. C. Hayward (New York: Appleton-Century-Crofts, 1970); Edgerton, The Cloak of Competence (Berkeley: University of California Press, 1993).

40 정신지체를 둘러싼 논의에서 이런 비판의 한 사례는 마크 래플리가《사회구성주의Social Construction》에서 무능력이라는 개념이 어떻게 만들어지는지에 대해 제기한 주장이다.

41 Lennard Davis, Bending Over Backwards (New York: Routledge), 23, 25 - 26.

42 다음을 참고하라. Jenkins, ed., Questions of Competence.

43 Hacking, Social Construction, 104 - 106.

44 해킹은 이와 관련해 정신지체, 조현병, 그리고 자폐증 등 세 가지 예를 든다.(109 - 17).

45   Hacking, Social Construction, 115.

46   앞의 책, 103.

47   앞의 책, 119.

48   Patricia Ainsworth and Pamela C. Baker, Understanding Mental Retardation: A Resource for Parents, Caregivers, and Counselors (Jackson: University of Mississippi Press, 2004), 3. 지적장애의 여러 유형과 원인에 대한 자세한 논의는 다음을 참고하라. James Harris, Intellectual Disability: Understanding Its Development, Causes, Classification, Evaluation, and Treatment (New York: Oxford University Press, 2005).

49   George Lakoff, Women, Fire, and Dangerous Things: What Categories Reveal about the Mind (Chicago: University of Chicago Press, 1987), xiv.

50   앞의 책, 41.

51   앞의 책.

52   앞의 책, 42.

53   Peter Tyor and Leland Bell, Caring for the Retarded in America (Westport, Conn.: Greenwood, 1984), 98.

54   1910년 고다드는 용어의 혼란을 피하기 위해 이 집단의 명칭을 '모론'으로 바꿨다. 그러나 '정신박약' 용어는 최소 20년 동안 이 범주 전체와 특정 하위분류를 모두 가리키는 데 사용됐다.

55   Sloan and Stevens, Century of Concern, 20.

56   Foucault, "The Subject and Power," in Michel Foucault: Beyond Structuralism and Hermeneutics, ed. Hubert L. Dreyfus and Paul Rabinow, 2nd ed. (Chicago: University of Chicago Press, 1983), 222.

57   앞의 글, 223.

58   앞의 글.

59   푸코는 권력을 의도적인 것("목적 없는 권력 행사는 없다")으로 정의하면서도, 동시에 비주체적인 것으로 간주했다. 그는 권력이 단순히 한 개인에게 국한되는 것이 아니라 다양한 실천을 통해 작동한다고 보았다. 다음을 참고하라. The History of Sexuality, vol. 1, An Introduction, trans. Robert Hurley (New York: Vintage, 1990), 94 – 95.

60   Foucault, "Subject and Power," 223.

61   앞의 글.

62   그러나 이것이 유일한 제도화된 담론은 아니었다. 정신지체는 교육학적·심리학적

탐구의 대상이기도 했으며 이들 분야 역시 나름의 제도화된 지식 형태를 갖추고 있었다.

63   Foucault, "Subject and Power," 223.

64   Foucault, Psychiatric Power, 165. 푸코는 이어서 이 동어반복이 '백치'를 위한 '학교'에서 어떻게 드러났는지를 논한다. (218 – 19).

65   앞의 책, 3.

66   Foucault, Psychiatric Power, 180 – 81.

67   우리가 살펴본 바와 같이, 이런 결과 중 상당수는 수용자 개인보다 시설 자체에 더 이익이 되도록 의도된 것이었다.

4장 권위의 얼굴

첫 번째 여는 글은 Nancy Tuana, "The Speculum of Ignorance: The Women's Health Movement and Epistemologies of Ignorance," Hypatia 21, no. 3 (Summer 2006): 14에서 인용했다. 두 번째 여는 글은 Michel Foucault, Society Must Be Defended: Lectures at the Collège de France, 1975 – 1976 (New York: Picador, 1997), 10 – 11에서 인용했다.

1   나는 이 장 후반부에서 '아래로부터' 오는 지식에 관한 문제를 좀 더 명확하게 다룰 것이다.

2   푸코는 광기에 대한 '도덕적 치료'가 사실상 통제할 수 없었던 특정 형태의 저항에 대응하기 위한 것이었음을 흥미롭게 분석한다. 이는 다양한 형태의 저항이 정신병원의 불가결한 핵심 요소였음을 시사한다. 다음을 참고하라. Foucault, Psychiatric Power.

3   이 언급은 푸코와 데리다 사이에 흥미로운 논쟁을 불러일으켰는데, 이는 이 책의 결론 부분에서 다룰 것이다.

4   중요한 과제 중 하나는 이런 역사적 사례를 추적하는 것이다. '야생아' 사례와 관련해 계몽주의 시대의 백치 개념을 다룬 탁월한 자료로는 다음을 참고하라. Adriana S. Benzaquen, Encounters with Wild Children: Temptation and Disappointment in the Study of Human Nature (Montreal: McGill-Queens University Press, 2006).

5   물론 이런 주장을 하려면 타당한 철학적 주제가 무엇인지, 그리고 어떤 주제들이 해당 학문에 속하는지에 대한 정의 자체를 먼저 다룰 필요가 있다.

6   이는 푸코가 광기의 역사에서 이루고자 했던 '침묵의 고고학'과 유사한 작업일 수 있
     다. 그는 이 작업을 통해 이성과 비이성 사이의 틈에 드리워진 침묵을 탐구했다.

7   여기서 내가 염두에 두고 있는 것은 서론에서 정의한 전통적 접근이다.

8   Ruth Luckasson and A. Reeve, "Naming, Defining, and Classifying in Mental
     Retardation," Mental Retardation 39, no. 1 (2001): 47–52; F. E.
     Stockholder,"Naming and Renaming Persons with Intellectual Disabilities"; and
     Gary Woodhill, "The Social Semiotics of Disability," in Disability Is Not Measles, ed.
     Marcia Rioux and Michael Bach (North York: L'Institut Roeher, 1994).

9   여기서 '인지장애', '지적장애' 또는 '발달장애'라는 용어는 다루지 않을 것이다. 특정
     용어인 '정신지체'와 그 이전에 사용된 용어들에 중점을 둘 것이다.

10   Ruth Luckasson, "Terminology and Power," in The Human Rights of Persons with
     Intellectual Disabilities, ed. Stanley Herr, Lawrence O. Gostin, and Harold Hongju
     Koh (Oxford: Oxford University Press, 2003).

11   Peter Singer, "All Animals Are Equal" (1974); reprinted in Ethics in Practice: An
     Anthology, ed. Hugh LaFollette (Cambridge, Mass.: Blackwell, 1997), 124. Benn
     wrote his article in 1967.

12   싱어는 종차별주의를 "자신이 속한 종의 이익을 다른 종구성원의 이익보다 우선시
     하는 편견이나 편향된 태도"라 정의한다(Animal Liberation, 6). 이 개념은 이어지는
     장에서 자세히 다룰 것이다. (《동물해방》, 김성한 옮김, 연암서가, 2012)

13   Singer, "Animals," 124.

14   앞의 글, 124–25.

15   앞의 글, 125.

16   이 주장이 다소 이상하게 느껴질 수 있다는 점을 알고 있다. 왜냐하면 싱어가 지적장
     애인의 도덕적 지위를 어떻게 정의하는지가, 사실상 장애인의 사회적 포함을 옹호하
     는 논의에서 사용되는 낡은 용어(예를 들어, 벤이 언급한 '천치')보다 훨씬 더 중요한 문
     제일 수 있기 때문이다(이 점을 지적해준 키테이에게 감사드린다). 그럼에도 많은 철학자
     가 이런 용어를 별다른 문제의식 없이 다루고 있다는 사실을 확인시켜준다는 점에서
     이 사례가 여전히 중요하다고 생각한다.

17   Vinit Haksar, Equality, Liberty, and Perfectionism (Oxford: Oxford University
     Press, 1979), 1.

18   앞의 책, 69.

19   앞의 책, 72.

20 앞의 책, 74.

21 1959년 AAMD(American Association on Mental Deficiency) 분류 매뉴얼은 이미 '정신지체' 용어를 사용하고 있었다. 다음을 참고하라. Rick Heber, A Manual on Terminology and Classification in Mental Retardation (American Association on Mental Deficiency, 1959). 더 많은 철학적 논의를 원하면 다음을 참고하라. Paul Spicker, "Mental Handicap and Citizenship," Journal of Applied Philosophy 7, no. 2 (1990): 139 – 40.

22 Jeff McMahan, "Cognitive Disability, Misfortune, and Justice," Philosophy and Public Affairs 25, no. 1 (1996): 16 – 17.

23 앞의 글, 26.

24 Paul Spicker, "Mental Handicap and Citizenship," Journal of Applied Philosophy 7, no. 2 (1990): 139 – 40.

25 이는 전통 서양 철학에서 남성중심 규범에 의해 여성이 주변화되는 현상과 유사하다.

26 다음을 참고하라. Goodley and Van Hove, eds., Another Disability Studies Reader; Elaine Castles, "We're People First": The Social and Emotional Lives of Individuals with Mental Retardation (Westport, Conn.: Praeger, 1996).

27 Luckasson, "Terminology," 52.

28 Paula Boddington and Tessa Podpadec, "Who Are the Mentally Handicapped?" Journal of Applied Philosophy 8, no. 2 (1991): 180.

29 Byrne, Philosophical and Ethical Problems, 14.

30 Eva Kittay, "At the Margins of Moral Personhood," Ethics 116 (October 2005): 100 – 13, 126.

31 앞의 글, 129.

32 예를 들어, 정신지체를 주제로 한 몇 안 되는 철학 논문집인 《윤리와 정신지체Ethics and Mental Retardation》에서 스무 편의 논문 중 단 세 편만이 AAMR의 정신지체 정의를 언급하거나 이에 관한 문제를 명시적으로 다루고 있다. 다음을 참고하라. Lawrence B. McCullough, "The World Gained and the World Lost: Labeling the Mentally Retarded"; Joseph Margolis, "Applying Moral Theory to the Retarded"; Loretta Kopelman, "Respect and the Retarded: Issues of Valuing and Labeling," in Ethics and Mental Retardation.

33 Jeffrie Murphy, "Rights and Borderline Cases," in Ethics and Mental Retardation, 12.

34 앞의 글, 11.

35 여러 직접적인 증언이 이 가정을 반박하고 있다. 나 또한 '최중증 정신지체'라 불리는 아이들과 함께 일하면서 이들이 자신의 의사와 결정을 분명히 표현할 수 있음을 경험한 바 있다.

36 앞의 글, 11.

37 Stuart F. Spicker, "Person Ascriptions, Profound Disabilities, and Our Self-Imposed Duties: A Reply to Loretta Kopelman," in Ethics and Mental Retardation, 87.

38 앞의 글, 87-88.

39 앞의 글, 91.

40 앞의 글, 97-98.

41 Boddington and Podpadec, "Who Are the Mentally Handicapped?" 181.

42 스튜어트 스피커는 정신지체를 규범적 범주로 인정하면서도 병리적이고 질적으로 다른 유형으로 간주하며 의사와 심리학자가 이들을 치료하는 것이 최선이라고 여기는 듯한 논지를 이어간다.

43 Gould, Mismeasure, 24.

44 앞의 책, 159.

45 앞의 책, 155.

46 예를 들어, 경증 사례의 75퍼센트와 좀 더 중증인 사례의 30~40퍼센트에서는 명확한 근본 원인이 밝혀지지 않았다는 점을 인정하는 사람은 거의 없다(각주 1장 19번 참조). 정신지체에 관한 철학적 논의에서 물화에 관한 문제를 좀 더 상세히 다루고자 한다면 칼슨의 《마음 있는 주체들Mindful Subjects》 5장을 참조할 수 있다. 또한 이 문제는 비판적 장애 관점을 취하는 여러 철학자에 의해서도 논의된 바 있다. 다음을 참고하라. Ron Amundson, "Against Normal Function" and "Biological Normality and the ADA," in Americans with Disabilities, ed. Leslie Francis and Anita Silvers (New York: Routledge, 2000); Silvers, "Formal Justice." 지능을 물화하는 문제는 지능 향상과 관련된 생명윤리 논의에서도 제기됐다.

47 맥마한의 논문은 중증 사례만을 다룬 예에 해당한다. 경증 사례에 대해서는 다음을 참고하라. Daniel Wilker, "Paternalism and the Mildly Retarded," Philosophy and Public Affairs 8, no. 4 (1979) for the opposite end of the spectrum.

48 McCullough, "The World Gained," 89.

49 Boddington and Podpadec, "Who Are the Mentally Handicapped?" 183.

50 Byrne, Philosophical and Ethical Problems, 13.

51 이런 관점들을 통합할 때 발생하는 방법론적 문제에 대한 흥미로운 논의는 다음을

참고하라. Rioux and Bach, eds., Disability Is Not Measles.

52 이 밖에도 철학자가 삶의 질을 객관적 척도에 따라 정의하려 한 시도는 많으며, 이 과정에서 장애가 개인의 삶의 질을 어느 정도로 저하시키는지의 문제가 함께 논의된다. 이로 인해 객관적 정의가 내포하는 규범적 전제와 실제로 자신들의 삶이 충분히 만족스럽다고 주장하는 장애인의 경험을 배제하는 태도에 대한 본격적인 논의가 촉발됐다. 이에 관한 예는 다음을 참고하라. Quality of Life and Human Difference: Genetic Testing, Health Care, and Disability, ed. David Wasserman, Jerome Bickenbach, and Robert Wachbroit (Cambridge: Cambridge University Press, 2005).

53 Robert M. Veatch, The Foundations of Justice: Why the Retarded and the Rest of Us Have Claims to Equality (New York: Oxford University Press, 1986), 197.

54 Jeffrie Murphy, "Do the Mentally Retarded Have a Right Not to Be Eaten?" in Ethics and Mental Retardation.

55 Jeff McMahan, The Ethics of Killing (New York: Oxford University Press, 2003), 230.

56 키테이는 맥마한의 연구를 좀 더 철저하고 날카롭게 비판한다. 다음을 참고하라. "At the Margins of Moral Personhood," Ethics 116 (October 2005): 100 – 31. 56.

57 Stiker, History of Disability, 1.

58 Byrne, Philosophical and Ethical Problems, 46.

59 앞의 책, 48.

60 앞의 책, viii.

61 이 사례는 키테이가 맥마한을 비판하는 동시에 그에게 요구하는 겸손의 태도를 보여준다. 다음을 참고하라. "At the Margins of Moral Personhood."

62 Byrne, Philosophical and Ethical Problems, xi.

63 Kittay, Love's Labor, 173.

64 그 밖의 사례로는 다음을 참고하라. Sophia Wong, "At Home with Gender and Down Syndrome," Hypatia 17, no. 3 (Summer 2002): 89 – 117; Roger Gottlieb, "The Tasks of Embodied Love: Moral Problems in Caring for Children with Disabilities," Hypatia 17, no. 3 (Summer 2002): 225 – 36; Hilde Lindemann Nelson, "What Child Is This?" Hasting Center Report 32, no. 6 (2002): 29 – 38.

65 피터 번은 장애의 포스트모던 모델에 대해 매우 회의적이며, 이 문제를 푸코적 관점에서 접근하는 것에 대해 우려를 표한다. 나는 그의 문제의식에 꼭 동의하지는 않는다.

66 Wendell, The Rejected Body, 73.

67 Mary Mahowald, "A Feminist Standpoint," in Disability, Difference, Discrimination,

ed. Anita Silvers, David Wasserman, and Mary Mahowald (Lanham, Md.: Rowman & Littlefield, 1998), 217.

68   앞의 글.

69   들어가며의 미주 16번을 참고하라.

70   이로 인한 위험은 매우 크다. 이는 지적장애인의 목소리를 포함하고 이 집단의 관심사를 적극적으로 다루는 장애학 및 장애 이론 연구가 거의 없다는 사실에서 확인할 수 있다.

71   Marianne Janack, "Standpoint Epistemology without the 'Standpoint'? An Examination of Epistemic Privilege and Epistemic Authority," Hypatia 12, no. 2 (Spring 1997): 135.

72   앞의 글, 135.

73   앞의 글, 137.

74   J. S. Reinders, "The Good Life for Citizens with Intellectual Disability," Journal of Intellectual Disability Research 46, no. 1 (2002): 5.

5장 짐승의 얼굴

1   세 번째 여는 글은 제랄도 리베라가 윌로브룩을 방문한 모습을 묘사한 것으로, 해당 장면은 바로 그날 저녁에 방영됐다. David Rothman and Sheila Rothman, The Willowbrook Wars (New Brunswick, N.J.: Aldine Transaction, 2005), 17, 23.

2   앞의 책, 24.

3   이에 대한 상세한 설명은 다음을 참고하라. Rothman and Rothman, Willowbrook Wars.

4   다음을 참고하라. Foucault, Madness and Civilization; Carlson, "The Human as Just an Other Animal," in Phenomenology and the Non-Human Animal, ed. Christian Lotz and Corinne Painter (Dordrecht: Springer, 2007), 117 – 33.

5   Boddington and Podpadec, "Who Are the Mentally Handicapped?" 177 – 90.

6   앞의 글, 179.

7   앞의 글.

8   지적장애에 관한 양적 초상은 철학적 문제를 제기한다(예를 들어, 가장자리 인간의 문제, 경도·중등도·중증 사례를 구분하는 문제 등). 다음을 참고하라. Carlson, "Mindful

Subjects." 그러나 나는 철학 담론에서 지적장애인을 비인격체 혹은 근본적으로 다른 타자로 취급하는 문제를 좀 더 우선적으로 논의해야 한다고 본다.

9   Hugh LaFollette, Ethics in Practice: An Anthology (Cambridge, Mass.: Blackwell, 1997), 692. 여기서 지적장애인을 지칭하기 위해 '결함 있는'이라는 용어를 사용한 점에 주목할 필요가 있다. 이 집단은 색인에서 '정신결함자'라는 항목으로 나타나며, 이어 '결함 있는 인간을 참조하라'고 안내돼 있다(p.697).

10   Anthony Woozley, "The Rights of the Retarded," in Ethics and Mental Retardation, 51. 우즐리는 "여러 정신지체인"에 대해 설명한다. "정신지체가 있다고 해서 정의에 대한 인식이 없는 것은 아니다. 단, 정신지체가 심한 경우는 예외다. 그리고 분명히 그런 심한 경우가 적지 않다 (…) 정신지체인은 정의감을 갖기 위해 필요한 이해력을 갖추지 못했다"(50 – 51).

11   McMahan, "Cognitive Disability, Misfortune, and Justice," Philosophy and Public Affairs 25, no. 1 (1996): 3 – 35, 27.

12   Nussbaum, Frontiers of Justice: Disability, Nationality, Species Membership (Cambridge, Mass.: Belknap, 2006), 192.

13   누스바움은 동물에 관한 장에서 이런 연결 짓기가 야기하는 문제들을 더욱 심도 있게 논의한다. 앞의 책, 363 – 65.

14   Jeffrie Murphy, "Do the Retarded Have a Right Not to Be Eaten? A Rejoinder to Joseph Margolis," in Ethics and Mental Retardation, 46.

15   Haksar, Equality, Liberty, and Perfectionism, 18.

16   McMahan, "Cognitive Disability," 32.

17   McMahan, The Ethics of Killing: Problems at the Margins of Life (New York: Oxford University Press, 2002), 228.

18   앞의 책.

19   Spicker, "Mental Handicap and Citizenship," 139 – 51.

20   Singer, Animal Liberation (London: Pimlico, 1995), 6.

21   앞의 책, 9.

22   앞의 책, 241.

23   경증 사례는 결코 언급하지 않았다는 사실은 이후에 논의할 것이다.

24   앞의 책, 16.

25   앞의 책, 85.

26   앞의 책, 17.

27　앞의 책.

28　싱어는 이런 경우에 부모가 결정하는 영아 살해가 허용될 수 있다고 주장한 바 있다. 다음을 참고하라. Singer, Should the Baby Live? The Problem of Handicapped Infants (Oxford: Oxford University Press, 1985).

29　Singer, Animal Liberation, 18 – 19.

30　앞의 책, 20.

31　앞의 책.

32　앞의 책, 20 – 21.

33　앞의 책, 21.

34　싱어가 말한 후자의 능력은 일종의 상호관계를 맺을 수 있는 능력을 의미하는 것으로 보인다. 왜냐하면 '정상적인' 인간은 동물이나 영아와 관계를 맺을 수 있고, 그런 관계는 인간에게는 의미가 있으나 동물이나 영아에게는 그렇지 않기 때문이다.

35　앞의 책, 239 – 40. 여기서도 우리는 언어가 지닌 문제를 다시 확인할 수 있다. "영구적이며 최중증인 정신지체인"을 "회복 불가능한 중증의 뇌 손상자"와 동일시하면, 마치 어떤 신체적 결함이나 과정이 그 개인의 잠재성을 지워버린 것처럼 보이게 만든다.

36　심리학자들은 지적장애 범주가 지닌 이질성을 지적하면서, 설령 유전적 혹은 생물학적 원인이 확인된다 하더라도 인지 손상의 정도나 그 발현 양상을 정확히 예측할 수 있는 기술은 여전히 없다고 주장한다. 다음을 참고하라. William E. MacClean Jr., Ellis' Handbook of Mental Deficiency, Psychological Theory, and Research (Mahwah, N.J.: Erlbaum, 1997), 14.

37　다음을 참고하라. James C. Harris, Intellectual Disability: Understanding Its Development, Causes, Classification, Evaluation, and Treatment (New York: Oxford University Press, 2005).

38　이 집단을 학습과 발달의 잠재력이 전혀 없는 존재로 묘사하는 것은 실증적 근거가 부족할 뿐만 아니라, 개인적으로도 매우 불편하게 느껴진다. 다음을 참고하라. Eva Kittay's response to McMahan, "At the Margins of Moral Personhood."

39　John Gleason, "Theoretical Framework for What Persons with Severe and Profound Multiple Disabilities Do in Context," in Disability Is Not Measles, 249 – 50.

40　Singer, Animal Liberation, 18 – 19.

41　앞의 책, 19.

42　앞의 책.

43 앞의 책, 85.

44 물론 누군가는 이 사례가 질적으로 다른 경우라고 주장할 수 있다. 왜냐하면 할머니가 한때는 유능한 사람이었을 수도 있기 때문이다. 치매와 지적장애를 둘러싼 유의미한 철학적 논의를 비교 분석하면 이 문제에 대한 중요한 통찰을 얻을 수 있다. 예를 들어, 브루스 제닝스는 치매와 관련하여 "의미적 주체성semantic agency"이라는 개념을 제시하는데(이는 후에 다시 다룰 것이다), 이는 선천적으로 중증 지적장애를 가진 개인을 고려할 때 유용하게 적용될 수 있다. 다음을 참고하라. Bruce Jennings, "Freedom Fading: On Dementia, Best Interests, and Public Safety," Georgia Law Review 35 (2000 – 2001).

45 McMahan, "Cognitive Disability," 34.

46 이 집단이 이런 지위를 부여받은 첫 사례는 아니다. 인종, 성별, 민족, 장애와 관련된 타자성에 관한 연구는 매우 방대해 여기서 모두 다루기는 어렵다. 간략히 말하면 시몬 드 보부아르Simone de Beauvoir가 《제2의 성》에서 여성의 타자성을 서술한 내용은 이후 페미니즘 및 탈식민주의 담론에서 이런 타자적 지위에 수반되는 비인간화 과정에 대한 연구를 촉발하는 계기가 되었다고 할 수 있다. (《제2의 성》, 이정순 옮김, 을유문화사, 2021) 그 예로는 다음을 참고하라. Linda Alcoff, "Philosophy and Racial Identity," Radical Philosophy 75 (January – February 1996).

47 Peter Singer, Personal Communication at the Cognitive Disability: A Challenge to Moral Philosophy conference, New York City, September 2008.

48 Kittay, "At the Margins of Personhood," 125.

49 Byrne, Philosophical and Ethical Problems, 51 – 52.

50 Young, Justice and the Politics of Difference, 53.

51 Singer, Animal Liberation, 241.

52 Young, Justice and the Politics of Difference, 58 – 59.

53 Byrne, Philosophical and Ethical Problems, 72.

54 Margolis, Applying Moral Theory, 33.

55 싱어가 이런 논증 방식을 어떻게 적용하는지에 대한 좀 더 최근 사례는 그의 에세이를 참고하라. "Bridging the Gap," in Writings on an Ethical Life (New York: Harper Perennial, 2001).

56 Young, Justice and the Politics of Difference, 46.

57 능력과 경험의 폭이 매우 다양하다는 점을 고려할 때, 이 집단을 단일한 그룹으로 언급하는 것이 과연 의미가 있는지는 의문이다. 그러나 억압 이론을 논의하는 맥락에

서는 타당하다고 생각한다.

58   Young, Justice and the Politics of Difference, 43.

59   앞의 책, 44.

60   이것이 반드시 그렇지는 않다는 점에 유의할 필요가 있다. 다음을 참고하라. Castles, "We're People First."

61   Hacking, Social Construction, 370.

62   Young, Justice and the Politics of Difference, 46.

63   여기서 문제되는 것 중 하나는 누군가를 인간으로 대한다는 것이 정확히 무엇을 의미하는가라는 질문이다. 이 점에서 종차별주의를 비판하는 사람들은 내가 한 발언을 문제 삼을 수도 있다. 그럼에도 인간이라는 사실이 지니는 도덕적 중요성을 부인하는 것은 이런 논의가 이뤄질 가능성을 스스로 차단하는 위험을 내포한다고 생각한다. 또한 내가 여기서 말하는 인간은 이미 태어난 존재, 곧 태아나 배아, 혹은 미래의 인격체가 아닌 현존하는 존재임을 분명히 하고자 한다. 인간적인 모든 것에 어떤 도덕적 지위를 부여해야 하는지에 대한 좀 더 심오한 형이상학적 물음은 당분간 논외로 두어야 한다.

64   Murphy, "Do the Mentally Retarded Have a Right Not to Be Eaten?" 46. 여기서 감상주의와 논리적 사고 사이의 이원적 구분에 주목할 필요가 있다.

65   Frank De Roose, "Ethics and Marginal Cases: The Rights of the Mentally Handicapped," Journal of Applied Philosophy 8, no. 2 (1991): 87–95, 87.

66   Murphy, "Do the Mentally Retarded Have a Right Not to Be Eaten?" 46.

67   윌로브룩 외에도 많은 사례가 있다. 제랄도 리베라는 미국인들에게 또 다른 뉴욕 소재 시설인 레치워스 빌리지의 끔찍한 실태를 공개했다. 리베라는 다음과 같이 전했다. "타우Tau 안의 거의 모든 환자가 헐벗은 상태였고, 곳곳에 배설물이 있었다. 엉망으로 방치된 개집처럼 보였고 냄새가 났다 (⋯) 타우의 거주자들은 어린 소녀들이었다. (⋯) 문자 그대로 그들 대부분은 자신과 룸메이트의 배설물로 온몸이 뒤범벅돼 있었다. 마치 진흙놀이를 하고 온 아이들처럼 보였다. 생각만으로도 여전히 속이 울렁거린다. 그러나 이들은 어린 소녀들일 뿐이었다. 그리고 그 어린 소녀들은 당신의 자매나 딸처럼 안기고 사랑받고 싶어 했다." (재인용. Trent, Inventing the Feeble Mind, 258). 또한 다음을 참고하라. Burton Blatt and Fred Kaplan, Christmas in Purgatory: Photographic Essay on Mental Retardation (Syracuse, N.Y.: Human Policy Press, 1974).

68   누스바움은 "종에 따라 고려되는 존엄성의 유형"에 관해 유사한 주장을 한다.

Frontiers of Justice, 351.

69 McMahan, Ethics of Killing, 232.

70 앞의 책.

71 앞의 책.

72 앞의 책. 종 성원권에 관한 맥마한의 견해를 좀 더 상세히 알고자 한다면 다음을 참고하라. Ethics of Killing, 209 – 32.

73 Byrne, Philosophical and Ethical Problems, 69.

74 Kittay, Love's Labor, 173.

75 동물의 이익과 지적장애인의 이익이 서로 충돌한다고 볼 필요가 없는 이유에 대해, 앞서 논의한 내용을 다시 상기하라.

76 Kopelman, "Respect and the Retarded," 66.

77 앞의 글, 67. 인간 공동체의 일원임을 도덕적으로 중요하게 여기는 것이 무엇을 의미하는지를 보여주는 사례로는 다음을 참고하라. Diamond, "Importance of Being Human"; Nussbaum, Frontiers of Justice; Kittay, Love's Labor; Byrne, Philosophical and Ethical Problems.

78 Cora Diamond, "The Importance of Being Human" in Human Beings, ed. D. Cockburn (Cambridge: Cambridge University Press, 1991), 35 – 62.

79 Diamond, "Importance of Being Human" 59. 힐데 린데만[Hilde Lindemann]이 이 입장에 대해 중요한 문제를 제기한 바 있다. 즉, '공유된 삶'에 대한 호소는 특정 집단이 공유하는 삶에 자신을 동일시해 특정 형태의 인종주의나 차별을 정당화할 가능성이 있다는 것이다. 그러나 다이아몬드는 바로 이 점을 문제 삼고 있는 것으로 보인다. 다이아몬드는 이런 '공유된 운명[shared fate]'의 개념적 토대를 그저 인간으로 존재한다는 사실 그 자체에 두고, 도덕적 고려의 범위를 특정 집단이나 이해관계를 넘어 확장하고자 한다.

80 앞의 글, 55.

81 앞의 글, 56.

82 앞의 글, 57.

83 이에 대한 다양한 사례와 접근법은 다음을 참고하라. Nussbaum, Frontiers of Justice; MacIntyre, Dependent Rational Animals; Kittay, Love's Labor.

84 유색인 여성과 장애여성들이 페미니즘 문헌 속에 내재한 인종차별과 장애차별을 문제 삼은 연구가 다수 존재한다.

85 Singer, Animal Liberation, 221.

86   MacIntyre, Dependent Rational Animals, 120.

87   앞의 책, 8.

88   매킨타이어의 입장과 그것이 지적장애인에게 갖는 함의에 대한 좀 더 자세한 논의는 다음을 참고하라. Licia Carlson, "Rethinking Normalcy, Normalization, and Cognitive Disability," in Science and Other Cultures: Issues in Philosophies of Science and Technologies, ed. Sandra Harding and Robert Figueroa (New York: Routledge, 2003), 154–71.

89   다음을 참고하라. Kittay, Love's Labor.

90   MacIntyre, Dependent Rational Animals, 50.

91   다음을 참고하라. Lotz and Painter, eds., Phenomenology and the Non-Human Animal; Peter Atterton and Matthew Calarco, eds., Animal Philosophy: Essential Readings in Continental Thought (London: Continuum, 2005); Jami Weinstein, "Traces of the Beast: Becoming Nietzsche, Becoming Animal, and Faces of the Transhuman"; and Jennifer Hamm, "Circe's Truth: On the Way to Animals and Women," in A Nietzschean Bestiary, ed. Ralph R. Acampora and Christa Davis Acampora (Lanham, Md.: Rowman & Littlefield, 2004).

92   푸코가 광기와 동물성 사이의 연관성을 어떻게 추적하는지에 관한 논의는 다음을 참고하라. Licia Carlson, "The Human as Just an Other Animal"; Clare Palmer, "Animality in Michel Foucault's Madness and Civilization," in Animal Philosophy: Essential Readings in Continental Thought, ed. Peter Atterton and Matthew Calarco (London: Continuum, 2005), 72–84; Palmer, "Taming the Wild Profusion of Existing Things: A Study of Foucault, Power, and Human/Animal Relationships," Environmental Ethics 23 (Winter 2001): 339–58.

93   푸코는 인간에 대한 보편적 개념을 주장하려는 어떤 시도에도 마땅히 의구심을 품을 것이다. 그러나 나는 푸코의 텍스트를 특정한 비인간화 방식에 맞서는 저항의 장으로 읽으며, 독자가 특정 주체를 배제하고 객체화하며 동물화하는 과정에서 발생하는 쟁점을 직접 마주하게 만드는 장으로 본다. 물론, 푸코의 방법론이 비인간화와 억압에 도전할 수 있는 철학적 근거를 어느 정도로 제공할 수 있는지에 대해서는 논쟁의 여지가 있으며, 깊은 논의 없이 단순히 푸코의 텍스트를 저항의 장이라고 말하는 것만으로는 문제를 해결할 수 없다. 지금 내가 분명히 하고 싶은 점은 과거 휴머니즘의 형태로 되돌아가자고 주장하는 것이 아니며 푸코가 이를 비판했다고 해서 그의 작업이 지닌 가능성을 평가절하할 이유가 없다는 것이다.

94 Wolf Wolfensberger, The Principle of Normalization in Human Services (Toronto: National Institute on Mental Retardation, 1972), 18–19.

95 Byrne, Philosophical and Ethical Problems, 67.

96 Foucault, Madness and Civilization, ix.

6장 고통의 얼굴

첫 번째 여는 글은 Eric Cassel, The Nature of Suffering and the Goals of Medicine (Oxford: Oxford University Press, 2004)에서 인용했다. (《고통받는 환자와 인간에게서 멀어진 의사를 위하여》, 강신익 옮김, 들녘, 2002) 두 번째 여는 글은 Elizabeth Spelman, Fruits of Sorrow: Framing Our Attention to Suffering (Boston: Beacon, 1997) 159에서 발췌했다. 마지막 여는 글은 Steven Edwards, "Prevention of Disability on Grounds of Suffering," Journal of Medical Ethics 27, no. 6 (2001): 380–82에서 인용했다.

1 이 쟁점을 다루는 방대한 문헌이 존재한다. 다음은 그중 몇 가지 예다. Anita Silvers, "On Not Iterating Women's Disability: A Crossover Perspective on Genetic Dilemmas," in Embodying Bioethics, ed. Anne Donchin and Laura Purdy (Lanham, Md.: Rowman & Littlefield, 1999); Silvers, Wasserman, and Mahowald, eds., Disability, Difference, Discrimination; David Wasserman, Jerome Bickenbach, and David Wachbroit, eds., Quality of Life and Human Difference: Genetic Testing, Health Care, and Disability (Cambridge: Cambridge University Press, 2005); Steven Edwards, "Prevention of Disability on the Grounds of Suffering."

2 Spelman, Fruits of Sorrow, 159.

3 Deborah Kaplan, "Prenatal Screening and Its Impact on Persons with Disabilities," Clinical Obstetrics and Gynecology 36, no. 3 (1993): 605–12.

4 Bruce Jennings, "Technology and the Genetic Imaginary," Prenatal Testing and Disability Rights, ed. Adrienne Asch and Eric Parens (Washington, D.C.: Georgetown University Press, 2000), 137.

5 앞의 글, 138.

6 나는 고통의 세 가지 차원이 이들 분야에서 장애 태아를 보여주는 유일한 초상이라고 말하려는 것은 아니다. 그러나 이 차원은 산전검사와 선택적 임신중절의 허용 가

능성에 대한 도덕적 결론에 영향을 미치는 지배적인 전형prototype이다. 나는 그 이면에 놓인 몇몇 가정에 도전하기 위해 지적장애의 이런 얼굴을 지적한다.

7   John Harris, "Is Gene Therapy a Form of Eugenics?" Bioethics 7, no. 2‑3 (1993): 178‑87. Steven Edwards는 "Prevention of Disability on Grounds of Suffering"에서 지적장애와 고통의 맥락에서 이 정의를 비판한다.

8   Edwards, "Prevention of Disability," 381.

9   앞의 글.

10   이를 어떻게 측정할 것인가에 대해서는 특수한 복잡성이 존재하는데, 특히 중증 지적장애인의 경우가 그렇다. 이 점에 대해서는 이 장의 후반부에서 다시 논의할 것이다.

11   Pekka Louhiala, Preventing Intellectual Disability: Ethical and Clinical Issues (Cambridge: Cambridge University Press, 2004), 101.

12   앞의 책, 116.

13   Silvers, "Formal Justice," 104.

14   다음을 참고하라. William M. Kane, Magdalena M. Avila, and Everett M. Rogers, "Community and Culture: World Views and Natural Affiliations as the Basis of Understanding, Trust, Assistance, and Support"; and Alexander J. Tymchuk, "Family Life: Experiences of People with Mild Cognitive Limitations," in The Forgotten Generation: The Status and Challenges of Adults with Mild Cognitive Limitations, ed. Alexander Tymchuk, K. Charlie Lakin, Ruth Luckasson (Baltimore: Paul H. Brookes, 2001); Goodley and Van Hove, Another Disability Studies Reader.

15   John R. McCartney and Vincent A. Campbell, "Confirmed Abuse Cases in Public Residential Facilities for Persons with Mental Retardation: A Multi‑State Study," Mental Retardation 36, no. 6 (1998): 465‑73.

16   관련한 몇 가지 예로 다음을 참고하라. Goodley and Van Hove, Another Disability Studies Reader; Tymchuk, Lakin, Luckasson, eds., The Forgotten Generation; Castles, "We're People First."

17   산전유전선별검사 맥락에서의 구체적 함의에 대한 논의로는 다음을 참고하라. Asch and Parens, Prenatal Screening.

18   Botkin, "Fetal Privacy and Confidentiality," Hastings Center Report 25, no. 5 (1995): 32‑39.

19   앞의 글, 37‑38.

20 앞의 글, 37.

21 Thomas E. Elkins and Douglas Brown, "Ethical Concerns and Future Direction in Maternal Screening for Down Syndrome," Women's Health Issues 5, no. 1 (1995): 15 – 20.

22 Hans Reinders, The Future of the Disabled in Liberal Society (Notre Dame, Ind.: University of Notre Dame Press, 2000), 173. 지적장애의 맥락에서 아동과 부모의 고통을 모두 다루는 복잡성을 1인칭 관점에서 서술한 사례로는 다음을 참고하라. Roger Gottleib, "The Tasks of Embodied Love: Moral Problems in Caring for Children with Disabilities," Hypatia 17, no. 3 (Summer 2002): 225 – 36.

23 Steven Edwards, "Prenatal Genetic Screening for ID," Journal of Intellectual Disability Research 47, no. 7 (2003): 526 – 32.

24 Elkins and Brown, "Ethical Concerns," 15.

25 다음을 참고하라. "Screen All Pregnancies, Some Doctors Say," New York Times, January 9, 2007. 유전선별검사를 일상화하는 것의 영향에 대한 비판적 논의로는 다음을 참고하라. Nancy Press, "Assessing the Expressive Character of Prenatal Testing: The Choices Made or the Choices Available?" in Prenatal Testing and Disability Rights. 우생학과 유전검사를 둘러싼 윤리적 문제에 대한 포괄적 논의로는 다음을 참고하라. Allen Buchanan, Dan W. Brock, Norman Daniels, and Daniel Wikler, From Chance to Choice: Genetics and Justice (Cambridge: Cambridge University Press, 2000) (《우연에서 선택으로: 유전자 시대의 윤리학》, 강명신·권복규·박소연·유소영·김지경 옮김, 로도스, 2017)

26 이것이 우리의 인식에 정확히 어떤 영향을 미칠지는 알 수 없으나, 장애의 의료적 모델이 점차 지배적이 될 것이며, 정신지체인은 피할 수 있는 유전적 '사고accidents'로 간주될 가능성이 있다고 상상해볼 수 있다.

27 여기서 이를 충분히 다룰 여유는 없지만, 중요한 인식론적 과제는 이런 유전적 이상과 지적장애가 연관되는 방식이 어떻게 계속 변화하고, 이 이질적인 분류의 경계를 재편하는지를 추적하는 일일 것이다.

28 Rayna Rapp, Testing Women, Testing the Fetus: The Social Impact of Amniocentesis in America (New York: Routledge, 2000), 89.

29 다음을 참고하라. Shelley Tremain, "Reproductive Freedom, Self-Regulation, and the Government of Impairment in Utero," Hypatia 21, no. 1 (2006): 35 – 53.

30 다음을 참고하라. Kittay, Love's Labor; Barbara Hillyer, Feminism and Disability. 가

족 맥락을 넘어 이런 문제를 지적장애 여성의 맥락 속에 확고히 위치시키는 논의로는 라르쉬L'Arche 공동체에서 돌봄 제공자와 이용자 간의 관계를 풍부하게 다룬 다음의 글을 참고하라. Pamela Cushing and Tanya Lewis, "Negotiating Mutuality and Agency in Care-giving Relationships with Women with Intellectual Disabilities," Hypatia 17, no. 3 (Summer 2002): 173–93.

31 Kittay, Love's Labor.

32 Barbara Katz Rothman, The Tentative Pregnancy (New York: Norton, 1986).

33 Rapp, Testing Women, 131.

34 다음을 참고하라. Annette Patterson and Martha Satz, "Genetic Counseling and the Disabled: Feminism Examines the Stance of Those Who Stand at the Gate," Hypatia 17, no. 3 (Summer 2002): 118–45; Nancy Press, "Assessing the Expressive Character of Prenatal Testing: The Choices Made or the Choices Made Available?"; Barbara Bowles Biesecker and Lori Hamby, "What Difference the Disability Community Arguments Should Make for the Delivery of Prenatal Genetic Information," in Prenatal Testing and Disability Rights.

35 최근 일어난 사건 중 가장 극적인 사례는 이른바 애슐리 X 사건으로, 당시 여섯 살 소녀에게 성장 억제 치료가 시행됐는데, 여기에는 유방 조직과 성 관련 기관의 제거, 그리고 고용량의 호르몬 투여가 포함됐다. 이 사례는 아동의 고통과 부모의 고통에 관한 주장, 젠더화된 가정이 교차하는 지점을 극적으로 드러내며 그 연관성을 정교하게 논의할 필요가 있음을 보여줬다. 중증 지적장애 여성을 둘러싼 삶과 담론이 어떤 방식으로 젠더화되는지를 매우 풍부하고 심층적으로 다룬 연구로는 다음을 참고하라. Kelley Johnson, Deinstitutionalising Women: An Ethnographic Study of Institutional Closure (Cambridge: University of Cambridge Press, 1998); Margaret Kennedy, "Sexual Abuse and Disabled Children," 116–34; "Power in the House: Women with Learning Difficulties Organizing against Abuse," 135–42, in Encounters with Strangers: Feminism and Disability, ed. Jenny Morris (London: Women's Press, 1996), 116–34; Deborah Phillips, "Embodied Narratives: Control, Regulation, and Bodily Resistance in the Life Course of Women with Learning Difficulties," in Another Disability Studies Reader, 135–50.

36 Kelley Johnson et al., "The Possibility of Choice: Women with Intellectual Disabilities Talk about Having Children," in Disability in the Life Course, 206–18; Tim Booth and Wendy Booth, "Risk, Resilience, and Competence: Parents with Learning

Difficulties and Their Children," in Questions of Competence, 76 - 101.

37 D. Wertz and John Fletcher, "Fatal Knowledge? Prenatal Diagnosis and Sex Selection," Hastings Center Report 19, no. 3 (1989): 21 - 27.

38 Adrienne Asch, "Can Aborting Imperfect Children Be Immoral?" in Ethical Issues in Modern Medicine, ed. John Arras and Bonnie Steinbock (Mountain View, Calif.: Mayfield, 1995), 387. 성선택과 장애에 관한 유사한 논증으로는 다음을 참고하라. Gregor Wolbring, "Where Do We Draw the Line? Surviving Eugenics in a Technological World," in Mark Priestly, Disability in the Life Course: Global Perspectives (Cambridge: Cambridge University Press, 2001), 38 - 49.

39 폐쇄병동에 있던 지적장애 여성의 시설 생활과 탈시설화 과정을 주제로 한 다음의 책에서 인용했다. Kelley Johnson, Deinstitutionalising Women, 172 - 73.

40 C. F. Goodey, "Genetic Research into Intellectual Disability," Journal of Intellectual Disability Research 47, no. 7 (October 2003): 548 - 54.

41 물론 직접적·경험적 지식을 가진 철학자도 존재한다. 이에 대해서는 본문 4장의 키테이와 번의 논의를 참고하라.

42 Goodey, "Genetic Research," 551.

43 앞의 글, 552.

44 앞의 글, 551 - 52.

45 McMahan, Ethics of Killing, 232.

46 이 시기에도 대부분의 아동은 여전히 가족과 함께 가정에서 살고 있었다는 점에 주목할 필요가 있다.

47 Laura Purdy, "Loving Future People," in Reproduction, Ethics, and the Law: Feminist Perspectives, ed. Joan Callahan (Bloomington: Indiana University Press, 1995), 308.

48 앞의 글, 304.

49 앞의 글, 309.

50 Silvers, "Formal Justice," 93.

51 마이클 베루베는 자신의 아들 제이미의 풍부한 삶을 묘사함으로써 이 점을 잘 포착한다. Life As We Know It: A Father, a Family, and an Exceptional Child (New York: Pantheon, 1996).

52 이렇게 말하긴 했으나, 표면적으로는 모순이 발생할 수 있음을 인식하고 있다. 나는 경도 및 중등도의 지적장애를 지닌 사람이 고통을 겪는다는 사실을 강조하면서도 동

시에 그 사실을 강조하지 않고자 한다. 그러나 나는 이 두 가지를 모순으로 보지 않는다. 오히려 이 두 가지 중요한 지점, 즉 장애를 그 상태 자체가 초래하는 고통과 동일시하는 의료적 모델에 대한 도전과 고통의 사회적 원인에 주의를 기울일 필요성이 공존한다는 점이 이 문제의 복잡성과 다층적인 논의의 필요성을 부각한다고 생각한다.

53 Bruce Jennings, "Freedom Fading: On Dementia, Best Interests, and Public Safety," Georgia Law Review 35 (2000 – 2001): 614. 노화와 지적장애의 관계에 대한 논의로는 Nancy Breitenbach, "Ageing with Intellectual Disabilities: Discovering Disability with Old Age: Same or Different?" in Disability and the Life Course: Global Perspectives, ed. Mark Priestly (Cambridge: Cambridge University Press, 2001), 231 – 39를 참고하라. 넬슨 역시 다음 문헌에서 중증 장애인을 포함한 사람에게 우리가 어떻게 인격성을 부여하고 서사적 정체성에 기여할 수 있는지를 폭넓게 논의한다. Hilde Lindemann Nelson, "What Child Is This?" Hastings Center Report 32, no. 6 (2002): 29 – 38.

54 Spelman, Fruits of Sorrow, 70.

55 이에 대한 사례로는 다음의 단행본에 실린 글을 참고하라. Asch and Parens, Disability Rights and Prenatal Testing: Wasserman, Bickenbach, and Wachbroit, Quality of Life and Human Difference.

56 다음을 참고하라. Marsha Saxton, "Why Members of the Disabled Community Oppose Prenatal Testing"; Adrienne Asch, "Why I Haven't Changed my Mind about Prenatal Diagnosis," in Prenatal Testing and Disability Rights.

57 Purdy, "Loving Future People," 311.

58 앞의 글, 305.

59 Silvers, "Reconciling Equality to Difference," 37.

60 Jenny Morris, Pride against Prejudice: Transforming Attitudes to Disability (Philadelphia: New Society Publishers, 1991), 70.

61 촉진적 의사소통facilitated communication과 역량 평가의 맥락에서 이 현상에 대한 흥미로운 논의로는 다음의 글을 각각 참고하라. Nirmala Erevelles, "Signs of Reason," in Foucault and the Government of Disability: Rapley, Social Construction.

62 관련해서는 이 장에서의 라인더스의 논의를 참고하라. '과도하게 감상적인' 초상에 대한 논의는 4장을 참고하라.

63 McMahan, Ethics of Killing, 230.

64 앞의 책, 230.

65 Edwards, "Prenatal Genetic Screening for ID," 382.

66 Reinders, Future of the Disabled, 205.

67 Louhiala, Preventing Intellectual Disability, 112.

68 Stanley Hauerwas, Suffering Presence (Notre Dame, Ind.: University of Notre Dame Press, 1986), 174.

69 넬슨의 인격성 개념(사회적 실천으로서의 인격성)은 서사적 정체성을 구성하고 중증 장애인을 인간 세계의 일부로 인정하는 과정에서 타자를 나 자신과의 관계 속에서 바라보는 것이 과연 필수적인지에 대한 흥미로운 질문을 제기한다. 이에 대해서는 그의 글 "What Child Is This?"를 참고하라.

결론 거울의 얼굴

첫 번째 여는 글은 Gary Shapiro, Archaeologies of Vision: Foucault and Nietzsche on Seeing and Saying (Chicago: University of Chicago Press, 2003), 202–203에서, 두 번째 여는 글은 Linton, Claiming Disability, 152–53에서 인용했다.

1 Foucault, "What Is Enlightenment?" 318.

2 Uma Narayan, Dislocating Cultures (New York: Routledge, 1997), 141.

3 이런 다양한 반영reflection이 발생하는 메커니즘은 복잡하며, 나는 그것이 어떻게 혹은 왜 발생하는지에 대한 설명을 제시하지는 않을 것이다. 여전히 관련된 더 많은 연구가 필요하며, 이를 이해하는 데 도움을 줄 수 있는 이론 또한 다수 존재한다(예컨대 고프먼의 낙인 이론, 기타 정신분석학적·심리학적 이론, 그리고 자아·타자 역학에 관한 철학적 이론이 있을 수 있다). 여기서 내가 전개하고자 하는 바는 '지적장애인'이 비장애인을 위한 거울로 기능할 수 있는 다양한 양식을 개괄적으로 제시하는 것이다.

4 MacIntyre, Dependent Rational Animals, 101.

5 Hauerwas, Suffering Presence, 174.

6 Hauerwas, Suffering Presence, 169.

7 Veatch, The Foundations of Justice: Why the Retarded and the Rest of Us Have Claims to Equality (Oxford: Oxford University Press, 1986), 8–9.

8 MacIntyre, Dependent Rational Animals, 127–28.

9 Nussbaum, Frontiers of Justice, 190.

10   Linton, Claiming Disability, 13.

11   Narayan, Dislocating Cultures, 141.

12   앞의 책, 141.

13   베나즈켄[Benzaquen]의 《야생의 아이[Wild Children]》는 17~18세기에 '야생아'가 인간 본성에 관한 여러 경쟁적인 이론을 비추는 거울로 기능했던 방식을 매우 흥미롭게 서술한다.

14   C. F. Goodey, "On Certainty, Reflexivity, and the Ethics of Genetic Research into Intellectual Disability," Journal of Intellectual Disability Research 47, no. 7 (2003): 550.

15   Bérubé, Life As We Know It, xvii. 앞의 인용문에서 철학자를 직접적으로 언급하지는 않지만, 베루베는 특정한 철학적 견해를 접할 때 느끼는 이런 부조화[dissonance]에 대해 우려를 표현해왔다. 피터 싱어에 대한 베루베의 응답은 "Equality, Freedom, and/or Justice for All: A Response to Nussbaum," in Cognitive Disability and Its Challenge to Moral Philosophy, ed. Eva Kitay and Licia Carlson(2011)를 참고하라.

16   Singer, 오피니언 칼럼, 〈뉴욕타임스〉, 2007년 1월 26일 자.

17   Diamond, "Importance of Being Human," 35 – 62.

18   Byrne, Philosophical and Ethical Problems, 10.

19   Young, Justice and the Politics of Difference, 53.

20   McMahan, "Cognitive Disability, Misfortune, and Justice," Philosophy and Public Affairs 25, no. 1 (1996): 3 – 35.

21   Mahowald, "A Feminist Standpoint," in Disability, Difference, Discrimination, 229.

22   Tuana, "Speculum of Ignorance."

23   앞의 글, 4 – 6.

24   앞의 글, 10 – 13.

25   앞의 글, 10.

26   앞의 글, 9 – 10, 13 – 15.

27   앞의 글, 9.

28   여기서 투아나가 '무지하다고 간주한 집단'과 '구성된 정체성' 사이의 차이를 어떻게 명료하게 밝힐 수 있을지 의문이다.

29   앞의 글, 6 – 8.

30   앞의 글, 15 – 16.

31   지적장애인과 가까운 관계에 있는 사람이 반드시 가장 적절한 결정을 내릴 수 있는

위치에 있다고 가정할 수는 없다. 이는 누가 권위를 주장할 수 있는가 하는 문제의 맥락에서 다뤄야 할, 더욱 논쟁적인 인식론적·윤리적 문제를 제기한다.

32 Nelson Goodman, Ways of Worldmaking (Indianapolis: Hackett, 1978), 3.

33 앞의 책, 22.

34 Anita Silvers, "Reconciling Equality to Difference: Caring (F)or Justice for People with Disabilities," Hypatia 10, no. 1 (Winter 1995): 50.

35 Michel Foucault, "Structuralism and Post-structuralism," in Michel Foucault: Aesthetics, Method, and Epistemology, ed. Paul Rabinow (New York: New Press, 1998), 450.

36 Jacques Derrida, "Cogito and the History of Madness," in Writing and Difference (Chicago: University of Chicago Press, 1978), 33 – 34. (《글쓰기와 차이》, 남수인 옮김, 동문선, 2001)

37 Michel Foucault, "Two Lectures," in Power/Knowledge: Selected Interviews and Other Writings, 1972 – 1977, ed. Colin Gordon (New York: Pantheon, 1980), 82.

38 다음을 참고하라. James I. Charlton, Nothing about Us without Us (Berkeley: University of California Press, 2000) (《우리 없이 우리에 대한 것은 없다》, 전지혜 옮김, 울력, 2009)

39 Michel Foucault, "Space, Knowledge, and Power," in The Foucault Reader, ed. Paul Rabinow (New York: Pantheon, 1984).

40 Maria Lugones, "'World'-Traveling and Loving Perception," in Feminist Social Thought: A Reader, ed. Diana Tietjens Meyer (New York: Routledge, 1997), 158 – 59.

41 유사한 맥락의 흥미로운 연구가 존재한다. David Michael Levin, The Philosopher's Gaze: Modernity in the Shadows of Enlightenment (Pittsburgh: Duquesne University Press, 2003); Gary Shapiro, Archaeologies of Vision: Foucault and Nietzsche on Seeing and Saying (Chicago: University of Chicago Press, 2003).

42 물론 레비나스에게 있어 '얼굴'은 문자 그대로의 의미가 아니다. 지적장애의 맥락에서 레비나스를 다룬 예비적 논의로는 Carlson, "The Human as Just an Other Animal," in Phenomenology and the Non-Human Animal, 117 – 33을 참고하라.

43 브루스 제닝스의 연구는 이 점을 잘 보여준다(6장 참조). 이브 코소프스키 세지윅Eve Kosofsky Sedgwick의 책 Touching-Feeling: Affect, Pedagogy, Performativity (Durham, N.C.: Duke University Press, 2003)은 이런 사유를 풍부하게 탐구한 저작이다. 또한

제임스 해리스James Harris가 랠프 하퍼Ralph Harper의 탁월한 저서 On Presence: Variations and Reflections (Baltimore: Johns Hopkins University Press, 2006)를 소개해준 데 감사를 표한다.

44   Foucault, "What Is Enlightenment?", 319.

지적장애의
얼굴들

첫판 1쇄 펴낸날 2026년 3월 31일

지은이 리시아 칼슨
발행인 조한나
책임편집 황시연
편집기획 김교석 김유진 김하영 박혜인 이혜정 함초원
디자인 한승연 성윤정 김혜은
마케팅 문창운 백윤진 김민영
회계 양여진 김주연

펴낸곳 (주)도서출판 푸른숲
출판등록 2003년 12월 17일 제2003-000032호
주소 서울특별시 마포구 토정로 35-1 2층, 우편번호 04083
전화 02)6392-7871(마케팅부), 02)6392-7873(편집부)
팩스 02)6392-7875
홈페이지 www.prunsoop.co.kr
페이스북 www.facebook.com/prunsoop   **인스타그램** @prunsoop

ⓒ푸른숲, 2026
ISBN 979-11-7254-116-3 (03100)